《"疑难问题解决"丛书》编委会

丛书主编 沈剑光

丛书副主编 张力鸣 徐文姬 周 波

丛书编委(按姓氏笔画排序)

丁耀方 何琪得 张力鸣
张建国 沈剑光 周 波
倪国君 徐文姬 章才根
褚树荣

本书主编 朱水敏

本书副主编 姜全林

本书审稿 章才根

本书编委 王丽萍 王基明 刘伟平
吴和莉 邹旭铝 陈红利
胡国栋 钟 声 诸海明
翁伟炯 葛永利 蒋源海
裘飞龙 颜 刚 蔡绪光
钱明明

"疑难问题解决"丛书

中小学体育教师综合素质提升策略

主　编　朱水敏

宁波出版社
NINGBO PUBLISHING HOUSE

图书在版编目(CIP)数据

中小学体育教师综合素质提升策略 / 朱水敏主编. —宁波：宁波出版社，2013.11（2022.3 重印）
（"疑难问题解决"丛书 / 沈剑光主编）
ISBN 978-7-5526-1217-2

Ⅰ.①中… Ⅱ.①朱… Ⅲ.①中小学—体育教师—教师素质—研究 Ⅳ.①G633.962

中国版本图书馆 CIP 数据核字（2013）第 244615 号

中小学体育教师综合素质提升策略

丛书主编	沈剑光
本书主编	朱水敏
出版发行	宁波出版社
地址邮编	宁波市甬江大道 1 号宁波书城 8 号楼 6 楼　315040
网　　址	http://www.nbcbs.com
选题策划	吴　波
责任编辑	俞　琦
责任校对	姜姗姗
印　　刷	宁波白云印刷有限公司
开　　本	787 毫米×1092 毫米　1/16
印　　张	20.5
字　　数	460 千
版　　次	2013 年 11 月第 1 版
印　　次	2022 年 3 月第 6 次印刷
标准书号	ISBN 978-7-5526-1217-2
定　　价	50.00 元

如发现缺页或倒装，影响阅读，请与我社发行部联系调换　电话：0574-87286804

总 序

教学是教师职业的基本活动。随着课程改革的不断深入,广大教师对教学的认识不断深入,对基础教育课程改革的实践探索不断创新,对课程改革理论与实践问题的解决,也已经走出传统的研究范式。

宁波市教育局教研室以"问题解决"为抓手的教学研究形式,着眼教师专业发展,追求轻负高效,引导教师关注课堂教学,鼓励教师参与问题解决的实践与研究。在"问题解决"的过程中,教师的"问题意识"得到强化,"问题解决"的思路和形式不断创新,教学研究的形式与内容结构有了很大的变化。教师们以研究者的心态置身于教学情境,以研究者的眼光审视已有的教学理论与现实问题,积极捕捉解决问题的机会,思考解决问题的策略,展现智慧,实现自身发展。

在"问题解决"的过程中,广大教师不断思考与实践,在设计、创造、实施新的教学方案中,不断改进、优化自己的教学行为,积累了许多好的经验和做法,取得了明显的效果。《"疑难问题解决"丛书》第三辑,是在前几年所编第一辑、第二辑的基础上,对课改的各种基本问题的进一步的梳理、提炼和总结,它真实地记录、描述了教师的困惑和思考,汇集了解决问题的思路、过程与方法。

本书具有以下特点:

真实性。

本书所呈现的"疑难问题"以及"疑难问题解决"的过程,都曾经在教学中真实地发生过,是教师在真实情景中发现和经历的。比如,如何减轻学生的学业负担,做到轻负高效;如何选择教学内容和学习方式,让学生乐学会学;如何实施教学评价,体现教师的指导引领作用……本书比较详细地记录了这些问题的解决过程,具有在相似的情景中再现的可能性,因而也具有参考性具有可操作性,可模仿、可借鉴,有着进一步研究的价值和空间。

针对性。

编入本书"疑难问题解决"的典型案例,是宁波市义务段各个学科自下而上,在广泛征求基层教师意见的基础上,各门学科对来自全市各个县(市)区的问题的汇集与提炼;参与撰写的人员中,既有教研员、特级教师、名教师,也有青年教师,学科骨干,他们都呈现了对教学问题的思考与实践。各门学科,各个地区、各个层次的老师都能根据自己的需要,有针对性地在本套丛书中找到问题解决的方法和途径。

可读性。

本套丛书内容丰富,具体、直观、形象地记录了义务段各学科的教师对"疑难问题"的思考和解决过程。全书以通俗易懂的语言,深入浅出地描述了如何把对教育教学理论的思考回置到教学实践中,自觉解决教学实践中的问题,改善教学行为的种种经历,充分展现了各学科教师的教学探索,彰显了具有实践特色的教学智慧,值得参考和借鉴。

希望本套丛书能为广大教师实践新课程、提高专业水平提供一定帮助,也希望广大教师不断拓展自己的学习领域和学术视野,不断改善教学行为,促进发展,迎接挑战。

以此为序。

沈剑光

2013年5月

前 言

21世纪素质教育已成为世界各国的教育重点。推行素质教育的关键是教师,造就一支高素质的教师队伍是确保素质教育实施的重要前提,没有高素质的教师,培养高素质的学生必然是无源之水。

学校体育是教育的重要组成部分,而能否搞好学校体育工作,直接取决于体育教师的体育教育专业素质和组织能力。提高体育教师队伍素质对完成学校体育工作具有关键性作用。

体育教师拥有了系统的专业知识,才能用理论知识来指导教学实践,才能理解教材、挖掘教材,才能根据新课标理念和学生的具体情况来设计教学,才能灵活地把握课堂。

做一名合格的体育教师,要具有高尚的职业道德,一专多能的运动技能,广博的知识,较强的教学、科研、组织、训练、裁判等方面的能力。运动技能是体育教师的核心竞争力,一般而言,会做才会教,做得越好,体会越深,感性知识越丰富,会教的潜力就越大。但是会做和会教之间不是必然的自发过程,技术水平越高,并不等于他的教学能力越强。会做是会教的基础,会教还必须掌握一定的专业理论知识。掌握系统的专业基础知识,可减少工作中的随意性和盲目性,增强科学性和艺术性。

近年来,在师范院校体育实习生教学实践、新教师招聘考试、体育教师基本功比赛以及体育课堂教学评比活动等各类活动中,反映出当前体育教师或体育教育专业师范生在专业技能(主要包括运动技能和教学技能)和专业理论知识方面还存在不少问题。主要体现在:一是因体育师范院校不断扩招,生源质量和学生身体素质都有不同程度的下降,直接导致体育专业毕业生的专业技能和综合素养有所降低;二是大多数体育师范院校在教学中非常注重学生运动技能的学习,培养学生的运动能力,而忽视和淡化了体育教师专业技能的培养,使学生所学运动技能和专业理论知识不能有效转化成教学技能,造成体育专业师范毕业生在体育教学中不懂得如何有效地开展教学;三是许多体育教师出于安全考虑,为避免发生意外或出现责任事故,对具有一定危险性的教学内容如支撑跳跃、单双杠等体操教材很少安排课时,甚至不安排课时,导致体育教师因不开展某项教学而使自身技能水平下降等。四是受体育教师专业特长和个人喜好因素的影响,有些老师在体育课教材的选择上过多地以自己的专长为教学内容,从而导致体育教师运动技能的掌握相对单一,存在明显的技能缺陷。

同时,由于教师在教学中侧重于运动技能的教学,而忽视了对相关体育专业理论知识以及新课程标准的学习,使自身在理论知识的掌握上也存在许多不足,对新课程理念的认识和理解不到位。在教学技能方面,部分教师还存在如下问题:如何进行教学设计?怎样合理选择教学方法和策略?怎样确定课的教学目标和重难点?怎样进行教材单元计划的制订……尤其是新教师,这些方面的问题显得更为突出,影响了体育课堂教学效果的提高和教师科研能力的提升。

"要给学生一杯水,老师要有一桶水。"课程改革以全新的教育理念引发了一场深刻的革命,引起我们对体育教学"以人为本"的深刻反思。我们是人民教师,肩负着教育的历史重任。在这个信息化飞速发展的时代,知识、技术日新月异的时代,教师常被看作是知识的象征而受到尊重,没有知识就不能为师,故知识是教师赖以为本的基础,其专业知识水平又将直接影响和决定教育对象的素质。所以,体育教师必须精通所教学科的基础知识,熟悉学科的基本结构和各部分知识之间的内在联系,了解学科发展动向和最新研究成果。此外,体育教师的思想素质、教学技能及自身修养、科研能力等方面是密切相关的,是一个统一体。如一名教师在教学中自如地、合理地运用各种教法手段,使课堂活跃,取得良好的效果,就反映出他的教学基本功扎实,也体现了他在教育理论、专业知识等方面的良好水平。

综上所述,体育教师继续教育的重任严峻地摆在了我们面前,而体育教师对继续教育的需求也十分迫切。体育教师只有不断更新自己的知识,才能跟上学校体育发展的步伐,跟上教育事业发展的步伐。由于体育教师日常的工作十分繁重,难以挤出时间去看众多的体育专业书籍,为方便体育教师的再学习,笔者特编本书。

本书内容包括教学研讨、教学实践案例展示以及体育基础知识等,针对当前部分体育教师存在的体育教学专业基础知识掌握偏少、专业基本功不扎实、课堂教学能力薄弱,尤其是对体育教学的理论依据(教学规律)、体育教学原则、教育能力偏弱,教学不能与实际课堂操作相联系等状况,进行了针对性的编写,以便让教师掌握基本的体育教育专业基础知识,提升素质,更好地适应当前学校体育教学的需要。

编 者

2013 年 5 月

目　录

总序 1
前言 3

中小学体育课教学研讨篇

行走在专业成长的道路上 2
落实、务实、夯实
　　——专业素养提高必须从细节做起 5
文不像读书郎,武不像救火兵
　　——谈年轻体育教师教学技能弱化现象 10

中小学体育课教学实践篇

各类动作示范及评价标准 14
　一、田径(田赛) 14
　二、田径(径赛) 14
　三、球类(篮球) 15
　四、球类(排球) 16

  五、球类(足球) 17

  六、体操(技巧) 18

  七、体操(器械) 18

  八、武术(徒手类) 19

  九、武术(器械类) 19

  十、韵律体操、健美操与舞蹈 20

典型教学案例 21

  小学部分案例一:原地侧面投掷轻物 21

  小学部分案例二:快速跑 25

  小学部分案例三:篮球传接球游戏 29

  小学部分案例四:排球正面下手发球 33

  小学部分案例五:足球耍球游戏 40

  小学部分案例六:技巧跪跳起 45

  小学部分案例七:单杠穿臂前后翻 50

  小学部分案例八:五步拳 55

  小学部分案例九:少年健身短棍 60

  小学部分案例十:韵律操舞蹈 64

  中学部分案例一:挺身式跳远 70

  中学部分案例二:跨栏跑的攻栏 75

  中学部分案例三:篮球双手胸前传接球 80

  中学部分案例四:排球正面双手垫球 84

  中学部分案例五:足球脚内侧传球 88

  中学部分案例六:前滚翻 93

  中学部分案例七:双杠支撑前摆下 97

  中学部分案例八:少年拳第二套 101

  中学部分案例九:少年剑套路 106

  中学部分案例十:大众健美操第三套 111

中小学体育课基础知识篇

一、名词解释 ……………………………………………………………… 120

二、填空题 ………………………………………………………………… 152

三、选择题 ………………………………………………………………… 178

四、判断题 ………………………………………………………………… 221

五、计算题 ………………………………………………………………… 242

六、简答题 ………………………………………………………………… 249

七、论述题 ………………………………………………………………… 277

中小学体育课教学研讨篇

行走在专业成长的道路上

《国家中长期教育改革和发展规划纲要》明确提出:教育大计,教师为本。要提升教师素质,努力造就一支师德高尚、业务精湛、结构合理、充满活力的高素质专业化教师队伍。

"业务精湛"——体现了国家对教师专业化发展的高位要求。在新一轮的课程改革实验过程中,专业化成长是个很时髦、很现实的话题。然而,现代教育的迅猛发展对体育教师提出的要求也越来越高,专业化成长的路在何方?是值得我们思考的问题……

一、路的断层

现状之一:教职工排球比赛中,一名年轻的体育教师刚一上场就表现抢眼:对方发球后,在网前高高跃起,结实地打了个"探头",当裁判哨声响起时,他还一脸迷茫……

现状之二:某农村学校运动会上,障碍跑比赛正在火热进行中,一名学生在跨越障碍时,不小心撞到了跨栏架的棱角,眉角撕裂了一道口子,鲜血直流……当大家手忙脚乱、束手无策时,体育教师也不知如何应急处理……

现状之三:体育优质课评比,一名青年教师在上"肩肘倒立",为了让学生初步感知动作,教师先让学生看挂图,然后亲自示范,可示范动作却与挂图明显不符,学生开始窃窃私语,脸上露出不屑的表情……

现状之四:在近几届市区级的中小学体育教师基本功比武现场,出现了比较尴尬的场面:在动作技能展示中,动作做得规范到位、优美且项项均衡的,参加工作不久的青年教师寥寥无几,原因何在?体能?技能?……

从上述案例中,我们不难发现体育教师存在的一些缺失:基本功与真本事的缺失,教学技能与教学机智的缺失,理论修养与全面素质的缺失……造成这些缺失的原因有很多,比如学生时期基本功练得不好,工作后的自我提升不力,学校体育教研氛围不浓,学校领导重视不够,场地器材配备不足,职后进修资料不全等。

二、路的修筑

教师走多远就能带学生走多远,体育教师的教学水平与运动技能有多高,学生的体育技能与身体素质就有多好,体育教师的理论水平决定着体育课改方向……

在专业成长的道路上,每个人都会或多或少地遇到一些断层,如何修筑通向远方的路?我觉得有三点极其重要。

1. 勤学习——铺就路的宽度

"要当一流的教师,就要先当一流的学生",新课程改革实验对我们提出了更高的要求,迫使我们在教书育人的同时,要认真学习,挤出时间学习,不断提升自己的专业素养,更为重要的是不断汲取和更新自己的教育理念,建立和完善自己的教育思想、教育风格。基于体育学科的实践性特性,需要我们树立终身体育的理念,勤练基本功,要发挥自己的优势项目,突破薄弱项目,均衡发展;更要与时俱进,敢练新项目。浙江省原体育教研员、特级教师董玉泉在中年之际,毅然选择了高中艺术体操作为自己教学的主攻方向。他克服了资料少、学习机会少、会的人少的困难,硬着头皮,对着镜子自学了太空舞、韵律操、交谊舞、艺术体操和健美操,一遍又一遍,一天又一天不停地练,直到学会、学好、学美、学精,最终形成了特有的男教师上高中女生艺术体操课的特点和风格。董玉泉对体育事业的"痴情"及"活到老,学到老"的精神定将鞭策我们不断学习、不断拓宽体育事业之路。

体育教师需要掌握的不仅仅是教育学、心理学、体育学等学科的本位知识及课程理念,还要懂得安全、卫生、德育、艺术、历史及其他一些文化学科的相关知识,以提高体育课堂的精彩、实效,用足够的魅力来影响学生,提高专业价值的同时,提升社会地位。

2. 乐反思——沉积路的厚度

叶澜教授说:"一个教师写一辈子教案,不一定成为名师;如果一个教师写三年反思,有可能成为名师。"教育学家杜威也这样说过:教师应当对实践进行反思,将教学看作是一种反思性的学术实践,通过反思实践来改进教学,做"反思型实践者"。体育教师要提高自己的职业形象,就必须在教学实践中以自己的行为表现,主动反思,做"反思型实践者",逐步推进自身专业发展。

善于思考和发现是体育教师专业得以快速发展的关键。纵观体育名优特级教师,他们都有反思、总结、提炼的习惯。通过反思,积累教育教学经验教训,更新教学观念,改善教学行为、提高教学水平;通过反思,既看别人的长处,又突破自己的局限,在继承的基础上大胆创新,使自己的教学精益求精,渐臻完美,从而形成自己的特色与优势。

浙江省体育特级教师姜毅的反思性行为值得我们借鉴与学习,他爱好钓鱼,从中还悟出了教育理念。他说,"鱼上不上钩"和"学生愿不愿意学"是一样的道理,关键就在于"鱼饵"和"鱼钩",即"教学方法"上。在平时的体育教学过程中,姜毅喜欢把非本学科知识渗透于课堂之中,营造文化型体育课。比如在教学生"前滚翻"的时候,腾出时间让学生自主完成,其间教师再对弱势学生给予适当的指导,同时鼓励学生创造花样前滚翻,如双手捏耳朵翻、单手捏鼻子翻、双手抱腿翻、背垫翻等,挖掘学生潜能,活跃学生思维。

3. 敢尝试——探索路的长度

实践是检验教学行为、教学效果,提高专业素养的唯一手段。"喊破嗓子,不如甩开膀子"的至理名言,同样告诫我们,需要积极实践、大胆实践;体育教学本身就是以实践为基石,来达到锻炼身体的目的的。作为体育教师只有在平时的教学实践中大胆地去尝试,不断地去练习,反复地去修正,才能规范、熟练地运用动作去教会学生。只有在实践中积累经验、总结教训,才能在实践中寻找不足,发展自我。

体育课程是以身体练习为主要手段,以学习体育与健康知识、技能和方法为主要内容,以增进学生健康,培养学生终身体育意识和能力为主要目标的课程。强调基础性、实践性、健身性和综合性,学科教学范畴的广泛性,需要我们做一名"一专、多能、全都会"的全能教师,职前所学的专业知识、技能远不能达到教学所需,在知识更新日新月异的今天,很多新型的运动项目需要我们去尝试、去挖掘。校本课程的自主化,需要我们有灵敏的嗅觉、敏锐的视觉,需要我们与时俱进,尝试挖掘、开发一批有地域特色、功能齐全的体育校本课程。

总之,在专业化成长的道路上,我们既要学会筑路,还要学会修路,更要尝试沿用他人的捷径,从而通向成功的目的地!

落实、务实、夯实
——专业素养提高必须从细节做起

国家新课程改革十余年以来,教育管理部门充分认识到推进素质教育深入实施,全面提高教育教学质量,推动教育事业高效常态发展的重要性。体育更是关乎学生身心两方面的教育,体育教师拥有过硬的专业素养,是完成教学目标的关键,更是学生身心健康发展的关键因素。

随着2011年新课程标准的颁布,新一轮的体育教学改革正如火如荼地开展,对体育教师专业素养要求也越来越高。细心的管理层面已经发现,体育教师专业素养的提高和完善才是教学改革的难点与关键。那么,体育教师必须从下列方面来提升专业素养:综合文化知识储备与讲授能力,专业技术表现与示范能力,体育教师个人身体素质,体育教师的思想道德水准、职业道德素养以及心理健康水平等。

为提升教师队伍整体素质,根据教育部《关于加快推进全国教师教育网络联盟计划,组织实施新一轮中小学教师全员培训的意见》及省市教师教育工作会议精神,结合宁波市的实际,现就实施体育教师素质提升工程提出以下意见。

一、综合文化知识储备与讲授能力的提高

综合文化知识储备与讲授能力,也就是我们日常所说的体育教师的理论水平,长期以来体育教师的"文化底蕴"相对其他学科教师较弱,主要原因有三:

首先,高中体育考生的特点,也就是体育教师诞生的原型。在我国的高考制度中,往往使得稍有体育运动水平且缺乏文化考试能力的学生选择考取体育院校。虽然这些学生在体育运动水平上略高于普通高中生,但文化成绩却相差甚远。这也是之后诞生的体育教师之所以缺乏文化底蕴的主要因素。

其次,大专院校对体育系学生的培养方向也有悖于以后的"课堂教学"。无论是大专院校对体育系学生的考核还是学生的喜好或主观意向上,大学期间学生的大部分精力都会花在运动水平的提高上(主要是为了参加各级各类的专项比赛)。

最后,体育教师的学习习惯也是制约自身文化发展的因素。不善静下心来看书、不愿意主

动地补充和提高理论水平。

然而,提高体育教师的综合文化知识储备与讲授能力是新一轮课程改革所必需的。笔者认为,做好这项工作我们必须从以下几方面入手:

1. 阅读与笔记相结合

学校增加报刊的订阅量,给教师提供阅读与学习的契机。如可以订阅《中国学校体育》《教育教学》《运动》等,还可以推荐教师阅读蕴含着体育教学技巧的书籍和音像,如《田径运动教程》《体育游戏》《球类运动教学课件(VCD)》等,要求每位教师每学期读一本教育教学专著或刊物,写2~3篇读书笔记或心得体会,摘记8~10篇经典美文,每人每学期写1篇教学反思或教学案例,每学年写1篇较高质量的教育教学论文,并不定期地组织各种征文活动,或把教师的教育感想发布到网站上共享。

2. 不断更新教育理念

我们的教育在不断地进步,我们的体育教学也随之发生着变化。从新课程改革以来,国家多次修订了课程标准,这就需要广大的体育教师适时阅读和深入理解课程标准,及时更新教学观念。2011年课程标准再次修订,预示着新一轮课改的开始,我们要充分理解标准的指向,结合自己的课堂教学把握教学的脉搏。

3. 制订学习计划,明确学习目标

每位教师根据自身特长、兴趣爱好、知识结构、学历背景等多方面因素,确立三至五年的"教师个人成长意向"。然后,学校根据实际情况及教师本人意愿,确立每位教师的"教师成长方案"。此后,为达成方案中的目标,学校尽力为每位教师创造各种机会,促进教师快速成长,教师自主付出,为达成目标而努力。

二、发挥教研组作用,提高课堂教学能力

在教师专业素养的提高上,我们要发挥教研组、备课组、年级组的作用,集思广益,群策群力,共同探讨、共同成长。

1. 教科研主题课题化

学校教研与科研的目标是一致的,所以把教研与科研统一起来可以提升教研的高度,也可以揭开科研神秘的面纱。每位体育教师都要有自己的应用性课题。在日常的教学中逐步积累教学经验,在研究中成长起来。

2. 教研内容系列化

体育教师要上好"三课",即老教师、优秀教师给青年教师上好示范课,青年教师上好汇报课,课题研究上好研讨课。老教师、优秀教师在长期的教学中积累了丰富的经验,他们示范给青年教师的是言传、是身教,让青年教师领悟到上课的方法与技巧,感受到教学的入门要领;青年教师上汇报课,便于检验他们学习的效果,并在发现优点后及时地给予肯定,发现缺点后给予正确的引领,使其快速入门;课题研究的研讨课,主要是针对课题研究中的某个问题,或为验证一个新观点是否可行,或为阐明一个尚未十分清晰的定义,或为实践一个教育理念而探讨。

3. 教科研形式沙龙化

办公室非正式交谈式：教师的办公室分配考虑到教相同学科的教师交流方便。例如在同一办公室，在教学同一课时，各自备课，然后相互交流教学的思路，每人的教学思路会有所不同，但殊途同归。这种交流，安排在课前、课中、课后都可以，而且交谈的时间也不限，可长可短，每位教师都可以在别人的教学思路中取长补短。不仅这样，教师在教学过程中发现了疑难点，也可以随时在办公室内进行非正式的交谈，不受教研活动的时间限制，较为灵活。

三、课堂教学与教案编写的提高

1. 处理好学生和教师的关系

教师拥有怎样的语态和教态，就直接决定了师生之间的关系怎样。如果对学生的控制过于严谨，牢牢地把学生控制住，课堂气氛就会比较沉闷。虽然学生能按照教师预设的环节去学习，但是他们并没有主动去探究，只是一味地执行教师的命令，所以学生的学习并不快乐。如果教师语言生动活泼，一句话，一个笑脸，一个夸奖，都能给学生以激励，使其身体放松，交流主动。学生在完成练习任务的同时，还会有强烈的表现欲望，他们希望让老师来发现，来表扬，而老师也应牢牢把握学生的这种心理，适时地进行引导，为有效地达成教学目标奠定基础。

再仔细想想，和学生进行交流，我们不妨身体低一点，声音小一点，距离近一点，道理浅一点！这样的教态，就更能与学生融合在一起，更能走进学生的心灵。贴近了学生的心，就能了解学习的情，如此一来，课堂教学的重点、难点就会迎刃而解。

2. 单元计划与课时计划的关系

单元计划有别于课时计划，这一点说起来每个人都知道，也很好理解，但是真正在执行的时候，还是有很多教师会混淆。有的教师想在一节课中解决所有问题，往往就会出现教学环节很多，层层深入，循序渐进，最后还期望有拓展性的提高。试问这样的教学安排，可能执行吗？如果一个动作的技能可以在一节课中全部学会的话，那么就没有单元计划之说了。

3. 技能教学与运动兴趣的关系

虽然2011年新的课程标准已经公布了一段时间，但是技能教学与运动兴趣在不同的教师中还是有不同的理解。技术是进行有效教学组织的保证，我们的教学，必须要教会学生一定的技能，而且要在快乐的学习氛围中自然而然地学会动作——也就是寓教于乐。乐是为了学会动作而铺设的方便之路，乐却不可以喧宾夺主，抢占教学的主角。这一点很重要，既能让学生快乐，又能让学生学会技能，这样的教学，我想所有人都不会反对的。

新的课程标准明确规定，水平一以运动和兴趣培养为主，水平二以提高身体素质为主，水平三以发展技能为主。但是我们不能单一地追求某一目标，我想不同阶段的目标有所侧重，但不是全部，我们需要相互联系，承上启下。两者或多者的结合是最好的，但两者完美的结合是很难的，需要我们不懈的思考和研讨。我们需要不断地研讨，旨在找寻出一套近乎完善的教学步骤，并可以直接运用于我们日常的课堂教学，使课堂教学处于一种高效的常态之中。

4. 教学目标预设与达成的关系

教师课前的预设,在课堂教学中完全执行是不可能的,我们要根据教学的实际情况,有效地进行改变。这是一个预设与生成的关系,教师的备课只是对课堂教学的一种预案,如果教学中,不考虑学生的实际情况,按部就班地展开教学,那就会出现"蜻蜓点水""流于形式"的现象。

在教学过程中,会出现许多备课时没有预想到的状况,例如:肥胖的学生、捣蛋的学生、调皮的学生、好自我表现的学生等,又如篮球砸到头、跑步擦破皮、为器材吵架等纠纷。这些现象都是在课前难以预设的。如果教师不对教学进行及时的调整和处理,就将直接影响教学目标的达成。如果教师善于处理突发事件,善于根据学生练习状况,对教学适时、适地地进行调整,那样的课堂教学肯定是有效的,肯定能达成预设目标。

四、专业技术表现与示范能力的提高

体育教师因为学科的特点,往往某项体育技能水平突出,但综合能力不强,然而我们的课堂教学需要一专多能的老师,既有一技之长,又能胜任所有项目的教学。

1. 开展教师专业技能的培训

这是一种最有效地提高教师专业技术水平的方式。培训可以针对课堂教学中出现的各种教材,发动有专长的体育教师带领大家进行练习,并给予指导,从而提高教师对教材的把握能力。

2. 开展多层次的教学基本技能比赛活动

基本功比赛可以最大限度地激发教师对自身教学技能的修炼(可以是学校、县、市等多级的比赛)。每一次的比赛,都是一次对教学技能的复习、提高和再认识,通过层层的选拔和比赛,既可以不断提高体育教师自身的专业素养,也可以逐渐明确正确的教学技能动作。

五、创造多样培养方式,促进教师成长

1. 请进走出多学习

在教师成长的过程中,如有专家的参与,会帮助他们在研究时少走一些弯路或节省一些时间,或在迷茫时得到点拨而突然感悟。学校不断聘请省、市、区各级各学科、各方面的专家来校讲座、听课、指导评议。在专家的指点下,许多创意油然而生,许多疑点豁然开朗,许多问题得到了解决,这是教师自己埋头苦学所达不到的。专家请进来,我们也让教师们走出去,创造机会,让体育教师尽可能参加省、市、区级的培训、学习。

2. 分层培养快成长

参加工作五年以内的青年教师,重点提高他们的知识水平,通过各种途径的继续教育,达到更高的学历;业务上加强指导,为他们请师父及专家定期指导,提高教育管理和教学水平,每学期完成一定数量的公开课、听课、教学论文的任务,并为他们创造校内外参观学习及参加业务竞赛的条件,促使他们尽快成为一名合格的教师。工作五年以上的教师,每学期完成一定数量并有一定质量的公开课、至少发表一篇教育科研论文,能有创新内容,教育方法及效果达到新的层面,争当优秀教师。对于学校的骨干教师、中级以上职称的教师,要明确职责,履行相应

的义务,享受相应的权利,并将聘任工作和绩效工资结合起来,进一步提高他们的工作积极性,为学校发展出力。

3. 师徒结对共提高

师徒结对活动是提高教师专业素养水平的最有效途径,可以是新老教师的师徒结对,也可以是骨干教师与中青年教师的结对(如名师带徒活动、名师工作室、特级教师带徒活动等)。通过这种形式,充分发挥师父(骨干教师)的"传、帮、带"作用,促使新教师和中青年教师在理论、论文、说课、评课、上课五个方面的快速成长。

体育教师素养的提高,直接影响着素质教育的深入实施和教育质量的全面提高,影响着体育教育事业的健康发展。必须充分认识教师素质提升工作面临的形势和问题,始终把教师素质提升工作作为提高教育教学质量的根本措施和促进体育教育事业持续发展的长久大计,常抓不懈,抓出成效。

文不像读书郎,武不像救火兵
——谈年轻体育教师教学技能弱化现象

素质教育是一种以提高人的素质为根本目的的教育模式,能否真正落实,关键在于教师。同理,一所学校体育工作开展得好坏、有无特色,关键也在于这所学校体育教师的能力。曾记得一位老校长说过:过去校长调离的时候会带走两个人到新的学校,一名是总务主任、一名就是我们体育教师。一句话道出了优秀体育教师在校长心目中的地位。但近些年来,笔者在与一些主管业务的市领导及部分学校领导交流的过程中,却常会听到"现在年轻的体育教师怎么连篮球、排球也不会""大专院校毕业的专业学生不如原先的师范生""现在的体育教师真是文不像读书郎、武不像救火兵"等感叹。这些话,让身为一名体育教师的笔者深有感触,同时也引发了一些思考。我们年轻的体育教师怎么了?笔者想,关键还是在于我们年轻体育教师的教学技能呈普遍弱化的现象,"丢"了胜任体育学科教学所必备的能力。下面,笔者就年轻体育教师教学技能弱化现象谈谈自己的一些想法,与同仁交流。

一、体育教师应具备的教学技能

对于体育教师应该具备的教学技能,曲宗湖教授在《体育教师的素质与基本功》一书中做了很好的阐述。他认为:体育教师要具有较强的思想与品德、意识与观念,知识结构,组织体育活动与社会实践活动的能力、审美塑美能力、工作管理能力和科研能力。由此可见,体育教师除了具备作为一名教师所应该具备的能力外,还应该有体育学科独有的专业技能即组织锻炼能力。这也是最能体现体育教师本位和专业特征的教学技能。

组织锻炼能力是指体育教师能组织学生进行正确锻炼(学习、锻炼、竞赛)的能力。体育与健康课除了理论课外,都在体育馆或室外运动场进行教学,课堂大,学生多,场地设施、器材设备布置复杂,这要求体育教师必须具备一定的组织能力。如:组织队伍能力、喊口令能力、在课堂上根据教学内容组织教学能力,组织能力的好坏直接影响教学效果。同时,体育教学与其他学科教学相比最大的差别就是体育教学需要教师的"动作示范",即传授动作技能。体育教师只有在熟练掌握运动技能的基础上,才能做出正确优美的示范动作,采用合理教学手段与组织形式,才能进行动作要点与练习方法的讲解、观察分析技术与纠正错误动作,才能进行正确的保护与帮助,做到因材施教与区别对待。只有这样,才有可能指导学生进行正确的运动技能学习。

因此,"野蛮其体魄、文明其精神"应该是对一名优秀体育教师最好的诠释。

二、年轻体育教师教学技能弱化现状

从宁波市举行的五届中小学体育教师基本功比赛和历届的教坛新秀、优质课评比情况来看,目前一些年轻体育教师与中青年体育教师相比普遍存在教学技能弱化的现象,对此,省教研员余立峰老师也在《切实加强教师基本功修炼 有效推进课程改革的深入实施》一文中指出:目前年轻教师教学技能先天不足并整体呈下降趋势。笔者认为,目前年轻体育教师教学技能弱化,主要体现在以下三个方面:

1.备课能力的弱化

备课能力是教育教学能力的综合体现,是高效课堂的保证。从一位教师的备课能力中,可以看出该教师对体育学科特点的认识、对教材的处理能力、对该学段学情的把握等情况。目前,一些年轻体育教师在备课时经常出现无单元意识、难以把握教学目标及重难点、教学内容与教学方法概念不清等现象,甚至连体育学科最本质的运动技术的结构都无法把握。比如:课时的运动负荷预计、场地器材的布置等。在好多年轻体育教师独立完成的体育教案中,能做到文通句顺,表意准确的不多。

2.运动技能的弱化

运动技能是构建体育教师教学技能的基础。体育教师教学技能的高低,很大程度上与自身掌握运动技能的好坏有关。从这些年踏入体育教师队伍的年轻教师来看,我们不难见到:年轻体育教师参与学校开展的各项体育活动少了;年轻体育教师能胜任本校各个运动队辅导工作的少了;甚至年轻体育教师在传统的篮排球项目中技能展现也少了。

3.组织能力的弱化

提到组织能力,与其他各学科相比较,这个能力对于体育教师尤为重要。无论是几十个学生的课堂教学、训练,还是上千人的大型体育活动,都需要我们体育教师镇定自若地运筹帷幄,这也是过去体育教师被校长青睐的重要原因。然而,现在好多年轻教师在课堂教学上看似与学生打成"一片",体现师生"民主"的快乐学习,实则好多都是"无效"课堂,有"放羊"之嫌;在篮球教学后,让学生把篮球随意摆放,结果在练习障碍跑时学生被风吹过来的篮球绊倒了;在组织学校运动会时,要鸣枪发令了才发现枪卡住了,要统计成绩了发现总记录表没准备,要换跳高杆了才发现器材室只有这么一根。这些都是我们年轻体育教师开展教学和体育活动时组织能力弱的具体表现。

三、年轻体育教师教学技能弱化现象的成因

年轻体育教师教学技能弱化现象的存在已是不争的事实,此现象产生的因素很多,主要的原因是:

1.高校扩招的"后遗症"

1999年开始的高校扩招制度使一些体育院校为了争夺生源,在体育术考时降低要求,让一些会摆几个"招式"的"武术特长生"、会做一个三步上篮的"篮球特长生"都进入了体育院校。再加上我国高校普遍存在的"进去难,出来易"的培养模式,使一部分学生在高校就读期间得过且过,应付了事,四年的大学生涯没能使他们在自身运动技能与文化素质上有质的提高。同时,一些高校,为了应对目前教师偏重理论的招聘方式,花一两个学期,采用"应试"教育方式来专门学习理论方面的知识,淡化技能教学与考核,从而提高院校毕业生的就业率。

2.教育部门招聘体育教师的程序欠妥

我市前些年体育教师的招聘方式基本都采用理论考试加说课的方式,而这两种形式都是侧重于理论,也就是说即使运动技能一点不会,都有可能被录用。这样的招聘方式往往会把一部分技能优秀而理论欠缺的考生拒之门外。我们知道,一名优秀的体育教师对于运动技能的掌握必须"一专多能"且"专到一定水平",而对于一名年轻教师来说,技能的提高难度远高于理论的提高。

3.体育教师自身的学习与锻炼不够积极

当前,由于受教育经费、场地器材的限制,甚至因体育工作不受重视,体育教师的辛勤劳动不被承认,在市场经济的大潮中,体育教师付出多,回报少,使很多年轻体育教师对自己的职业产生了懈怠,缺乏自身发展需要的动力,要主动锻炼的激情荡然无存。同时,网络时代快速发展使更多年轻体育教师过多地依赖于网络资源,成了忠实的"搬运工",而一旦离开了网络他们就变成了一个十足的"睁眼瞎"。

4.教师培训项目过于注重理论

目前我们年轻体育教师参加的各类培训项目种类繁多,但纵观这些培训都过于注重理论知识,多数时候都是让年轻体育教师坐在教室或报告厅听一些专家传授如何进行说课、如何落实有效课堂等,缺乏对年轻体育教师进行运动技能项目实践培训,缺少让他们重新走上操场进行实打实的操练,而使运动技能日渐衰退。

四、结束语

国家督学(教育部原体卫艺司司长)杨贵仁曾指出:青少年身体素质不容乐观,而提高体育教师教学技能是提高体育教育水平和改善青少年体质的关键环节。因此,笔者期望教育行政部门和教学业务主管部门能正视年轻体育教师教学技能弱化现象,积极采取有效措施,彻底改变年轻体育教师"文不像读书郎、武不像救火兵"的尴尬局面,努力造就一支适应21世纪学校体育发展的"高素质专业化"的体育教师队伍。

中小学体育课教学实践篇

各类动作示范及评价标准

一、田径(田赛)

(一)动作示范

急行跳远。男女都用3m板,中学教学采用挺身式或走步式,小学教学采用蹲踞式。

(二)评价标准

等级	动作标准
优秀	助跑速度快,上板积极快速,起跳准确有力,腾空展体充分、姿势正确,落地缓冲效果好;动作完成轻松自然,协调规范,节奏感强。
良好	助跑速度快,上板较积极快速,起跳准确并有一定的力度,腾空展体较充分、姿势正确,落地缓冲效果较好;动作完成比较轻松自然,协调规范,节奏感较强。
及格	助跑速度较快,上板较积极,起跳较准确,腾空姿势基本正确,落地缓冲效果一般;动作完成基本正确,有一定的节奏。
不及格	助跑缺乏速度,上板减速,起跳不准确,腾空姿势不正确,落地缓冲效果差;动作完成较差,没有掌握正确的节奏。

二、田径(径赛)

(一)动作示范

跨栏跑——弯道跑组合。全程100m,其中直道40m,弯道60m,直道中跨过3个栏。男,起跑至第一栏距离13.72m,栏高0.84m,栏间9.14m;女,起跑至第一栏距离13m,栏高0.762m,栏间8.5m。

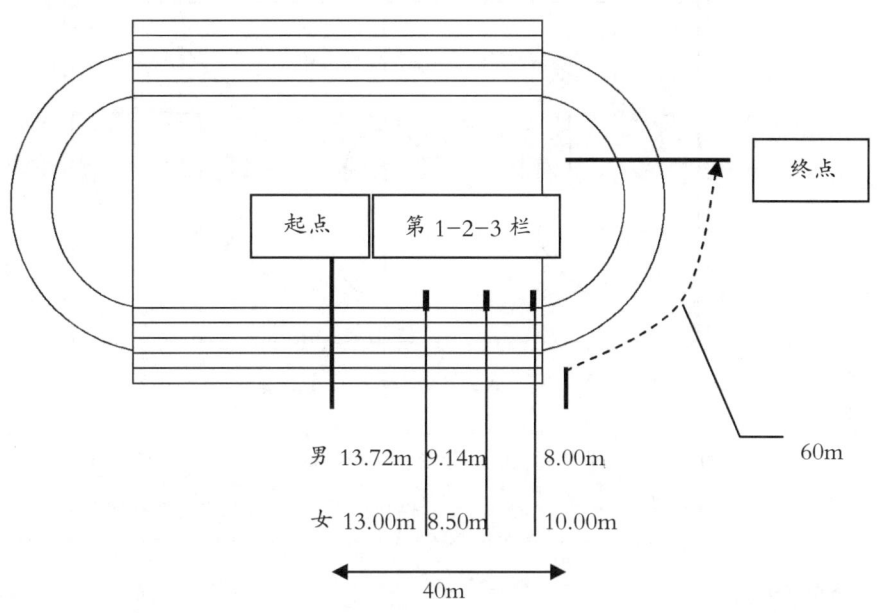

男 13.72m 9.14m 8.00m
女 13.00m 8.50m 10.00m
40m
60m

（二）评价标准

等级	动作标准
优秀	动作正确规范,协调连贯,重心平稳,节奏稳定。过栏和栏间跑速度快,栏间跑重心高,步幅轻快、有弹性;弯道跑时,直道进弯道跑技术衔接自然,身体内倾程度合理。
良好	动作比较正确规范,协调连贯,重心较平稳,节奏较稳定。过栏和栏间跑速度较快,栏间跑重心较高,步幅比较轻快、有弹性;弯道跑时,直道进弯道跑技术衔接较自然,身体内倾程度比较合理。
及格	动作基本正确,但不够协调,重心较平稳,有一定节奏。过栏和栏间跑速度不够快,栏间跑重心不高,步幅不够轻快;弯道跑时,直道进弯道跑技术衔接不够自然,身体内倾程度不够合理。
不及格	不能完成跨栏技术或动作技术不够正确,缺乏协调性和连贯性,重心波动大,过栏和栏间跑速度慢,栏间跑重心低;弯道跑时,直道进弯道跑技术衔接不自然,身体内倾程度不合理。

三、球类(篮球)

(一)动作示范

在端线后持球静止站立,右手运球出发至第一障碍柱前做后转身运球,换左手运球至第二障碍柱前做体前变向换手运球,换右手运球,接行进间单手肩上或行进间单手低手投篮,无论中篮否自抢篮板球,在侧身跑过程中,用行进间双手胸前传球经与助传者两次传球后行进间投篮,结束。每人两次测试机会,计最好的一次成绩。

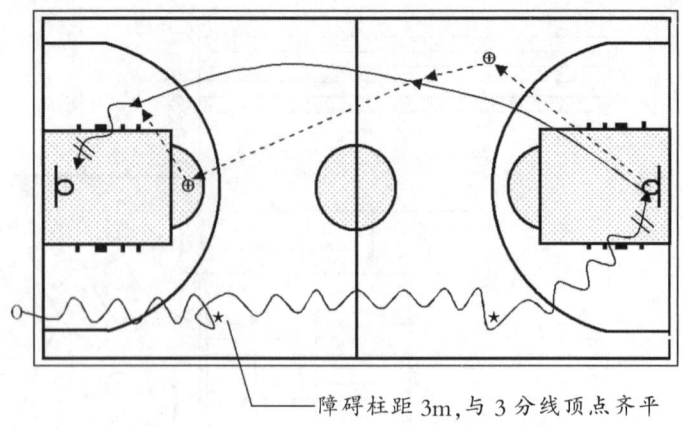

障碍柱距3m,与3分线顶点齐平

图例:O 参赛教师;⊕ 助传者;★ 障碍柱;———→行进路线
------→传球路线;〜〜〜→运球路线;〜〜〜卌行进间投篮

(二)评价标准

等级	动作标准
优秀	动作技术正确规范,运、传、投衔接自然,运球转身平稳,变向迅速,传球落点准确,投篮节奏鲜明且命中率高;整组动作完成协调连贯,节奏流畅。
良好	动作技术正确规范,运、传、投衔接比较自然,运球转身较平稳,变向较迅速,传球落点较准确,投篮节奏较鲜明且命中率较高;整组动作完成协调连贯,节奏较流畅。
及格	动作技术基本正确,运、传、投衔接比较自然,运球转身不够平稳,变向不够迅速,传球落点欠准确,投篮缺乏节奏且命中率不高;整组动作完成比较连贯。
不及格	动作技术不够正确,运、传、投衔接不自然,运球转身不够平稳,变向不够迅速,传球落点不准确,投篮节奏不鲜明;整组动作完成不连贯,出现违例现象。

四、球类(排球)

(一)动作示范

在发球区持球听指令发球,发球后进入场区,接对方推攻球(下手发球或抛球)后连续进行自传、自垫,至前场区连接一次扣球技术,再在网前根据来球拦网或扣探头球。每人两次测试机会,计最好一次成绩。

每个步骤为一项技术,第2~5步骤4项技术(接推攻球、自传、自垫、扣球技术)是一组连贯的击球动作,球不准落地,自传、自垫没有次数限制。

(二)评价标准

等级	动作标准
优秀	准备姿势、击球手型、触球部位、击球动作及用力方法等动作技术正确规范,击球点固定且正确,击球效果好;整组动作完成轻松流畅、协调连贯。
良好	准备姿势、击球手型、触球部位、击球动作及用力方法等动作技术比较正确规范,击球点正确并有一定稳定性,击球效果较好;整组动作完成比较协调连贯。
及格	准备姿势、击球手型、触球部位、击球动作及用力方法等动作技术基本正确,击球点较正确,击球效果一般;整组动作完成比较连贯。
不及格	准备姿势、击球手型、触球部位、击球动作及用力方法等动作技术不规范、不协调,击球点不稳定,击球效果差;不能连贯地完成整组动作。

五、球类(足球)

(一)动作示范

从中线出发,行进间颠球(除手以外的身体任何部位触球),球落地后即以脚内侧传地滚球的方式和助传者进行踢墙式二过一配合,受试者用脚内侧接助传者传过来的地滚球后依次运球过障碍,过完最后一个障碍用脚背正面射门。运球过障碍的动作方法不限。每人两次测试机会,计最好一次成绩。

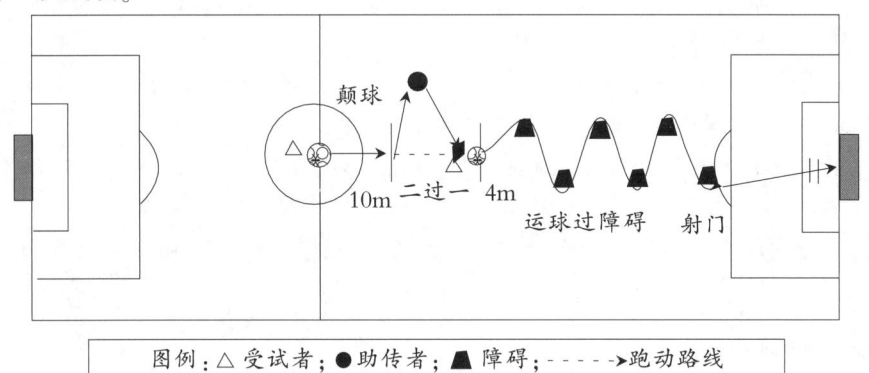

(二)评价标准

等级	动作标准
优秀	动作技术正确规范,踢球、射门准确有力,颠球、运球连贯娴熟,停球效果好;整组动作完成协调轻松、连接紧凑、快速合理。
良好	动作技术比较正确规范,踢球、射门比较准确有力,颠球、运球较连贯娴熟,停球效果较好;整组动作完成比较协调轻松、连接较紧凑。
及格	动作技术基本正确,踢球、射门比较准确,颠球、运球连贯性以及停球效果一般;整组动作完成比较协调、连接不够紧凑。
不及格	动作技术不规范,踢球、射门不够准确,颠球、运球连贯性以及停球效果较差;整组动作完成不够协调、紧凑。

六、体操(技巧)

(一)动作示范

1.按顺序在规定区域等候出场,出场时,面向裁判右手上举示意动作开始,动作完成后,面向裁判站立,两臂侧上举示意动作结束。

2.应连贯完成规定组合动作,动作失败,在裁判示意允许的情况下,可从失败动作处继续,但一个动作反复失败达三次,此动作记零分。

3.应着简洁运动装和体操鞋,禁止佩戴项链、戒指、手镯、手表等饰物参赛。

男子技巧组合动作:直立—鱼跃前滚翻—蹲撑跳成屈体分腿俯撑—体前屈两臂侧举(稍停)—分腿慢起成头手倒立(停2″)—前滚翻成直腿坐—经体前屈后倒屈体后滚翻成直立同时两臂上举—(趋步)侧手翻—向前并步成直立。

女子技巧组合动作:直立—前滚翻—直立,两臂经侧至上举,上一步成俯平衡(停2″)—单脚蹬地前滚翻成直腿坐—经体前屈后倒成肩肘倒立(停2″)—经单肩后滚翻成单腿跪撑平衡—成跪立—跪跳起—侧手翻—向前并步成直立。

(二)评价标准

等级	动作标准
优秀	动作完成轻松自如、协调连贯,姿态好,幅度大,方向正,有节奏;腾空明显,滚动圆滑,跳起充分,平衡稳,倒立直。
良好	动作完成较轻松自如、协调连贯,姿态较好,幅度较大,方向正,有节奏;腾空较明显,滚动较圆滑,跳起较充分,平衡稳,倒立直。
及格	动作完成不够轻松自如、协调连贯,姿态不好,幅度不够大,方向出现偏差,节奏欠佳;腾空不明显,滚动不够圆滑,跳起不充分,平衡较稳,倒立较直。
不及格	不能完成某一动作或成套动作完成吃力,姿态差,幅度小,明显偏离方向。

七、体操(器械)

(一)动作示范

1.按顺序在规定区域等候出场,出场时,面向裁判右手上举示意动作开始,动作完成后,面向裁判站立,两臂侧上举示意动作结束。

2.应连贯完成规定组合动作,动作失败或掉下器械,在裁判示意允许的情况下,可从失败动作处继续,但一个动作反复失败达三次,此动作记零分。

3.应着简洁运动装和体操鞋,禁止佩戴项链、戒指、手镯、手表等饰物参赛。

男子双杠(低杠)组合动作:挂臂撑单脚蹬地屈伸上成分腿坐—慢起成肩倒立(停2″)—前滚翻成分腿坐—屈膝弹杠并腿支撑后摆转体180°成分腿坐—分腿坐挺身前进接支撑前摆—支撑后摆下。

女子双杠(低杠)组合动作:跳起支撑前摆成分腿坐—前滚翻成分腿坐—分腿坐前进—后摆转体180°成分腿坐—屈膝弹杠并腿支撑后摆—支撑前摆下。

(二)评价标准

等级	动作标准
优秀	动作完成自然连贯,姿态美,幅度大,节奏好,有弹性;倒立稳定(男),转体及时、方向正确,下法展体充分,落地稳。
良好	动作完成较自然连贯,姿态较美,幅度较大,节奏较好;倒立较稳定(男),转体较及时、方向基本正确,下法展体较充分,落地稳。
及格	能完成动作,但幅度不够大,节奏较差,出现停顿现象,倒立欠稳定(男),转体不够及时、方向存在偏差,下法展体不充分,落地较稳。
不及格	不能完成某一动作或成套动作完成很吃力,姿态差,幅度小,出现砸杠现象。

八、武术(徒手类)

(一)动作示范

《形神拳》武术套路(参见《普通高中课程标准实验教科书体育与健康(必修全一册)》教师教学用书,人民教育出版社,2007年1月出版)。

预备势—并步抱拳礼—左右侧步冲拳—开步推掌翻掌抱拳—震脚砸拳—蹬腿冲拳—马步左右冲拳—震脚砸拳—蹬腿冲拳—马步右左冲拳—插步摆掌—勾手推掌—弹踢推掌—弓步冲拳—抡臂砸拳—弓步冲拳—震脚弓步双推掌—抡臂拍脚—弓步顶肘—歇步冲拳—提膝穿掌—仆步穿掌—虚步挑掌—震脚提膝上冲拳—弓步架拳—蹬腿架拳—转身提膝双挑掌—提膝穿掌—仆步穿掌—仆步抢拍—弓步架裁拳—收势。

(二)评价标准

等级	动作标准
优秀	动作规范,方法正确,路线清楚,协调连贯;精神饱满,全神贯注,手眼相随,节奏明显,富有气势。
良好	动作较规范,方法正确,路线基本清楚,比较协调连贯;精神饱满,全神贯注,手眼相随,节奏比较明显,有一定气势。
及格	动作比较规范,方法基本正确,路线基本清楚,协调性和连贯性一般;精神较饱满,手眼基本相随。
不及格	动作不规范,方法、路线不正确,不清楚、不能把整套动作演练下来。

九、武术(器械类)

(一)动作示范

《健身短棍》武术套路(参见《义务教育课程标准实验教科书体育与健康(七~九年级全一册)》,人民教育出版社,2001年6月第1版)。

预备势—起势—提膝平抡—马步斜劈—上步平戳—撤步盖把—独立劈棍—震脚前戳—换把举棍—弓步劈棍—跟步挑把—马步劈棍—转身拨棍—马步斜劈—收势。

（二）评价标准

等级	动作标准
优秀	身械合一，连贯完整，能灵活、自如地使棍和动作配合；身随械动、械随身转，演练棍不触地、触身、脱把；动作连贯，力量充沛，攻防意识强；动作正确规范。
良好	身械比较合一，也比较连贯完整，能较灵活、自如地使棍和动作配合；身械较协调，演练时有些动作有触地、触身、脱把现象；攻防意识强，动作比较正确规范。
及格	身械合一，动作连贯完整一般，能比较灵活、自如地使棍和动作配合；有时棍触地、触身、脱把现象比较明显；不能把攻防意识体现出来；动作基本正确。
不及格	不能身械合一，动作不连贯、路线不清楚，棍触地、触身、脱把的现象比较严重，动作不到位。

十、韵律体操、健美操与舞蹈

（一）动作示范

《全国健美操大众锻炼标准第三套动作》二级成人套成套动作，地面动作（力量训练部分）不做。参见中国健美操协会2009年8月审定的《全国健美操大众锻炼标准第三套动作图解》。要求配合音乐进行成套动作的展示。

（二）评价标准

等级	动作标准
优秀	动作正确规范，熟练轻松，连接自然流畅，动作转换及方向变化干净、无多余动作；身体协调性好、有弹性，姿态舒展优美；动作与音乐节奏准确并能充分表现音乐的情绪。
良好	动作正确规范，比较熟练，连接较自然流畅，动作转换及方向变化比较干净、无多余动作；身体协调性较好、有一定的弹性，姿态比较舒展；动作与音乐节奏准确并能表现音乐的情绪。
及格	动作基本正确，无漏做动作，连接较自然，动作转换及方向变化比较干净；身体协调性一般；动作与音乐节奏准确并基本上能表现音乐的情绪。
不及格	不能完成全套动作或动作不够正确规范，连接不自然，动作转换及方向变化不干净、出现多余动作；身体协调性差，出现过分松弛或紧张现象；动作与音乐的节奏不准确。

典型教学案例

小学部分案例一：原地侧面投掷轻物

一、教材分析

本教材是小学体育教材中的重要教学内容之一，与日常生活密切相关，通过学习，学生能提高生活实践能力，发展上肢力量与协调能力，很有现实意义。由于该项目具有趣味性、竞技性等特点，学生非常喜爱。在小学教材中主要安排原地侧向投掷沙包或垒球的教学内容，在教学时要注意对学生握球方法的指导。教师要利用有效的教学手段激发学生学习投掷垒球的兴趣，并使其形成良好的投掷姿势，为以后进一步学习行进间投掷垒球做好准备。

二、学情分析

三年级的学生正处于身心发展期，他们活泼好动，喜欢展示自我，学习兴趣很高，学生间存在较大的个体差异性，同时也有注意力不易持久等特点。为此在教学中要着重发挥教师的主导作用，全课以教师的教为教学主线，在此基础上开发学生的创造性思维，调动学生在教学中的主体参与意识。在本课的教学设计中，根据低段学生对投掷轻物的动作概念不清的普遍现象，在教学中着重练习引臂与用力两个环节，并通过异侧臂的引导定位解决学生练习中存在的出手角度不正确的问题。

三、单元教学重难点

重点：练习时器械挥臂出手的方向、角度要正确，学生的挥臂速度要快。
难点：蹬地转体与挥臂投掷的协调配合。

四、单元教学计划

单元教学目标	1.使学生了解原地侧面投掷轻物的动作结构,能说出动作要领。 2.通过教学使学生掌握原地侧面投掷轻物的动作方法,做到投得远、投得准,并提高上肢力量和投掷能力。 3.在教学中培养学生吃苦耐劳,勇于进取的意志品质。			
课次	教学内容	教学目标	组织教法	重点与难点
1	学习投掷轻物的握法与徒手挥臂动作。	通过教师传授使学生学会投掷轻物的正确握法与引臂动作。	四列横队,教师运用分解教学法进行镜面示范,学生与老师同步练习。	重点:正确的徒手挥臂动作。 难点:动作连贯,以肩为轴挥臂。
2	学习原地侧面投掷轻物技术。	1.体会原地侧面投掷轻物的动作过程。 2.学生能正确连贯地完成投掷动作。	1.教师示范讲解完整的侧面投掷轻物动作。 2.讲解练习要求:听老师信号完成投与捡轻物。 3.学生分四组,两侧间距20米持轻物按教师的指挥进行练习。	重点:动作连贯协调,器械飞行方向正确。 难点:挥臂加速与轻物飞行方向的控制。
3	改进提高原地侧面投掷轻物技术。	1.针对部分学生在练习中存在的动作不够连贯、协调现状,教师进行个别纠正与指导。 2.使学生知道决定投掷远度的两个主要因素——器械出手速度和出手角度。	1.提出问题,组织探讨。 2.解答提问,教学实例展示。 3.学生分开练习,体验尝试。 4.个别纠正,改进提高。	重点:出手速度与角度的控制。 难点:蹬地转体与迅速挥臂的配合。
4	原地侧面投掷轻物,掷远、掷准。	1.发展学生投掷能力,激发学生学习潜能。 2.通过学习使学生能够将轻物掷得远与准。 3.通过游戏练习提高学生的学习兴趣。	1.按常规队形分四组。 2.在练习场地里画出四条不同距离的远度线。 3.攻击目标比远练习。 4.在练习场地画大小两个同心圆,学生站在大圆外听老师的指挥向小圆内做攻打堡垒的游戏。	重点:通过参照物的设置,使学生能够将轻物投得远、准。 难点:在正确技术动作的前提下将"炮弹"发射到堡垒里。
5	原地侧面投掷轻物考核。	1.检查教师教学效果和学生投掷动作掌握情况。 2.评定学生体育课学习成绩。	1.讲解本次课考核的顺序和评分的方法。 2.按学生名册顺序依次进行三次投掷,取最优成绩记录考核栏目内。 3.分两组进行分组轮换考核。	重点:在正确运用技术的前提下将轻物投得更远。 难点:协调用力。

五、课时教学计划

教材内容	1.原地侧向投掷轻物。 2.游戏：穿山洞。		适应年级	水平一：二年级
			课　次	第一次

教学目标	1.理解侧向投掷动作是通过身体蹬、转、挥协调配合才能完成的；利用自制教具激发学生的学习兴趣，感受运动的快乐，增加学生主动参与运动的意识。 2.通过教学让大部分学生掌握蹬、转、挥以及肩上屈肘的动作，少数学生能协调地完成动作；通过学生间的相互合作让学生掌握接力赛的方法。 3.让学生在宽松、和谐的练习氛围中，培养善于思考、积极探究、共同提高的精神，促进他们相互间的交流与合作，体验运动带来的快乐。

教学次序	教学内容	教师活动	学生活动	组织要求	时间	次数
开始部分	1.课堂常规。 2.和老师石头剪刀布分发器材。 3.抓尾巴。 4.开始抓尾巴游戏。	1.师生问好，讲述课的内容及要求。 2.提示游戏方法，和学生一起玩。 3.启发学生创造不同的玩法，自由发挥想象。	1.认真听老师布置任务。 2.根据老师的提示，积极开动脑筋，创造出新的斗牛方法。 3.充满激情，感受快乐。	1.四列横队： ×××××× ×××××× ×××××× ×××××× △ 2.散点。	3分钟	8~9次
准备部分	一、放礼花 1.放各种花样礼花。 2.集体放礼花。	1.为了成功抓到尾巴，开始庆祝放礼花（动手把红布变成礼花）。 2.巡回观察，分别提示各种抛接球。 3.集体一起放礼花：口令(点火—放)全体学生一起向上抛。	1.学生思考如何把礼花放得更高。 2.尝试各种方式的礼花抛接球。 3.更仔细听老师讲解，集体练习。	1.散点。 2.围教师散点。	5~7分钟	12~15次
基本部分	一、原地侧向投掷布球 1.体验动作。 2.两人面对面投掷练习。 3.投过目标横绳掷远。	1.把礼花变成布球，原地徒手练习(请出小助手：(1)侧向投掷方向、两脚左右开立、持球后引；(2)蹬腿转身、肩上屈肘；(3)用力挥臂。) 2.两人面对面练习投掷布球。 3.各小组投过横绳比远。 4.师生交流心理感受，教师鼓励表扬，使学生树立信心。	1.学生动手变布球。(拿出小纸条)学生模仿练习。 2.两人一组(个别同学展示、对比)。 3.四人小组分别在投掷线上尝试、比赛哪个同学投得最远。	1.四列横队，两人面对面一组： ↑↑↑↑↑ △ ×××××× ××××××	5~6分钟 9~12分钟	20~25次 3~5次

续表

教材内容	1.原地侧向投掷轻物。 2.游戏:穿山洞。		适应年级		水平一:二年级		
			课　次		第一次		
基本部分	二、"穿山洞"往返跑接力游戏	1.讲解游戏的方法与规则。 2.哨声后,排头从起点出发,穿过横绳,绕过标志物,快速回来把红布传给下一同学,下一同学出发,依次进行。 3.对学生的比赛情况进行及时评价。	1.明确比赛的规则及方法。 2.进行比赛。 3.同学间相互协作,团结互助,友好竞争,争取胜利。	10~15米 ○○○ ●●●○○○ ●●●○○○ ●●●○○○	8~10分钟	2~3次
结束部分	1.放松舞蹈《阿细跳月》。 2.教师小结。 3.回收器材。	1.教师带领学生做放松舞蹈。 2.教师做客观、积极性的评价。 3.学生收回器材。	1.跟随教师做放松操。 2.认真听教师小结和评价。 3.找差距,明确努力方向。	×××××× ×××××× ×××××× ×××××× △	2~3分钟	2次
场地器材	1.录音机一台。2.红布每人一块。3.乒乓球每人一个。 4.横绳一条。5.排球架一副。6.篮球场一块。		运动负荷	练习密度:38%左右。 平均心率:110~120次/分钟。			

小学部分案例二：快速跑

一、教材分析

短跑,是小学体育教学中最基本的主教材之一,其贴近学生生活、满足学生需要、发展奔跑能力的特点,在启迪学生竞争意识、正确面对胜负、尊重同伴上尤为突出。为了让学生逐步形成正确的跑步姿势,掌握跑的简单技术动作,感受运动带来的乐趣,教师在制订水平一快速跑的单元计划时,从学生阶段性学习需要出发,把教材内容和学习目标确定在:重视基本动作学习,强化基础动作训练,提供正确动作指导,强调安全第一意识,发展学生奔跑速度,正确表达胜负情感。

二、学情分析

小学生正处于身心发展期,他们活泼好动,喜欢展示自我,学习兴趣很高,但学生间存在较大的个体差异性,同时也具有注意力不易持久等特点。为此,在教学中要充分发挥教师的主导作用,以教师的教为教学主线,在此基础上开发学生的创造性思维,调动学生在教学中的主体参与意识。在跑的教学中融入了交通安全知识,起到了健身和教育双重功效。跑的另一个练习是在学生跑的线路中加添一个标志物,当学生跑到该物体时绕该物一圈,虽然只是简单地增加了一个标志物,却改变了传统的直线奔跑方式。另外,根据小学生喜爱比赛的心理,在教学设计中可以安排比赛环节,调动学生的学习兴趣,培养快速奔跑的能力。

三、单元教学重难点

重点:发展学生快速跑能力,摆臂放松,后蹬充分。
难点:两腿蹬摆的协调配合。

四、单元教学计划

课次	教学内容	教学目标	组织教法	重点与难点
1	跑走交换	学习跑走交换方法,感受跑走节奏与动作变化,在做跑走交换时,有75%能及时将摆臂和跑走快慢节奏正确地反映出来,并体验集体运动的快乐。	1.教师讲解、示范,学生原地模仿学练摆臂与跑走交换的变化。 2.教师提示重难点及要求,学生分组练习,改进摆臂动作和节奏。 3.学生分组展示、交流和互评。 4.在教师口令指挥下,学生集体自然地做跑走交换练习。	重点:前后摆臂。 难点:节奏控制。 要求:保持距离。
2	自然站立式起跑	通过起跑动作的学习,85%学生能用自然站立式的起跑方法进行快速起跑,体验简单技术动作运用与集体互比的乐趣。	1.教师动作提示,学生分队随教师口令进行模仿动作练习。 2.教师巡视指导,学生分组在不同位置进行起跑的练习与交流。 3.教师指挥,学生分组用自然站立式起跑的方法进行比赛。 4.小组间的互比、互评。	重难点:两脚前后开立,后脚前掌蹬地。 要求:起跑快速。
3	听信号跑	了解不同的起跑方法,知道运动安全的重要性,听到信号后,85%学生能做出快速起跑的反应,体验集中注意力所带来的快乐感受。	1.学生小组在规定时间里,在各自疏散后的位置上进行自然站立式起跑练习。 2.教师信号(叫号、手势)指挥,学生分组互比练习。 3.教师点评。	重难点:动作合理。 要求:反应快,起跑快。
4	不同距离的跑	应用合理的摆臂方法进行不同距离的直线快速跑,以提高快速奔跑能力,发展身体灵敏、协调素质,激发锻炼兴趣。	1.在规定距离进行跑走交换的练习。 2.介绍跑道场地标记含义,指导学生用自然站立式的起跑方法,进行不同距离的快速跑练习。 3.学生小组间的互比(让步、追逐)与交流,教师点评。	重难点:蹬摆有力。 要求:感受奔跑乐趣。
5	快速跑	通过学习,不仅能够用最快速度跑出直线,跑过终点线,而且有85%学生能用所学的跑的动作,完成快速跑。	1.指导学生进行不同距离的跑。 2.用自然站立式的起跑方法听信号跑。 3.教师讲解快速跑的重难点和要求,口令指挥学生分组练习。 4.学生分组展示,教师激励点评。	重难点:摆臂合理,跑出直线。 要求:快速跑过终点线。

五、课时教学计划

教材内容	1.快速跑。 2.游戏：沙包投准。		适应年级	水平一：二年级
			课　次	第一次

教学目标	1.学生了解跑的基本知识，掌握跑的基本方法，提高自己的反应速度和动作速度。 2.通过游戏的练习，提高同学们的投准能力。 3.通过练习，培养学生的竞争意识和勇敢、果断的精神；养成听从指挥和活泼有序地参与运动的良好品质与习惯。

重点难点	重点：发展学生快速跑能力。 难点：两腿蹬摆的协调配合。

教学次序	教学内容	教师活动	学生活动	组织要求	时间	次数
开始部分	一、课堂常规 1.体育委员整队，报告人数。 2.师生问好。 3.宣布课的内容。	1.向学生问好。 2.提出本堂课的内容，安全教育。	1.体育委员整队。 2.整队、集合做到静、齐、快。 3.明确上课内容及目标；认真听讲。	×××××× ×××××× ×××××× ×××××× 　　△	3分钟	1～2次
准备部分	一、贴膏药游戏	1.提示游戏方法，和学生一起玩。 2.启发学生创造不同贴法，自由发挥想象。	1.根据老师的提示积极开动脑筋，创造出新的玩法。 2.充满激情，感受快乐	○○○ ○△□○ ○○○○ ○○	5分钟	3～5次
基本部分	一、跑的专门练习（原地摆臂、高抬腿、后蹬跑） 1.分组练习。 2.30m加速跑。 3.60m让距离跑。	1.教师用激励的语言，激发学生的练习激情。 2.教师正确、优美地示范。 3.组织学生练习。 4.组织学生展示。 5.小结与点评。	1.认真听讲，明确动作要领 2.仔细观察，认真思考。 3.积极参与练习。 4.展示自我。 5.找差距，明确努力方向。	———— ———— ———— 　△ ××　○ ××　○ ××　○ ××　○	15分钟	5～8次
基本部分	二、游戏 沙包投准：面对投掷方向，两脚前后开立，左（右）脚在前，右（左）手持沙包屈肘于肩上，肘关节向前，眼看前方。接着持沙包手臂经体前摆至体后，两脚蹬地，同时快速向前挥臂，将沙包投出击打目标。	1.教师用简洁、精练的语言讲清游戏方法与规则。 2.组织学生用自己喜欢的方式投准。 3.教师讲解示范单手前抛沙包投准。 4.组织学生用单手前抛沙包投准距离目标，鼓励学生积极游戏。 5.组织优秀学生展示。 6.组织学生投远距离目标练习。	1.认真听讲，明确游戏的方法与规则。 2.积极参与练习。大胆地用自己喜欢的方式投准练习。 3.听教师信号指挥练习投近距离目标。 4.听教师信号投远距离目标。 5.认真观看，并且掌声鼓励。 6.注意安全，捡沙包时避免相撞。	"投准游戏"组织队形 ▲ □←○ □←○ □←○ □←○ □←○ □：表示海绵垫	12分钟	2～4次

27

续表

教学次序	教学内容	教师活动	学生活动	组织要求	时间	次数
结束部分	1.放松操游戏"放鞭炮"。 2.教师小结。 3.回收器材。	1.教师语言引导指挥并且跟做。 2.组织学生进行放松练习。 3.小结本课情况,谈学习感受,布置课外作业。 4.与学生收回器材。	1.跟随教师做放松操。 2.认真听教师小结和评价。 3.找差距,明确努力方向。	×××××× ×××××× ×××××× ×××××× △	2~3分钟	2次
场地器材	1.沙包7个。 2.海绵垫7块。 3.篮球场一块。			运动负荷	练习密度:38%左右。 平均心率:110~120次/分钟。	

小学部分案例三：篮球传接球游戏

一、教材分析

传接球是篮球运动中基本的技术动作，它可以分为原地传接球、行进间传接球、胸前双手传接球、单手传接球等。其中，双手胸前传接球是最基本的传接球动作。一般在中、近距离运用双手胸前传球。双手胸前传球是传球技术的基础，具有准确性高、容易控制、便于变化等特点。传接球动作分为"传"和"接"两个动作，传球的目的是让对方更好地、顺利地接到球。动作要领：双手持球于胸前，手指自然分开，握在球的两侧偏后，两腿屈膝前后开立。传球时，两腿蹬地重心前移，两臂前伸，手腕向上翻转，利用拇指下压，中、食指拨球将球协调传出。接球的技术要领是两臂前伸迎球，手指自然分开，两拇指成八字形，两手呈半球形。当手触球后，两臂后引缓冲，持球在胸前。

二、学情分析

水平二学生对篮球已经有了一定的掌握和认识。为了能更好地提高篮球水平，根据该年龄段学生学习兴趣广泛，好奇心强，具有很强的创新和模仿意识，喜欢在别人面前展示自己的特点，本单元主要以复习原有篮球技术、学习双手胸前传接球为主教材，运用玩球、耍球及各种游戏提高原地、行进间双手胸前传接球的技术，并以赛促练，提升学生的兴趣度，提高控球能力和合作意识，让学生体验进步与成功的喜悦。在教学中针对学生的心理、生理特点，灵活地安排多样的练习方法，在课堂上为学生创设公平竞争的气氛，留给学生一定的活动天地，让学生在学习、在观察思考中得到启示，得到锻炼，养成终身体育的意识。同时让学生自由组合，有效地激发团队精神、合作精神，有益于各层次学生得到提高。

三、单元教学重难点

重点：传球手型、接球时迎球、触球后重心后移缓冲。

难点：手和脚的动作协调配合。

四、单元教学计划

单元教学目标	1.能够积极主动地参与到篮球练习中来,敢于在练习中展示自己的篮球动作。 2.使学生了解双手胸前传球时身体的基本姿势,引导学生初步掌握手臂带动手腕并拨指的传球动作和接球时的手型,并做到接球时能迎球、触球后重心后移缓冲等动作要领。 3.通过传接球的学习,培养学生相互配合以及同伴间的合作精神。			
课时	教学内容	教学目标	教学重难点	教学策略
1	1.熟悉球性。 2.原地徒手模仿练习。 3.对墙传接球练习。	学生能体会到徒手传球时伸臂、翻腕,接球时迎球缓冲的动作。	重点:徒手传球伸臂和接球、迎球缓冲。 难点:传球时的翻腕。	1.两人一组相距2米练习徒手传接球。 2.两人一组,一人做传球翻腕,另一人帮助扶球体会动作。
2	1.原地双手胸前传接球练习。 2.投球进筐。	引导学生巩固对传球时伸臂、翻腕动作,接球时迎球缓冲等动作的进一步掌握。	重点:徒手传球伸臂和接球、迎球缓冲。 难点:传球时的翻腕。	1.原地两人传接球练习。 2.原地三角传球练习。 3.原地四角传球练习。
3	1.传球得分。 2.传球过圈。 3.传接球比赛。	通过各种传接球的练习,提高学生传球的准确性和速度。	传球的准确性。	1.对墙击打目标分数。 2.三人一组进行传球过圈练习。 3.传球比赛。
4	1.各种方式的传接球。 2.传接球接力赛。	通过多种方式的传接球练习和比赛,进一步提高学生双手胸前传接球的能力。	传得准,传得快。	1.四角、五角、圆形、扇形花样传接球练习。 2.传接球接力比赛。
5	1.运球抢打。 2.运球传球。	学生能主动练习运球、初步掌握跑动中传接球的技术,并在反复的练习与比赛中形成能力。	跑动中传得准,传得快。	1.讲解运球抢打的游戏规则和方法,让学生在游戏中熟练运球技术。 2.两人一组运球传球练习。 3.小组运球传球练习。
6	1.迎面传接球接力。 2.角篮球。	学生能在练习与比赛中提高行进间双手胸前传接球的能力。	跑动中传得准,传得快。	1.小组运球传球练习。 2.讲解角篮球的游戏规则和方法。

五、课时教学计划

教学内容	1.篮球:原地双手胸前传接球。 2.游戏:投球进筐。		适应年级	水平二:三年级
			课 次	第一次
教学目标	1.建立原地双手胸前传球的动作概念,能基本掌握双手胸前传接球的"八"字持球和两肘下沉动作,在此基础上部分同学传球时能连贯协调做到蹬地、伸臂、翻腕。 2.通过游戏与练习,发展学生快速反应、协调、灵敏等身体素质。 3.激发起对篮球运动的兴趣,自觉主动地学练,快乐地与同伴配合完成游戏和练习。			
教学重点难点	重点:原地双手胸前传接球的蹬地、伸臂。 难点:持球时的两肘下沉。			

教学过程	教学内容	教师活动	学生活动	时间	次数
准备部分	1.体育委员整队,报告人数。 2.师生问好。 3.宣布课的内容及要求。 4.安排见习生。 5.准备游戏:各种方式的持球跑:头上、背后、胸前、体侧、边跑边抛、边跑边弹拨等。 6.运球练习 (1)自由运球。 (2)高低运球。 (3)听节奏运球。 (4)运球报数。 (5)行进间运球。	组织与策略: 1.口令指挥。 2.向学生问好。 3.老师宣布本课主要内容和任务。 4.安排见习生,强调安全。 5.讲解游戏方法,组织练习。 6.教师示范领做球性练习,语言激励。	学法与步骤: 1.队列如图示: ××××××× ××××××× ○○○○○○○ ○○○○○○○ ▲ 2.向教师问好。 3.学生认真听讲,积极参与。 4.游戏队形: 5.学生跟随教师练习。 6.听到自己的号后,迅速运球折返。	1分钟 1分钟 5分钟 4分钟	1次 4×8拍
基本部分	一、学习原地双手胸前传接球 传球动作要领:"八"字持球、两肘下沉、蹬地、伸臂、手腕外翻、手指拨球。	组织与策略(一): 1.集合队伍并讲解示范传接球动作要领。 2.组织学生原地模拟传球分解动作,强调蹬地、伸臂、肘下沉。 3.巡视指导,纠错。	学法与步骤(一): 1.认真听讲,仔细观察动作。 练习队形: × × × × ↓ ↓ ↓ ↓ × × × ×	3分钟	10次

31

续表

教学过程	教学内容	教师活动	学生活动	时间	次数
基本部分	接球动作要领:伸臂迎球、手臂缓冲、成传球姿势。 1.原地模拟练习。 2.两人一组练习。 3.结合运球的传球练习,听到"1"时,原地单手运球;"2"时,持球成传球姿势;"3"时,把球传出。 4.三人一组一球练习。 5.四人一组一球练习。 6.规定时间的传接球(10秒钟),看谁传得又多又好。 7.传接球游戏。 方法:全班分成人数相等的四个队,参加者排成纵队,两人一组,①传球给2米外圆圈内站立的②后马上跑到队尾。 二、游戏:投球进筐 方法:略。	4.教师口令指挥练习的同时观察学生动作并纠错,发现传接球中的易犯错误如:传球手心没空出;两肘外展过大等。 5.教师语言指挥,激发兴趣,在动作正确到位的情况下提出更高要求,如传球速度、高度、线路等。 6.组织调动队伍。 组织与策略(二): 1.教师调动队伍,示范讲解练习法。 2.帮助指导,语言鼓励。 3.明确游戏规则方法。 4.小结评价。	2.跟老师一起原地模拟练习传球分解动作,并在练习时参照老师的动作要领,纠正自己的动作。 3.按要求练习,注意在运球后、持球后成传球动作时自己的动作是否标准,听口令练习。 4.听教师讲传接球比赛的要求,按要求传接球,看看在速度要求下,自己动作有没有变形,相互监督、评价。 5.听教师讲解实战运用练习法,按要求积极参与,在练习中体会快速运球和传球的衔接。 练习图: 1 0 0　　0 0 1 0 0　　0 0 1 0 0　　0 0 1 0 0　　0 0 学法与步骤(二): 1.练习队形。 2.积极参与,认真完成,相互评价。	5分钟 5分钟 3分钟 7分钟 4分钟	10次 10次 2次 男:10个 女:5个
结束部分	一、整理放松 二、课堂小结	组织与策略: 1.领做放松操。 2.本课总结讲评。 3.布置收还器材。 4.师生再见。	学法与步骤: 1.随教师做充分放松。 2.集中听讲。 3.男生归还器材。 4.师生再见。	3分钟	1次
场地器材:篮球每人一个,铁环16个。 预计练习密度:35%~40%。 预计平均心率:120~130次/分钟。		课后反思			

小学部分案例四：排球正面下手发球

一、教材分析

排球是中小学生体育教材中的重要学习内容，是一项集体性、竞争性、趣味性和教育性很强的体育运动，主要通过发球、垫球、传球、扣球和拦网等技术进行进攻和防守，属于非身体直接接触的对抗性运动项目。通过本单元的教学，可以发展学生的力量、速度、灵敏、协调等身体素质，并能在教学中提高学生的集体荣誉感、团队协作意识，发展学生的良好人际关系，促进学生身心健康成长。正面下手发球是排球运动基本技术之一，在发球技术中动作难度相对较小，比较适合水平三学生学习，其动作结构主要由身体基本姿势与持球、抛球、引臂击球、击球后身体动作等几个部分组成。抛球与击球的协调配合是学生能否较好掌握动作的关键，学生在教学过程中比较容易出现抛球不稳、击球时手臂弯曲、击球点不正确或不固定、击球时身体重心过于靠后等错误，尤其是学生在练习时如果把握不好击球时机，就容易造成漏击或出球方向偏差，影响正面下手发球质量。在本单元教学时要充分考虑该技术动作的关键因素以及学生在学习过程中的易犯错误，选择科学合理的教学方法、手段、策略，以提高教学的针对性和有效性。

二、学情分析

本教材以水平三(五、六年级)学生为教学对象，该年龄阶段的学生在心理和生理上有其自身特点，处于该学龄期的学生表现出较强的好奇心和求知欲，对新鲜事物非常感兴趣，同时也具有很强的模仿能力和表现欲望，渴望得到老师表扬和同学的肯定。特别是随着他们知识和经验的丰富，具备了一定的想象力和逻辑思维能力，能比较客观地进行自我评价，这些心理特点均有利于开展排球正面下手发球技术和相关知识的学习活动。另外，在生理上由于该年龄段的学生身体发育再次进入一个高速发展期，身高和体重等方面增长较快，身体协调性、控制力得到了一定的发展，肌肉骨骼的力量有明显的增强，应该说在生理上也具备了学习排球运动相关技术的身体条件和基本能力。

水平三学生对排球的了解主要来自电视、网络等相关媒体，通过观看各类排球赛事，获得一些排球知识,真正参与排球运动的机会比较少。但由于排球运动是一项娱乐性和趣味性很强的项目,学生非常喜欢上排球课,学习的积极性很高。排球正面下手发球的教学一般安排在六年级进行,学生之前有学习排球正面双手垫球技术的经历,对排球基本知识和技术有了初步的了解,但从技术掌握程度上讲,还不是很熟练,特别是球性较差,有待进一步强化。在教学中可利用六年级学生好胜心强,爱表现的心理特点,组织各种形式的趣味性游戏和竞争性比赛,激发学生参与排球正面下手发球技术学习的主动性和热情,促进排球运动技术水平的提高。

三、单元教学重难点

重点:抛球手法、击球手型以及击球点和挥臂击球动作的正确规范。
难点:抛球与挥臂击球的协调配合、球的落点控制。

四、单元教学计划

单元教学目标	1.通过本单元的教学,使学生初步了解正面下手发球在排球比赛中的作用,能简单说出其动作结构和要领,并懂得排球运动的健身价值。 2.使学生基本掌握排球正面下手发球的技术并能初步运用,发展学生控制身体动作的能力,促进力量、灵敏、协调等素质的提高。 3.情感目标:在学习过程中培养学生合作意识与竞争精神,学会与同伴相互配合,并能表现出关心与尊重他人。			
课次	教学内容	教学目标	重难点	教学策略
1	组织学生观看排球比赛录像、播放正面下手发球动作课件。	1.通过观看排球比赛使学生初步了解排球运动的价值及基本比赛方法、规则,有哪些基本技术动作。 2.着重关注发球,让学生通过观看排球正面下手发球课件初步建立动作概念。 3.通过激发学生参与排球运动的热情,培养学习排球兴趣。	1.重点:学生在大脑中初步形成正面下手发球动作概念。 2.难点:培养兴趣,激发参与热情。	1.在观看排球比赛录像前,提出相应问题,让学生带着问题观看。 2.边看边提问,引导学生思考。 3.让学生写出动作各环节名称,在老师提示下说出其动作要领。
2	结合排球正面双手垫球练习,进行正面下手发球持球与抛球动作技术学习。	1.让80%以上学生基本掌握抛球动作,并能做到抛得准(高度)、抛得稳。 2.结合学生已学内容,培养学生学习兴趣,并巩固排球垫球技术,发展学生球性。 3.通过各种形式的练习,提高学生控制身体动作的能力。	1.重点:抛球手法。 2.难点:抛得准、抛得稳。	1.结合讲解示范持球与抛球动作。 2.采取先练后教方式进行教学。 3.请学生展示动作,与老师的动作对比,学生观看思考如何做到抛得稳。 4.借助墙壁,画出不同高度的线,组织抛准(高度)比赛,提高控制抛球力度的能力。

续表

课次	教学内容	教学目标	重难点	教学策略
3	正面下手发球身体基本姿势、击球手型与挥臂击球方法学习。	1.通过教学使75%以上学生初步掌握正面下手发球击球手型及挥臂击球方法,在合作练习中做到直臂击球。2.发展学生灵敏、协调等身体素质方面的能力。3.在练习中培养学生相互帮助与鼓励,共同提高与进步的良好学习品质。	1.重点:击球手型和挥臂方法正确。2.难点:击球手型稳定、挥臂后保持直臂击球。	1.结合教学挂图进行讲解示范。2.反复进行抛球与击球的徒手模仿练习。3.两人一组击固定球练习,强调动作规范正确。4.组织展示评价活动,提高学生认识自我的能力。5.组织看谁能发过5米线的发球比赛。
4	正面下手发球抛球与挥臂击球相结合动作学习。	1.充分认识击球点和击球时机对正面下手发球、出球质量的重要影响,并能说出其动作要点。2.通过教学使70%以上学生能较好地掌握抛球与击球相结合动作,并能做到抛球高度合适,击球时机得当。3.通过组织多种形式的学习活动,培养学生竞争意识和合作精神。	1.重点:抛球高度适中,挥臂击球及时。2.难点:抛球与挥臂击球的协调配合。	1.徒手模仿抛球、挥臂击球配合练习。2.抛击网兜包裹并用2米长橡皮条绑于手腕处的球,反复体会抛球与击球相配合的动作。3.两人一组相距约5米进行正面下手发球练习。4.在墙上画一条2.5米高的线,让学生离墙6~9米(男女区别对待)对墙发球,要求球在墙上的落点位于线以上。5.拓展练习:发球过网比赛。
5	正面下手发球完整动作学习。	1.在教学游戏竞赛中让学生充分认识发球在排球比赛中的作用。2.通过教学增强学生正面下手发球的稳定性,进一步提高动作的熟练程度,使75%以上的男生和65%以上的女生能在教学竞赛中将球发过网并落于有效区域。3.通过多种形式的排球游戏竞赛活动,培养学生热情开朗的性格和良好的社交能力。	1.重点:正确规范的发球动作。2.难点:控制球的落点。	1.采取先练后教方式,让学生先练习发球,老师细心观察,及时发现问题。2.请学生示范,老师指出存在问题,并讲解、示范、练习完整正面下手发球动作。3.自选距离(由近到远)发球过网。4.在墙上画两条高度分别为2.24米和4.24米的线,让学生离墙6~9米(男女区别对待)对墙上两线组成的区域发球,要求球的落点位于两条线之间。5.将排球场进行划区标分,组织学生进行发球比准竞赛。

五、课时教学计划

教学内容	排球：抛球与挥臂击球相结合技术。		适应年级	水平三：六年级
			课　次	第四次
重点难点	重点：抛球高度控制，挥臂击球及时。 难点：抛球与挥臂击球的协调配合。			
学习目标	1.认知目标：使学生认识击球点和击球时机对正面下手发球出球质量的重要影响，并能说出正面下手发球的基本动作要点。 2.技能目标：通过教学使75%以上男生和65%以上女生能较好地掌握抛球与击球相结合动作，并能在自主练习中做到抛球高度合适，击球时机得当。 3.情感目标：通过组织多种形式的学习活动，培养学生竞争意识和互帮互学精神。			

教学顺序	教学内容	教师活动	学生活动	教学策略	组织形式
开始部分	教学常规	1.体育委员整队清点人数，报告出勤情况。 2.检查学生服装和物品安全。 3.教师介绍学习目标及教学任务，同时提出学习要求。 4.安排见习生活动内容。	1.体育委员整队，报告出勤情况。 2.全班同学四列横队，认真听讲解并积极思考。	1.师生交流，创设良好学习氛围。 2.明确学习目标，激发学生学习热情。	四列横队，集中站立。
准备部分	1.集中注意力练习： 一列横队成二列横队。	边讲解边示范动作方法，提出相关要求。	听清楚练习方法，按要求进行练习。	在下达口令后，要求学生随动作大声喊"1、2、3"。	同上队形，练习时四列成八列，然后还原。
	2.游戏： 新编老鹰抓小鸡。	1.讲清楚游戏方法和规则。 2.提醒学生在游戏时注意安全，尤其是"母鸡"在集体移动中的安全。 3.与学生一起共同参与游戏。 4.对游戏中发现的问题及时处理。	1.认真听讲，积极参与游戏，扮好相应角色。 2.遵守游戏规则。 3.严格按照游戏的方法进行活动。	1.通过对学生小时候熟悉的游戏进行改编，激发学生游戏兴趣。 2.通过老鹰与小鸡角色互换，达到为排球运动移动技术服务的教学目的。 3.老师参与游戏，激发学生游戏热情。	以排为单位，全班分成四组进行，每组选一位同学扮"老鹰"，其他同学扮"母鸡"站在直径2.5米的圆上，圆中心放置一排球当"小鸡"，"老鹰"通过快速跑动摆脱站于圆上"母鸡"的保护，抓住"小鸡"，"母鸡"要通过快速移动保护好"小鸡"。

续表

教学顺序	教学内容	教师活动	学生活动	教学策略	组织形式
基本部分	1.徒手模仿抛球、挥臂击球配合练习。	1.提问：抛球与挥臂击球的动作要点是什么？ 2.边讲解，边示范动作。 3.组织学生进行练习。 4.组织学生相互观察，相互指正。	1.认真思考并回答老师提出的问题。 2.在老师的口令指导下练习。 3.对同伴的动作进行评价。	1.通过提问的方式引导学生思考动作要求。 2.利用"预备、1、2"口令控制学生抛击球节奏。	四列横队，体操队形。
	2.抛击网兜包裹并用2米长橡皮条绑于手腕处的球，反复体会抛球与击球相配合的动作。	1.详细讲解并示范加工后的排球使用方法和意图。 2.强调抛球高度离手不超过两个球的高度为准，并说明其原因。 3.组织学生统一练习。 4.加强观察，及时发现学生在练习时存在的问题并集中解决。	1.按老师的要求进行反复练习。 2.在练习过程中体会抛与击球相配合的时机。 3.保证动作的正确规范。 4.主动展示动作。	1.利用网兜限制球的活动范围，既有利于提高练习密度与效率，又能避免学生相互影响。 2.让学生控制抛球高度(由低调到高)，降低动作难度。	让学生以排为单位，站在排球场的边线上，两人相距两臂距离进行练习，老师进行巡回指导。
	3.两人一组相距约4~6米进行正面下手发球合作练习。	1.提示学生自主选择发球距离，做到区别对待，逐渐增加距离。 2.强调击球手型和击球点的正确性。 3.对个别后进生辅导。 4.组织学生展示与互评互学活动。	1.自主搭配练习伙伴，相互观察和纠错。 2.根据自身能力确定合适的练习距离。 3.大胆展示，认真观察和评价。	1.采用合作学习的方式，培养学生合作学习能力。 2.让学生自主选择练习距离，体现新课程以学生为主体，关注学生个体差异的教学理念。	男女分别在不同的排球场地，站在边线上进行互发练习。

续表

教学顺序	教学内容	教师活动	学生活动	教学策略	组织形式
基本部分	4.在墙上画一条2.24米高的线，让学生离墙6~9米（男女区别对待）对墙发球，要求球在墙上的落点位于线以上。	1.讲述场地布置与练习方法，并提出相应要求。 2.在练习过程中引导学生如何才能发得远。 3.提示学生做完发球动作后身体重心要前移。 4.让学生自由选择发球距离。	1.在认识上要将球的落点在2.5米线以下的视为发球失败。 2.确保在动作规范的前提下发得更远。 3.自主选择发球线。	1.通过墙体上画线的方法，充分利用现有场地资源进行教学。 2.让学生自主选择发球线，体验发球动作与用力方法，促进学生较好掌握抛球与挥臂击球相结合动作。	面对墙壁，成一列横队散开，两人之间相距两臂的距离进行反复练习。
	5.拓展练习：发球过网比赛。	1.讲解比赛方法与规则。 2.对全班学生进行分组，要充分考虑两对抗组之间实力均衡。 3.安排学生做小裁判，协助统计成绩。 4.组织赛后展示讲评，让学生认识自我。	1.听清楚比赛方法和规则，积极参与比赛。 2.相互鼓励加油。 3.开展小组互评，推选参加全班发球展示的同学。	1.通过组织教学比赛检查教学效果，也给学生一个发展团队合作和竞争意识的平台。 2.开展展示讲评活动，给学生展示自我的机会，激发学生学习兴趣。	男女各分成两个对抗组，每一组选派一位同学当裁判，统计成绩。参加比赛的同学每人在发球线后发5个球，最后统计全组发球过网的次数，多者胜。
	6.素质练习：利用排球进行夹球跑接力。	1.给学生讲清楚夹球跑接力的方法和规则。 2.进行分组和调动队伍，并提出比赛要求。 3.参与竞赛活动，引导学生相互鼓励，培养学生集体荣誉感。	1.认真听讲，搞清楚夹球接力比赛的方法规则，按要求到指定地点集合。 2.给同学鼓劲，积极参与到比赛全过程。	1.安排游戏比赛形式的素质练习，调节本堂课的运动量和强度。 2.用排球作为练习器材，一球多用，一球到底，充分利用现有教学资源。	采用迎面接力的形式，同组队员分成两组，相距20米距离站立，任意指定一端的第一位同学夹好球，听到口令后比赛开始，以完成互换位置为比赛结束。

续表

教学顺序	教学内容	教师活动	学生活动	教学策略	组织形式
结束部分	1.放松运动：采用拍打、抖动、拉伸等动作进行放松。	1.边讲解，边示范放松操动作并领做。2.提示学生呼吸节奏。	模仿老师动作进行练习，注意调整呼吸，放松身心。	1.老师领做。2.音乐伴奏。3.老师在领做时用语言提醒注意事项。	将球放回球框后，全班成四列横队体操队形，在音乐的伴奏下跟老师进行放松活动。
	2.小结评价。	1.组织学生进行小组互评和学生自评。2.对课的教学任务完成情况进行小结性讲评。	积极参与评价活动，客观评价自己和他人表现。	采用小组互评、学生自评、老师评价的方式，体现评价主体的多元化理念。	全体同学四列横队，集中站立，老师讲评。
	3.师生再见，回收器材。	安排学生收回器材。	认真积极完成任务。	师生共同完成。	下课。
场地器材	排球场2个；排球1个/人。录音机1台。		课后小结		
运动负荷	平均心率：100~125次/分钟 练习密度：45%				

小学部分案例五：足球耍球游戏

一、教材分析

足球是学生特喜欢的一项体育运动，有很强的集体性和趣味性，通过足球活动能发展学生的多项身体素质，培养学生的竞争意识和团结合作精神，具有多元育人功能。足球对于低段的小学生来说，充满了想象与刺激。耍球游戏，可以让他们了解足球，掌握简单技术，充满对足球的兴趣甚至是热爱，能为终身体育打下良好基础。本单元主要从小纸球游戏练习、球性游戏练习和跟足球有关的游戏等方面开展教学，在教学中主要强调突出"游戏"二字，在游戏中熟悉球性，培养学生对足球运动的兴趣和爱好，让学生在教师的指导下初步学会足球的简单运动动作，知道简单足球动作术语。初步养成不用手而用脚触球的意识和习惯。基于教学实际所需，本单元共分4课时完成教学任务。

二、学情分析

本教材授课对象为水平一，二年级学生，该年龄段学生一般认识足球，但几乎都没有真正接触过足球，因此对足球充满好奇。二年级学生模仿能力和好奇心很强，能根据老师的提示进行各种游戏，学生能通过充分利用课堂的学习和练习来提高自己，满足自己的欲望，体验到足球运动的乐趣，所以对教材内容进行游戏化处理是必要的手段；处于这段时期的学生有很强的依赖性，自我约束力差，注意力易分散不能持久。因此，在课堂上，教师应尽量采用多变的形式让学生参与练习，保持趣味性，从而提高球感与技术；课余时间可以对部分有天分的学生进行技术辅导，让他们更加喜欢足球运动。

三、单元教学重难点

重点：保持和提升学生对足球的兴趣，玩中带学。

难点：让学生学会正确的耍球方式，在玩的过程中学到知识、技能。

四、单元教学计划

单元教学目标	1.通过耍球游戏,使学生了解接触足球的身体部位,学会耍球的各种方式。 2.通过教学,使学生掌握各种耍球练习,提高控制球的能力,能够完成简单的拨球、拉球技术,同时发展学生腿部力量、灵敏等身体素质和身体协调能力。 3.增强学生对足球运动的兴趣,提高学生综合能力和自信心,培养学生创造性思维和互帮互助、共同学习的优良品质和自觉、活泼、上进的学习品质。				
重点难点	重点:保持和提升学生对足球的兴趣,玩中带学。 难点:让学生学会正确的耍球方式,在玩的过程中学到知识、技能。				
课时	教学内容	教学目标	重难点	主要教学策略	
1	耍纸球	1.感知耍球时可以接触足球的身体部位,了解身体各部位在足球运动中的作用。 2.通过耍球游戏使学生熟悉球性,提高球感,并能够运用身体不同部位接触球、控制球。发展学生灵敏及身体协调能力。 3.保持并提高学生对足球的兴趣,感受足球运动带来的乐趣,培养学生活泼好动的性格。	重点:使学生了解接触足球正确的身体部位。 难点:使接触球的身体部位对球有一定的控制能力。	1.玩纸球:脚踢纸球、大腿颠纸球、胸部触纸球、头部顶纸球。 2.球性练习:踩球、拨球、拉球。 3.自抛踢纸球游戏。 4.游戏:踢球比远。 5.教师小结、学生自我评价。	
2	耍球游戏: (1)拉球	1.了解拉球的动作概念,知道支撑脚的站位和触球脚的触球部位。 2.通过游戏和竞赛教学,使大部分学生能够初步掌握拉球的动作技术,能够完成直线的拉球,同时发展学生下肢力量及协调能力。 3.增强学生兴趣,培养学生积极进取、刻苦努力的优良品质,发展学生的综合素质。	重点:拉球的完整动作。 难点:拉球时脚的用力。	1.主要采取分步教学,先通过简单的踩球游戏,过渡到拉球游戏;通过一只脚的原地转圈拉球过渡到双脚的交替向后直线拉球。 2.整节课贯穿比赛法,调动学生的积极性,加强兴趣。	
3	耍球游戏: (2)脚内侧左右拨球	1.了解脚内侧左右拨球的动作,建立正确的脚内侧拨球的动作概念。 2.使70%以上的学生能基本掌握脚内侧拨球的完整动作技术,并能控制好球的滚动方向,连贯地完成拨球动作。同时发展学生的腿部力量、腰腹力量和身体协调性。 3.培养学生坚持不懈、不断向前的精神以及互帮互助的优良品质。	重点:触球部位。 难点:左右脚连贯拨球。	1.球操:各类熟悉球性的动作练习。 2.学生用身体各部位触球做"耍球"游戏。 3.在每个学生的脚的内侧贴上一个标志,让学生知道脚内侧的位置,同时让学生了解脚内侧拨球的要领。 4.毽球游戏:利用网袋进行脚内侧触球的练习,毽子式的踢球练习。 5.小游戏:穿裆过人。	

续表

课时	教学内容	教学目标	重难点	主要教学策略
4	耍球游戏考核	检验学生的球性以及对简单动作的掌握情况,在考试中提高他们的技术,增强对耍球的兴趣。	重点:完成每位学生的考核。 难点:让每个学生有成就感,提高他们的兴趣。	1.慢跑。 2.学生自主做身体各部位的球性练习。 3.考核:脚内侧左右脚左右拨球(30秒,记个数),15个及格(一个大拇指),20个良好(两个大拇指),25个优秀(三个大拇指)。 技评:双脚交替向后拉球(约10米)。

五、课时教学计划

教学内容	足球:耍球游戏		适应年级	水平一:二年级
			课 次	第二次
学习目标	1.了解拉球的动作概念,知道支撑脚的站位和触球脚的触球部位。 2.通过游戏教学,使大部分学生能够初步掌握拉球的动作技术,能够完成直线拉球;同时发展学生下肢力量及协调能力。 3.增强学生兴趣,培养学生积极进取、刻苦努力的优良品质,发展学生的综合素质。			
重点难点	重点:拉球的完整动作。 难点:拉球时脚的用力及方向。			

教学步骤	教学过程与策略			运动负荷		
	教师活动	学生活动及要求	组织方法	时间	次数	强度
开始部分	1.整队,检查人数、服装。 2.问候学生。 3.宣布本课内容、目标及要求。 4.强调注意安全。	1.体育委员整队,报告人数。 2.向教师问好。 3.宣布本节课的内容、目标与要求。	★★★★★★★★★★ ★★★★★★★★★★ ★★★★★★★★★★ ★★★★★★★★★★ ▽	1~2分钟		小
准备部分	1.组织学生在规定的线上做简单的足球操。 2.带领学生进行耍球练习。	1.学生分成两路纵队模仿练习,统一做足球操。 要求:听口令,动作整齐划一、有节奏。 2.根据上节课用小足球进行球性的练习:踩球、拨球、拉球。 要求:每人一球,不许随意踢球。	★ ▽	5分钟 4分钟		大 中小

续表

教学步骤	教学过程与策略			运动负荷		
	教师活动	学生活动及要求	组织方法	时间	次数	强度
基本部分	一、"一二一"踩球游戏。 1.讲解并示范原地踩球。 (1)左脚落在足球上。 (2)右脚落在足球上。 2.教师巡回指导。 3.让优秀学生展示，鼓励表扬，指出优点，然后让学生继续练习。 4.一分钟踩球比赛。组织学生进行一分钟踩球比赛。	1.学生根据老师的讲解示范进行练习。 要求：踩球时不要用力过大。 2.动作比较协调的学生进行展示，然后再次踩球练习。 要求：仔细观察，形成正确的动作概念。	1.四列体操横队练习 ★ ▽	4分钟 4分钟	若干次	中小 中
	二、拉球 1.单脚原地转圈拉球游戏。 教师讲解示范后，让学生模仿练习，先右脚按顺时针拉球，然后交换左脚逆时针拉球练习。 小竞赛：30秒拉球转圈比赛。 老师计时。	1.在教师的指导下同一只脚按相同的方向向后拉球转圈。 要求：原地练习。 学生自己选择熟练的一只脚，在30秒内，完成更多的圈数。	1.练习队形： ★ ★ ★ ★ ★ ★ ★ ★ ★ ★ ★ ★ ★ ★ ★	2分钟 3分钟 2分钟	2次 左右脚各5次	中大 中
	2.左右脚交替向后拉球游戏。 教师讲解示范，让学生整体慢速练习。 小竞赛：15米向后拉球。 把学生分成四队，每队10人。 教师在竞赛中，不断指导和要求学生用正确的动作完成。	学生仔细听讲，注意动作要领 要求：速度由慢逐渐加快，左右脚交换速度要快，重心始终放在后脚上。 要求：整齐有序,积极投入。	队形同上 ★ 15米	4分钟 7~8分钟	2次	中大 大

续表

教学步骤	教学过程与策略		组织方法	运动负荷		
	教师活动	学生活动及要求		时间	次数	强度
结束部分	1.讲解放松的方法。点地甩腿练习。 2.组织学生放松。 3.让学生自我评价，教师小结。 4.整理器材，宣布下课。	1.模仿动作,跟教师一起练习。要求:积极参与。 2.集体进行放松练习。 3.学会正确的评价方法。 4.协助教师收回器材。	练习队形： ★ ★ ★ ★ ★ ★ ★ ★ ★ ★ ★ ★ ★ ★ ★	2分钟 1分钟		小
场地器材	1.一片足球场。2.小足球每人一个。3.标志物若干。					
运动负荷	预计密度：45%±5%。 预计平均心率：125±5次/分钟。					

小学部分案例六：技巧跪跳起

一、教材分析

"跪跳起"的运动不仅能够较好地增强学生的腰腹力量，对提高身体协调性也有一定的帮助。相关教材在技术结构上突出摆、压、跳、收这四个基本动作要点，对初学者来讲，除了摆臂与压腿要动作协调外，主要掌握与体会"跳"的用力方法，这是一种区别于以往的用脚蹬地发力跳高或跳远的方法，而是利用身体的起伏运动，用脚背压垫，跪着跳起的一种用力方法，低段学生会比较陌生。针对教材的重难点，本教学内容计划用3课次，1.5课时完成任务，主要从解决以下问题着手：1.形成以脚背压垫的跪姿准备姿势；2.摆臂与下压身体的协调配合；3.跪姿下的跳动（前后左右）；4.跳起收腿稳定站立。

二、学情分析

该教材一般出现在水平二，三年级的第一学期。活泼好动，容易被新奇事物吸引是这一年段学生的特点，两年的小学生活已使他们明显区别于水平一的学生，因此他们显得既好学又听话，只要教学内容新颖，他们的参与能力就超强。但是，注意力容易分散的特点还是时不时会出现，这就需要教师不断改变策略与手段，以保持学生兴趣与专注度。三年级的学生喜欢运动，却苦于能力不足，因此教师在教材处理上一定要做到由浅入深，循序渐进。中国特有的独生子女现象也一样发生在三年级学生身上，他们往往以自我为中心，却少了一份对他人的关注，以致缺少合作与配合能力；好胜心强，却不能理解公平的含义，对他人的要求较高，自己却喜欢自由主义，这就要求教师始终贯彻高标准的课堂要求。

三、单元教学重难点

重点：摆臂制动与发力跳起技术的结合。
难点：脚背压垫后的跳起时机。

四、单元教学计划

单元教学目标	1.通过学习,让学生了解跪跳起的完整技术动作,让学生能够积极主动地参与到学习中来,体会体育学习带给他们的快乐与成功感。 2.通过学习,掌握跪跳起中摆臂与身体的协调配合、制动及小腿、脚背压垫动作,逐步掌握动作要领与动作技巧。发展学生上下肢力量、腰腹肌力量以及身体的灵活性和协调性。 3.激发学生自主学习、合作与探究的热情,培养学生坚强的意志品质和团结合作的集体主义的精神。				
课时	学习目标	教学内容	教学重难点	主要教学策略
1	通过学习,让学生了解跪跳起的完整技术动作,掌握跳起中摆臂与身体的协调配合、制动及小腿、脚背压垫动作,有80%的学生能独立完成动作,20%学生能在老师或同学帮助下完成动作。发展学生上下肢力量、腰腹肌力量,以及身体的灵活性和协调性。	1.辅助练习:脚背(单、双脚)拍打垫子练习。 2.专项辅助练习:跪撑,体会脚背压垫提膝动作。 3.跪撑,体会脚背压垫提膝动作。 4.摆臂制动练习。 5.游戏:合作爬。	重点:脚压垫、摆臂与身体的协调配合。 难点:小腿、脚背压垫后的发力跳起技术。	教法: 1.教师示范讲解动作,进行积极引导,并分小组练习。 2.教师鼓励学生大胆创新动作。 3.学习摆臂与脚面、小腿压垫。 4.组织学生游戏。 学法: 1.学生认真观察,学习动作。 2.大胆创新,相互交流学习。
2	通过第一课时的学习,在学生对技术动作有一定的了解后,让学生学会保护帮助,在同伴保护帮助下初步掌握跪跳起练习,体会摆臂制动与髋关节弹性屈伸协调配合,在练习中体会相互交流合作学习的乐趣。	1.复习跪膝弹跳起动作。 2.学习跪跳起保护帮助。 3.同伴帮助下跪跳起。 4.游戏:小兔快跑。	重点:伸膝展髋、提腰用力、摆动手臂制动。 难点:两臂的摆动与髋关节弹性屈伸协调配合。	教法: 1.教师出示跪跳起图示,激发学生学习兴趣。 2.指导学生学习保护帮助。 3.教师巡视指导并解疑。 4.组织学生游戏。 学法: 1.学生认真观察,学习保护帮助。 2.学生相互帮助,合作学习。
3	针对前两课时的练习情况,对学生进行分层教学指导与练习,动作掌握好的学生,让其参照教师分层标准进行练习,教师对没有掌握动作的学生,进行手把手教学,最后全体学生进行动作技评。	1.同伴帮助下复习跪跳起。 2.独立完成跪跳起动作并挑战不同标准。 3.动作技评。 4.布置课后练习作业。	重点:身体协调连贯。 难点:动作完整优美。	教法: 1.教师示范动作,讲解要点。 2.指导学生独立完成跪跳起动作,引导学生反复练习。 3.摆出标准引导学生分层练习。 4.动作技评。 学法: 1.反复练习与提高。 2.挑战不同标准。

五、课时教学计划

教学内容	技巧:跪跳起		适应年级	水平二:三年级
			课　次	第一次
学习目标	1.通过学习,让学生了解跪跳起的完整技术动作,让学生能够积极主动地参与到学习中来,体会体育学习带给他们的快乐与成功感。 2.通过学习,掌握跪跳起中摆臂与身体的协调配合、制动及小腿、脚背压垫动作,有80%的学生能独立完成动作,20%学生能在老师或同学帮助下完成动作。发展学生上下肢力量、腰腹肌力量以及身体的灵活性和协调性。 3.激发学生自主学习、合作与探究的热情,培养学生坚强的意志品质和团结合作的集体主义精神。			
重点	脚压垫、摆臂与身体的协调配合。	问题预设及对策	问题:1.在学习过程中学生会出现脚踩着垫子,跪在垫上。 　　　2.摆臂与身体的不协调配合。 对策:1.通过垫上的小脚印和教师用脚背拍打垫子的动作来强调脚背触垫。 　　　2.通过"一、二、三"口令的指挥,让学生能迅速地掌握摆臂与身体的协调配合。		
难点	小腿、脚背压垫的发力。			

程序	教学内容	教师活动	学生活动	组织形式及要求	运动负荷		
					时间	次数	强度
开始部分	1.体育委员整队报告人数。 2.师生问好。 3.宣布课的内容、目标并提出希望和要求。 4.检查服装,安排见习生。 5.健身操:有氧健身操。 要求:教师播放音乐,跟着音乐,教师边做示范,边用口令指挥学生跟做动作,不断用语言刺激提示学生。 活动部位:肘、肩、腰部、膝、踝等关节。	1.声音洪亮,精神饱满。 2.提示学生上体育课的注意事项,并向学生提出要求(教师哨声响,要求学生立刻停止一切活动,认真看教师)。 3.教师自己边做示范,边用口令指挥学生练习。 4.与学生一起进行健身操练习。 5.指挥学生进入垫子,并找到相应的位置。	1.成四列横队进行排队。 2.认真听讲,听清教师所讲的要求。 3.学生在教师的引导下积极练习健身操。 4.学生边跟教师做,边体会动作要领。 5.听教师指挥,进入垫子,每个人找到自己相应的位置。	★ ↕ 四横队列: × × × × × × × × × × × × × × × × ★ 要求:积极思考,认真练习。	1分钟 7分钟	8次 4次	中

续表

程序	教学内容	教师活动	学生活动	组织形式及要求	运动负荷		
					时间	次数	强度
基本部分	一、跪跳起（20分钟） 动作要点： 手上举、立腰、展髋成跪立；手下摆，曲体，收髋成跪坐（臀部坐在脚跟上）；摆臂制动结合脚背压垫跪跳起；身体稳定成蹲立。 重点：脚背压垫、摆臂。 难点：压垫与摆臂的同时发力。 1.辅助练习：脚背（单、双脚）拍打垫子练习。 2.专项辅助练习：跪撑，体会脚背压垫提膝动作。 3.向前、向后的跪跳练习。 4.游戏：四面转动跳方法：按照教师发出的"后、左、右"口令进行不同方向的跳动，比比谁的反应快。 5.摆臂、制动练习。 6.完整动作示范与讲解。 7.讲解保护与帮助方法。 8.学生练习，教师巡回检查辅导。 9.分组、集体展示。	1.教师引导学生做单脚脚背拍打垫子。 2.教师引出用双脚同时拍打垫子。 3.教师根据2的练习内容，做拍打垫子，最后用力提膝动作，并进行游戏练习。 4.根据提膝动作，发现部分学生用力在摆臂，引出摆臂提膝的动作。 5.摆臂与身体的协调配合。 6.请学生出列示范动作。 7.讲解错误之处，并做出正确动作示范。 8.教师示范完整，并简要讲解动作要领。 9.学生练习时，巡回检查、辅导。 10.引出互帮互助，教师示范帮助方法。	1.认真听教师讲解，尝试练习动作。 2.学生跟随教师体会节奏感和脚背拍打垫子动作。 3.根据教师示范，做跪撑提膝练习。 4.学生展示。 5.根据教师所讲动作要领，纠正错误的动作。 6.积极思考，回答问题。 7.学生做完整动作练习。 8.观看示范，听教师讲解动作，再次练习。 9.听口令集体练习。 10.积极展示。	四列横队： 要求：迅速到指定小组集合。	28分钟	4~5次 5~8次 5~8次 5~8次	小 中 小 小~中

续表

程序	教学内容	教师活动	学生活动	组织形式及要求	运动负荷		
					时间	次数	强度
基本部分	二、游戏：多人合作爬 方法：跪撑垫上，双手着垫向前爬行，多人一组是后面的同学用手抓住前面同学的脚踝或者裤子前进，奖励没有断掉或断掉最少的小组。	1.教师导入进行单人爬展示，并用口令指挥学生练习。 2.引出两人一组合作爬，并简要讲解方法与规则。 3.学生练习时教师巡回检查，并叫优秀小组出列示范。 4.提高要求，全组参与。 5.教师评价。	1.认真听讲解并看老师的示范。 2.组织学生进行练习。 3.优秀小组出列示范。 4.多人一组再次尝试练习。	▯▯▯▯▯▯ ▯▯▯▯▯▯ ▯▯▯▯▯▯	5分钟	3~4次	中~大
恢复身心	1.放松操。 2.小结。 3.师生再见。 4.回收器材。	1.教师讲解示范动作，并参与放松练习。 2.教师小结。 3.组织学生回收器材。 4.师生再见。	1.学生听教师讲解放松方法。 2.学生跟着老师练习。 3.听教师小结。 4.师生再见。 5.回收器材。	（散点队形）	4分钟	4×8×4	小
场地器材	器材：体操垫若干，录音机一台。 场地：体育馆。						

小学部分案例七：单杠穿臂前后翻

一、教材分析

单杠是我们平时生活中比较常见的运动器械，分布于学校的操场及居民小区的运动场地中。单杠的一些基本动作，如支撑、悬垂、翻转、摆动、平衡等，由于动作简单，易学好玩，深受青少年的喜爱，但由于离地有一定高度且学生疏于运动，上肢力量较小，再加上近几年开展这方面的教学较少，学生少了一份对器材的感觉，所以存在一定的安全隐患。根据人教版教材要求，小学三年级学生开始接触杠上的各种悬垂动作，通过两三年学习，抓握能力、器械感觉及空中感知都有了很好的铺垫，在此基础上，学习稍难动作就变得相对容易，同时也能进一步帮助学生消除恐惧、体验成功。本教材内容"单杠穿臂前后翻"，是人教版技巧与器械体操中单杠教学的重要组成部分。这部分教学不仅能够较好地增强学生上肢、腰腹背肌的力量，发展平衡、协调等能力，而且还能培养学生良好的合作能力、认真负责的学习态度及吃苦耐劳的精神。本教材计划用4课次，2课时完成教学任务，分别从解决以下问题入手：1.掌握屈膝、收腹、翻臀；2.体验翻臀后的背悬垂；3.背悬垂后的收腹、提臀、前翻。

二、学情分析

本内容授课对象是小学六年级学生。心理上，学生喜好体育运动，注重实践体验和自我感受，喜欢新鲜事物，乐于表现，对具有一定技术含量和具有一定挑战性的学习内容往往会表现出更强的好奇心和求知欲，且有一定的自主学习能力和较强的集体荣誉感，这对进行本课教学具有一定的帮助。但生理上，六年级的学生刚处于生长发育初期，相当一部分学生上肢力量薄弱，腰、腹力量差，这将为本教材的实施增加难度，而且大多学生都是独生子女，在合作意识、意志品质、责任心等方面不是很强，也给本课在教学处理上，尤其是安全预防上带来一定的困难。

三、单元教学重难点

重点：正手握杠、前翻屈膝举臀、后翻收腹提臀。
难点：配合收腹的上下肢协调用力。

四、单元计划

单元教学目标	1.通过教学,学生能够最终理解穿臂前后翻的技术动作要领,懂得保护与帮助对杠上动作的必要性。 2.通过教学,学生将掌握穿臂前后翻的技术动作要领,绝大部分学生能够独立完成穿臂前后翻动作,个别学生能在同学的帮助下完成,并使学生体验在身体倒置下的动态的空间感受,进一步发展上肢、腰腹力量和协调能力。 3.通过教学,激发学生对杠上动作的运动兴趣,提高学生综合能力和自信心以及互帮互助、共同学习的优良品质。			
课时	教学目标	教学内容	重难点	主要教学策略
1	1.通过教学,学生初步了解穿臂前后翻的动作名称及方法,并对保护与帮助有一定的认识。 2.在保护与帮助下85%~90%以上学生能够完成完整动作,60%学生能够独立完成,发展上肢、腰腹力量。 3.通过学生互帮互助,树立安全意识;培养学生克服胆怯、畏难的心理障碍,体验成功的乐趣。	单杠:正握屈腿、穿臂前翻成背悬垂。	重点:蹬地团身、收腹屈膝前翻。 难点:举臂过垂直面。	1.通过改良的"骑马舞"和"炒黄豆"游戏让学生充分活动开,尤其是活动上肢的关节。 2.反复做正握屈腿悬垂练习,增加握力和臂力。 3.教师结合图纸讲解示范练习内容及保护与帮助的方法。 4.每组指定小组长对本组学生进行保护与帮助。 5.区别对待:较胖的学生可以先脚上杠后成倒悬垂并加强保护与帮助,因人而异,适可而止。 6.注意强调在练习过程中头部的动作及重心的移动。
2	1.通过教学,增强学生对穿臂前后翻的认识,并了解保护与帮助对教学内容的重要性。 2.通过教学,90%以上学生在保护与帮助下能够完整完成,70%学生能够独立完成完整动作,并发展上肢、腰腹力量。 3.通过教学,学生互帮互助,树立安全意识;培养学生克服胆怯、畏难的心理障碍,体验成功的乐趣。	单杠:穿臂前后翻。	重点:收腹、提臀后翻。 难点:收腹用力,重心的移动。	1.复习正握屈腿倒悬垂。 2.侧重后翻的教师示范与讲解。 3.分组练习,可以在保护下完成完整动作的作为一组,完成前翻但无法后翻的另成一组,分别在小组长的带领下进行,无法完成的由教师独立指导。 4.规范小组长的保护与帮助意识,提高帮助的效率。 5.教师巡视循环指导,对不同组的学生提出不同的要求,并有针对性地帮助解决问题。 6.对于有进步的学生应及时到达更高一级的小组进行练习。 7.学生在练习的过程中不能勉强进行,在脱杠前应提醒保护的学生,避免安全事故。

续表

课时	教学目标	教学内容	重难点	主要教学策略
3	1.通过教学,使学生深刻了解穿臂前后翻的动作方法和保护与帮助方法。 2.通过教学,学生较好掌握穿臂前后翻保护与帮助的方法,90%以上学生在没有帮助的前提下独立完成。提高学生上肢、腰腹力量及整体协调能力。 3.通过教学,培养学生勇敢、顽强、合作精神,提高学生克服心理障碍的能力。	单杠:复习穿臂前后翻。	重点:前后翻动作连贯。 难点:姿态自然,动作连贯。	1.充分的准备活动后,根据上节课下课前的分组,复习上节课的教学内容。 2.最后分成能够独立完成(A组)的与需要帮助完成(B组)的两组进行强化练习。 3.教师循环指导,重点对于无法完成的学生进行强化指导。 4.对于无法完整完成的学生进行晋级鼓励,完成的同学可以顺利进入A组。 5.进行小组比赛,A组互比,B组互比。看哪组完成得更加连贯。
4	1.了解考核标准与要求。 2.能达到基本考核要求。 3.自觉遵守考核要求,增强竞争意识。	考评:保护下能独立完成单杠穿臂前后翻动作。	考核的激励作用。	1.考核与教学比赛交替进行。 2.公布考核标准与要求,提出考核方法。 3.分组轮流进行考核,重视考核过程。 4.思考考核不足,设想改进方法。

五、课时教学计划

教学目标	1.通过教学,学生初步了解穿臂前翻的动作名称及方法,并对保护与帮助有一定的认识。 2.在保护与帮助下85%~90%以上学生能够完成完整动作,60%学生能够独立完成前翻,并体验倒置情况下的身体感受,发展上肢、腰腹力量。 3.通过学生互帮互助,树立安全意识;培养学生克服胆怯、畏难的心理障碍,体验成功的乐趣。		
教学内容	单杠穿臂前翻成背悬垂。	适应年级	水平三:六年级
		课 次	第一次
重点难点	重点:蹬地团身、收腹屈膝前翻。 难点:举臂过垂直面。		

续表

教学步骤	教学过程与策略		组织方法	练习		
	教师活动	学生活动及要求		时间	次数	强度
课堂常规	1.课前准备,布置场地。 2.整队,检查学生人数和服装。 3.师生问好。 4.宣布本课内容,提出上课要求和目标。 5.强调安全。	1.学生四列横队集合,要求:快、静、齐。 2.体育委员整队,汇报人数。 3.学生问好。 4.了解本课内容、目标与要求。 5.强化安全意识。	组织:四列横队 ★★★★★★★★★★ ★★★★★★★★★★ ★★★★★★★★★★ ★★★★★★★★★★ ▲	2分钟	1次	小
准备部分	1.讲解"骑马舞"的方法与要求。 2.带领学生一起跳改良版"骑马舞"。 3.语言激励学生努力完成。 4.组织学生进行专项准备活动。 (1)头颈写字。 (2)双人压肩。 (3)双人互背。 (4)"炒黄豆"。 5.点评:提出安全,强调练习效果。	1.四列横队,体操队形。 2.结合音乐跟着老师积极练习。 要求:动作充分。 3.动作连贯,坚持完成。 4.根据教师要求,积极练习。 5.认真听教师讲评,积极思考。	四列横队,体操队形。 ★ ▲	8分钟	2次 1次	中 小
基本部分	1.教师讲解屈腿悬垂摆动方法并在低单杠上示范。 2.组织学生复习屈腿悬垂摆动(分成人数相等的四组,每组一副单杠)。 重点:正手握杠、蹬地团身、收腹屈膝。 难点:上下肢协调配合、收腹、动作连贯 3.教师出示穿臂前翻图片,讲解动作要领,并示范,强调重心的移动及头部动作。 重点:收腹、屈膝。 难点:重心移动,动作连贯。 4.指定小组长,负责本组保护、帮助,并组织学生穿臂前翻练习。	1.学生认真听讲,看示范。 2.学生在低单杠上,做两脚蹬地,做屈腿举臀练习。 要求:两脚蹬地,做屈腿举臀练习(腿不过杠)。 3.学生看图,建立直观印象,并听教师讲解,看示范。 要点:蹲悬垂,两脚用力蹬地,头后倒,同时收腹,屈膝举腿,两腿从两臂穿过。当臀部举到杠下垂直部位时,慢慢伸腿,抬头至两脚落地。	图一:	2~3分钟	3~5次	中

续表

教学步骤	教学过程与策略		组织方法	练习		
	教师活动	学生活动及要求		时间	次数	强度
基本部分	保护与帮助：左右2人，一手握手腕，另一手托臀，加助力帮助完成，当其两腿穿臂后，另一手托腿慢放落地。 5.教师巡视指导，并纠正错误。 6.指定优秀学生展示，并点评。 7.教师巡视指导正确动作的练习。 8.比一比，并展示。 9.游戏："穿越火线" (1)对游戏进行讲解示范。 (2)提出要求及注意事项。 (3)鼓励学生并与学生一起游戏。 方法：分成两两相对8路纵队，分别站距单杠5米后。听口令后，同时出发，至单杠处(杠下铺垫子)，抬头挺胸弯腰屈膝过杆，过线后与对面的同学击掌，第二名同学按同样方法跑出，依次类推，快且没有犯规组获胜。	4.在保护帮助下学生练习穿臂前翻。 要求：收腹、屈膝、举臂双手握紧。 5.认真听教师纠正，积极思考。 6.优秀学生展示，其他同学仔细观察，认真听教师点评。 7.认真思考，积极练习。 要求：保护的同学注意力集中，认真负责。 8.比一比，评一评。 9.进行"穿越火线"游戏。 (1)全体分成8路纵队。 (2)认真听教师讲解，看教师示范。 (3)遵守规则，积极练习。 要求：来回练习时看清同学位置，避免碰撞。	图二： 图三： ★ ★ ★ ★ ↓ ↑ ★ ★ ★	1分钟 8~10分钟 6~8分钟 1~3分钟 5~7分钟	1次 6~8次 4~6次 1次 1~2次	中 中
结束部分	1.组织一起做放松活动游戏："下雨"。 2.对学生进行积极的表扬。 3.小结，提出努力方向。 4.师生再见。	1.学生轻松、愉悦、自然地跟着老师做放松操。 2.认真听讲、积极思考。 3.向教师再见。	组织：四列横队 ★★★★★★★★ ★★★★★★★★ ★★★★★★★★ ★★★★★★★★ ▲	3分钟 1分钟	1次	小
场地器材	场地：单杠场地。 器材：1.低单杠4副；2.大垫子4个；3.单杠挂图一副；4.音响一对。					
运动负荷	预计密度：45%±5%。 预计平均心率：125±5次/分钟。					

小学部分案例八:五步拳

一、教材分析

武术作为我国民族传统体育项目,受到学生们喜爱。五步拳是武术套路中的基本功套路,学习五步拳能培养学生的武术兴趣,激发民族自豪感,为初步建立武术套路的基本概念奠定基础。其动作由弓步、马步、虚步、仆步、歇步五个基本步法组成。通过学习能全面发展学生身体的柔韧性、灵活性、协调性,促进人体速度、耐力、灵敏等身体素质的提高,同时又能使学生在所学动作的基础上,了解武术的攻防含义,培养崇高的武德精神。武德教育应从"抱拳礼"开始,上下课要有礼;表演前后要有礼;互相学习要有礼;师生之间要有礼,使学生真正做到"以礼始,以礼终",规范其行为方式。

二、学情分析

五年级学生对武术有所了解,主要是通过看电影、电视、武术表演等途径获得,真正学习过武术的学生很少,然而这一阶段的学生具有很强的求知欲,而且模仿能力很强,有利于开展武术教学。因学生个体存在差异,身体素质也有差别,好动、情绪不稳定的现象还是存在,教师只有在教学中因材施教,才能满足学生的需要。另外由于该年龄段的学生爱表现,在教学中可以充分利用学生这一心理特点,给学生展示的机会,让学生在练习中体验成功的感觉,从而激发学生学习武术的兴趣。

三、单元教学重难点

教学组织与方法,动作的准确性。

四、单元教学计划

单元学习目标	1.发展学生的灵敏、柔韧、协调等身体素质,增强身体各器官的功能。 2.掌握五步拳的部分动作、路线、姿势,了解武术手型、步型等变化。 3.领悟民族优秀传统体育文化的精髓,培养学生爱国主义精神和勇敢顽强、机智果断的品质。			
学时	学习目标	学习内容	教学组织	重点与难点
1	1.通过理论学习,了解武术的起源、发展与分类;通过教师介绍和演示,知道有关五步拳的一些基本的手型、步型和步法等。 2.通过观看教学视频,对五步拳有一个初步的认识,增强学生对武术的学练兴趣。	1.武术的基本理论知识。 2.观看多媒体教学视频。	1.观看课件,听老师讲解有关武术的历史与文化。 2.观看武术视频:武术表演视频、五步拳演练视频。 3.观看教师各种手型、步型和步法的演示。	重点:武术基本理论知识的讲授与激发学生对武术的兴趣。 难点:五步拳所涉及的基本手型、步型、步法。
2	1.初步掌握拳、掌、勾等基本手型,体验冲拳、推掌的发力与正确的身体姿势。 2.发展学生柔韧、协调性。 3.了解武术运动的博大精深,培养学生对武术的学习兴趣。	1.学习正、侧压腿、弹踢、蹬腿等动作。 2.拳、掌、勾的变换练习。	1.教师讲解示范正确的正、侧压腿动作。 2.单人练习,拉伸韧带。 3.教师讲解示范冲拳、推掌动作。 4.分组体验动作要领。 5.听口令进行冲拳、推掌集体练习。	重点:正确的压腿动作。 难点:冲拳的发力方法和发力的方向,力达拳面。
3	1.通过素质练习,提高学生身体的柔韧素质。 2.通过和老师共同学习,知道五步拳1~3步的动作名称、动作方法,并经过练习,能独立完成这三个动作。 3.克服身体在练习时产生的疼痛,学习时能相互帮助,共同提高。	1.柔韧素质练习。 2.武术基本动作的学习。 3.学习五步拳1~3步(并步抱拳、弓步冲拳、弹踢冲拳)。	1.练习柔韧素质。 2.配合音乐练习武术的基本手型、步型、步法。 3.学生分组,通过观看分解图例和文字说明,组内合作学习五步拳1~3步的动作。 4.教师巡回指导。	重点:五步拳1~3步的动作学习。 难点:冲拳的发力方法和发力的方向,力达拳面。
4	1.再次进行身体柔韧性方面的练习,对学生的柔韧素质有所提高。 2.学习五步拳4~5步的动作,经过学与练,基本掌握这两步动作的方法和要领。 3.通过学习,提高学生合作、探究学习的能力,并能初步体验成功的乐趣。	1.柔韧素质练习。 2.复习1~3步。 3.学习五步拳4~5步(马步架打、歇步盖打)。	1.发展柔韧素质。 2.教师示范,学生集体观看、模仿练习;教师语言提示眼睛注视的方向或身体部位。 3.学生分组观看图例,组内相互帮助。 4.教学展示(个人、小组)。	重点:套路动作的动作方法、路线和方向,提醒学生要"眼随手动"。 难点:马步与歇步如何自然流畅地转换。

续表

学时	学习目标	学习内容	教学组织	重点与难点
5	1.通过柔韧素质的练习,进一步提高学生身体的柔韧性。2.通过学和练,能基本连贯地演练出五步拳6~8步的动作,并有意识地注意自己眼睛注视的方向。3.在学练中,培养学生克服困难,坚持不懈的精神。	1.柔韧素质练习。2.学习五步拳6~8步（提膝仆步穿掌、虚步勾手挑掌、并步抱拳）。	1.按照先下后上的顺序进行动作教学(先学习下肢的动作再学习上肢的动作)。2.跟随老师练习"挑掌",再结合脚下步型,练习完整的动作。3.老师慢动作示范并讲解,学生边听边看边模仿。4.学生分组练习,教师给予指导和帮助。	重点:穿掌的方法、挑掌如何去"挑"、眼睛注视方向的变化(眼随手动)。难点:提膝→仆步→虚步三次步型变换的衔接。
6	1.通过练习,学生能完整、连贯地演练五步拳整套动作。2.通过个人展示和小组之间的展示,体验到武术的魅力和成功的感觉。	1.复习巩固五步拳成套动作。2.拓展提高:如何表现长拳的"精""气""神"。3.个人、小组展示。	1.观看教师的表演,感受武术的"精""气""神"。2.根据老师的语言提示并观看老师的示范,集体练习五步拳全套动作,并注意"精""气""神"的体现。3.将学生分组,各组看图例完成复习。4.个人、小组展示,师生共同点评。	重点:整套动作的复习演练。难点:如何展现出"精""气""神"。

五、课时教学案例

教学内容	1.武术基本动作的学习。2.学习五步拳1~3步动作。	适应年级		水平三:五年级
		课 次		第一次
教学目标	1.通过素质练习,提高学生身体的柔韧素质。2.通过和老师共同学习,知道五步拳1~3步的动作名称、动作方法,并经过练习,能独立完成这三个动作。3.克服身体在练习时产生的疼痛,学习时能相互帮助,共同提高。			
重点难点	重点:五步拳1~3步的动作学习。难点:冲拳的发力方法和发力的方向,力达拳面。			

续表

要素	教师活动	学生活动	组织形式与教学效果预测	次数
开始部分	1.面带微笑,注视体育委员整队。 2.师生问好,宣布本课内容、要求。 3.集中注意力游戏:"大西瓜,小西瓜"。	1.体育委员整队,师生问好。 2.仔细听讲,确定教师对本课的内容与要求,时刻与教师保持协同一致的步调。 要求:积极参与游戏,反应快速。	四列横队: XXXXXXXXX XXXXXXXXX ○○○○○ ○○○○○ △	
准备部分	1.趣味跑步(后踢腿、侧踢腿、跳绳跑)。 2.热身操(4×8拍) (1)头部运动。 (2)肩绕环。 (3)腰部运动。 (4)膝关节运动。 (5)弓步压腿。 (6)侧压腿。 (7)踝腕关节运动。	1.模仿老师在趣味跑步中的动作。 2.体育老师做热身操时,口令响亮、指挥合理、示范清楚。 3.做操同学应积极配合带操老师完成准备活动,使肌体进入运动状态,以防损伤。	1.组织队形:成体操队形散开。 2.教学意图:激发学生兴趣,迅速参与运动。	3次
基本部分	认识了解五步拳由8个基本动作组合而成;本课学习前3个:预备式、弓步冲拳、弹踢冲拳。 1.预备姿势:并步抱拳。 如图:双手放于腰间,双脚并拢。 	1.讲解:技术要领以及易犯错误。 2.示范:(分解示范) (1)慢动作示范。 (2)正常速度示范。 (3)改变方向的动作示范。 3.指挥学生练习(口令)。 4.纠错再练。	1.组织队形:成体操队形。	每个动作5次

续表

要素	教师活动	学生活动	组织形式与教学效果预测	次数
基本部分	2.弓步冲拳 成左弓步,左手向左平搂收回腰间抱拳;冲右拳,目视前方。如图:左大腿于地面平行,右腿绷直,要有力度。 3.弹踢冲拳 重心前移,右腿向前弹踢,同时冲左拳,收右拳,目视前方。如图: 即兴表演: 1.学生即兴表演,展示个人特长。 2.教师即兴表演。	1.讲解:技术要领以及易犯错误。 2.示范:(分解示范) (1)慢动作示范。 (2)正常速度示范。 (3)改变方向的动作示范。 3.指挥学生练习(口令)。 4.纠错再练。 1.讲解:技术要领以及易犯错误。 2.示范:(分解示范) (1)慢动作示范。 (2)正常速度示范。 (3)改变方向的动作示范。 3.指挥学生练习(口令)。 4.纠错再练。 5.集体3个动作连续练习。 1.共同布置比赛场地。 2.明确表演形式和规则。 3.小组比赛看哪组练得最好。 4.较好的组交流成功心得。	2.教学效果预测:学生将会以比较高的热情参与整个课堂学习,预测大多数学生通过本课学习能了解五步拳前3个动作的名称、动作路线变换,基本学会五步拳前3个动作。	每个动作5次
结束部分	1.指导学生坐在地上。 2.重述每个动作的名称和要求。 3.引导学生参与评价。 4.小结,师生再见。	1.学生坐在地上,听教师的语言引导。 2.相互评价,同时对老师的教学进行评价。 3.收拾器材,师生再见。	1.队形:散点,围在教师周围。 2.彻底放松,恢复身心。	

小学部分案例九：少年健身短棍

一、教材分析

少年健身短棍是《体育与健康》六年级武术章节部分的短棍，长一米左右，竞赛所用的棍短一些，便于学生学练，其棍法与长棍相同。短棍套路由12个动作组成，其中包括劈、拨、戳、盖、抡、挑等棍法。其运动特点是快速勇猛、刚劲有力，有"棍打一大片"的说法。

二、学情分析

六年级学生在五年级时已学习过五步拳，所以具备了一定的武术基础。六年级学生的优势主要体现在好表现、思维活跃、直观接受能力强，具有较强的自尊心、自信心和集体主义感。劣势主要体现在学生间存在个体差异，且在学习过程中缺乏足够的耐心，个别学生对武术的兴趣不浓厚等。本单元的教学内容、教学进度、教学方法等，都是针对本年龄段学生身心特点的，灵活运用教法，调动学生的学习欲望，使学生在积极的情绪下主动学习，从而掌握技能。

三、单元教学重难点

重点：少年健身短棍的熟练程度。
难点：表现出棍术动作的劲力、协调、节奏、精神。

四、单元教学计划

单元学习目标	1.介绍所教短棍的名称，知道健身短棍的动作名称及动作方法，培养学生学习健身短棍的兴趣，加深学生对武术运动的理解。 2.学习短棍的基本方法，使学生掌握健身短棍基本技术。通过短棍教学，展示学生的速度、力量、耐力、灵敏、柔韧等身体素质。 3.加强学生的武德修养，培养学生勤学苦练、自尊自信、尊重爱护同伴的优秀品质，增强民族自尊心和自信心，培养学生良好的社会适应能力。

续表

课次	学习目标	学习内容	教学组织	重点与难点
1	1.了解健身短棍的特点和部位名称。2.掌握短棍的基本握法。3.通过游戏培养学生对武术的兴趣及快速反应能力。	1.游戏"喊数抱棍"。2.棍的部位名称。3.棍的基本握法。4.课课练徒手跳绳。	1.教师示范讲解棍的部位名称。2.教师示范棍的基本握法。3.巡回指导，纠正错误。4.仔细观察，熟悉棍的部位名称。5.集体练习，领会棍的基本握法。6.分组比赛练习。	重点：棍的基本握法。难点：短棍兴趣的培养。
2	1.初步掌握短棍的基本棍法，70%以上学生能够熟练掌握基本棍法。2.培养学生身体协调能力和良好的身体姿态。	1.游戏"跳棍接力"。2.基本棍法劈棍、拨棍、戳棍、盖棍、抢棍、挑棍。3.课课练蛙跳。	1.教师讲解示范动作，提示特点和要求。2.教师组织学生练习，纠正动作。3.仔细观察，看清棍法的路线。4.互相提醒，保持练习距离。	重点：基本棍法。难点：棍身合一，体现武术"精""气""神"的特点。
3	1.初步学习健身短棍预备势和第一段。2.通过教学，70%以上学生能够基本掌握第一段动作。3.培养学生健康的体魄，使学生体验成功的快乐。	1.手型操"拳掌勾"。2.健身短棍套路，预备式、第一段起势、提膝平抢、马步斜劈、上步平戳、撤步盖把。3.课课练俯卧撑。	1.教师讲解示范整套动作，提示特点和要求。2.教师组织学生练习，纠正动作。3.徒手练习抢棍和盖棍的基本棍法手部运动路线。4.练习纠正抢、劈、戳、盖的动作路线。	重点：握棍，平抢、斜劈、盖把的动作规范，棍法准确。难点：棍身合一，迅猛有力。
4	1.复习改进健身短棍第一段动作。2.初步掌握第二段动作，70%以上学生能够基本掌握第二段动作。3.培养学生身体协调性，敢于挑战、不怕困难的优秀品质。	1.复习短棍第一段。2.游戏"切西瓜"。3.健身短棍套路，第二段：独立劈棍；震脚前戳；换把举棍；弓步劈棍。	1.纠正劈棍和戳棍的基本棍法。2.纠正震脚前戳和换把举棍动作。3.分解动作练习：(1)提膝震脚；(2)弓步戳棍；(3)举棍换把；(4)提膝举棍。	重点：劈棍、戳棍发力方法正确、劲力顺达。难点：动作协调连贯，迅猛有力。

续表

课次	学习目标	学习内容	教学组织	重点与难点
5	1.复习改进健身短棍第一、二段的动作。2.初步学习健身短棍第三段。3.发展学生身体协调能力。	1.复习健身短棍第一、二段。2.健身短棍套路，第三段：跟步挑把；弓步劈棍；转身拨棍；马步斜劈；收势。3.课课练抱膝跳。	1.反复慢速练习纠正拨棍的基本棍法。分步教学转身拨棍：(1)教学拨棍的手的路线。(2)练习转身成弓步的步法。(3)徒手和持棍完整练习。2.由慢到快，由收到放，由紧到松。3.互相提醒听口令再做动作。	重点：转身拨棍以腰带腿，步伐清晰。棍法灵活连贯。难点：棍身合一，迅猛有力。
6	1.掌握提高健身短棍整套技术动作。2.通过基本功练习，提高学生的腿部力量。3.培养学生创新能力和坚韧不拔的毅力。	1.基本功五种步法：弓步、马步、仆步、虚步、歇步。2.复习健身短棍套路。3.简单棍术动作的创编。	1.反复练习，纠正基本棍法动作。2.分段纠正和整套练习相结合。3.重点动作分解，慢速练习纠正，难点动作采用徒手和持棍练习相结合的方法。4.个人展示。	重点：棍法准确，步法规范，协调连贯。难点：勇猛泼辣，迅猛有力，气势磅礴。

五、课时教学案例

教学内容	1.游戏"跳棍接力"。2.基本棍法，劈棍、拨棍、戳棍、盖棍、抢棍、挑棍。		适应年级	水平三：六年级
			课 次	第二次
教学目标	1.使学生了解短棍的几种棍法及要领。2.初步掌握短棍的基本棍法，70%以上学生能够熟练掌握基本棍法。3.发展学生速度、力量、灵敏、协调等身体素质。4.情感目标，培养学生良好的社会适应能力。			
重点难点	重点：基本棍法。难点：棍身合一，体现武术"精、气、神"的特点。			
要素	教师活动	学生活动	组织形式与教学效果预测	次数
开始部分	1.体育委员整队。2.报告出勤人数。3.师生问好，检查整理服装。4.教师宣布本课内容，提出目标和要求。5.安排见习生。6.强调安全意识。	1.体育委员整队，师生问好。2.仔细听讲，确定教师对本课的内容与要求，时刻与教师保持协同一致的步调。要求：积极参与游戏，反应快速。	组织：四列横队，集中讲解。要求：精神饱满，集合"快""静""齐"，报数时声音短促洪亮，注意力集中。	

续表

要素	教师活动	学生活动	组织形式与教学效果预测	次数
准备部分	1."蛇形跑"。 2.游戏"跳棍接力"。 3.武术步型操。	1.模仿老师在"蛇形跑"和"跳棍接力"中的动作。 2.体育老师做热身操时,口令响亮、指挥合理、示范清楚。 3.做操同学应积极配合带操老师做好准备活动,使肌体进入运动状态,以防损伤。	组织:二路纵队 教法: 1.学生在教师的指导下进行"蛇形跑"。 2.学生在教师的带领下做步型操。 要求:热身态度认真,动作到位。	1次
基本部分	基础棍法: 1.劈棍 2.拨棍 3.戳棍 4.盖棍 5.抢棍 6.挑棍	1.讲解:技术要领以及易犯错误。 2.示范:(分解示范)。 (1)慢动作示范。 (2)正常速度示范。 (3)改变方向的动作示范。 3.指挥学生练习(口令)。 4.纠错再练。 5.注意前后左右同学的距离。 要求: 1.认真观察、积极模仿。 2.精神饱满,注意力集中。	组织:四列横队 教法: 1.教师讲解示范动作、提示特点和要求。 2.教师组织练习、领做、纠正动作。 学法: 1.仔细观察,先看清棍法的路线。 2.互相提示和提醒保持练习距离。 组织:体操队形,加大间隔距离。	每个动作8次
	1.找出握法正确的2~3名同学进行展示。 2.师生共同评价。 目的:激发学生学习的兴趣,提高学生的技术技能,增强自信心。 3.蛙跳15~20米×4组。	1.共同布置比赛场地。 2.明确表演形式和规则。 3.小组比赛看哪组练的最好。 4.较好的组交流成功心得。	组织:四列横队 教法:教师评价与学生评价结合。 要求:认真观看学生展示,互相学习。	
结束部分	1.身心放松,放松操 目的:促使学生消除肌肉的疲劳,身心得到恢复。 2.小结 (1)师生共同评价上课情况。 (2)教师布置课后作业。 (3)组织学生整理回收器材。 (4)宣布下课。	1.学生坐在地上,听教师的语言引导。 2.相互评价,同时对老师的教学进行评价。 3.收拾器材,师生再见。	组织:散点,围在教师周围。 教法:学生在教师的引导下一起做放松操。 要求:动作舒展到位,充分放松。	

小学部分案例十：韵律操舞蹈

一、教材分析

本课教学内容安排为复习大众健身操(少儿二级规定套路)A、B组动作和学习C组动作。本学期韵律操舞蹈模块共4课时，本课为第4课时。单元的教学安排遵循循序渐进的教学原则，从健身操(舞)基本知识的了解到单个动作的学习、练习，再到动作的组合、方向队形变化等，进而实战演练考核，通过本单元学习希望学生能够对韵律操这项运动有大致的了解，并树立终身体育的良好目标。大众健身操为韵律操大类中的基本运动项目之一，是学生所必须了解掌握的教学内容。本课通过对前面A、B两组动作的复习，导入新授的C组动作的学习。其动作要点为：注重交叉步的方向变化和手上动作的一致性，具有一定的节奏感和动作的美感，作为主教材内容，其技术性相对较强，练习强度相对较小，所以安排在课的前半部分学生注意力较为集中的时段进行教学。本课的辅教材为身体素质练习，具体形式为推车小跳练习，它的技术性相对较小，运动强度相对较大，故放在课的后半部分进行。本课既有发展学生节奏感、美感及协调性的练习，又有学生之间相互配合完成的大强度的游戏练习，让学生体会到玩中学，玩中乐，玩中成长。

二、学情分析

本课授课对象为小学3~4年级学生，其一般年龄在9~10周岁，正处于身心发展期，他们活泼好动，喜欢展示自我，学习兴趣很高，但学生个体之间也有较大的差异性。该班整体身体素质较好，对教学内容有较浓厚的学习兴趣，体育委员与几名体育特长生有较高的威望，能起到很好的骨干带头作用，但针对该年龄段的学生注意力持久性不长等特点，我在教学中充分发挥教师的主导作用，调动起学生的学习积极性与参与性，发挥体育委员和体育特长生的骨干带头作用。在此基础上加强学生对自我需求的提高，给予学生更多的设想、创新时间和空间，积极调动学生的主观能动性，创设出高效课堂。

三、单元教学重难点

重点:步伐的转换、变向动作。

难点:动作间的连贯与音乐的配合。

四、单元教学计划

单元学习目标	1.学习韵律操舞蹈的理论知识,建立科学锻炼的意识,并且掌握正确的锻炼方法。 2.掌握一套完整的少儿健美操,学习健美操的基本动作,提高学生的身体素质和协调性、节奏感。 3.通过学习提高学生的自我锻炼能力和创新能力,培养学生的审美观以及互相学习、互相帮助、互相配合的优良品质。			
课次	教学内容	教学目标	组织教法	重点与难点
1	舞蹈:学习《阿细跳月》基本舞步。素质练习:柔韧。	1.了解彝族舞蹈《阿细跳月》的由来和基本站位姿势与舞步的组成。 2.在教学过程中,积极主动地练习参与学习,并且能完成基本舞步"3+2"的节奏动作要求。 3.通过对《阿细跳月》发展的介绍,提高学生的团队意识与合作意识。	1.老师示范,学生模仿。 2.老师讲解,学生体会。 3.认真练习,积极提高。	重点:基本站立姿势和基本舞步。 难点:动作的协调和连贯性。
2	舞蹈:学习《阿细跳月》舞步转化。素质练习:核心力量。	1.对《阿细跳月》的进一步了解,知道其是一种彝族特有的集体性舞蹈,动作组合可以适合各种情形变化。 2.学生能够完成基本舞步,并且在完成的过程中能加入进退、转身、跳跃拍掌等动作。 3.学生通过集体练习与配合进一步加强合作意识,提高他们的参与意识。	1.集体练习已学内容,提出更高要求。 2.教师讲解动作的变化规律,并示范,学生积极讨论,达成共识,认真练习。	重点:基本舞步的协调连贯,配合音乐节奏一致。 难点:动作的转换变化连贯、一致。
3	韵律操:少儿二级规定套路A、B组动作。素质练习:柔韧。	1.步法和广播操的对比导入,学生心理有一种意识和印象,认识和接受比较容易。 2.初步掌握少儿二级规定套路A、B组动作。 3.体现出较好的动作美、姿态美。	1.介绍基本站姿、基本步伐、认识节拍,并进行集体练习。 2.学生通过对比、模仿练习,集体练习等方式学习少儿二级规定套路的A、B两组动作。	重点:单个动作的完成质量。 难点:动作与动作之间的连贯性。

续表

课次	教学内容	教学目标	组织教法	重点与难点
4	韵律操：少儿二级规定套路C组动作。素质练习：四肢的力量。	1.通过复习A、B两组动作，变化各种不同节奏的音乐提高学生的参与性。2.学习二级规定套路的C组动作，能够体现出动作的流畅与节奏的清晰变化。3.通过集体练习，培养学生的团队精神和合作意识，展现出活泼向上的精神风貌。	1.集体练习A、B两组动作，提高动作质量。2.学生自学、教师讲解示范C组规定动作。3.分小组进行练习、展示、评价。	重点：步伐的转换、变向动作及动作的规范性。难点：动作的连贯与音乐的配合。
5	韵律操：少儿二级规定套路D组动作。素质练习：上肢力量。	1.通过复习A、B、C三组动作，变化各种不同节奏的音乐提高学生的参与性。2.学习二级规定套路的D组动作，能够体现出动作方向、力度和节奏的变化。3.通过配合音乐集体完整练习，培养学生的团队精神和合作意识，展现出活泼向上的精神风貌。	1.集体练习前3组动作，要求动作规范与音乐合拍。2.学生自由练习，教师巡回指导讲解"通病"。3.教师示范、学生模仿学习D组动作分组练习完成D组动作，配合音乐尝试完成整套动作。	重点：动作的规范与连贯。难点：动作的弹性与节奏的配合。
6	韵律操：少儿二级规定套路整体动作练习。素质练习：核心力量。	1.通过复习各组动作，配合规定音乐，和着节拍自由跳跃，学生积极参与练习与展示。2.完整练习整套动作，注意动作的方向、力度、开度以及节奏和动作的一致性，注重整套动作的流畅性。3.通过集体练习展示，体现出各组的不同风格，展现出少年儿童活泼向上的精神风貌。	1.集体配合音乐复习整套完整动作。2.分4小组针对4组内容加强练习。3.拓展学习简单的队形变化。4.说明考核标准和要求。	重点：动作的整齐连贯性与情感内容的表达。难点：动作与队形变化的合理性。
7	舞蹈：学习伦巴前进舞步。素质练习：耐力。	1.了解伦巴的发展和基本舞步的组成。2.在教学过程中，积极主动地参与学习，并且能基本完成伦巴前进舞步中的最基本动作，复习二级规定套路。3.通过对伦巴发展的介绍，提高学生对伦巴这个舞种的认识，通过和舞伴的配合，体现出较强的社交能力。	1.集体练习完整二级规定套路。2.介绍伦巴前进舞步的基本姿态，认识节拍。3.教师示范讲解，学生模仿练习。4.学生自由练习，教师指导完成规定舞步。	重点：二级规定套路的完成质量、动作与音乐的配合以及在整个过程中的表现能力。难点：动作完成的质量与身体感觉、音乐节奏的协调。
8	韵律操：考核。	按照考核要求进行考核。	表扬鼓励为主。	展示学习效果。

五、课时教学案例

教学内容	1.少儿健身操二级C组动作。 2.身体素质练习。	适应年级	水平二
		课次	第四次

教学目标	1.复习A、B组动作,挂图自学C组动作及教师指导,了解每组动作的技术特点。 2.通过学练初步掌握交叉步转换、变向技术动作,体会完成C组组合动作连接转换。 3.通过小组练习等方式培养团结合作精神,增强集体荣誉感,通过对动作美的认识与练习,表现出学生的形态美与心灵美。

重点难点	重点:步伐的转换、变向动作。 难点:动作间的连贯与音乐的配合。

过程	教学内容	组织教法与要求	设计意图	时间
准备部分	1.课堂常规 (1)整队集合,报告人数,宣布教学内容、要求,检查服装,安排见习生。 (2)师生问好: Class begins! Nice to meet you! (3)宣布本课的教学内容及教学要求。 (4)安排见习生。 2.调动身心 (1)队列练习。 (2)形体练习。 3.复习A、B两组动作。	1.组织: (队形图:教师☺面对4排学生○○○○○○○○) 2.教法:教师口令,学生练习。 3.要求:静、齐、快、形态佳。 1.组织:同上。 2.教法:教师讲解队列、形体练习要求,组织学生进行练习。 3.要求:进入状态,形态佳,表情好。 1.组织:同上。 2.教法:教师示范带领,口令提醒。 3.要求:动作到位、正确连贯、节奏合拍。	让学生知道本节课的内容和要求,尽快进入体育课所需要的精神状态当中。利用英文报数、问好,体现出课堂语言的丰富性以及交流渠道的多样性。 通过队列、形态练习,让学生体会到平时的坐姿、站姿的重要性。在生理方面,调动心肺功能的运动节奏,为后面的学习打下良好的基础。同时也提高了学生的注意力,精神状态、身体形态更好,为练习健身操打下更有利的基础。 复习A、B两组动作,调动起身体的运动欲望,肌肉得到预热,通过音乐的节奏,培养学生较好的节奏感,要求动作到位、正确连贯,形态佳、表情好。	10分钟
基本部分	1.学习健身操C组动作 要点:交叉步、开合跳、"1"字步等步伐的连接与转换。 (1)分4小组观看C组动作挂图。	(分组示意图:A B ☆ C D) 1.组织:分4小组集体观看。 2.教法:教师示范并讲解技术动作与方法要点,带领学生进行练习。	学生通过分组集体观看和教师示范讲解,从而建立清晰的技术概念和运动表象。	

续表

过程	教学内容	组织教法与要求	设计意图	时间
基本部分	(2)观看教师完整示范并细听C组动作的特点与要求。 (3)模仿学习3个基本步伐,提出问题引出步伐方向变化。 (4)模仿老师完整动作(加手型),按照一定节奏模仿练习。 (5)师生一起练习,后面分小组提高练习。 (6)集体听音乐练习提高。 (7)小组展示。 (8)学生互评,教师点评。	2.要求:看教师示范讲解时要认真看、仔细听、努力记。 1.组织: ☺ ○ 2.教法:教师示范并详细讲解3个步伐的要求与变化形式,带领学生进行练习,巡回指导纠错。 3.要求:学生认真看示范,仔细模仿完成动作,并且发挥自己的想象力创造出适合好看的手上动作。 1.组织:集体练习,队形如上。 2.教法:教师示范、讲解,组织带领学生练习,及时指出错误,提高动作质量。 3.要求:巩固提高动作质量,表现较好的动作连贯性与音乐节奏的一致性。 1.组织:分4小组进行展示。 2.教法:教师指导学生展示与评价,明确动作的技术要求与完成质量,积极展示,乐于参与互评。 3.要求:动作连贯、表情丰富,节奏一致,展现活泼向上风貌。	在小组观看过程中培养学生发现问题、分析问题以及解决问题的能力,提高他们的团队合作意识,同时发挥体育骨干的组织、引导作用。 通过3个基本步伐的练习,加深对基本动作的理解与提高,更为后面的动作变化打下基础。 通过学生自创手型的设计与教师的指导,完成规定动作手型与步伐的配合动作,学生在学、想、练的过程中完成本课的教学内容。 通过集体练习和分小组练习,在提高练习密度的同时,加强团队精神的培养,加速了动作一致性的形成,特别是在动作的衔接和转换上,好的学生可以带领后面的学生共同进步。在练习中加入音乐,增强节奏感的同时培养了学生的乐感,有利于学生动作的发力和控制,从而提高动作的质量。 小组展示让大家发现别人的长处与短处,通过相互交流评价,更加明确自己缺什么、别人的长处、怎么去练习等。	22分钟

续表

过程	教学内容	组织教法与要求	设计意图	时间
基本部分	2.身体素质练习。(推车小跳)要求:分成2大组,在8米的距离中,去时小推车,回来两个人都是单脚跳,(回来左右脚交替)依次进行。	1.组织: ↑ 8m ↓ ○ ○ ○ ○ ○ ○ ○ ○ ○ ○ ○ ○ ○ ○ ○ ○ 2.教法:教师讲解练习要求,言语激励学生。 3.要求:尽全力完成练习,争做"推车小跳王"。	通过素质练习,提高学生的上下肢力量,全面发展学生的身体素质,同时为学生以后的难度技术练习打下坚实的基础。	10分钟
结束部分	1.放松。(音乐:自然之声)(1)同学之间轻敲大腿和手臂,以达到按摩作用。(2)做拉伸与整理运动。(3)闭上双眼,深呼吸。听着音乐感受在田野呼吸新鲜空气的情景。2.小结评价。3.师生再见。4.回收器材。	1.组织: ○ 2.教法:教师与学生一起做拉伸与整理运动并采用心理暗示法进行放松,评价以表扬鼓励为主。 3.要求:轻打双臂、双腿,感受音乐随着教师的引导,进入自我放松的状态。	教师与学生一起做拉伸与整理运动并采用心理暗示法进行放松,引导学生到大自然中深呼吸,达到放松身心的目的,师生相互评价、总结评价(表扬为主)以及放松,恢复身心,为下节课打下良好的基础。	3分钟
场地器材	1.舞蹈房。2.CD机一台。3.挂图4张。	预计练习密度	35%~45%	
		预计平均心率	120~130次/分钟。	
课后反思				

中学部分案例一：挺身式跳远

一、教材分析

跳远是人体通过一定的运动形式，即把助跑和起跳所获得的水平速度和垂直速度很好地结合起来，越过一定远度的一项运动。整个动作由助跑、踏跳、腾空、落地四个部分组成。根据空中技术动作的不同分为蹲踞式、挺身式和走步式三种形式。

在初中阶段，学生重点接触和学习了"蹲踞式"跳远，高中的教学中以"挺身式"跳远教学为主，向学生介绍发展和提高跳跃能力的方法。跳远技术环节中助跑与起跳的结合技术是重点，也是决定跳远成绩好坏的关键，这一点在初中教学中也有很好地体现。在高中的挺身式跳远教学中我们将在巩固助跑与起跳结合技术的同时，加强对空中动作的学习，让学生有更好的空中控制能力以及正确的落地动作，让学生在学练的过程中深刻地了解跳远的整个技术动作，并在原来的基础上有所提高，结合自身能力确定适合自己的跳远技术动作。

在蹲踞式跳远的学习基础上，挺身式跳远的学习除了强调助跑与起跳的结合技术这个重点外，腾空过程中的空中动作也是整个挺身式跳远技术的关键所在，是最难教与学的一个部分，在该单元学习中将给予较多的课时安排以巩固技术。

二、学情分析

学生在初中阶段接触或学习了蹲踞式跳远技术，对于跳远运动的技术结构有所了解，对于助跑与起跳相结合这一跳远的重点技术有所掌握，从技术迁移的角度讲，利于挺身式跳远技术的学习。高中学生的身体各项机能和素质处于提高阶段，有比较强的思维能力、创造能力，善于学习，加上高中学生有较强的创造能力和自学能力，利于挺身式跳远动作的掌握。课堂上采用讲解、示范、启发、模仿、创新、竞赛等教学方法，以及各种新颖的练习手段，循序渐进、层层深入、层层剖析，充分挖掘每个学生的潜在能力，充分发挥学生的主体作用，更好地促进学生学习和掌握挺身式跳远的技术动作。

三、单元教学的重难点

重点：助跑与起跳的结合技术，挺身式跳远的腾空姿势。

难点：助跑快，步点准，板前不减速和腾空后的挺身动作。

四、单元教学计划

单元学习目标	1.通过学习,了解跳远动作的用途、动作组成和影响跳远的因素,使学生基本掌握挺身式跳远的完整技术动作,改进部分学生的助跑与起跳结合技术和腾空技术动作。 2.通过学习提高学生的身体素质,增强下肢肌肉力量,发展学生的力量、速度、协调性、灵敏性和反应能力等。 3.让学生充分展现自我,形成积极的学习态度,体验成功的喜悦,培养学生互帮互助的合作精神,营造和谐课堂气氛,培养克服困难、挑战自我、超越自我的心理品格。			
课次	学习内容	教与学目标	教与学策略	重点难点
1~2	助跑和起跳。	1.通过复习蹲踞式跳远巩固助跑与起跳相结合技术。 2.观看挺身式跳远的挂图,提高学生学习跳远的兴趣,了解跳远的方法分类,以及两种跳远技术的异同。 3.提高起跳与空中动作。 4.发展跳跃能力与下肢力量。	1.复习蹲踞式跳远。 2.看挂图或多媒体。 3.反复做6~8步助跑,起跳后成"腾空步"姿势,摆动腿单腿落地后继续向前跑进。 4.结合确定"助跑标记"反复进行全程助跑练习。 5.反复进行全程助跑接起跳练习。 6.力量练习。 7.评比看谁的动作做得好。	重点:助跑节奏、准确踏跳。 难点:助跑与起跳的结合。
3~4	挺身式跳远空中动作和落地。	1.发展跳跃能力。 2.了解和掌握正确的空中姿势和落地动作。 3.培养学生的空间感和自信心以及团结互助的精神。	1.通过看、听、想加深理解动作。 2.在跑道上做连续起跳,成腾空步后,做下放摆动腿落地的练习。 3.利用单杠上的辅助练习建立肌肉立体感觉形成空中姿态定型。 4.6~8步助跑,在助跳板上或在跳箱盖上起跳,积极下放摆动腿,体会空中"挺身动作"。 5.8~10步助跑,在助跳板上或在跳箱盖上起跳,做挺身式跳远。 6.3~5步助跑起跳头顶标志物的练习。 7.做半程挺身式跳远练习,体会落地动作。 8.提示落地柔和、屈膝缓冲,不能直腿硬撑,注意安全。 9.力量练习。	重点:腾空后的伸髋挺身技术。落地时的收腹举腿。 难点:"腾空步"后摆动腿向下后方的摆动技术。

续表

课次	学习内容	教与学目标	教与学策略	重点、难点
5~6	挺身式的完整动作。	1.学会掌握挺身式的完整基本技术动作。2.学会对动作的分析评价。3.培养克服困难、积极进取的精神。4.通过练习体验跳远的乐趣和成功。	1.全程助跑起跳技术练习。2.在全程助跑中,改进腾空和落地技术。3.利用技评和教学比赛,检查和改进技术,提高运动成绩。4.自主设计练习远度,争取达到目标,完成任务。5.体能训练。	重点:腾空后的挺身技术。难点:助跑和起跳相结合的技术。
7	考核挺身式跳远。	1.了解学生对挺身式跳远技术动作的掌握程度。2.了解学生的跳远成绩。3.反馈学生学习情况,指导今后的学习。	1.考核技术动作和远度。2.引导学生互评和自评,通过评价加深对动作理解。3.通过考评、反馈进一步改进动作。	重点:腾空后的挺身技术。难点:助跑和起跳相结合的技术。

五、课时教学案例

教学内容	1.学习挺身式跳远腾空步后空中挺身技术和落地动作。2.助跑踏跳与空中动作结合技术。	适应年级	水平五:高一
		课次	第四次
教学目标	1.了解挺身式跳远的空中动作结构,通过讲解示范和各种辅助练习使学生掌握正确而协调的空中挺身动作。2.通过学习提高学生的身体素质、肌肉本体感觉,发展学生的力量、速度、协调性、灵敏性和反应能力等。3.让学生充分展现自我,形成积极的学习态度,培养学生互帮互助的合作精神,营造和谐课堂气氛。		
重点难点	重点:腾空后的伸髋挺身技术。难点:"腾空步"后摆动腿向下后方的摆动技术和落地时的收腹举腿。		

课的结构	时间分配	教学内容	组织、教法、学法与要求	
			教师活动	学生活动
开始部分	10分钟	1.课的常规 (1)体育委员整队集合,报告人数。 (2)师生问好。 (3)宣布本课内容与要求,提出问题。 (4)检查学生着装。 (5)安排见习生	组织: ○○○○○○○○○ ○○○○○○○○ ●●●●●●●●● ●●●●●●●● △	要求: 1.学生迅速集合,做到快、静、齐。 2.报数时口令要清晰。 3.认真听教师宣布学习内容,思考问题。 4.见习生随堂听课。

续表

课的结构	时间分配	教学内容	组织、教法、学法与要求	
			教师活动	学生活动
开始部分		2.准备活动 (1)慢跑2圈。 (2)徒手操 ①肩部运动4×8拍。 ②膝关节运动4×8拍。 ③正压腿4×8拍。 ④侧压腿4×8拍。 ⑤踝腕关节运动4×8拍。 (3)专项准备活动 ①行进间成腾空步练习。 ②原地挺身跳练习。 ③单杠上悬挂挺身练习。 ④单杠上悬挂挺身后收腿练习。	教法：教师讲解课的内容与要求。 组织：慢跑时成两路纵队绕单杠场地进行后成四列横队体操队。 ○○○○○○○○ ○○○○○○○○ ●●●●●●●● ●●●●●●●● △ 教法： 1.教师领做热身操，讲示专项准备的方法，指导学生练习。 2.教师统一口令，集体练习。 组织：原地动作同上，行进间动作以横排为单位向前行进，单杠上的练习，五副单杠同时进行，每副单杠上两名学生。 教法： 1.教师示范提出要求。 2.教师统一口令，分组练习。	要求： 1.认真听老师讲解要求。 2.模仿教师进行练习。 要求： 体操队形整齐，动作准确到位，动作有力、节奏感强。 要求： 1.在老师的指导下认真练习。 2.动作正确、到位。
基本部分	30分钟	1.学习挺身式跳远空中挺身技术和落地动作。 (1)动作要领 充分做好腾空步； 摆腿下放髋展示； 摆臂挺身要及时； 身体快速成反弓； 落前两臂前下摆； 收腹屈膝前侧倒。 (2)动作要求：展体充分，摆臂与摆腿协调配合，收腹举腿动作积极主动，落地时重心快速前移。 (3)学练方法 ①原地模仿空中挺身动作。 ②学生在单杠上一帮一练习空中放腿展髋挺身收腿动作。	讲解时组织： ○○○○○○○○ ○○○○○○○○ △ ●●●●●●●● ●●●●●●●● 练习时组织：分组在单杠上完成1~4练习。 教法： 1.教师语言讲解，动作示范。 2.集中讲解与个别指导结合。 3.口诀提示，组织分组练习。	学法及要求： 1.认真观察图解和教师示范。 2.铭记动作要领。 3.按要求互助完成练习。 4.根据自己练习体会思考改进自身动作。 5.帮助同学完成动作，同时提示同学动作要点。

续表

课的结构	时间分配	教学内容	组织、教法、学法与要求	
			教师活动	学生活动
基本部分		③学生独立在单杠上做慢动作的腾空和落地。 ④学生独立在单杠上快速做前摆放腿挺身及收腿屈髋摆臂跳下动作。 2.助跑踏跳与空中动作结合技术。 (1)上一步腾空步练习。 (2)助跑3~5步做腾空步练习。 (3)4~6步助跑利用跳板踏跳后空中挺身姿势及落地练习。 (4)短程助跑起跳腾空完成挺身式跳远的空中动作和落地技术。 (5)掌握得好的学生尝试半程助跑后的完整动作练习。 3.素质练习。 推小车(2组每人)。	组织:到沙坑场地进行练习。旁边场地用大垫子代替沙坑。 ×××× 3 ×××× 4 ×××× 5 教法: 1.教师示范、讲解。 2.组织分组练习。 3.巡回指导、纠错。 4.组织优生示范,评价反馈。 5.选优进行提高练习。 组织:沙坑旁空地上进行。 教法:略。	要求: 1.练习态度认真。 2.有效完成练习。 3.积极思考,勇于探索。 素质练习教法: 1.认真观察教师示范。 2.按要求完成练习。 3.观察提醒同学改正动作。 4.根据自身掌握情况选择练习内容(3~5)。 5.看优生示范参与评价。 6.改进自身动作,努力挑战自我,尝试完整动作练习。 练习要求: 1.每个练习规范完成。 2.根据自身学习情况选择练习内容,不急于求成。 3.注意安全,关心同学。 学法及要求: 要求:动作到位,自主完成。
结束部分	5分钟	1.放松。 2.小结评价。 3.师生再见,宣布下课。 4.收拾器材。	组织:略 1.带领学生进行放松活动。 2.对技术学习进行评价、总结。 3.安排学生收放器材,宣布下课。	1.跟教师完成放松活动。 2.听评价,对比自身情况做自我小结。 3.协助教师还器材,下课。

场地:1.单杠场地;2.沙坑。
器材:1.单杠5副;2.跳板4块;3.大海绵垫2块。

预计练习密度:40%~45%。
预计平均心率:130~135次/分钟。

中学部分案例二：跨栏跑的攻栏

一、教材分析

本单元内容选自普通高中课程标准实验教科书《体育与健康》全一册必修教材：田径运动中的跨栏跑(水平五)。跨栏跑在初中阶段是以障碍跑的形式授课，在高中阶段作为跑一类的教材出现，教学目标是使学生学会一些基本的跨栏跑技术，提高相应的技术要求，掌握较规范的动作。跨栏跑是一项技术比较复杂的非对称性、周期性运动项目，它要求在短时间内，在保持快速跑的情况下，连续跨越栏架，对发展速度、力量、弹跳、柔韧性、节奏感和时空感有比较明显的作用。跨栏跑主要由起跑到第一栏的技术、跨栏步的技术(过栏技术)、栏间跑技术和终点跑技术组成，其中跨栏步技术是由起跨攻栏、腾空过栏、快速下栏三个部分组成，本单元主要针对跨栏跑的攻栏技术进行教学设计。攻栏动作是由起跨腿用前脚掌着地，在充分蹬伸的同时，摆动腿大腿屈膝高抬，上体尽量前倾，当起跨腿蹬离地面时，小腿积极快速前伸，异侧臂也尽力前伸这一系列动作完成的。本单元主要分3课时，第1课时主要是让学生体验各种远度、高度的跨越；第2课时重点讲解起跨腿和摆动腿的蹬摆结合和上体的控制；第3课时在加强蹬摆结合的同时强调起跨点的确立，为后续过栏做好准备。攻栏与腾空过栏技术前后衔接性强，在教学中只能强调练习的侧重点，不能将其完全分裂开来，所以在教学设计过程中，重点强调了攻栏时起跨腿的蹬和摆动腿的折叠高摆的练习方法，对过栏的动作技术也进行了讲解说明，有助于学生在学习过程中对动作的整体理解和完整的体验。

二、学情分析

跨栏跑是指在快速跑动中跨过一定的障碍物，对高一女生来说基本未接触过跨栏跑，对跨栏跑有新鲜感，有尝试的欲望，但是面对栏架学生会有些不自信，担心会受伤，存在一定的心理障碍和恐惧。所以教材安排从易到难，教学要求从低到高，使学生逐渐克服对高度、对栏架的恐惧，当学生对跨栏跑技术动作有所体验，心理上不再畏惧后，教师再向学生分析技术动作，得出跨越栏架最为重要、合理的技术,并鼓励学生多分析和讨论,从而在本单元结束时能完成教学任务。经过多年的观察和实践发现,教师的教学安排、教学技巧以及安全提示固然重要,但是面对有难度、有挑战的运动项目,教师的激励、鼓动以及对学生的信任是学生敢于尝试、乐于挑战的精神动力,进而会形成较强的团队凝聚力和较高的进取精神。教师应该抓住有利的教学条件,用多种方法克服教学中的不利因素,使得教学目标得以较好地达成。

三、单元教学重难点

重点:蹬摆结合,上体的控制。
难点:身体重心的控制,上下肢协调用力。

四、单元教学计划

单元教学目标	了解跨栏跑的一般知识,知道跨栏跑的攻栏在跨栏跑中的地位和作用;能区分体会跑、跨时身体重心的起伏变化,重点掌握攻栏时起跨腿和摆动腿蹬摆结合的动作方法以及上体前倾、异侧臂前伸,初步掌握攻栏后摆动腿和起跨腿的动作技术,有助于学生建立完整动作概念,发展学生下肢力量和全身协调用力;培养学生勇敢、果断、不怕困难、勇于进取的心理素质和体育精神,学会在学习中互相沟通交流,提高社会适应能力。			
课次	教学内容	运动技能目标	重点、难点	教学方法与策略
1	各种远度、高度的跨越。	使大部分学生体会跨越远度和高度时蹬地用力的不同,发展学生蹬跨的能力。	重点:蹬地的用力方向和速度。 难点:蹬跨结合。	1.结合图片讲解跨栏的跑跨技术。 2.连续过5~6个2~2.5米的"障碍区"。 3.同上练习,在"障碍区内"约三分之二处放置竖立的手榴弹。 4.同上练习,在"障碍区内"约三分之二处放置竖立的小垫子。
2	起跨腿和摆动腿的蹬摆技术。	使70%左右的学生初步掌握攻栏时起跨腿的蹬伸和摆动腿折叠向前上方高摆的技术动作,发展下肢力量和身体的协调性。	重点:蹬摆结合,上体的控制。 难点:身体重心的控制,上下肢协调用力。	1.原地对墙蹬摆攻栏练习。 2.上3步对墙蹬摆攻栏练习。 3.上3步配合两臂对墙攻栏练习。 4.走动中对跳箱做攻栏练习。 5.走动中过小垫子练习。 6.慢跑中过小垫子练习。 7.慢跑中栏侧做攻栏练习。 8.快跑中过小垫子或低栏练习(可分层教学)。
3	加强两腿蹬摆技术学习,介绍过栏动作技术。	使75%左右的学生较好掌握两腿的蹬摆技术动作,初步掌握摆动腿和起跨腿过栏的动作方法,发展全身协调用力。	重点:起跨点的确立。 难点:全身协调用力。	1.摆动腿原地抬、伸、压练习。 2.起跨腿原地叠、展、拉练习。 3.摆动腿栏侧抬、伸、压练习。 4.起跨腿栏侧叠、展、拉练习。 5.走动中过小垫子练习。 6.慢跑中过小垫子练习。 7.慢跑中过橡皮筋(同栏高)练习。 8.快跑中过橡皮筋练习(间距7.2~8米)。 9.快跑中过3~5个低栏(根据情况分层教学)。

五、课时教学案例

教学内容	起跨腿与摆动腿蹬跨结合技术		适应年级	水平五:高一
			课　次	第二课
教学目标	1.使学生了解跨栏跑起跨攻栏的动作方法和用力顺序,知道该动作在跨栏跑中的地位和作用。 2.使70%左右的学生初步掌握攻栏时起跨腿的蹬伸和摆动腿折叠向前上方高摆的技术动作,发展下肢力量和身体的协调性。 3.培养学生认真思考、勇于进取的精神,具有乐于合作交流的适应能力。			

教学过程	教学内容	组织教法、要求	练习题量	
			强度	次数
开始部分	一、课堂常规: 1.体育委员整队清点人数。 2.师生问好。 3.教师宣布本课内容和要求。 4.检查着装,安排见习生。	组织1 ××××××××× ××××××××× ××××××××× ××××××××× △ 要求:静、齐、快。	小	4×8
准备部分	二、徒手操: 1.扩胸运动。 2.转体运动。 3.腹背运动。 4.弓步压腿。 5.膝部运动。 6.手踝关节运动。 三、游戏:多级跨跳对抗赛 方法:将学生分成1、2、3、4组,1和2组对抗,3和4组对抗。1、3组排头自起跳线后定位向前做5级跨步跳,做好落点标志,2、4组排头分别从1、3组的落点,定位开始向起点方向做5级跨步跳,后面同学依次进行,最后以2、4组的最后一名同学跳过起跳线为胜,如未跳过则对方胜。胜与胜比,负与负比,最后决出1~4名。	组织2 × 要求:学生有节奏地跟练。 组织3 × × × × × → ← × × × × × △ × × × × × → ← × × × × × 教法:教师讲解示范,巡视指导、鼓励。 要求:学生仔细听讲,尽心练习,取得好成绩。	小	2

续表

教学过程	教学内容	组织教法、要求	练习题量 强度	练习题量 次数
基本部分	四、起跨腿和摆动腿的蹬摆技术起跨腿用前脚掌着地,当身体重心通过支撑点上方进入攻栏后,起跨腿要迅速伸展髋、膝、踝三关节,同时髋部要前送,在充分蹬伸的同时,摆动腿大腿屈膝高抬,上体尽量前倾,当起跨腿蹬离地面时,小腿积极快速前伸,异侧臂也尽力前伸。 重点:蹬摆结合,上体的控制。 难点:身体重心的控制,上下肢协调用力。 五、素质练习 推小车:发展学生的上肢力量和耐力,提高身体的控制能力以及队友间配合能力和协调能力。	练习步骤: 1.原地对墙蹬摆攻栏练习。 2.上3步对墙蹬摆攻栏练习。 3.上3步配合两臂对墙攻栏练习。 4.走动中对跳箱做攻栏练习。 5.走动中过小垫子练习。 6.慢跑中过小垫子练习。 7.慢跑中栏侧做攻栏练习。 8.快跑中过小垫子或低栏练习(可分层教学)。 组织4:练习1、2、3对墙练习。 组织5:练习4: ××× □ ××× □ ××× ← ××× 组织6:练习5~8: ××× ∧ ∧ ∧ ∧ ××× ∧ ∧ ∧ ∧ ××× 」 」 」 」 ××× 」 」 」 」 教法:讲解示范、纠错、评价、鼓励。 要求:注意安全,认真练习。 组织7 ×× ←→ ×× ←→ ×× ←→ ×× ←→ ×× ←→ ×× ←→	小 小 小 小 中 中 中 中 中	5~6 5~6 5~6 4~5 3~4 3~4 4~5 4~5 1~2

结束部分	1.放松。
	2.小结。
	3.师生再见。
	4.收拾器材。
		教法:讲解示范、鼓励。
		要求:积极练习,争取优胜。
		组织8
		    ××××××××××
		    ××××××××××
		    ××××××××××
		    ××××××××××
		         △
		要求:尽量放松。
			小	4×8

续表

教学过程	教学内容	组织教法、要求	练习题量	
			强度	次数
课后小结		预计平均心率:130~140次/分钟。 练习密度:30%~35%。 场地器材:体育馆,跳箱2只,小垫子16只,栏架4~8只。		

中学部分案例三：篮球双手胸前传接球

一、教材分析

篮球是中学生最喜爱的运动之一，经常参加篮球运动能提高学生神经系统的灵活性，增强大脑的分析和应变能力；培养学生团结合作，积极进取的精神。本课学习的双手胸前传接球是篮球比赛中进攻队员之间有目的地支配球、转移球的方法，也是篮球比赛中最基本、最常用的一种方法，具有传球快速有力、准确性高、容易控制、接球后便于与其他动作相结合的优点，是人教版七年级的篮球教学内容。通过教学，让学生明确传球要隐蔽、及时、多变、准确，接球时要缓冲来球力量；进而提高学生良好的观察力和判断能力，培养学生之间默契配合的意识。

二、学情分析

本教材授课对象为七年级学生，该阶段的男、女生在一定程度上存在着很大的差异，如女生学习态度积极踏实，男生自我表现欲强，争强好胜。因此需根据男、女生的身心特点，选用从熟悉球性练习—传递球练习—原地双手胸前传接球技术动作练习—合作探究—传接球等游戏，比赛内容，掌握篮球技术技能，根据学生身心发展规律，层层递进，创设篮球学习的有效学习情景，充分挖掘每个学生的潜在能力，培养学生的篮球意识。结合教学评价，培养学生遵守规则的习惯，培养学生的团队凝聚力和竞争意识，同时也让他们感受成功的喜悦。充分发挥教学双主体作用，体现玩中学、学中乐、乐中练的特点。

三、单元教学重难点

重点：正确的传接球手法，快速准确传接球。

难点：上、下肢的协调配合及对球的控制支配能力。

四、单元教学计划

单元教学目标	1.通过教学,了解篮球双手胸前传接球的动作要领,并能用简单的语言描述;懂得篮球的一些基本违例规则。 2.通过练习,能够掌握篮球双手传接球技术,能准确传出一定速度与距离的球,并利用该技术进行游戏和比赛;同时发展学生灵敏、协调、速度、力量等身体素质。 3.通过比赛与游戏,培养学生相互合作的意识,以及遵守比赛和游戏规则的意识,让学生体验篮球带来的成功、快乐与自信。			
课次	教学内容	运动技能目标	重点、难点	教学策略
1	双手胸前传接球	初步掌握双手胸前传接球时的基本手型,以及传球时蹬地伸臂、翻腕拨指的动作;接球时主动伸臂迎球、接球后引球缓冲护球的连贯动作。	重点:传接球的基本手型。 难点:接球时主动迎球,传球时上、下肢协调用力。	1.两人一组,各种传接球练习。 2.双人球操,练习传接球手型。 3.一人向上向地面传接球,一人观察传接球动作练习。 4.两人一组根据能力由近到远传接球练习。 5.展示评价。
2	双手胸前传接球	进一步提高双手胸前传接球的技术动作,并能通过利用正确的技术提高传球的速度和准确性。	重点:体会蹬地发力对传球的作用。 难点:提高传球速度和准确性。	1.两人一组,向上一传一接练习。 2.两人一组,根据教师规定远距离传接球练习。 3.两人一组,自定或规定距离听信号或计时传球比赛。 4.四人一组,一球到两球传接球练习。 5.展示评价。
3	双手胸前传接球	巩固双手胸前传接球技术动作,并能自如地运用到游戏和比赛中。	重点:上、下肢的协调配合用力。 难点:提高传接球的准确性。	1.两人一组由近到远双手胸前传接球练习。 2.四人一组一球双手胸前传接球比赛。 3.四人一组两球双手胸前传接球比赛。 4.四人对角移动中双手胸前传接球练习。 5.展示评价。
4	考核:双手胸前传接球。	通过考核,让学生了解自己掌握双手胸前传接球技术的水平,从而寻找自身不足并及时调整学习方法。	重点:快速、准确、连续地传接球。 难点:上、下肢的协调配合及对球的控制支配能力。	组织学生进行考核,安排其他学生进行复习,考完的学生进行半场教学比赛。

五、课时教学案例

教学内容	篮球双手胸前传接球		适应年级	水平四:七年级		
			课　　次	第二次		
教学目标	1.通过教学,了解篮球双手胸前传接球的动作要领,并能用简单的语言描述;懂得篮球的一些基本违例规则。 2.进一步提高双手胸前传接球的技术动作,利用正确的技术提高传球的速度和准确性,培养随机应变的能力。 3.通过比赛,培养学生相互合作意识、遵守比赛规则的意识,以及让学生体验篮球带来的成功、快乐与自信。					
重点难点	重点:体会蹬地发力对传球的作用。 难点:提高传球速度和准确性。					
过程	课的内容	组织教法与学练法			运动量	
		教师活动	学生活动		次数	时间
开始部分	一、课堂常规 1.体育委员整队,报告出勤人数。 2.师生问好。 3.教师提出本课教学目标和要求。 4.检查服装,提出安全措施,安排见习生。	一、教法与步骤 (一)导入语(略) (二)教学常规 要求: 1.声音洪亮。 2.精神饱满。 3.仪表端庄。 4.语言亲切。	组织队形: 体育委员按图示队形整队。 要求:快、静、齐。 集合队形:四列横队,集中讲解。			
准备部分	一、热身游戏 1.听信号抢球。 方法:学生两人一球,进行绕球跑,听到教师哨音后用双手抢固定球或跳动的球。 2.辅助练习 (1)双人球操。 ①扩胸、俯背运动; ②体转运动; ③踝、腕关节运动。 (2)两人一球向上传接球。	一、教法与步骤 1.教师讲解并示范游戏方法。 2.哨音指挥学生游戏,并用语言鼓励学生积极进行游戏热身。 二、教法与步骤 1.教师口令指挥学生进行练习。 2.巡视指导学生练习,并及时纠正错误动作。 3.语言引导学生,让学生明确辅助练习的目的。	练习队形: ×××××× ×××××× ▲ ×××××× ×××××× 要求:反应快速,伸臂抢球积极。 练习队形:同上。 要求:认真练习,把握正确传接球手型;互相观察纠正,形成主动迎接球和巩固蹬地、伸臂、压腕、拨指传球动作。		10次左右 4×8拍 20次左右	1'30″左右 1'30″左右 1'左右

续表

过程	课的内容	组织教法与学练法		运动量	
		教师活动	学生活动	次数	时间
基本部分	一、双手胸前传接球 (一)学生根据自己的能力选择距离自主练习。 (二)两人一组，根据教师规定远距离传接球练习。 目的：体会蹬地发力在远距离传接球中的作用。 (三)两人一组，自定距离听信号传接球比赛。 目的：体会上、下肢协调配合用力在提高传接球速度上的作用。 (四)两人一组，规定距离计时传接球比赛。 (五)四人一组，一球到两球传接球练习。 二、展示评价 1.二人小组展示评价。 2.四人小组展示评价。	一、教法与步骤 1.教师组织学生进行自主练习，并巡视观察，针对个别错误动作进行个别指导。 2.教师规定距离、发出信号及记时指导学生进行练习。 3.在学生练习过程中及时利用各种激励性的语言激发学生的积极性。 4.当学生遇到疑惑时，用正确的示范及简要的动作术语提醒学生正确体验动作用力方法。 5.引导学生进行自我评价和互相评价，寻找练习中的不足之处，使其改正。 二、教法与步骤 1.教师组织学生进行教学成果展示。 2.引导学生进行互相评价，表扬和鼓励学生的进步，让学生体验成功的愉悦。	组织队形： ×××××× ×××××× ▲ ×××××× ×××××× 要求：听清要求，明确目的。 练习队形 ×××××× ×××××× ▲ ×××××× ×××××× 要求： 开动脑筋，积极思考体会动作，协调用力主动积极，困惑就问互相评价，相互促进 展示队形：同上 要求：积极主动，敢于展示；思考评价，共同提高。	30次左右 30次左右 30次左右 1′×3次 20次左右 10次左右 10次左右	1′30″左右 1′30″左右 1′30″左右 3′左右 1′30″左右 1′左右 1′左右
结束部分	1.放松运动 根据球自然跳动频率进行跳跃放松。 2.整理队伍。 3.课后小结。 4.布置器材收回。 5.师生再见。	一、组织 全班按集合队形。 二、教法与步骤 1.教师讲解放松方法。 2.教师进行点评。	一、组织、练习队形： ×××××× ×××××× ×××××× ×××××× ▲ 要求： 1.认真听讲。 2.进行放松练习。	8次左右	1′左右
场地器材	体育馆、篮球25个左右	预计心率	100~110次/分钟		
		练习密度	36%左右		

中学部分案例四：排球正面双手垫球

一、教材分析

排球是高中《体育与健康》课程中的选学教学内容。排球运动可以全面发展学生的身体素质，使学生形成技术技能，培养学生兴趣爱好，提高自信心，形成自我价值观，培养学生集体观念，建立和谐的人际关系，使学生具有良好的合作精神。准备姿势、移动步伐及正面双手垫球都属于排球的基本技术，学生只有掌握了基本技术，才能在排球教学比赛中体会其中的乐趣。本教材在初中、小学阶段都出现过，根据学生实际掌握的情况，正面双手垫球教学单元设置了5课时。

二、学情分析

高中学生已经具备了一定的观察、分析和解决问题的能力，身体素质方面比初中时有了较大发展。根据课前与学生的交流，好多学生在初中接触过排球，但垫球的技术仍然比较差，甚至有些学生存在垫球屈肘关节、位置不对等错误动作，也有来自农村或山区学校的学生在初中、小学阶段没有接触过排球。

三、单元教学重难点

重点：掌握排球运动的准备姿势、移动步伐和垫球动作，击球部位正确。

难点：全身协调用力。

四、单元教学计划

单元教学目标	1.了解排球运动基本技术的准备姿势、移动步伐、垫固定球、自垫球和对垫的动作要领和练习方法,激发学生对排球运动的兴趣。 2.基本掌握正面双手垫球(轻球)技术动作,发展速度、灵敏、耐力素质,提高体能。 3.培养学生不怕疼、不怕苦的良好心理品质。			
课时	教学目标	教学内容	学法和教法	重点、难点
1	1.了解排球运动的相关知识。 2.初步掌握半蹲准备姿势与滑步及交叉步和一抛一垫技术。 3.培养合作意识。	1.排球运动的相关知识。 2.尝试性练习。 3.排球的准备姿势和移动。 4.学习正面双手垫球。	1.提问与回答,结合教师讲解了解排球运动相关知识。 2.垫球尝试性练习,了解基础。 3.准备姿势与移动。 4.垫固定球练习。 5.一抛一垫,教师巡回指导。	1.重心的掌握和控制。 2.人与球的位置关系,垫击球位置。
2	1.了解垫球技术的运用情况。 2.初步掌握正面双手垫球技术动作,提高学生灵敏协调性。 3.培养学生互帮互助的合作意识。	1.正面双手垫球(轻球)。 2.复习准备姿势与移动步伐。 3.分层练习。	1.复习垫固定球。 2.自垫球练习。 3.两人一组,一抛一垫。 4.自垫球练习。 5.分层练习,优秀学生对垫球。	1.击球部位,人与球的位置关系。 2.全身协调用力。
3	1.体会排球运动乐趣。 2.基本掌握正面双手垫球技术动作,提高学生的速度、灵敏素质。	1.正面双手垫球(轻球)。 2.排球专项素质36米移动。	1.学生自垫球练习。 2.集体练习"看谁垫得多",提高学生练习兴趣和积极性。 3.两人一组,对垫球练习。 4.各种步伐练习。	
4	1.巩固正面双手垫球技术动作。 2.耐力练习,发展学生体能。	1.正面双手垫球(轻球)。 2.耐力练习。	1.教师讲解、示范。 2.学生对墙垫球练习。 3.两人一组对垫球练习。 4.个别指导和集体辅导相结合。 5.优秀学生展示。 6.女生800米,男生1000米跑练习。	1.击球部位。 2.全身协调用力和控制球的力量。
5	1.提高正面双手垫球技术动作及耐久跑能力。 2.培养学生吃苦耐劳品质。	1.复习正面双手垫球(轻球)。 2.耐力练习。		

五、课时教学案例

教学内容	排球正面双手垫球	适应年级	水平五:高一
		课 次	第一次

教学目标	1.通过本堂课教学了解排球运动的起源与发展等相关知识。 2.初步掌握半蹲准备姿势、滑步及交叉步和自垫球技术。 3.通过学生间配合练习,培养合作意识。
重点难点	重点:重心的掌握和控制,垫击球位置。 难点:人与球的位置关系。

教学次序	教学内容	教师活动	学生活动	组织要求	时间	次数
开始部分	课堂常规	1.师生问好,宣布内容。 2.检查服装,安排见习生。	1.体育委员整队,报告人数。 2.师生问好,了解课内容。	1.组织:四列横队。 2.要求:集合静、齐、快。	2分钟	
准备部分	1.排球韵律操。 2.原地踏步、并步与滑步。	1.讲解示范。 2.领做口令提示。	模仿教师动作进行练习。	1.组织:四列横队成体操队形散开,前后错位。 2.要求:示范动作由慢到快,学生能跟上节奏。	4分钟	
基本部分	1.排球运动的相关知识。 2.尝试性练习。 3.排球垫球的准备姿势。 动作要领:两脚分开与肩宽,脚跟稍提,微屈膝,两臂放松置腹前。 4.学习并步与滑步。 并步:两脚前后站与肩宽,两手放松置腰腹,前脚来球方向跨大步,后脚蹬地跟上前。 滑步:两脚平行站,左滑步时左脚先向左侧迈一步,左脚同时迅速跟上做滑步动作。	1.提问:同学们看过排球赛吗?谈谈你对它的认识。 2.教师根据学生回答总结。 1.鼓励学生尝试性练习垫球或传球等。 2.了解学生基础,请优秀学生展示引出垫球技术。 1.教师讲解、示范。 2.指挥学生与教师共同练习。 3.口令提示。	1.听教师提问后回答。 2.听教师介绍,了解相关知识,激发兴趣。 1.学生尝试性练习。 2.垫球较好的学生展示,其他学生观摩,并引发学生想学的热情。 1.观察与听讲。 2.听口令,集体练习。	组织:四列横队集中。 组织:四列横队体操队形散开。 组织: ★ ★ ★ ★ ★ ★ ★ ☺ ★ ★ ★ ★ ★ ★ ★ ★ ★ ★ ★ ★	6分钟 3分钟 5分钟	4 6

续表

教学次序	教学内容	教师活动	学生活动	组织要求	时间	次数
基本部分	5.学习正面双手垫球。 (1)垫固定球体会协调用力与正确的击球位置。 (2)一抛一垫两人相距2~3米。	1.讲解与示范。 2.组织学生进行练习。 3.示范并口令指挥。 1.教师与一学生示范并讲解。 2.组织分组练习。 3.巡回指导。 1.讲解与示范。 2.组织分组练习。 3.巡回指导。 4.集中纠错。 5.再组织练习。 6.优秀学生展示。 7.教师评价鼓励学生。	1.观察教师示范动作,了解脚步动作的特点与运用时机。 2.听口令,集体练习。 1.观察教师与一学生的示范。 2.分组练习。 1.听讲解,看示范。 2.分组练习。 3.集中纠错。 4.再练习。 5.优秀学生展示,其他学生观察后评价。	组织:同上。 要求:充分利用跑道线脚步到位,重心快速跟上。 组织: ★★★★★★★★★★ ★★★★★★★★★★ ☺ ★★★★★★★★★★ ★★★★★★★★★★ 组织:同上。 要求:前后两人一组,练习时互相观察动作并指出不足,好的同伴给予鼓励,共同进步。	3分钟 3分钟 7分钟/8分钟 7分钟	4/5 4/5 10 各方向10次
结束部分	1.瑜伽放松。 2.评价小结。 3.收器材。 4.师生再见。	1.领做。 2.评价小结。 3.组织收器材。 4.师生再见。	1.跟老师练习。 2.评价小结。 3.回收器材。 4.师生再见。	1.组织:四列横队成体操队形散开。 2.要求:充分放松。	5分钟	
场地器材	1.田径场地。 2.排球每人一个。		运动密度	40%~50%		
			平均心率	125次/分钟		
课后反思						

中学部分案例五：足球脚内侧传球

一、教材分析

脚内侧传接地滚球是足球传球基本技术之一，是中学足球教材中相对较易掌握的技术动作。它通常是在跑动中完成的，对于人体各器官系统，特别是呼吸系统和心血管系统的功能发育有较大的促进作用，并能发展学生的速度、力量、耐力、灵敏、柔韧等各项身体素质；足球运动还有助于训练学生的思维，培养学生的应变能力、判断力；在足球运动中，通过与同伴相互配合，相互鼓舞，培养学生勇敢顽强、积极主动、相互合作的精神。

从动作结构和方法分析，脚内侧传球，因为在传接球时触球面积大，可控性强，所以出球平稳、准确，是短距离传球和射门的常用脚法。地滚球尤其更适合没有很好足球基础的高一学生去掌握和运用。该技术的掌握便于培养学生的足球兴趣，促使他们对其他技术的学习。

二、学情分析

本教材授课对象是高一学生，处于该年龄段的学生身体各器官系统功能发育完全，身体素质均能满足学习的需要，特别在心理上，他们好胜心强，喜欢表现，具有一定的竞争意识，所有这些都有利于开展足球教学活动。但由于各种原因，足球运动在基层学校没能得到广泛开展，学生平时接触足球的机会较少，也就没能很好地掌握技术，尤其是女生。本课选择的脚内侧传接地滚球的动作特点是触球面积大，可控性强，出球平稳、准确。它是短距离传球和射门的常用脚法，适合没有很好足球基础的高一学生去掌握和运用，便于培养学生的足球兴趣，促进学生对其他技术的学习。

三、单元教学重难点

重点：传球时支撑脚的选位和脚触球部位的准确性。
难点：行进间传球时机的判断和接球时的前迎后撤动作。

四、单元教学计划

单元教学目标	1.通过教学使学生基本了解和掌握足球运动的基础知识。 2.通过"脚内侧传接地滚球"的学、练,使学生进一步掌握基本技术和简单战术,并能在比赛中运用所学的技、战术。 3.发展学生的奔跑能力、速度、力量、耐力等身体素质。 4.通过足球游戏和教学比赛等形式,使学生能主动地与同伴合作,培养其较强的合作意识、良好的心理素质和社会适应能力。		
学时	教学内容	重点、难点	教学策略
1	正面脚内侧传接定位球	重点:传球时正确的脚触球部位。 难点:接球时的前迎后撤动作。	1.熟悉球性练习。 2.单人对墙的传接球练习。 3.两人近、远距离的传接球练习。 4.碰撞游戏练习(二人2球对踢)。
2	正面脚内侧连续传接地滚球	重点:正确的脚触球部位。 难点:支撑脚位置的选择。	1.对墙踢球后做接地滚球练习。 2.两人一球相距3米左右传接球练习。 3.对墙连续传接球练习。 4.一定远度的连续传接球练习。
3	行进间脚内侧传接地滚球	重点:球与脚接触时的正确角度掌握。 难点:支撑脚位置的选择。	1.行进间对不同角度的标志物做传接球练习。 2.两人一组行进间传接球练习。 3.三人行进间"8"形传接球练习。 4.行进间传接球——射门。
4	直传斜插二过一	重点:合理传球时机的把握。 难点:与同伴的默契配合。	1.简单的直传斜插练习。 2.有消极防守的直传斜传练习。 3.三对三过人游戏练习。 4.五对五小场地教学比赛。
5	斜传直插二过一	重点:合理传球时机的把握。 难点:与同伴的默契配合。	1.有障碍标志的斜传直插练习。 2.有一定防守的直传斜传练习。 3.三对三过人游戏练习。 4.五对五小场地教学比赛。

五、课时教学案例

教材内容	足球行进间脚内侧传接地滚球		适应年级	水平五：高一
			课　　次	第三次
学习目标					1.让学生了解行进间脚内侧传接地滚球的技术动作结构、要领，明确行进间脚内侧传接地滚球和原地正面脚内侧传接地滚球有何不同之处。 2.通过教学有75%的学生能基本掌握行进间脚内侧传接地滚球，球与脚接触时的正确角度，45%的学生能较好地掌握行进间脚内侧传接地滚球的动作。 3.通过2~3人行进间脚内侧传接地滚球的练习以及集体游戏，增强学生的合作意识，发展学生的协作能力。
重点难点	重点：正确掌握球与脚接触时的角度。 难点：传接球时支撑脚的正确选位。			

教学程序	教学内容	教师教、导活动	学生学、练活动	组织形式
开始部分	教学常规	1.宣布课的内容并提出要求和目标。 2.用足球知识导入新课。 3.老师简单清楚地讲解，引导学生学习。	1.体育委员整队，清点人数，报告老师。 2.认真听老师讲述，积极思考。	四列横队集中讲述
准备部分	1.队列练习 (1)原地转法：向右(左)转、向后转。 (2)原地踏步。	1.讲解并示范队列练习方法。 2.喊口令，组织学生练习。	1.仔细观看老师示范，听清楚动作要求。 2.随老师口令进行练习	同上
	2.趣味慢跑 (1)高抬腿练习。 (2)踢腿练习。 (3)模仿游泳动作。 (4)后踢腿练习。	1.示范练习方法。 2.组织带领学生进行游戏。	1.认真听讲，掌握游戏方法。 2.认真积极地参与游戏。	一路纵队
	3.球操练习 (1)体侧运动。 (2)体转运动。 (3)腹背运动。 (4)踢腿运动。 (6)髋关节运动。 (7)膝踝关节。 (8)点地跳运动。 4.熟悉球性练习 玩球	1.在音乐伴奏下练习，结合喊口令加强学生节奏。 2.与学生一起练习，进行领做。 1.喊口令、领做。	1. 认真听音乐节奏，跟随老师练习球操。 2.充分活动身体各部位的肌肉、关节、韧带。 3.跟随老师练习。	四列横队，体操队形。 同上

续表

教学程序	教学内容	教师教、导活动	学生学、练活动	组织形式
基本部分	1.复习。 (1)传定位球：两人一球正面传接地滚球。 (2)正面对标志障碍连续传接地滚球。	1.巡视学生练习情况，及时发现问题。 2.对存在的问题进行辅导，纠正学生错误动作。 3.与学生互动，参与到练习中。	1.结合自身实际，认真练习。 2.认真对比其他同学动作，找差距。 3.大胆向老师或同学请教。	成两列横队相距5~6米相互传接球练习。
	2.新授行进间脚内侧传接地滚球。 (1)示范并讲解两人行进间脚内侧传接球射门。 要求： ①传球后向前快速跑。 ②要求向跑动者前面传地滚球(提前量)。 (2)行进间对标志物连续传接球。 ①标志物和跑动路线成150度左右。 ②标志跑动路线平行。 ③学生展示。 ④辅导后再练习。 A.开展探究式学习。 a.尝试练习。 b.让学生交流体会。 c.教师示范。 B.完整动作练习。 (3)两人行进间传接球。 (4)学生展示。 (5)再次练习。 ①两人行进间传接球(加射门)。 ②拓展内容：三人行进间"∞"形传接球接射门(自选)。 (6)欣赏三人行进间"∞"形传接球接射门。	1.启发式提问，引导学生回答问题。 2.与学生一起总结出行进间脚内侧传接球的技术要领。 3.进行正确动作示范。 4.巡回指导学生，纠正错误动作。 5.组织学生展示，引导学生进行对比学习。 6.对学生表现进行评价和鼓励。 7.根据不同练习要求，及时调整场地、分发图示。 8.进行及时的点评。	1.认真看老师做示范。 2.对老师提出的问题积极思考，并大胆回答。 3.积极进行练习。 (1)先右后左进行练习。 (2)由易到难循序渐进练习。 (3)与同伴合作进行练习。 (4)在练习中与同伴进行讨论和反思。 (5)积极大方地参与展示活动。	男女各两排相距5米相对而立，老师在中间讲解示范。 两人一组相距约5~7米练习。 同上。 同上。 男女各两排相距5米相对而立。 男女分开练习，两人一组相距约5米行进间练习。

续表

教学程序	教学内容	教师教、导活动	学生学、练活动	组织形式
结束部分	1.舞蹈放松。《美丽的草原》 2.小结。 3.布置课外练习。 4.收还器材。 5.师生再见。	1.在音乐伴奏下,带领学生练习。 2.小结本节课学习情况。 3.提出课外练习要求。 4.安排学生整理器材。	1.认真看老师示范、听老师口令进行练习。 2.对自己和同伴的表现进行客观评价。 3.记录课外作业,积极完成练习。 4.积极完成器材整理工作。	四列横队,体操队形。 四列横队,集中讲解。
场地器材	1.足球场一块。 2.足球每人一个。 3.音响1台。 4.自制示意图8张。 5.标志筒16只。	练习密度	40%~45%	课后小结
		平均心率	125次/分钟左右	

中学部分案例六：前滚翻

一、教材分析

前滚翻是技巧类项目,是滚翻类技术中最基础的技术动作,且贯穿于整个基础教育教学阶段。滚翻教材在小学阶段已多次出现,如前滚翻直腿坐撑、前滚翻分腿坐撑、前滚翻屈腿撑、前滚翻成蹲立等,也有作为技巧组合动作之一。小学阶段的前滚翻要求学生滚动圆滑、方向正、能起立。初中阶段则要求在原有的基础上提高动作规格,也就是在蹬地团身之间有直腿的过程,为今后学习远撑前滚翻、鱼跃前滚翻、前滚翻分腿奠定基础。由于本教材在初中阶段第一次出现,故作为新授教材。此教材共分2次课,第一次课要求滚动圆滑、方向正、有直腿过程;第二次课要求能起立,动作连贯,姿态优美。本课是第一次课,属新授课,共40分钟。学习此内容可发展学生的灵敏性与协调性,改善和提高前庭分析器官的功能。这也是日常生活中一种人类自我保护的实用技能。搭配辅教材腰腹肌练习,充分利用器械,使身体素质全面协调发展。

二、学情分析

本教材教学对象是水平四,七年级学生。处于该阶段的学生已具有一定的思维能力和对技术动作的理解能力,敢于在同学面前展示自我,但也存在着一些不足之处。学生在小学阶段对前滚翻技术掌握得不是很好,所以在本次学习中可能会遇到许多问题,教师需要通过各种辅助方法来纠正不足之处,让学生不断在体验练习中完成动作要求。

三、单元教学重难点

重点:蹬地后两腿伸直并拢。
难点:蹬伸与屈体团身的结合,滚动圆滑。

四、单元教学计划

单元教学目标	1.学生能说出前滚翻的动作要领,知道前滚翻的练习方法和作用。 2.熟练掌握前滚翻技术,并能熟练运用于技能组合中;掌握保护与帮助的方法。 3.提高学生善于思考问题、解决问题的思维能力;培养学生互帮互助的合作精神。			
课时	教学内容	教学目标	重点、难点	教学策略
1	前滚翻	1.初步了解前滚翻的技术原理和动作要领。 2.初步掌握前滚翻的动作技术,在蹬地后有直腿的过程,能在保护与帮助下完成技术动作。 3.积极提高学生的协调性与灵敏性。 4.积极发展学生的思维能力,培养学生团结协作的优良品质。	重点:蹬地后两腿伸直并拢。 难点:蹬伸与屈体团身的结合,滚动圆滑。	1.团身来回滚动。 2.抱小腿团身前后滚动,前滚成蹲立。 3.前滚翻成直腿坐。 4.前滚翻成直腿坐,后倒抱小腿团身滚动,前滚成蹲立。 5.在斜面垫子上由高处向低处做前滚翻。 6.在保护帮助下做前滚翻。
2	前滚翻	1.进一步了解前滚翻的动作重点、要求。 2.进一步掌握前滚翻动作技术,能独立完成动作,动作连贯优美。 3.培养学生胆大、心细、勇于展现自我的优良品质。	重点:两腿迅速蹬直。 难点:姿态控制。	1.抱小腿团身前后滚动,前滚成蹲立。 2.直腿坐,直腿提臀后倒前滚,臀部快触垫时再屈膝抱小腿成蹲立。 3.在斜面垫子上由高处向低处做前滚翻。 4.在保护、帮助下做前滚翻。 5.独立完成前滚翻。

五、课时教学案例

教学内容	前滚翻	适应年级	水平四:七年级
^	^	课次	第一次
教学目标	1.初步了解前滚翻的技术原理,并形成正确的动作表象。 2.初步掌握前滚翻的动作技术,90%的学生能在蹬地后有直腿的过程,70%的学生能在保护与帮助下完成技术动作,积极提高学生的协调性与灵敏性。 3.积极发展学生的思维能力,培养学生团结协作的优良品质。			
重点	蹬地后两腿伸直并拢	难点	蹬伸与屈体团身的结合,滚动圆滑
时间	课的内容和教与学的方法、措施	次数	预计问题与处理方法	组织形式、场地布置
开始部分	1.体育委员集合整队,报告人数。 2.师生问好,检查学生服装。 3.宣布本次课内容,安排见习生。 4.导入:中国体操队的辉煌成绩。	1次	预计问题: 学生可能出现注意力不集中现象。 处理手段: 语言导入,激发兴趣。	××××××× ××××××× ○○○○○○○ ○○○○○○○ ▲

续表

时间	课的内容和教与学的方法、措施	次数	预计问题与处理方法	组织形式、场地布置
准备部分	1.游戏:抢垫子。 绕垫子"S"形慢跑,当听到老师喊"3"时,3人一块垫子,以此类推,最后一次为1人。 2.垫上操。 a.头部运动。 b.扩胸运动。 c.体侧运动。 d.直腿坐压腿练习。 e.分腿坐压腿练习。	3~4次 4×8拍 1次	预计问题: 在准备活动中可能部分同学动作不到位,力度不够。 处理手段: 教师强调准备活动的重要性,并用语言口令去加强力度。	
基本部分	一、技巧:前滚翻 1.教师提问:球与正方体哪个滚得远?生答:球远。 2.学生练习。 a.团身来回滚动。 b.抱小腿团身前后滚动,前滚成蹲立。 c.尝试前滚翻。 3.优生示范。 4.教师提问:老师的前滚翻与学生的前滚翻有何区别,并完整示范。 5.学生回答,教师总结并导出本课重点:有直腿过程。 6.教师讲解技术要领。 7.学生练习。 a.前滚翻成直腿坐。 b.前滚翻成直腿坐,后倒抱小腿团身滚动,前滚成蹲立。 8.教师讲解保护与帮助的方法。 9.学生练习、体验。 a.在斜面垫子上由高处向低处做前滚翻。 b.在保护、帮助下做前滚翻。 c.独立完成前滚翻。 10.教师巡回指导。 11.展示、评价。	4~5次 6~7次 6~7次 10~20次	预计问题1: 团身不紧,方向不正。 处理手段: 身体团紧,屈肘翻掌于肩上,来回滚动。 预计问题2: 腿未蹬直。 处理手段: 前滚翻直腿坐,直腿提臀后倒抱小腿团身滚动,前滚成蹲立。 预计问题3: 滚翻后未能成蹲立。 处理手段: 1.加快后蹬速度或加大后蹬力度。 2.身体团紧,来回滚动,前滚抱腿成蹲立。 3.前滚翻直腿坐,直腿提臀后倒抱小腿团身滚动,前滚成蹲立。	

续表

时间	课的内容和教与学的方法、措施	次数	预计问题与处理方法	组织形式、场地布置
基本部分	二、素质练习 1. 仰卧举腿。 2. 俯卧头翘。 3. 左右腰肌练习。	30次 30次 30次各2组	预计问题： 举腿有先后或弯曲。 处理手段： 手抓紧固定处，腿绷紧缓慢抬起。 预计问题： 上体抬不高。 处理手段： 手放背部降低难度或加快抬体速度。	仰卧举腿 俯卧头翘 左右腰肌训练
结束部分	1. 放松整理 舞蹈：《阿细跳月》。 2. 教学总结、评价。 3. 下课，归还器材。	3~4次	预计问题： 可能受该年龄段的身心特点影响，学生放松时动作拘束，放不开。 处理手段： 教师带领，积极引导学生放松身心。	×××××××× ×××××××× ○○○○○○○○ ○○○○○○○○ ▲
场地器材	小垫子48块，大垫子1块，录音机1台	课后反思		

中学部分案例七：双杠支撑前摆下

一、教材分析

体操中的双杠是典型的支撑练习项目，双杠学习讲求质量，要求动作优美、肢体舒展，对促进身体的姿态优美具有很好的作用。双杠的上法、下法、成套动作练习，对发展上肢、躯干、肩带及腰腹肌肉群力量具有重要的意义，对发展身体平衡性、柔韧性、提高身体的灵敏和协调能力有特殊的作用，是其他器械练习所不可替代的。

双杠支撑前摆下教学内容选自《体育与健康》课程八年级教材中的第六部分"支撑"，其具有协调、灵敏、力量等自身特性，符合八年级学生身心健康发展特性，符合身体全面发展原则。该教学内容在八年级教材中首次出现，虽然学生在七年级的时候已经学过支撑摆动动作，但此内容对其还是具有一定难度。因此支撑摆动是本次课的教学重点，也是支撑摆动下动作的基础；难点是摆动过程中重心的控制。本次课设计了素质练习作为副教材来平衡下肢的发展和锻炼。培养学生勇敢拼搏、互相帮助、团结友爱的品质，在现实生活中有着广泛的实践指导作用。

由于是器械类项目，要克服恐惧的心理障碍，还要克服体重和改变身体带来的不适感，所以它也是一项很好的提高身体协调性、灵敏性、平衡性和控制能力的运动方式。同时，教学过程中要求学生在保护与帮助下完成技术动作，它可以培养学生互帮互助的精神，让他们学习保护帮助的方法以及形成互相信任、互相协作的优良品质。

二、学情分析

双杠支撑前摆下的教学对象是八年级学生，他们活泼好动、争强好胜、学习积极性高，动作模仿能力较强，各方面素质普遍较好，但在接受技术动作方面存在个别差异。在身体方面，此年龄段学生上肢力量较差，下肢不够灵活，身体平衡性、柔韧性和协调性都有待提高。经常参加"双杠支撑前摆下"动作练习，能有效地发展上肢和肩部肌肉，使胸廓更加丰满，改变青少年学生的"豆芽菜"体型。在心理方面，这个年龄段的学生已经具备一定的分析问题和解决问题的能力,因此在课堂中教师应该多给学生时间和空间,让他们探讨问题、解决问题,充分显示学生在课堂中的主体地位。

三、单元教学重难点

重点:以肩为轴,直臂顶肩摆动。
难点:前摆稍送髋,后摆伸展。

四、单元教学计划

单元学习目标	1.学生了解双杠支撑前摆下的动作方法,发展上肢力量。 2.通过学习大多数学生能掌握双杠支撑前摆下的动作要领并独立完成动作。 3.通过学习培养学生勇敢顽强、团结协作的品质。			
课次	教学内容	学习目标	重点难点	主要教学方法和手段
1	1.杠上支撑移行。 2.支撑摆动。	1.掌握杠上移行和支撑摆动的方法。 2.鼓励学生克服对双杠的恐惧心理。	杠上移时身体重心配合好;摆动时以肩为轴。	1.进行安全教育。 2.鼓励学生体验杠上移动和支撑摆动练习。 3.讲解、示范并提出练习目标。 4.个别指导,纠错。 5.分组练习。 6.小组交流、展示、点评。
2	支撑摆动前摆成外侧坐,前跳下。	1.复习支撑摆动,学习体验支撑摆动前摆成外侧坐,前跳下。 2.学习保护与帮助的方法。	直臂顶肩的动作协调连贯;保护的方法。	1.复习杠上的移动和摆动,巩固杠上的支撑。 2.进行杠上游戏,提高学生的学习兴趣。 3.教师讲解、示范动作并强调保护与帮助的方法。 4.学生分组练习,各自体验动作的方法和要求,及时向教师提问。
3	支撑前摆下。	1.复习支撑摆动,学习并体验支撑前摆下。 2.学习保护与帮助的方法。	支撑摆动与越杠技术;出杠前推杠。	1.复习支撑摆动。 2.复习支撑摆动前摆成外侧坐,前跳下。 3.学习并体验支撑前摆下。 4.小组体验讨论,教师点评。 5.小组竞赛,学生互评教师点评。 6.各小组尝试练习。
4	考核。	完成双杠支撑前摆下和考核。	做好准备活动;保护与帮助,以免受伤。	1.复习杠上支撑前摆下。 2.学生分组练习,各自体验动作的方法与要求,及时向教师提问。 3.消除考试的心理阴影,积极考试。互相保护,注意安全。

五、课时教学案例

教学内容	1.双杠支撑前摆下。 2.素质练习：折返跑。		适应年级	水平四：八年级
			课　次	第三次

教学目标	1.让学生初步了解支撑前摆下的动作要领。 2.初步掌握支撑前摆时重心超出杠面的动作技术，同时通过练习发展上肢肌肉力量和背腹肌力量。 3.培养学生勇敢顽强、团结互助、保护与帮助的优良品质。

重点	双杠：前摆时重心超出杠面。 折返跑：减速，降重心。	难点	双杠：换手与推手。 折返跑：动作的协调性。

课的部分	教学内容	教师指导	学生练习	组织形式	时间	次数
开始部分	1.体育委员整队，报告人数。 2.师生问好。 3.宣布本课内容与要求。 4.检查服装、器材，安排见习生。	1.宣布本课教学内容、目标和要求。	1.快速集合到指定地点。 2.认真听教师讲解。 要求：静、齐、快。	★★★★★★★ ★★★★★★★ ⊙⊙⊙⊙⊙⊙ ⊙⊙⊙⊙⊙⊙ ▲	1分钟	1
准备部分	一、准备活动操(4×8) 1.手腕关节。 2.肩部绕环。 3.扩胸运动。 4.原地俯卧撑。 二、游戏 俯撑蛇形	1.语言引导。 2.示范并带领学生做准备活动操。 1.讲解游戏规则。 2.组织并指导练习。	1.在教师带领下模仿练习。 2.认真听游戏规则。 3.积极进行练习 要求：积极认真，充分活动各关节。	★★★★★★★ ★★★★★★★ ⊙⊙⊙⊙⊙⊙ ⊙⊙⊙⊙⊙⊙ ▲	7分钟	若干 若干
基本部分	一、双杠支撑前摆下 1.杠上支撑。 在帮助下进行杠上支撑练习。 跳起杠上支撑练习。 杠上支撑比赛，比一比谁支撑的时间长。 2.杠上移行。 支撑移重心(原位推手不移行)。 支撑移行。 比一比哪组从杠一端到另一端移动人数多。	1.教师示范并讲解动作要领。 2.请学生做示范。 3.再讲解动作技术。 4.组织小组比赛。 5.点评与小结。	1.学生两人一组进行在保护与帮助下杠上支撑练习。 2.按教师要求跳起杠上支撑练习。 3.积极进行练习。 4.小组比赛。 5.学生互评。 1.尝试练习。 2.进行原位推手不移行练习。 3.在帮助下进行杠上移行练习。	★★★ ——— 　　　 ——— ★★★ ——— 　　　 ——— ⊙⊙　 ——— 　　　 ——— ⊙⊙　 ——— 　　　 ——— ▲	21分钟	4 4 4 1 1

续表

课的部分	教学内容	教师指导	学生练习	组织形式	时间	次数
基本部分	3.支撑摆动。短时间小幅度摆动3~4次。分组支撑摆动练习，要求逐渐增加摆动幅度，在保护帮助下摆动4~5次。保护与帮助：保护者站在近端外侧，一手握上臂帮助稳固支撑，一手托其腰部帮助前摆下。 二、素质练习：折返跑 1.学生尝试练习。 2.教学比赛。	1.讲解练习方法。 2.示范技术动作并讲解。 3.组织学生进行练习。 4.讲解比赛规则。 5.表扬优胜队。 6.小结与点评。 1.讲解练习方法。 2.示范技术动作。 3.组织学生进行练习。 4.巡回指导，及时纠错。 1.教师讲解练习方法与要求。 2.组织小组竞赛。 3.小结与点评。	4.在保护下进行杠上移行练习。 5.小组竞赛。 6.学生互评。 1.按教师要求短时间小幅度练习。 2.分组逐渐增加摆动幅度的练习。 要求：积极认真，注意安全，防止损伤发生。 1.认真听教师讲解。 2.尝试练习。 3.积极参与比赛。 4.学生互评。	同上 同上 ↑ ↓ ↑ ↓ ★ ★ ⊙⊙ ★ ★ ⊙⊙ ★ ★ ⊙⊙ ★ ★ ⊙⊙ ★ ★ ⊙⊙ ★ ★ ⊙⊙ ▲	10分钟	1 1 4 5 1 1 1 1
结束部分	1.放松运动"瑜伽放松"。 2.总结评价。 3.收回器材。 4.师生再见。	1.教师带领学生进行瑜伽放松。 2.总结与点评。 3.分配学生收回器材。 4.与学生再见。	1.在教师的带领下进行身心放松。 2.认真听取教师的总结与点评。 3.学生自我小结与自评。 4.与教师再见。	★★★★★★★★ ★★★★★★★★ ⊙⊙⊙⊙⊙⊙⊙⊙ ⊙⊙⊙⊙⊙⊙⊙⊙	6分钟	1
场地器材	1.双杠场地。 2.双杠4副。 3.大垫子4块。 4.小垫子若干。	平均心率	128次/分钟	课后小结		
		运动密度	30%左右			

中学部分案例八：少年拳第二套

一、教材分析

民族传统体育项目是中学体育课程的重要内容，是进行民族精神教育、增强民族自豪感的素材。在体育教学中，武术一直受到中学生的喜爱。教材所载集健身、防身于一体，易学易练、攻守兼备，包含手型、手法、步型、步法、武术基本功串联和成套动作，既衔接中学阶段的武术学习内容，又为今后的武术学习打下基础。对培养学生精、气、神和发展学生的手、眼、身、步法的协调性、灵敏性等都有着重要的意义，是学生通往终身体育锻炼的桥梁。

武术教材的典型性表现在：武术教学的最终目的不在于进行格斗，而是运用武术教材来培养学生的养生自卫能力。因此，我认为新课程的武术教学并不在于比赛，也不在于游戏，而在于表演和欣赏，在于展示自己的一招一式、精神和动作美感，以满足自我表现的欲望。教材中，以爱武术、学武术、弘扬武术为宗旨，练品德、练身体、练意志。为了达到上述目的，我们采用传统的训练模式，从学生的生理、心理特点出发制订教学进度，从易到难，逐步深入。本学期根据学生身心发展状况制订了由易到难的武术教学计划。

二、学情分析

中学生大都在13~15周岁，正处在生长发育的关键时期，他们好动、好胜心强，敢于表现自我，对民族传统体育项目充满着好奇和浓厚的兴趣，特别喜欢武术运动。通过电影、电视等传媒，他们都会模仿一招二式。有部分女生往往会表现出害羞的一面，不能很大方地学习与模仿，而男生则会无所顾忌地表现自我，尽管有时的表现会过激。因此为了将学生的被动学习与模仿转变为在教师指导下的自觉、积极、主动的探索性、创造性学习，针对学生的身心特点，开展武术运动是一个很好的选择。武术既能表现出男生的刚强，又能体现出女生的柔美。在中学阶段选择了既能健身又可防身的《少年拳第二套》作为本单元的教材。

三、单元教学重难点

重点:《少年拳第二套》1~7个基本动作及动作路线。

难点:手型、步型正确,动作力度到位。

四、单元教学计划

单元教学目标	1.认知目标:使学生了解中华传统文化武术的魅力,全面发展身体素质,形成正确身体姿势及有良好的表现欲望。 2.技能目标:通过学习少年拳,让学生在练习和学习中能较好地掌握动作技术,通过自身努力和集体合作学会少年拳第二套。 3.情感态度与价值观:培养学生与同伴齐心协力、共同合作的团队协作精神。		
课时	教学内容	教学目标	主要教学方法策略
1	1.复习武术手势和步伐。 2.少年拳望月平衡,越步冲拳。	1.通过学习掌握手势步伐。 2.通过学习,逐步掌握少年拳第二套中的动作(1~2动作)。 3.树立自信心,增强自信心。	1.教学图谱展示,教师动作示范演示讲解。 2.学生观察、模仿,反复进行练习。
2	1.复习少年拳(1~2动作)。 2.学习少年拳马步横打,并步搂手,弓步推掌。	1.复习掌握少年拳(1~2动作)。 2.通过学习掌握少年拳(3~5动作)。 3.调高学生学习兴趣,发展学生柔韧、灵敏、协调等身体素质。	1.学生参照拳谱和说明分组练习。 2.集体练习和分组练习,教师巡视纠错指导。 3.学练小组讨论,相互纠正与改进,巩固加强,优秀生示范。
3	1.复习少年拳(1~5动作)个动作技术。 2.学习少年拳勾手勾踢,缠腕冲拳。	1.复习掌握少年拳前五个动作。 2.通过学习,初步掌握:勾手勾踢、缠腕冲拳。 3.复习掌握少年拳1~7个动作。	1.教师讲解动作技术,完整示范与分解示范相结合。 2.学生模仿、观察,反复进行练习。 3.优秀的学生做示范,强化学生的记忆、巩固、提高、形成动作定型。

五、课时教学案例

教学内容	1.《少年拳第二套》中两个动作(望月平衡、越步冲拳)。 2.短距离摸地折返跑。	适应年级	水平四:八年级
		课 次	第一次
教学目标	1.使学生了解中华传统文化武术的魅力,形成正确身体姿势及有良好的表现欲望。 2.使学生掌握基本的武术步伐及手势,并熟悉套路的开始部分;发展学生的协调性。 3.培养学生积极思考的能力,及欣赏美、创造美、不怕困难的品质。		
重点难点	重点:大跃步。 难点:越步冲拳,上下肢协调配合。		

续表

课的部分	教学内容	组织教学法	次数	时间
准备部分	一、课堂常规 1.体育委员整队报告人数。 2.检查服装。 3.师生问好。 4.宣布本次课的内容、目的、要求和安全教育。 5.安排见习生。 二、准备活动 1.热身练习:绕田径场慢跑一圈。 2.热身运动 (1)摆掌练习2×8拍。 (2)体前屈2×8拍。 (3)弓步压腿2×8拍。 (4)仆步压腿2×8拍。 (5)跃步练习2×8拍。	集合队形:四列横队,集中讲解。 要求: 声音洪亮,精神饱满,语言亲切,严肃认真。 学练法: 1.体育委员整队并报数。 2.向老师问好。 3.认真听讲,注意力集中。 要求:快、静、齐。 安排跑步计划。 绕田径场跑一圈,观察学生的跑步情况,组织跑步纪律。 1.老师用口令带领学生进行练习,练习过程中提示要点。 2.学生跟老师模仿练习。 要求:示范正确,口令响亮,学生练习认真。	1×400米 2×8拍	2分钟 5分钟
基本部分	一、少年拳教学 1.介绍步伐和手型。 (1)预备势: 并步直腿,目平视前方。 要点:挺胸、收腹、两腿夹紧。 2.起势:两手在胸前相合成"抱拳礼"。紧接上动,两手握拳迅速收回腰间;同时头向左转,目平视左前方。 要点:拳掌变换要准确。 (2)望月平衡 两手左右分开上摆,左手在头左斜上方抖腕亮掌;右手至右侧平举部位抖腕成立掌,掌心向右;左腿屈膝,小腿向右上提贴于右膝窝,脚面向下。眼随左掌转动,在抖腕亮掌的同时向右转头。目向右平视。	组织:四列横队 教学与步骤: 1.示范动作,讲解动作规格,动作难点。 2.口令指挥学生练习。 3.仔细观察每个学生动作,并摆正学生的步形。 4.不要求学生马上达到标准动作,要求可以稍微降低。 教学与步骤: 1.教师示范、讲解武术动作要领,让学生体会动作。 2.老师带领学生分解动作练习。 3.带领学生进行慢节拍完整动作的练习。 4.让学生俩人一组,互练,教师巡回指导。 5.全体一起喊口令,进行练习。 队列队形: 　　××××××× 　　××××××× 　　××××××× 　　××××××× 　　　　▲	2×8拍	3分钟 7分钟

续表

课的部分	教学内容	组织教学法	次数	时间
基本部分	(3)越步冲拳 上体左转前倾，左腿向前提起，左手向左下后摆至体后；右手以掌背向左下后挂至左膝外侧，掌尖相对，目视左下方。 左脚向前落步，右腿屈膝向前上提，左脚随即蹬地向前跃出，两臂向前向上绕环摆动，目视右掌。 左脚落地全蹲，左脚随即落地向前伸直平铺地面成仆步；两臂同时继续由上向右、向下绕环，右掌变拳收抱于右腰侧；左掌屈臂成立掌停于右胸前。 左掌经左脚面向外横搂，同时重心前移，右腿蹬直成左弓步；左掌变拳收抱于腰侧，右拳向前冲出，拳心向下，目视右拳。 二、素质练习 1.辅助练习：俯卧撑。 2.摸地折返跑 要求：20米短距离折返跑，锻炼学生反应力和冲刺速度。	动作要点：抖腕、转头、提腿的动作要同时进行。 攻防含义：回顾身后。 1.教师示范、讲解武术动作要领，让学生体会动作。 2.分解动作。 3.带领学生进行慢节拍完整动作的练习。 4.让学生四人一组，互练，教师巡回指导。 5.优生展示，教师纠正。 6.全体一起喊口令，进行练习。 动作要点：跃步要远，落地要轻。跃步时要与两手的动作自然相随。 攻防含义：跃步接近对方后，右拳前击。 1.学生认真听看教师讲解示范。 2.跟随教师进行分解动作的练习，并积极动脑，做好动作。 3.学生间相互探讨，不断完善动作。 4.认真在教师的带领下进行练习。 5.学生展示，教师纠正。 队列队形： ×××××××× ×××××××× ×××××××× ×××××××× ▲ 1.俯卧撑练习 (1)俯卧撑要慢下、快起进行练习。2×8拍×1组(女同学俯卧支撑)。 (2)俯卧撑练习。2×8拍×1组(女同学俯卧支撑)。 2.讲解折返跑的要点，步频快，摸地后转身反应要快。 队列队形： ××× ×××　←20m→ ××× ×××	 2×8拍 2×40米	 10分钟 6分钟

续表

课的部分	教学内容	组织教学法			次数	时间
结束部分	1.整队。 2.放松活动：两人一组，互相放松大腿、小腿的肌肉。 3.本课小结。 4.宣布下课。	1.鸣哨集合学生，讲解并领做放松活动。 2.总结讲评本课的学习情况。 3.师生再见。 队列队形： 　　　　× × × × × × × 　　　　× × × × × × × 　　　　× × × × × × × 　　　　× × × × × × × 　　　　　　　▲			4×8拍	5分钟
场地器材	场地：田径场 器材：标准物	平均心率	110次/分钟	运动密度	35%~45%	

中学部分案例九：少年剑套路

一、教材分析

少年剑是中学体育教材选学内容之一，全套动作除预备势和还原势外，共有12个动作，分为两小段。内容包括弓、虚、歇、丁等步型和上步、退步、跳（垫）步、插步等步法；刺、斩、截、点等基本剑法以及提膝和翻身、内转和起伏等身法与剑法相互配合的动作。全套共出现立剑2次，平剑4次。剑法明快清晰，动作流畅大方，前后衔接合理。练习时要求灵活轻快，身剑合一，飘洒优美，富于韵律感。

二、学情分析

本教材授课对象为高二女生，该年龄段女生身体发育基本成熟，注意力的集中性和稳定性有了发展，具有更高的抽象概括能力，自我意识较强，更渴望学习各种正规的运动项目，进行理性化学练。同时，高中女生对于趣味性、韵律性和审美性的运动项目感兴趣，而"剑术"教材具有轻快敏捷、刚柔相济、洒脱飘逸等特点，且运动量较小，很符合高中女生的心理特点和心理需求。而且武术器械练习是大多数同学没有学习过的新的锻炼方式，本身对于女生就具有一定的吸引力。通过以前的武术模块学习，武术选修班学生已有一定的武术基本功，对学习剑术套路的兴趣也较浓厚，他们比较活跃，具有较强的模仿、自学以及自控能力，又具有很强的学习欲望。教学班的体育骨干能力较强，同学之间团结合作、自主探究学练能力较强。通过剑术的学习，能充分表现出女生的柔美。经常参与"剑术"运动，对发展学生协调性、柔韧性、身体耐力素质等方面具有一定的积极作用，同时有利于培养学生勇敢、机智和吃苦等优良品质。

三、单元教学重难点

重点：明确少年剑的各节动作名称及动作要点，较为熟练地完成少年剑套路动作。
难点：第5动作跳步直刺及第9动作翻身下刺的技术教学。

四、单元教学计划

教学内容	少年剑套路
单元教学目标	1.通过武术少年剑的学习,使学生了解剑术基本技法及基本剑法、步法及身法。让学生明确少年剑套路的动作名称和动作要点,培养学生学习剑术的兴趣。 2.通过学习,学生基本掌握基本剑法和剑术套路动作,使85%以上的学生能比较熟练地连贯成套动作,做到动作正确,基本体现出轻快洒脱、身法矫健、刚柔相兼富有韵律的剑术风格。同时,发展学生的力量、柔韧、灵敏、协调等身体素质,促进体能发展。 3.通过教学,培养学生民族自豪感,注重武德和安全教育。

课次	教学内容	教学目标	重点与难点	教学方法与策略
1	一、基本剑法练习。 二、新授: 预备势 1.弓步前指。 2.回身穿剑。 3.虚步交剑。 4.歇步下刺。	1.学习剑术1~4动作,使学生能基本掌握动作。 2.注重安全教育。	预备势 重难点:收腹、挺胸、沉肩、下颚微收。 1.弓步前指 重难点:左手的动作要连贯,运动路线构成一立圆。 2.回身穿剑 重难点:两臂前后平举,剑脊紧贴左臂。 3.虚步交剑 重难点:两手在胸前交接剑的动作与虚步要同时完成。 4.歇步下刺 重难点:歇步左脚尖应外展,歇步与下刺要同时完成。刺剑动作要干净利落,使力达剑尖。	1.教师完整示范剑术1~4动作,学生初步建立动作表象。 2.采用梯进分解教学法,先分解教学,后逐步完整练习。 3.小组讨论,交流学习。 4.教师组织学生集体练习。
2	一、基本剑法、步法练习 二、新授: 1.跳步直刺。 2.丁步截剑。 3.弓步斩剑。	学习剑术5~7动作,使学生能基本掌握动作。 注重安全教育。	1.跳步直刺。 重难点:跳步与弓步、刺剑要协调一致。 2.丁步截剑。 重难点:截剑与丁步动作要一致;成丁步时要挺胸、立腰、上体稍向右倾。 3.弓步斩剑。 重难点:转体退步、左臂下落、回摆斩剑要协调一致。	1.教师完整示范剑术5~7动作,学生初步建立动作表象。 2.本课时教学重点为跳步直刺,采用分解教学法,先教跳步与弓步的转换,后教手法和剑法,最后完整练习。 3.学生模仿教师练习少年剑5~7动作。 4.二人一组练习,相互评价。 5.小组集体练习。

续表

课次	教学内容	教学目标	重点与难点	教学方法与策略
3	一、基本剑法练习。 二、新授： 1.插步平斩。 2.翻身下刺。 3.提膝侧点。	学习剑术8~10动作，使学生基本掌握要点。 加强安全教育。	1.插步平斩。 重难点：剑与右臂平直，插步与甩头同时完成，动作连贯、协调。 2.翻身下刺。 重难点：挂剑动作要连续不停地成一立圆，翻身转体与挂剑下刺的动作要协调一致。 3.提膝侧点。 重难点：提膝平衡动作要轻巧稳健，并与点剑、抖腕亮剑指协调一致。	1.教师完整示范剑术8~10动作，学生初步建立动作表象。 2.本课时教学重点为翻身下刺，先采用徒手模仿教师练习，体会动作线路及身法变化，待熟练后再持剑练习。 3.学生模仿教师练习各节动作，待熟练后连贯起来反复练习。 4.各小组集体听口令练习，教师巡回指导练习。
4	一、新授： 1.并步直刺。 2.交剑收势还原势。 二、复习少年剑1~10动作。	学习剑术11~12动作及还原势，使学生基本掌握要点。 复习1~10动作，使大多数学生能连贯地完成，并达到基本熟练。	1.并步直刺。 重难点：右腿并步要快，剑与右臂成一直线。 2.交剑收势。 重难点：交接剑要准确，整个动作干净利落。	1.教师示范、讲解少年剑11~12动作及还原势。 2.学生逐节模仿练习，教师指导纠正。 3.各小组集体练习，教师巡回指导。 4.优秀学生展示，予以表扬。 5.学生分层次练习，教师重点指导后进学生。
5	复习少年剑全套动作。	复习少年剑整套套路动作，提高动作质量。要求：学生能熟练地连贯地完成整套动作，使85%以上的学生能达到学习目标。 培养良好的精神状态，加强武德修养。	巩固、提高动作。 熟练全套剑术动作。	1.教师示范完整动作并讲解各节动作要点，学生认真听讲。 2.分组进行练习，由同学相互纠正动作。 3.教师巡回个别指导、纠正，对共性的问题集中讲评。 4.分组出列练习，动作质量评比。 5.集中练习，严要求、严训练，练出剑术风格。
6	1.练习全套剑术动作。 2.考核。	通过考评，检验学生学习的情况以及教师的教学情况，也培养学生的竞争意识。	成套动作的连贯。	1.要求学生自己练习全套动作，做考核前的准备。 2.可4~5人一组进行考评，互评。

五、课时教学案例

教学内容	1.复习少年剑套路5~7动作组合 2.学习少年剑套路8~10动作组合					
教学目标	1.通过教学,学生能记住少年剑套路8~10动作名称及动作要点;提高学生对学习剑术的兴趣。 2.通过学生观察、模仿、相互交流、尝试练习,使学生领会每个动作的要点,约90%学生能做到动作路线清楚,步法、剑法基本正确到位,约50%学生能做到动作连贯、稳定、形神兼备。同时发展学生力量、灵敏、柔韧、协调等身体素质,达到强身健体。 3.通过教学,培养学生勤学苦练及互帮互学、团队协作精神,弘扬祖国优秀的武术文化,培养崇尚武德的精神。					
教学重点	动作路线正确、到位			教学难点	动作连贯,剑势流畅	

顺序	学习内容及手段	时间	次数	教师活动	学生活动	图示
准备部分	1.课堂教学常规(略)。 2.游戏:"抓手指"。 3.剑术基本功。 步法:弓步、虚步、歇步等。 剑法:斩剑、刺剑、截剑、点剑。	4分钟	5~6	1.听取体委汇报。 2.语言导入新课内容,宣布本课教学目标。 3.游戏规则讲解示范,组织学生练习。 4.组织学生练习剑术基本功。	1.认真听讲,明确本课教学目标。 2.集中注意力,分组游戏。 3.精神饱满,练习武术基本功。	插步平斩
基本部分	1.学习少年剑8~10动作。 (1)插步平斩 重难点:剑与右臂平直,插步与甩头同时完成,动作连贯、协调。 (2)翻身下刺 重难点:挂剑动作要连续不停地成一立圆,翻身转体与挂剑下刺的动作要协调一致。 (3)提膝侧点 重难点:提膝平衡动作要轻巧稳健,并与点剑、抖腕亮剑指协调一致。	3分钟 5分钟 3分钟	3~4 5~6 3~4	1.通过多种示范方式,结合图解,讲解各节动作的要点。 2.翻身下刺教学时,先教学生徒手模仿动作,让学生体会动作线路及身法变化,待熟练后再教持剑动作。 3.巡回检查、指导学生练习。 4.组织学生集体练习。	1.认真观察教师示范演练,初步建立动作表象。 2.逐节慢速完成分解动作。 3.两人一组互帮互学练习分解动作。 4.小组内交流,讨论学习。 5.各小组集体听口令练习,教师巡回指导练习。	翻身下刺 1 翻身下刺 2 翻身下刺 3

续表

顺序	学习内容及手段	时间	次数	教师活动	学生活动	图示
基本部分	2.复习少年剑5~7动作(音乐伴奏)。 3.集体演练少年剑5~10动作(音乐伴奏)。	2分钟 3分钟	3~4 3~4	5.教师完整示范5~7动作。 6.指导学生练习组合动作。 7.各小组展示,师生互评。	6.小组集体练习少年剑5~7动作。 7.优秀学生展示。 8.集体练习少年剑5~10动作。	提膝侧点
结束部分	1.持剑放松法。 (1)吐气和吸气法。 (2)持剑平衡法。 2.本课小结。 3.收拾器材。 4.师生持剑再见。	3分钟		1.讲解放松的方法。 2.教师示范。 3.总结本节课。 4.持剑与学生再见。 5.要求体育委员收拾器材。	1.听讲解方法。 2.跟教师一起练习。 3.听教师的本课小结。 4.学生持剑行礼表示对老师授课的感谢。 5.学生收拾器材。	

中学部分案例十：大众健美操第三套

一、教材分析

健美操作为一项新兴的普及性的体育锻炼项目,因其动感的音乐、新颖的动作、简单易学等特点吸引了广大群众参与。而《全国健美操大众锻炼标准第三套》动作内容因其时代性强,编排新颖,内容丰富,教学方法独特,已逐渐成为高中体育教学的重要内容之一。《全国健美操大众锻炼标准第三套》成人二级组套路组合三第一个八拍是单元教学计划的第一课时,其单个步伐加手臂动作较简单,但步伐组合加手臂动作后略有难度。

二、学情分析

因高二女生对健美操,有一定的基础,所以从动作的控制性和准确性入手,要求其姿态准确,动作干净利落,有控制性。根据学生爱美及追求形体美的心理,逐步激发学生学习的积极性,改善和活跃课堂气氛,满足学生身心发展的需求。

三、单元教学重难点

重点:身体姿态与步伐的准确性及上、下肢的协调配合。
难点:重心的快速移动与动作的节奏感。

四、单元教学计划

单元教学目标	1.在学习了单元一、二的基础上继续学习健美操的基本技术,学习《全国健美操大众锻炼标准第三套》成人二级组套路组合三,发展身体的协调性和控制能力,通过健美操的专项素质练习发展体能。 2.提高学生自主学习、合作学习的能力,培养学生团结协作的精神。 3.通过对基本动作的学习,学生能对健美操有一个初步的评价,能够更好地欣赏健美操,进一步增强学习健美操的兴趣。			
学时	教学内容	教学目标	教学重难点	教学方法与策略
1	1.学习《全国健美操大众锻炼标准第三套》成人二级组套路组合三第一个八拍。	1.基本掌握《全国健美操大众锻炼标准第三套》成人二级组套路组合三第一个八拍。 2.培养学生自主学习与团结合作的品质。	1.身体姿态与步伐的准确性及上、下肢的协调配合。 2.重心的快速移动与动作的节奏感。	1.教师在队形(呈体操队形站立或扇形站立)前讲解示范,学生学习。 2.两人一组,一人跳一人观察,互相讲解。 3.可分为10人一组,由小队长负责共同练习。 4.学生自由练习,教师巡回指导。
2	1.复习《全国健美操大众锻炼标准第三套》成人二级组套路组合三第一个八拍。 2.学习《全国健美操大众锻炼标准第三套》成人二级组套路组合三第二个八拍和第三个八拍。 3.专项素质练习。 (1)俯卧撑与仰卧起坐。 (2)柔韧练习。	1.基本掌握《全国健美操大众锻炼标准第三套》成人二级组套路组合三第二个八拍和第三个八拍。 2.培养学生吃苦耐劳的优良品质。	1.动作的准确到位性以及身体的协调配合。 2.动作与音乐的配合。	1.教师在队形(呈体操队形站立或扇形站立)前讲解示范,学生学习。 2.两人一组,一人跳一人观察,互相讲解。 3.可分为10人一组,由小队长负责共同练习。 4.学生自由练习,教师巡回指导。
3	1.复习《全国健美操大众锻炼标准第三套》成人二级组套路组合三第一至第三个八拍。 2.学习《全国健美操大众锻炼标准第三套》成人二级组套路组合三第四个八拍。 3.专项素质练习。 (1)俯卧撑与仰卧起坐。 (2)柔韧练习。	1.基本掌握《全国健美操大众锻炼标准第三套》成人二级组套路组合三第四个八拍。 2.培养学生自主学习与团结合作的品质。	1.身体的发力控制和与音乐的协调配合。 2.重心的快速移动与动作的节奏感。	1.教师在队形(呈体操队形站立或扇形站立)前讲解示范,学生学习。 2.两人一组,一人跳一人观察,互相讲解。 3.可分为10人一组,由小队长负责共同练习。 4.学生自由练习,教师巡回指导。

续表

学时	教学内容	教学目标	教学重难点	教学方法与策略
4	1.复习《全国健美操大众锻炼标准第三套》成人二级组套路组合三第一至第四个八拍。 2.学习《全国健美操大众锻炼标准第三套》成人二级组套路组合三第五至第八个八拍(第一至第四个八拍的反面动作)。 3.检查专项素质练习的效果。 (1)俯卧撑与仰卧起坐。 (2)柔韧练习。	1.基本掌握《全国健美操大众锻炼标准第三套》成人二级组套路组合三第五至第八个八拍。 2.学生的力量素质得到提高。	1.动作的准确到位性以及身体的协调配合。 2.身体的动力力量与静力控制能力。	1.可分为10人一组,由小队长负责共同练习。 2.学生自由练习,教师巡回指导。 3.学生一起配合音乐跳。 4.教师分组检查专项素质能力。
5	1.复习《全国健美操大众锻炼标准第三套》成人二级组套路组合三八个八拍的动作。 2.专项素质练习。 (1)俯卧撑与仰卧起坐。 (2)柔韧练习。	1.基本掌握《全国健美操大众锻炼标准第三套》成人二级组套路组合三。 2.各关节的活动范围得到提高。 3.培养学生吃苦耐劳的优良品质。	1.动作的准确到位性以及身体的协调配合。 2.动作与音乐的配合。	1.教师在队形(呈体操队形站立或扇形站立)前讲解示范,学生学习。 2.两人一组,一人跳一人观察,互相讲解。 3.可分为10人一组,由小队长负责共同练习。 4.学生自由练习,教师巡回指导。
6	《全国健美操大众锻炼标准第三套》成人二级组套路组合三考核。	巩固提高《全国健美操大众锻炼标准第三套》成人二级组套路组合三,增强节奏感和协调性。	身体的发力控制和与音乐的协调配合。	1.统一进行考核。 2.教师对学生进行基本点评。

五、课时教学案例

教学内容	《全国健美操大众锻炼标准第三套》成人二级组套路组合三第一个八拍。		适合年级	水平五:高二
			课 次	第一次
教学目标	通过完整示范使学生建立《全国健美操大众锻炼标准第三套》成人二级组套路组合三第一个八拍的姿态及步伐加手臂的直观概念,通过递加式教学使学生了解动作的组成。通过模仿、教师示范、小组合作的形式使90%以上的学生能够掌握此技术动作。 情感目标:通过合作练习,培养学生的团结合作意识。			
重点难点	教学重点:身体姿态与步伐的准确性及上、下肢的协调配合。 教学难点:重心的快速移动与动作的节奏感。			

教学过程	教学内容与练习手段	组织与教法	时间
准备部分	一、课前放青少年健美操录像吸引学生的注意力。 二、教师在课前展示教学内容吸引学生的注意力。 三、教师布置场地。 四、体育委员整队,报告人数。 五、师生相互问好。 六、教师宣布本课主要内容。 七、身体基本练习(在音乐的伴奏下)。 1.头部练习。 2.肩部练习。 3.髋部练习。 4.膝部练习。 5.踝部练习。 重点:身体的节奏感。 难点:动作的准确到位。	一、队列如图示: 要求:快、静、齐。 二、组织练习队列如图示: 要求:以体操队形散开,以梅花形站位,动作快速、准确。 教法:教师在队形前带操,喊口令,学生跟随练习。 要求:动作到位,有节奏感。	6分钟

续表

教学过程	教学内容与练习手段	组织与教法	时间
基本部分	一、组织学生观看录像 二、学习大众健美操基本身体姿态 一位脚:成八字脚站位,脚跟靠拢,髋位伸展,昂首挺胸,眼睛平视前方。 一位手:两手靠近成环状,微抬放在腹部。 二位手:两手靠近成环状,抬放在胸前。 七位手:两手侧抬,肘关节、腕关节微微弯曲。 1.易犯错误: (1)髋关节后屈,不够伸展。 纠正办法:教师提示挺髋,收腹。 (2)耸肩,脖子不够伸长,面部紧张。 纠正方法:一组学生练习,一组学生观察,发现问题并指出,然后交换,教师巡回指导。 2.(前、侧、后)擦地动作要领:勾绷脚面,大拇指沿(前、侧、后)方向直线出脚,小腿收紧,膝盖伸直。	一、观看录像队形 ○○○○○ ○○○○○ ○○○○○ ○○○○○ ▲ 要求:学生注意观察录像里优秀运动员的姿态与干净利索的动作。 二、组织 ○○○○○ ○○○○○ ○○○○○ ○○○○○ ▲ (讲解示范队形) ○○○○○ ○○○○○ ▲ ○○○○○ ○○○○○ (学生练习) 教法: 1.教师讲解示范动作要领。 2.学生练习。 (1)学生模仿。 (2)一位脚与手位的配合,保持姿态控制。 3.教师根据学生学习情况,纠正错误。 要求:认真观察教师动作,重视基本姿势练习。 三、组织 ○○○○○ ○○○○○ ○○○○○ ○○○○○ ▲ (讲解示范队形)	6分钟

续表

教学过程	教学内容与练习手段	组织与教法	时间
基本部分	重点:出脚动作。 难点:大拇指沿地面擦地前进。 易犯错误: (1)大拇指抬起。 纠正办法:教师提示大拇指沿地面擦地前进。 (2)小腿不够收紧,膝盖易弯曲。 纠正方法:一组学生练习,一组学生观察,发现问题并指出,然后交换,教师巡回指导。	○○○○○○○ ○○○○○○○ ▲ ○○○○○○○ ○○○○○○○ (学生练习队形) 教法: 1.教师讲解示范动作要领。 2.学生练习。 (1)学生模仿。 (2)跟音乐进行擦地练习,先2×8拍一动,后1×8拍一动。 3.教师根据学生学习情况,纠正错误。 要求:认真观察教师动作,重视姿态的控制。	9分钟
	三、学习健美操成人二级组套路组合三第一个八拍动作分解动作A和B A.并步跳要领:一脚迈出后,一脚并于另一脚,重心要随之移动,两膝自然屈伸。 手臂动作要领:手臂经体侧向上伸直,夹紧耳朵,五指张开,下来时经体侧屈肘收回腰间。 重点:动作的协调。 难点:重心经两脚间的移动。 易犯错误: (1)两脚没并住。 纠正办法:教师提示,在慢口令下并住双脚。 (3)重心移动不够迅速。 纠正方法:在快口令下做动作。 学练方法:一组学生练习,一组学生观察,发现问题并指出,然后交换,教师巡回指导。	四、 A.组织 ○○○○○○○ ○○○○○○○ ○○○○○○○ ○○○○○○○ ▲ (教师讲解示范队形) ○○○○○○○ ○○○○○○○ ▲ ○○○○○○○ ○○○○○○○ (学生练习队形) 教法: 1.教师讲解示范动作要领。 2.学生练习。 (1)学生模仿。 (2)在音乐的伴奏下练习。 3.教师根据学生学习情况,纠正错误。 4.教师带领学生跳分解动作A 2×8拍三遍。	6分钟

续表

教学过程	教学内容与练习手段	组织与教法	时间
基本部分	B.交叉步要领:由后脚跟先着地逐渐过渡到全脚掌,在运动过程中脚掌要平移,呈滚动式前进。 手臂动作要领:夹紧身体前后屈肘摆动,两手经体侧斜下45度伸展手臂,五指张开。 重点:动作的协调。 难点:后脚跟先着地逐渐过渡到全脚掌。 易犯错误: (1)前脚尖先着地。 纠正办法:教师提示,在慢口令下体会脚跟过渡到脚尖。 (2)踝关节松弛,屈髋。 纠正方法:教师提示,慢动作下身体直立,控制踝关节。 学练法:一组学生练习,一组学生观察,发现问题并指出,然后交换,教师巡回指导。	B.组织 ○○○○○○○ ○○○○○○○ ○○○○○○○ ○○○○○○○ ▲ (教师讲解示范队形) ○○○○○○○ ○○○○○○○ ▲ ○○○○○○○ ○○○○○○○ (学生练习队形) 教法: 1.教师讲解示范动作要领。 2.学生练习。 (1)学生模仿。 (2)在音乐的伴奏下练习。 3.教师根据学生学习情况,纠正错误。 4.教师带领学生跳动作B2×8拍三遍。	6分钟
基本部分	四、健美操成人二级组套路组合三第一个八拍动作"A+B并步跳"+"交叉步组合动作"。 要求: 重心移动迅速,节奏感强,动作准确到位;利用踏步动作作为过渡重复跳。 重点:重心的移动。 难点:节奏的准确性。 易犯错误:动作不合拍。 纠正方法:由慢到快重复跳组合动作。	组织: ○○○○○○○ ○○○○○○○ ○○○○○○○ ○○○○○○○ ▲ (学生练习队形①) ▲ ○○○○○○○ ○○○○○○○ ○○○○○○○ ○○○○○○○ (学生练习队形②) ○○○○○○○ ○○○○○○○ ▲ ○○○○○○○ ○○○○○○○ (学生练习队形③)	6分钟

续表

教学过程	教学内容与练习手段	组织与教法	时间
基本部分	学练法:一组学生练习,一组学生观察,发现问题并指出,然后交换,教师巡回指导。	教法: 教师在队形前、中、后位置带操,学生跟随练习。 要求:动作到位,有节奏感。	
结束部分	一、瑜伽放松操。 二、本课总结讲评。 1.学生自我评估学习情况。 2.教师总结。 3.布置收还器材。 三、师生再见。	组织: ○○○○○○○ ○○○○○○○ ○○○○○○○ ○○○○○○○ ▲ 教法: 教师在队形前领做,学生跟随练习,注意呼吸的节奏。	6分钟
场地器材	1.健身房一间;2.音响一套。	课后小结	
预计负荷	练习密度:45%~50%。 平均心率:150次/分钟。		

中小学体育课基础知识篇

一、名词解释

1. 义务教育体育与健康课程

体育与健康课程是学校课程的重要组成部分。本课程是以身体练习为主要手段,以学习体育与健康知识、技能和方法为主要内容,以增进学生健康,培养学生终身体育意识和能力为主要目标的课程。

2. 体育的"广义概念"和"狭义概念"

广义概念:指以身体练习为主要手段,结合日光、空气、水等自然因素和卫生措施,达到增强体质、增进健康、丰富社会文化娱乐生活为目的的一种社会活动。

狭义概念:指学校教育环境中,指导学生学习和掌握体育的基本知识与技能,使他们形成体育锻炼意识,提高体育活动能力,增进健康的教育活动。体育既是教育的重要手段,又是教育的重要内容。

3. 学习领域

指在体育与健康课程中,按学习内容性质的不同划分的学习范畴。2011版《标准》将学习内容划分为四个领域:运动参与、运动技能、身体健康、心理健康与社会适应。四个学习领域相互联系、相互影响。

4. 领域目标

指期望学生在特定学习领域达到的学习结果。课程目标通过各个领域目标的达成而实现。

5. 水平目标

指不同阶段学生在各个学习领域中预期达到的学习结果。

6. 地域性运动项目

指流行于某些区域的、带有地方特色的或形成传统的运动项目。它包括由于地理、气候条件和文化等原因在某些特定地区或民族中流行的运动项目。

7. 健康

健康不仅是没有疾病和不虚弱,还要在身体、心理和社会适应各方面都达到完美的状态。一个人只有在身体、心理和社会适应方面保持良好的状态,才算得上真正的健康。

8. 亚健康状态

是指机体无明确疾病,但活力下降,适应能力出现不同程度减退的一种生理状态,常伴有乏力、头昏、头痛、耳鸣、气短、烦躁等症状。生活中的大部分人处于这样一种状态,即介于健康与疾病之间的一种功能低下的状态。

9. 新兴运动类项目

指国际上比较流行但在我国开展不久的或国内新创的、深受青少年喜爱并适合在学校开展的运动项目。

10. 心理健康与社会适应

是指个体自我感觉良好以及与社会和谐相处的状态与过程,与体育学习和锻炼、身体健康密切相关。它既是课程学习的重要内容,也是课程功能和价值的重要体现。

11. 运动参与

是指学生参与体育学习和锻炼的态度及行为表现,是学生学习体育知识、技能和方法,锻炼身体和提高健康水平,形成积极的体育行为和乐观开朗的人生态度的实践要求和重要途径。

12. 普通高中体育与健康学科核心素养

是学科育人价值的集中体现,是学生通过学科学习而逐步形成的正确价值观念、必备品格与关键能力,包括运动能力、健康行为和体育品德三个方面。

13. 运动能力

是体能、技战术能力和心理能力等在身体活动中的综合表现,是人类身体活动的基础。运动能力分为基本运动能力和专项运动能力。基本运动能力是从事生活、劳动和运动所必需的能力;专项运动能力是参与某项运动所需要的能力。运动能力的具体表现形式为体能状况、运动认知和技战术运用、体育展示与比赛。

14. 健康行为

健康行为是增进身心健康和积极适应外部环境的综合表现,是提高健康意识、改善健康状况并逐渐形成健康文明生活方式的关键。健康行为包括养成良好的锻炼、饮食、作息和卫生习惯,控制体重,远离不良嗜好,预防运动损伤和疾病,消除运动疲劳,保持良好心态,适应自然和社会环境的能力等。健康行为的具体表现形式为体育锻炼意识和习惯、健康知识掌握与运用、情绪调控、环境适应。

15. 体育品德

是指在体育运动中应当遵循的行为规范以及形成的价值追求和精神风貌,对维护社会规范、树立良好的社会风尚具有积极作用。体育品德包括体育精神、体育道德和体育品格三个方面。体育精神包括自尊自信、勇敢顽强、积极进取、超越自我等;体育道德包括遵守规则、诚信自律、公平正义等;体育品格包括文明礼貌、相互尊重、团队合作、社会责任感、正确的胜负观等。

16. **体育教材一体化**

从满足人的全面发展的角度,大中小(幼)各学段体育教材应该形成一个互相联系的教材体系,各个学段教材的目标、内容、评价有所侧重,但在整体上呈现全面、系统的有机衔接。

17. **模块**

是为了实现明确的教学目标,围绕某一特定的主题,通过整合学生经验和相关内容而设计的相对完整、独立的学习单元,是构成科目的基本单位。或一个模块由某一运动项目(如篮球、有氧操、短距离跑等)中相对完整的若干内容组成,一般为18学时,以便学生对所选模块进行较系统地学习。

18. **诊断性评价**

是在教学开始前,对学生体能、运动技能、运动参与程度等进行的评价,目的在于为因材施教和进行个体参照性评价奠定基础。

19. **形成性评价**

是指在体育与健康教学中,教师通过观察与记录学生的行为表现,用口头评价的方式,及时向学生反馈评价信息,帮助学生了解自己的学习情况并改进学习方法,不断提高学习能力的一种评价方式。

20. **终结性评价**

是指教师综合学生在体能、知识与技能、态度与参与、情意与合作方面的学习情况和发展变化,对学生学习目标达成度进行的整体评价,目的在于评价学习成绩。

21. **总结性评价**

又称"事后评价",一般是在教学活动告一段落后,为了解教学活动的最终效果而进行的评价,其目的是检验学生的学习最终是否达到了教学目标的要求。

22. **相对性评价**

是指依据学生个人的成绩在该班学生成绩序列中所处的位置来评价和决定他成绩优劣,而不考虑他是否达到教学目标要求的一种评价方式。

23. **绝对性评价**

是指以既定目标为标准,根据学生学习所达成目标的程度进行评价的一种评价方式。

24. **教学过程评价**

是指在教学过程中,对教学目标、教学程序、课程内容、教学方法等方面的评价,亦即对师生双方通过教学达成目标的情况进行评价的一种方式。

25. **教师教学评价**

是指对教师的教学以及背后的专业素质的全面评价,包括完成教学工作的数量、质量、职业道德、教学能力等方面。

26. **学习方式**

指学生在学习活动时所表现出来的具有个人偏好的行为方式与行为特征,它与学生个人的性格及学习习惯有关,能反映出学生个体间的差异。如:"场独立型"的学生学习时较少受外界影响干扰,能独立学习;"场依存型"的学生学习时易受外界因素影响,对外界有依赖倾向。

27. 合作学习

指在教学过程中,教师依据教学目标、教学内容、学情将学生分为不同的学习小组,作为教学基本组织形式,学生以讨论、研究、互助等方式参与学习活动,共同完成小组学习任务,并以小组总体表现为主要评价依据的一种学习方式。

28. 自主学习

是在教学过程中充分发挥学生的主体作用,让学生有自主支配学习的时间和空间的一种学习方式,它是通过学生独立分析、探索、质疑、创造等方法来实现学习目标的。

29. 探究学习

是一种学生主动研究的学习活动,是一种现代学习的理念、策略和方法。它强调学生可以按自己的兴趣选择和确定学习内容,通过个人及小组合作的方式进行适度的研究,以提高自己分析问题、解决问题的能力。

30. 延伸性体育学习

指学生在体育课以外的学习和活动。学生可以根据自己的兴趣和爱好,利用放学及节假日进行体育活动,弥补课堂上学习的不足,提高学生身体、心理和社会适应等方面的健康水平。

31. 信息化学习

是指学生利用各种媒体进行体育知识和技能学习的过程。在现代社会中,电视、杂志和网络等使知识成为全人类的共同财富,日新月异、丰富多彩的体育信息通过各种媒体显现出来,吸引着学生去阅读和观看。例如,NBA篮球赛事把篮球运动的许多技能直接通过电视介绍给青少年,网络中也有大量科学锻炼与健康的知识可供学生阅读。因此,教师应鼓励学生充分利用信息资源来丰富自己的学习内容,使学生能更好地达成学习目标。

32. 评价式学习

是指学生了解评价的方法和参与评价的过程。在体育教学过程中,教师应教会学生自我评价的方法,让学生以适当的方式对教、学过程和结果进行评价。这样,有助于调动学生学习的积极性,容易把学生的智慧和力量融入教学过程中来,使师生在互动的过程中加深理解,也有助于学生关注体育教学的过程,促进教师更有效地进行体育教学。

33. 课程资源

课程资源的概念有广义和狭义之分。广义的课程资源是指有利于实现课程目标的各种因素,狭义的课程资源仅指形成课程的直接因素。

34. 教育机智

指教师在突发事件面前,在很短的时间内,灵活巧妙地处理问题的能力。

35. 创新教育

是以培养人们创新精神和创新能力为基本价值取向的教育。它是素质教育的核心,旨在激发学生创新意识,培养学生创新能力。

36. **生活方式**

指人们长期受到一定社会文化、经济、风俗、家庭影响而形成的一系列的生活习惯、生活制度和生活意识。

37. **体育课程资源**

是体育课程设计、实施和评价等整个体育课程与教学过程中可利用的一切人力、物力以及自然资源的总和。

38. **体育课**

是体育教学的基本组织形式,体育教师根据《体育与健康课程标准》的要求,在规定时间内,对相对固定的学生所实施的课堂教学活动。

39. **体育课结构**

指一堂课的几个组成部分,以及各个部分的内容安排、组织教法与时间分配等。以人体的认识规律和生理机能活动能力变化规律为依据,一般由准备、基本和结束三个部分组成。

40. **教学目的**

是教学领域里为实现教育目的而提出的要求,反映的是教学主体的需要。是用普通语言表达出来的关于教育意图的一种广泛的陈述。

41. **教学目标**

是指教学活动实施的方向和预期达成的结果,是一切教学活动的出发点和最终归宿,它既与教育目的、培养目标相联系,又不同于教育目的和培养目标。

42. **体育教学**

指在教师指导和学生参加下,按照教学计划,由教师向学生传授体育知识、技术、技能,发展身体,增强体质和进行思想品德教育的过程。

43. **体育教学要素**

也称"体育教学因素",是指构成体育教学活动的几个相关的部分。通常包括教师、学生、体育教学内容和体育教学手段(物质条件和组织方法)。

44. **体育教学方法**

在体育教学过程中,教师与学生为实现体育教学目标和完成体育教学任务而有计划地采用的可以产生教与学相互作用的,具有技术性的教学活动。体育教学方法主要包括教学策略、教学技术和教学手段三个主要的层次。

45. **体育教学内容**

是依据体育教学的目标选择出来,根据学生发展需要和教学条件进行加工的,在体育教学环境下传授给学生的体育知识原理,运动技术和比赛方法等。

46. **体育教学原则**

指体育教学必须遵循的准则,它反映体育教学的客观规律。基本原则有:自觉积极性原则、直观性原则、从实际出发原则、循序渐进原则、身体全面发展原则、合理运用运动负荷原则、巩固和提高原则。

47. 体育教学风格

是体育教师在体育教学理论指导下，在长期教学实践中逐步形成的独具个性的教学思想、教学技巧和教学风度的稳定表现。

48. 体育教学组织

指体育教师根据体育教学特点、任务和实际情况，对学生、场地器材等进行合理安排的各种措施。

49. 体育教学模式

是在某种体育教学思想和理论指导下建立起来的体育教学的程序，它包括相对稳定的教学过程结构和相应的教学方法体系，主要体现在体育教学单元和教学课的设计和实施中。

50. 体育教学设计

是运用系统方法分析体育教学的问题，确定体育教学目标，建立解决体育教学问题的策略方法，试行解决方案，评价试行结果和对方案进行修改的过程。

51. 体育教学技能

体育教师在教学过程中为顺利完成体育课程教学目标而采用的较为熟练的一系列教学行为方式。包括语言讲解技能、动作示范技能、辅导纠错技能、质量评价技能等等。

52. 体育学习策略

是指学生在体育学习过程中，为了达到特定的学习目标，提高学习效果，主动采取的对学习活动进行自我调节和控制的一系列程序、方法和技能。

53. 教学模式

是反映特定教学理论逻辑特征，为实现某种教学任务的相对稳定而具体的教学活动结构。不同的教学模式自觉或不自觉地反映了不同的教学思想、教学价值观，是教学理论的具体化，也是具体教学经验的概括化，是联系教学理论与实践的中介。

54. 体育教学活动最优化

是指教师在对教学系统分析和综合的基础上，通过最优化地选择教学方案和科学地组织教学，在已有的物质基础条件下用最少的时间和精力获得最大的教学效果。

55. 单元教学

在一个相对集中的时期内，对某个练习的内容进行系统学习或阶段学习的教学方法称之为单元教学。

56. 课时计划

又称教案，它是教师根据学期和单元教学计划，结合教学对象、教学条件等实际情况编写出的每堂课的具体执行方案，是体育教师进行课堂教学的直接依据。常用的格式有三种：表格式、笔记式（描述式）、表格与笔记结合式。

57. 单元教学计划

又称单项教学进度，它是把某年级的某项教材，按课次顺序定出每次课的教学任务、要求、组织和教学进度，保证各项主教材有重点、有步骤、有系统地进行教学。

58. 水平计划

《课程标准》对学生学段的划分是以学生身心发展特征为依据的,表现形式是水平学段,因此,现在的水平计划实际上就是学段计划。

59. 学年教学计划

指以年级为单位,按照《体育与健康课程标准》和学校实际情况,将该年级一学年的基本教材和选用教材、时数、考核项目,按一定要求合理地分配到每次课中去的一种表格式文件。

60. 学期教学计划

又称教学进度表,它是把年度教学计划中所规定的两个学期的各项教材、时数、考核项目,按一定要求合理地分配到每次课中去的一种表格式文件,是教师编制教案的依据。

61. 课堂常规

指体育教师为了保证体育教学的正常进行,对师生双方提出的一系列基本要求,属教学管理的一项具体规定。

62. 教材排列

指将教学内容按一定方式处理后,排出的一种程序式系列。以教材内容为顺序由易到难、由简到繁,按年级依次出现的,称为直线式排列;同教材在各个年级反复出现的,称为螺旋式排列;直线式和螺旋式混合交错的,称为混合式排列。

63. 教学案例

教学案例是将教学中发生的真实的、典型的而且含有疑难问题的事件进行实际情境的描述,通过分析与反思,阐述其中蕴含的教学规律、育人原理等。教学案例的结构一般包括背景、主题、细节、结果、评析等环节。

64. 诱导练习

是指为了帮助学生正确地掌握较难动作所采取的技术结构与所学动作相似、技术又较简单的过渡性练习。特点是在动作的结构、肌肉用力的顺序和机体所承受的内外刺激等方面,与所学动作大体相同但较简易。

65. 辅助练习

是指为了帮助学生掌握动作而采取的相关身体素质练习,或为了达到积极性休息目的而采用的身体练习。

66. 专门性练习

指为了学习某项基本教材而选用的身体练习。多用于专门性准备活动,它包括诱导性练习和辅助性练习。

67. 技术结构

也可称为动作结构,由动作基本环节和环节之间的顺序构成。对技术结构进行分析,还可将其划分为技术基础和技术细节两部分。技术基础是指按一定顺序、节奏组成的技术基本结构。在完成动作时,这些结构是不改变的,而且缺一不可,如跳远是由助跑、踏跳、腾空、落地四个部分组成。技术细节是指完成动作时,在不影响技术基础的情况下所表现出来的个人技术特点。不同的人在完成同一动作时,所表现的技术细节是不尽相同的,这取决于运动员的形态、运动素质、技能等。

68. 重点
体育课教案中重点的含义有两种。其一是教材重点,它是指身体练习的主要部分,即某一个身体练习的关键技术或技术环节的重要连接部分。教材的重点是客观的,它不以学习对象的不同而改变。其二是体育课的重点,它是指一节课的主要任务或主要教材,一般而言,一节体育课不可能面面俱到地完成所有教学任务,它仅仅是学期或单元教学计划的有机组成部分之一。因此,一节体育课应该有一个重点。在中小学的体育教学中,体育课的重点一般是指新、难、险的教材及其要达到的目标。

69. 难点
教材的难点是指学生对某教材在技术上不易掌握的部分。教材的难点具有主观性,它不仅与教材有关,更与教学对象的学习能力、身体素质等有关。

70. 整理运动
是指体育活动后,为了使精神和身体都得到放松而采取的练习。

71. 准备活动
是指在比赛、训练和体育课的基本部分之前,有目的地进行练习,目的是预先动员人体的功能,缩短进入工作状态时间,为运动中发挥最大工作效率做好功能准备。分为一般性和专门性准备活动。

72. 一般性准备活动
主要是一些全身性练习,主要包括跑步、踢腿、弯腰等,一般性准备活动的作用是提高身体整体的代谢水平和大脑皮质的兴奋状态。

73. 专门性准备活动
指与所从事的体育锻炼内容相适应的运动练习,如打篮球前先投篮、运球,跑步前先慢跑等。除非进行一些专门性运动和比赛,一般人体育锻炼时只需进行一般性准备活动,即可进行正式的体育活动内容。

74. 一般性练习
指为了全面发展学生的身体或充分、全面调动学生的机体,使之进入良好工作状态而进行的活动。一般性练习多用于一般性准备活动和课课练的教学活动。

75. 讲解法
是指教师用语言向学生说明教学任务,动作名称及其作用,完成动作的要领、方法和要求以及指导学生进行学习的方法。

76. 演示法
是教师将教学内容用实物、教具表演出来或做动作示范等,使学生获得有关技术动作的正确概念,加强感性认识。

77. 完整教学法
指从动作开始到结束,不分段落和部分,完整地传授动作技术的一种方法。其优点是不会破坏技术动作的完整结构,不会割裂动作和动作之间的内在联系,便于学生完整地掌握全部技术动作。

78. 分解教学法

把一个完整的动作技术,合理地分成几个部分,按部分逐次进行教学,最后完整地掌握动作技术的一种方法。

79. 游戏法

指在体育教学过程中,教师为达成教学目标把教学内容改编成体育游戏,使学生在教师指导下,积极参与游戏活动,从而掌握运动知识和技能的一种教学方法。

80. 比赛法

是在比赛的条件下,组织学生按统一的比赛规则和以最大运动强度进行练习的一种教学方法,它具有竞争性和娱乐性强、运动负荷大等特点。

81. 预防和纠正错误法

是指教师在教学中,针对学生可能出现或已经产生的错误动作,采取有效预防和纠正措施进行教学的方法。

82. 发现式教学法

是教师根据教学内容特点提出相应的学习目标和要求,以自主学习为主,让学生自学自练,在解决问题的过程中学习和掌握运动技术的方法。

83. 案例教学法

是指在教学中通过对一个具体教育情景的描述,引导学生对这些特殊情景进行讨论的一种教学方法。

84. 分组教学

指在体育教学中,体育教师将全班同学,按一定条件分成若干小组,在教师领导下,分别进行练习的一种组织形式。

85. 教学分组

指体育教学中,体育教师为了方便教学,按学生的年龄、性别、身体发育、健康状况和体育基础等条件,进行综合考虑,把学生分成若干小组进行教学的组织形式。

86. 分组不轮换

指体育教学中,把学生分成若干组,在教师统一领导下,按内容安排的顺序,依次进行学习的一种教学组织形式。

87. 分组轮换

指体育教学中,把学生分成若干组,在教师的指导和小组长的协助下,各组学生分别练习不同性质的内容,按预定时间互相轮换练习内容的一种教学组织形式。

88. 同质分组

是指分组后同一个小组内的学生在体能和运动技能上大致相同。优点在于能增强活动的竞争性,符合学生争强好胜的性格,提高学生参与活动的兴趣;缺点是易在学生中形成等级观念和弱势人群的自卑感等。

89. 异质分组

是指分组后同一小组内的学生在体能和运动技能方面存在差异,各组之间在整体实力上的差距不大,异质分组不同于随机分组,是人为地将不同体能和运动技能水平的学生分成一组,或根据某种特别的需要对"异质"进行分组,从而缩小各小组之间的差距,以利于开展游戏和竞赛活动。

90. 合作型分组

是指在教学中根据教学需要以及学生特点将学生组成合作学习小组的一种分组形式。体育教学中学生合作学习的机会比其他课程要多得多,这主要是由体育活动的特性所决定的。无论是在游戏活动还是竞赛活动中,合作都是获得成功的重要因素之一,有助于促进学生达成学习目标。

91. 帮教型分组

根据教学的需要,教师组织部分学生直接对其他学生进行帮助,结成互相帮助的学习小组,这就形成了帮教型分组。

92. 友伴型分组

如果让学生自己分组活动,大多数学生会选择与自己关系较为密切的同学在一起进行练习,这就是友伴型分组。与关系密切的同伴在一起练习,学生没有心理压力,并能得到友情的支持。因此,在体育教学中采用友伴型分组,可提高学生的学习热情,使每一个学生都有可能体验体育活动的乐趣。

93. 随机分组

它是分组教学的最基本的形式,按照某种特定的方法将学生分成若干组。优点在于既简单、又迅速,缺点在于没有考虑学生在爱好、能力上的差异,无法很好地体现区别对待的教学原则。

94. 练习密度

指学生实际练习时间与上课的总时间的比例。

95. 练习时间

也称练习的"延续时间",指完成某一练习所需要的全部时间。时间的长短与练习效果和机体的负荷有直接关系,分练习的总时间与练习的各部分时间两种。

96. 专项密度

也称运动密度,是指学生做某项练习的密度。计算方法是:一节课中,某项练习运用的时间与实际上课总时间的比例。

97. 课的密度

指教师在一节课中合理运用的时间和这一课总时间的比例。它又可分为一般密度和专项密度。

98. 练习曲线

表示某项运动技能在练习的过程中,练习成绩随练习次数(或时间)变化的曲线图,一般以横坐标轴表示练习次数,纵坐标轴表示练习成绩。

99. 课外体育活动

指体育课以外时间进行的,以全体学生为对象,以健身活动为主要内容,以班级为基本组织单位,以满足广大学生多种身心需要为目的,促进学生身体、心理和社会适应能力和谐发展的体育锻炼活动。

100. 身体素质

是人体在运动、劳动和日常活动中,在中枢神经调节下各器官功能的综合表现。包括:力量、速度、耐力、灵敏和柔韧等机体能力。

101. 力量素质

是身体素质的一种,指人体肌肉工作时,肌肉抗阻能力。

102. 耐力素质

指人体长时间进行肌肉活动的能力,也称为对抗疲劳的能力。

103. 速度素质

指人体快速运动的能力,它包括了反应速度和运动速度。运动速度又包括动作速度和位移速度。

104. 柔韧素质

指人体各个关节的活动幅度,肌肉与韧带的弹性和伸展性。

105. 灵敏

指人体迅速改变体位、转换动作和随机应变的能力。

106. 协调性

协调性指身体作用肌肉群的时机正确、动作方向及速度恰当,平衡稳定且有韵律性。

107. 能量代谢

生物体内物质代谢过程中的能量释放、转移和利用。

108. 运动过度

是指运动的负荷超出了人体各器官系统的承受能力,造成身体过度劳累,身体各器官系统机能下降的一种机体表现。

109. 练习轨迹

指在体育活动中,身体及身体某些部分的移动路线。分轨迹形式、轨迹方向和轨迹幅度三个方面。

110. 极点

指在一定强度的运动中,运动员感到胸闷,呼吸困难,心率急增,肌肉酸软无力,动作迟缓而不协调,精神低落甚至想停止运动等变化,这种现象人们称为"极点"。

111. 第二次呼吸

"极点"出现后,如依靠意志力和稍减慢运动速度继续运动下去,这些不适感觉会逐渐减轻或消失,动作变得轻松有力,呼吸均匀自如、心率趋于平稳,这种现象称之为第二次呼吸。

112. 超量恢复

体育运动致使体内能源物质消耗,经过一段休息后均可恢复到原有水平,或超过原有水平,这种体内产生的能量超过原有水平的变化叫超量恢复。

113. 步频、步长
步频：竞走或跑步时两腿在单位时间内交替的次数。步长：每一步的距离（跑步中两脚着地之间的距离）。

114. 超越器械
是指在投掷项目中，运动员形成的最后用力前身体领先于器械的姿势，使最后用力时器械所处的位置到出手点有较长的工作距离。良好的超越器械姿势要求在助跑中，运动员的下肢要以更快的速度超越到器械的前面，使腰部更加扭紧，形成下肢在前、上体在后的倾斜姿势。

115. 制动
通过肌肉用力来减慢运动速度。

116. 地斜角
田径运动中将投掷器械的出手点和落地点连成一线，该线与水平线之间的夹角是地斜角。

117. 腾起角度
人体离地时身体重心腾起初速度方向与水平方向构成的角度。

118. 摆动腿
跨栏时在栏前折叠上摆的腿。

119. 起跨腿
踏上起跨点推动人体过栏，并从体侧提拉过栏的腿。

120. 冲击角
器械纵轴和重心轨迹所形成的夹角，称为冲击角（也称迎角）。

121. 腾起角（跳远）
是指起跳结束，离地腾起的一瞬间，身体重心的腾越方向与水平线的夹角。

122. 腾起初速度
跳跃项目运动员在蹬离地面的一瞬间所获得的速度称为腾起初速度，它的方向为运动轨迹抛物线上起始点的切线方向。

123. 田径运动
由田赛和径赛、公路赛跑、竞走、越野赛跑、山地赛跑、野外赛跑组成的运动项目。

124. 田赛、径赛
以远度和高度计算成绩的跳跃、投掷项目称田赛，以时间计算成绩的竞走和赛跑项目称径赛。

125. 轮次（田径）
高度项目以一个高度为一轮次，一个高度有 3 次试跳机会；远度项目以所有运动员按顺序试跳或试掷完一次为一个轮次。

126. 腾空步
指在跳远项目中，运动员起跳离地后在腾空开始的前一阶段保持起跳离地瞬间的身体姿势。

127. 切入差
在径赛中，有的项目采用分道起跑，跑过一段距离后又不分道跑。因此，外道运动员就要向内切入，这样就比第一道运动员多跑了一段距离，我们称这一段距离为切入差。

128. 实跑线
也称计算线,它是作为计算跑道周长的线,由于在比赛中运动员基本上是在这一条线上跑过的,故名为实跑线。

129. 前伸数
在田径径赛中,为了使运动员所跑的距离相等,外道的起点要前移,在起点前移的距离,计算和丈量时称为前伸数。

130. 跑道内突沿
是跑道内侧永久性突起的边沿,宽5厘米,高5厘米,其宽度不计入跑道的宽度内。

131. 纵轴线
也称中线,它把田径场等分为东西两部分,在绘图和修建场地时必须以这条线为基线。

132. 直、曲段分界线
直、曲段分界线把跑道的直段与曲段(弯道)分开,这两条线与场地的纵轴线垂直,相交于圆心。通常把终点线处的直、曲段分界线叫第一直、曲段分界线,或称第一分界线;其余的直、曲段分界线,按逆时针方向排列,依次为第二、三和第四直曲段分界线。

133. 排球边一二战术
二传手站位在2号位与3号位之间,五名队员将球传给二传手,二传手再将球传给3号位或4号位队员进攻。

134. 中一二战术
3号队员担任二传手,其他五名队员将来球传给二传手,再由二传手将球传给2号位或4号位队员进攻。

135. 后排插上
由站在后排的二传队员在对方发球击球后,或由本队队员将对方进行的球防起后,或对方的第三次击球不可能进行强有力的进攻时,迅速插到网前担任二传,将球传给前排三个进攻队员中任何一个队员扣球进攻,其他两个队员伴作进攻掩护。

136. 排球两次球进攻
也称"两次球",接对方来球时,一传队员直接将球垫到或传到网前适当位置,前排队员轻吊过网或者跳起扣杀过网。

137. 单淘汰比赛
在比赛过程中输一场即失去继续比赛资格的赛制。

138. 单循环比赛
所有参赛队都相遇轮赛一次,最后按积分高低排列名次的方法。

139. 篮球犯规
指篮球规则的违犯,包括与对方队员的非法身体接触和违反体育道德的行为。

140. 越位(足球)
当进攻队员踢或顶球时,同队接球队员在对方半场内所站的位置是在球的前面,并且他与对方球门线之间,对方队员不足两名(只有一名对方球员或没有)时,就构成越位。

141. 罚点球

全称:罚球点球。足球比赛中由于守方在球门区内犯规,由攻方在距球门中点 12 码处罚球,除攻方罚球队员和守方守门员外,其他队员都必须退出球门区。

142. 攻守转换

是指竞赛中双方对控制球权得与失的瞬息变化。失去球的队会奋力想办法夺回控球权,它是竞赛争夺的焦点。

143. 战术

是指比赛中为了战胜对手或为表现出预期的比赛结果而采取的计谋和行动。

144. 篮球传切配合

是指在篮球比赛中,同队队员利用传球和切入组成的简单配合。

145. 篮球掩护配合

是指进攻者以合理的行动,用身体挡住同伴防守者的通路,为同伴摆脱防守,创造接球和投篮机会的一种配合方法。

146. 篮球策应配合

是指处在内线的队员背对或侧对球篮接球后,以他为枢纽,通过多种传球方式与其他队员的空切、绕切相结合,借以摆脱防守,创造各种进攻机会的一种配合方法。

147. 篮球突分配合

是指持球队员突破对手后,遇到防守队员补防或协防时,及时将球传给进攻时机最佳的同伴进行攻击的一种配合方法。

148. 篮球挤过配合

是指当进攻队员采用掩护时,防守者为破坏其配合,当掩护者临近的一刹那,被掩护者抢前一步贴近自己的对手,并从两名进攻队员之间侧身挤过去继续防住自己的对手。

149. 篮球补防配合

是防守队员当同伴出现漏防时立即放弃自己的对手,去补防那个威胁最大的进攻队员,而漏人的防守队员及时换防的一种协同防守方法。

150. 篮球移动

是指篮球运动中队员为了改变位置、方向、速度和争取高度、空间所采用的各种脚步动作方法的总称。

151. 篮球传球手法

是指球出手的瞬间手腕、手指对球的飞行方向、速度、路线和传球到位的控制,也就是手腕翻转、前屈和拨指的用力方法。

152. 投篮技术

是指进攻队员为将球投入篮筐而采用的各种专门动作、方法的总称。

153. 投篮的瞄准点
是指投篮时眼睛注视篮圈或篮板上的某一点。瞄准是为了精确地目测投篮的方向和距离，从而决定投篮出手的角度、用力的大小、速度的快慢和球飞行弧度的高低。它是提高投篮命中率的重要环节。

154. 基本体操
是体操的基本内容之一，有队列队形、徒手体操、轻器械体操、专门器械体操，以及利用其他各种器械而进行的身体练习，目的是增强体质、增进健康、促进身体全面发展的动作能力。

155. 队列队形练习
指全体学生按一定的队形，在教师口令的统一指挥下，进行协调一致的动作，其内容包括整队、原地转法、行进间转法、各种走步、跑步、立定、集合、解散以及队列练习中的队形变化。

156. 队形
指队伍排列形式和图形变化。

157. 队列
指队伍的行列。

158. 翼
队形的左右两端。

159. 列、路
左右并列排成一行称为列，前后重叠排成一行称为路。

160. 基准学生
被指定作为行动目标的学生。

161. 距离
学生(单个或成队的)彼此之间前后相距的间隙叫做距离。

162. 间隔
学生(单个或成队的)彼此之间左右相隔的间隙叫做间隔。

163. 伍
二列或二列以上队形中前后重叠的学生叫一伍。

164. 队形宽度
两翼之间的横宽叫队形宽度。

165. 队形纵深
指从第一个(或第一列)学生到最后一个(或一列)学生的距离。

166. 预令、动令
口令分预令和动令，口令的前部分，使听口令者注意并准备做动作叫预令，主要指明动作的性质(动作的做法和方向)；口令的后部分，使听口令者立即做的动作叫动令。预令与动令之间一般有一定的时间间隔。

167. 正面
指队列里学生所面向的一面。

168. 后面
指与正面相反的一面。

169. 纵队
指学生前后重叠组成的队形。在纵队中,队形的纵深大于队形的宽度或相等。

170. 横队
指学生左右并列组成的队形。在横队中,队形的宽度大于队形的纵深或相等。

171. 排头
指位于纵队之首或横队右翼的学生(一个或几个)。

172. 排尾
指位于纵队之尾或横队左翼的学生(一个或几个)。

173. 轴翼和外翼
横队或多路纵队在左右转弯走时处于转弯内侧的一翼称为轴翼,另一侧为外翼。

174. 步幅
一步的长度。

175. 口令
一般由预令和动令组成。预令指明动作的性质(动作的做法和方向),使听口令者注意并准备做动作。动令是命令动作的开始,不决定动作的性质。

176. 技巧运动
由翻腾、抛接、平衡、舞蹈等动力性、静力性动作组成,是以徒手完成身体造型的体育运动竞赛项目。

177. 徒手体操
是根据人体各部位的特点,依照一定的程序,由举、振、屈、伸、转体和绕环等一系列的徒手动作所组成的身体练习,是体操中最基本的练习。广播体操、生产体操、医疗保健体操等都属于徒手体操。

178. 第二腾空
支撑跳跃过程中,经短促有力的推手后,使已腾起的身体再一次获得支撑反作用力,使身体再次获得腾空,这就是第二腾空,其目的是使人体更充分地完成空中动作。

179. 平衡
用脚、手和脚或身体某一部位支撑地面,使身体保持一定时间的静止姿势。

180. 支撑(体操)
是指握器械时,人体肩轴高于器械轴并对握点产生压力的动作。

181. 悬垂
是指握器械时,人体肩轴低于器械轴并对握点产生拉力的动作。

182. 滚翻
是身体某些部位依次接触地面或器械而使身体绕纵轴或横轴翻转。

183. 倒立

在支撑中,头在下、脚在上的一种垂直静止姿势。

184. 开始姿势

是指由什么姿势或动作开始。分静性和动力性两类。

185. 结束姿势

是指完成动作后的姿势、位置或部位。

186. 动作方向

是指人体或人体的某一部分运动的指向。

187. 动作形态

是指做动作时人体的形态。

188. 动作方法

是指完成动作的主要方法。

189. 动作时间

是指动作过程的顺序性、间隔性和持续性。

190. 保护

指在练习过程中,为防止意外事故的发生而采取的安全措施。

191. 帮助

是指在练习过程中及时给予练习者助力、信号或放标志物或限制物等,使其更快地建立正确的动作概念,更好地掌握、改进和提高动作技术的措施。

192. 他人保护

为防止练习者由于技术不熟练或其他原因而发生危险,由帮助者所采取的安全措施。

193. 自我保护

为防止由于技术不正确或其他原因而发生危险,练习者独立地运用特定的技术来摆脱危险。

194. 直接帮助

帮助者直接给以助力于练习者,使其更快地建立正确的动作概念,更好地掌握、改进和提高动作技术的措施。

195. 间接帮助

帮助者不直接给予练习者以助力,而是通过信号、标志物和限制物等手段,使练习者掌握正确的用力时机、节奏,体会所在的空间和方位,尽快地学会动作和提高动作质量的一种措施。

196. 人体轴

通过身体重心上下的连线称纵轴,又称垂直轴;通过身体重心左右的连线称横轴,又称额状轴;通过身体重心前后的连线称前后轴,又称矢状轴;通过两肩的连线称肩轴。

197. 器械轴

器械最长工作部分两端的中心线称器械轴。

198. 额状轴（横轴）

通过身体重心左右的连线，又叫横轴。

199. 矢状轴（前后轴）

通过身体重心前后的连线，称为矢状轴。

200. 基本方向

以人体直立时作基准，分前、后、左、右、上、下等6个基本方向。

201. 中间方向

两个基本方向之间成45度角的方向。

202. 纵

人体前后轴与器械轴成平行时为纵。

203. 横

人体前后轴与器械轴成垂直时为横。

204. 远

器械远离人体的部位为远。

205. 近

器械靠近人体的部位为近。

206. 接

单个动作之间，必须连续完成时用接。

207. 经

在完成动作过程中，必须经过某一特定部位时用经。

208. 至

在完成动作过程时，必须达到某一特定部位时用至。

209. 成

在完成动作过程后，必须强调某一特定的结束姿势时用成。

210. 同时

单个动作中，身体不同部位要在同一时间内完成时或两个动作要在同一时间内完成时用同时。

211. 依次

单个动作中身体某些部位相继做同样性质的动作时用依次。

212. 举

四肢移动范围在180度内，并稍停止在某一方位上的动作。

213. 屈

弯曲和缩小身体或身体某一关节角度的动作。

214. 伸

扩展或伸直身体或身体某一关节角度的动作。

215. 摆

臂或腿向某一方向做匀速挥动的动作。

216. 振
臂或上体做加速而富有弹性的动作。

217. 绕
身体或身体某一部分做大于180度、小于360度的弧形摆的动作。

218. 绕环
身体或身体某一部分做360度或大于360度的圆形摆的动作。

219. 转
绕人体纵轴转动的动作。

220. 撑
上肢和(或)身体某部位支撑在地面上的姿势。

221. 卧
身体躺在地面上的姿势。

222. 立
人体站立的姿势。

223. 蹲
站立时向下屈膝。屈膝时,臀部不低于膝叫半蹲;臀部低于膝叫全蹲。

224. 倾
身体偏离直立状态与地面形成一定角度姿势。

225. 踢
腿由低部位向高部位的加速上升的动作。

226. 跳
腿加速蹬地,使身体离地。

227. 弓步
两脚分开约一大步,一腿屈膝约90度,另一脚伸直,全脚掌着地,上体与地面成垂直的姿势。

228. 上法
整套动作或联合动作中按技术要求做的第一个上器械的动作叫上法。

229. 下法
整套动作或联合动作中按技术要求做的最后一个离开器械的动作。

230. 体型
是指整体形态结构方面的指数以及各部分的比例关系。

231. 姿态
是指人体处于某种姿势时的形态。

232. 爬
是指手、脚同时支撑地面,身体产生移动的方法。

233. 正
肩轴与器械轴平行的姿势为正。

234. 侧
肩轴与器械轴垂直的姿势为侧。

235. 前
胸向器械为前。

236. 后
背向器械为后。

237. 左
左肩侧向器械为左。

238. 右
右肩侧向器械为右。

239. 内
人体在双杠或高低杠的双杠之间为内。

240. 外
人体在双杠或高低杠的双杠之外为外。

241. 正握
两手虎口向内握。

242. 反握
两手虎口向外握。

243. 扭臂握
前臂旋内,拇指向外握。

244. 反扭握
一手反握,另一手扭臂握

245. 正反握
一手正握,一手反握。

246. 交叉握
两臂交叉握。

247. 深握
以靠近掌根腕关节处的握法。

248. 合握
五指并拢的握法。

249. 窄握
两手距离小于肩距的握法。

250. 宽握
两手距离明显大于肩距的握法。

251. 内握
掌心向外,从双杠内侧握杠。

252. 外握

掌心向内,从双杠外侧握杠。

253. 步速

每分钟所走的步数。

254. 跪

两腿并拢屈膝,膝与小腿前着地,上体与地面成垂直的姿势。

255. 坐

以臀部和(或)大腿着地,上体与地面成垂直的姿势。

256. 劈腿

两腿分开成直线着地的姿势。

257. 桥

身体背向地面,上肢与下肢支撑成拱形的姿势。

258. 波浪

身体或身体某一部分临近关节按顺序做柔和屈伸的动作。

259. 压

四肢或上体做向下加力压的动作。

260. 出

一脚向某方向迈出一步或半步的动作。

261. 单纯支撑

只用手或身体其他部位撑在器械上的动作。

262. 混合支撑

用手和身体其他部位同时撑在器械上的动作。

263. 单纯悬垂

只用手或身体其他部位悬挂在器械上的动作。

264. 混合悬垂

用手和身体其他部位同时悬挂在器械上的动作。

265. 上

身体由较低部位升至较高部位的动作。

266. 下

身体由较高部位降至较低部位的动作。

267. 摆动

在悬垂或支撑中,身体做钟摆式运动的动作。

268. 摆荡

身体和器械一同摆动的动作。

269. 振浪

通过髋关节有节奏的屈伸而加速摆动的动作。

270. 挥摆
单腿向左或右做钟摆式并还原的动作。

271. 摆越
腿从上面或下面越过器械的动作。

272. 腾越
整个身体腾起从器械上越过的动作。

273. 屈伸
通过髋关节的弯曲和伸展,使身体重心向上或向前上或向后上方等移动的动作。

274. 弧形
由支撑或悬垂开始,通过髋关节的屈伸使身体重心沿抛物线轨迹运动的动作。

275. 回环
身体绕器械轴或握点连线转动一周或一周以上的动作。

276. 转体
绕身体纵轴转动的动作。

277. 转肩
手握器械,肩关节做旋转的动作。

278. 腹弹
利用髋关节的急速屈伸,经腹部弹杠使身体后摆的动作。

279. 绷杠
利用髋关节的急速屈伸,并借助杠子的反弹力使身体腾空的动作。

280. 交叉
两腿在器械上同时做相反方向的摆越动作。

281. 全旋
单腿或双腿做绕环式的动作。

282. 滚动
身体不同部位依次接触地面或器械,但不经过头部转动的弧形动作。

283. 手翻
用手(或头手)支撑地面或器械,并经过头部翻转的动作。

284. 空翻
身体在腾空中,做经过头部翻转的动作。

285. 空翻转体
空翻一周同时绕身体纵轴转体的动作。

286. 旋
空翻两周同时绕身体纵轴转体的动作。

287. 梗头
是指头颈部正直上顶、下颚内收的技术。

288. 低头

是指头部前屈的技术。

289. 抬头

是指头部后屈的技术。

290. 顶肩

是指手在支撑和推离时,肩胛骨外展或上回旋,用以提高支撑位置及加大推撑力量的技术。

291. 跟肩

是指上体前跟,肩部向前加速移动的技术。

292. 推手

是指手掌支撑的一瞬间,伸前臂肌群和屈腕肌群以短暂有力的收缩,做推离支点的技术。

293. 含胸

是指两肩和胸内收,稳定身体重心,利用动作翻或转的技术。

294. 挺胸

是指两肩和胸外展,防止身体前翻,使动作更富有美感的技术。

295. 立腰

是指腰腹部肌肉适度收缩,脊柱伸直上立,做短暂固定的紧腰技术。

296. 提腰

是指髋关节前屈使腰部上提的技术。

297. 提臀

是指髋关节前屈使臀部由较低的位置上至较高位置的技术。

298. 送髋

是指在前摆加速腿时,使髋部向前做远离支点,用以加大摆幅的技术。

299. 制腿

是指腿加速摆动后,做腿的瞬间减速动作,用以提高身体重心的技术。

300. 托

用于使身体升高或靠近器械轴的动作。

301. 顶

主要用于顶肩,以便使肩角充分拉开,加大动作幅度或有利于支撑推手,提高腾空高度。

302. 送

用于使身体重心远离器械轴,提高身体位置,获得较大的摆动力量。

303. 挡

是一种阻力性助力,用于减慢动作速度或阻止动作翻转。

304. 拨

用于顺势加大回环力量与翻转速度。

305. 提拉

用于帮助摆脱器械或增加推撑力量。

306. 推
用于帮助加速水平速度。

307. 搓
用于转体动作,以加大身体沿纵轴转动的力量。

308. 扶
用于帮助练习者稳定重心,维持身体平衡。

309. 武术
是以技击动作为主要内容,以套路和格斗为主要运动形式,注重内外兼修的中国传统体育项目。

310. 手型
武术的基本动作之一,武术中手的式样和类型,即通过手指的屈伸形成各种造型,拳种不同,其手型也有不同。一般包括拳、掌、勾、爪、指等五种。

311. 步型
武术基本动作之一,武术运动中脚步的式样和类型。髋、膝、踝关节在不同的高度,向不同的方向展、屈,使人体形成两脚同时支撑于地面的各种造型,如弓步、马步、虚步、仆步、歇步、坐盘、点步、丁步、丁字步、叉步、横裆步、半马步、并步等。

312. 手法
武术技法之一,各种手型的攻、防技法,亦称各种手型动作。分为拳法、掌法、勾法、指法等。

313. 步法
武术技法之一,脚步移动变换的方法,如上步、退步、盖步、插步、行步、纵步、跨跳步、跃步、踏步、击步等。后脚向前迈步称"上步",前脚后退称"退步"。步法是身、手、腿各种技法赖以实现的关键,要求稳健灵活,进退得宜。

314. 拳
四指并拢卷紧,拇指压于食指中指第二指节上的动作。

315. 基本技法
指武术动作中经常出现的规律性的技巧和方法。

316. 四击
踢、打、摔、拿。

317. 八法
手、眼、身、步、精、气、力、功。

318. 对练
指在单练基础上,两人或两人以上,在预定条件下进行的假设性攻防练习。

319. 功法运动
是以单个武术动作为主体进行练习,以达到健体或增强某方面体能的运动。

320. 十二型
是用自然景象和动物来比喻武术中的十二种动静之势,如动如涛、静如岳、起如猿、落如鹊、站如松、立如鸡、转如轮、折如弓、快如风、缓如鹰、轻如叶、重如铁。

321. **中暑**

因高温环境或受到烈日的暴晒而引起的体温急剧升高,出现出汗、口渴、恶心和无力等症状。

322. **脑震荡**

头部受到外力打击或碰撞时,使神经细胞或神经纤维过度震荡,神经系统意识性障碍。

323. **重力性休克**

运动员在疾跑后突然站立不动,下肢肌肉的毛细血管和静脉失去肌肉收缩对他们的节律性挤压作用,加上血液本身的重力,大量血液积聚在下肢血管中,使回心血量和心输出量骤减,导致脑组织供血不足造成重力性休克。

324. **挫伤**

又称撞伤,是钝性外力直接作用于人体某部位而引起的一种急性闭合性损伤。

325. **擦伤**

是皮肤受到外力摩擦所致,皮肤被擦破出血或有组织液渗出的开放性软组织损伤。

326. **脱臼**

由于直接或间接的暴力作用,使关节面脱离了正常的解剖位置。

327. **溺水**

是全身淹没在水中,呼吸道被水堵塞或由于咽喉痉挛引起的窒息性疾病。

328. **脉搏**

正常情况下,由于心脏的跳动使全身各处动脉管壁产生有节律的搏动,这种搏动称为脉搏。

329. **过度疲劳**

由于运动后产生的疲劳不能完全消除,疲劳积累较多后使人体运动技能下降,进而损害了人体的健康。

330. **疲劳**

机体不能将它的机能保持在某一特定水平或者不能维持某一特定运动强度,功能效率逐渐下降的现象叫疲劳。

331. **抽筋**

是指肌肉不自主的强直收缩。

332. **擦法**

用拇指指腹或手掌贴在被按摩部位的皮肤上,作来回直线形的摩动。

333. **揉法**

用拇指或其余四指指腹、掌根、大鱼际、小鱼际紧贴在被按摩部位的皮肤上。

334. **搓法**

用双手手掌夹住被按摩的部位,两手相对用力,作方向相反的来回搓动。

335. **拍击法**

用拳、手掌或手的尺侧面,有节奏地上下交替拍击按摩的部位。

336. 抖动法
双手握住上肢或下肢的末端,作左右或上下方向连续小幅度的快速抖动,或轻轻抓住肌肉,作短时间的快速抖动。

337. 疫区
指传染病在人群中爆发或流行,其病原体向周围传播时可能涉及的地区。

338. 高原现象
在运动技能形成过程中,练习中经常出现进步暂时停顿的现象。

339. 运动条件反射
人体接受运动性刺激以后,产生运动性反应的条件反射活动。

340. 运动动力定型
学会运动技能以后,大脑皮质运动中枢内兴奋和抑制能按着一定的顺序和严格的时间间隔交替发生,形成一定的形式和格局,使条件反射系统化。

341. 竞技体育
指为培养优秀运动人才、创造优异成绩而进行系统的、科学的训练和竞赛。

342. 社会体育
指公民自愿参加的以增进身心健康为主要目的的群众性体育活动。

343. 社区体育
主要是在街道办事处的辖区内,以自然环境和体育设施为物质基础,以全体社区成员为主要对象,以满足社区成员的体育需求,增进社区成员的身心健康为主要目的,就地就近开展的区域性群众体育。

344. 终身体育
是指一个人终身进行身体锻炼和接受体育教育。终身体育的含义包括两个方面的内容:一是指人从生命开始至生命结束一直学习与参加身体锻炼,使终身有明确的目的性,使体育成为一生中始终不可缺少的重要内容;二是在终身体育思想的指导下,以体育的体系化、整体化为目标,为人在不同时期、不同生活领域中提供参加体育活动机会的实践过程。

345. 社会体育团体
是根据社会发展的需要和体育自身的规律,按照不同人群、不同的志趣爱好需求,自愿组织起来,以开展体育、健身和娱乐为宗旨的民间体育团体。它是国家发展体育事业的一支重要力量和不可替代的有力助手,是团结、联系广大体育爱好者的桥梁和纽带。

346. 体育人口
指在一定时期、一定地域,经常从事体育锻炼、健身娱乐、接受体育教育、参加运动训练和竞赛,以及其他与体育事业密切相关的具有统计意义的一种社会群体。它是以体育为重要特征并具备人口规模、人口结构、人口空间分布三要素的一种特定类型的亚人口。

347. 体育道德
是体育活动参与者共同遵守的行为规范和准则,是在体育活动中调整和制约人们相互关系的行为准则。

348. 体育方法
是指体育教学、训练、锻炼的途径和办法。

349. 体育手段
是指各种体育运动项目和锻炼方法的总称。

350. 运动技术环节
指组成运动技术基本结构的各个部分。

351. 运动技术细节
指构成技术环节的各个细小技术动作以及在不影响运动技术基本结构的情况下表现出来的个人技术特点。

352. 运动技能
指在体育运动中有效完成专门动作的能力，包括神经系统调节下不同肌肉群间的协调工作的能力。

353. 运动技术
指符合人体运动科学原理，能充分发挥身体潜在能力，有效完成动作的合理方法。又称"动作技术"，是各体育项目技术动作的总称。

354. 动作要领
指身体练习的技术基础，它包括身体练习的主要环节及其动作顺序。

355. 动作轨迹
是指完成动作时身体或身体某部分移动的路线。

356. 身体练习
是指各种体育手段的具体动作。专指为了实现体育目的和任务的条件反射活动。由身体姿势、练习的轨迹、时间、速率、速度、力量、节奏等基本要素综合构成。

357. 身体姿势
指身体及身体的各部分在练习的各个阶段所处的状态。一个完整练习的技术过程，包含开始姿势、练习过程中的姿势和结束姿势三个部分。

358. 运动量
指人体在身体练习中所能完成的生理负荷，由强度、密度、时间、数量等因素构成。

359. 体能（体适能）
解释1（运动训练学方面的）：指运动员身体素质水平的总称，运动员在专项比赛中体力发挥的最大程度，也标志着运动员无氧训练和有氧训练的水平，反映了运动员机体能量代谢水平。

解释2（美国运动医学会）：是 Physical Fitness 的中文翻译，是指人体所具备的有充足的精力从事日常工作（学习）而不感疲劳，同时有余力享受康乐休闲活动的乐趣，能够适应突发状况的能力。美国运动医学会（American College of Sports Medicine，ACSM）认为：体适能由健康体适能（Health-related Physical Fitness）和技能体适能（Skill-related Physical Fitness）组成。健康体适能是与健康有密切关系的体适能，是指心血管、肺和肌肉发挥最理想效率的能力。技能体适能包括灵敏、平衡、协调、速度、爆发力和反应时间等，这些要素是从事各种运动的基础，但没有证据表明它们与健康和疾病有直接关系。

360. 身体健康
指人的机能良好、机能正常、精力充沛的状态。作为学习领域的身体健康,要求学生了解与运动有关的营养、环境、卫生保健等知识,发展体能,提高身体健康水平。

361. 生物年龄
指个体在解剖结构、生理机能等生物方面达到的实际年龄,它反映了每个人生长发育的快慢程度。

362. 体重指数(BMI)
是用体重公斤数除以身高米数平方得出的数字,是目前国际上常用的衡量人体胖瘦程度以及是否健康的一个标准。

363. 体力
是指身体运动的基本功能,或者说为进行运动或劳动身体所具备的基本素质,它是通过人体在运动或劳动中表现出的力量、速度、耐力、灵敏等机能能力来体现的。

364. 体质
指人体的质量,它是在遗传性和获得性的基础上表现出来的包括人体形态结构、生理功能和心理因素的综合的相对稳定的特征。体质包括体格、体能和适应能力三部分。

365. 体育基本技能
指人们在掌握体育基础知识、基本技术的基础上,通过反复练习所获得的科学锻炼身体的能力。

366. 运动指数
是考虑气象因素和环境对人体的影响,包括紫外线、风力、气压、温度、光照以及雨雪沙尘等,为广大老百姓提供的是否适宜运动的建议。运动指数分为3级,级数越高,就越不适宜运动。

367. 运动训练
广义上讲,凡是培养运动员的一切准备过程都可称为运动训练。

狭义上讲,为提高运动员的竞技能力和运动成绩,在教练员的指导下,专门组织的有计划的体育活动。包括身体、技术、战术、心理、智力及思想作风等方面的训练。

368. 运动强度
指身体练习对人体生理刺激的程度,或肌肉单位时间内所做的功。

369. 需氧量
指人体为了为某种生理活动提供足够的能量,体内氧化某些能源物质所必不可少的氧量。

370. 最大通气量
单位时间内尽量用力快速呼吸时所能吸入或呼出的气体量,是估量一个人能进行多大运动量的生理指标。

371. 无氧功率
指机体在最短的时间内,在无氧条件下发挥出最大力量和速度的能力。

372. 有氧耐力

指人体长时间进行以有氧代谢(糖和脂肪等有氧氧化)供能为主的运动能力。

373. 稳定状态

指人体活动时的一种机能状态。人体进入活动状态后,逐步克服各种生理机能的惰性,各系统、器官活动功能和工作效率得到提高,保持良好的状态。

374. 真稳定状态

在进行强度较小、运动时间较长的运动时,进入工作状态结束后,机体需要的氧可以得到满足,即吸氧量和需氧量保持运动动态平衡。这种机能状态为真稳定状态。

375. 假稳定状态

当进行强度大、持续时间较长的运动时,进入工作状态结束后,吸氧量已达到并稳定在最大吸氧量水平,但仍不能满足机体对氧的需要。此时机体能够稳定工作的持续时间较短,很快进入疲劳状态。这种机能状态为假稳定状态。

376. 进入工作状态

在进行体育运动时,人的机能能力并不是一开始就达到最高水平,而是在活动开始后一段时间内逐渐提高的,这个机能水平逐渐提高的生理过程和机能状态叫做进入工作状态。

377. 无氧阈

指人在参加体育运动时负荷的强度以递增的方式呈现,体内的供能方式由有氧代谢为主开始向无氧代谢过渡的临界点。

378. 呼吸商

各种物质在体内氧化时产生的二氧化碳与所消耗的氧的容积之比。

379. 每搏输出量

指一次心搏,一侧心室射出的血量。

380. 运动性心脏肥大

指由于运动而引起的心脏适应性增大,形态上多以左心室增大,室壁增厚为特征,机能上表现为运动时能持续较长时间高效率的工作。安静时出现节省化,心力储备增强。

381. 心动周期

心房或心室每收缩和舒张一次称为一个心动周期。

382. 心音

在一个心动周期中,心脏的收缩、启闭的机械震动。

383. 乳酸

人体如以最快速度持续运动数秒后,ATP耗尽时,代之而起的肌糖元在无氧条件下供能,以使ATP合成并产生的代谢物质叫乳酸。

384. 赛前状态

人体在比赛或训练前,某些器官或系统所产生的一系列条件反射性变化,称为赛前状态。

385. 恢复过程
指体育活动结束后，人体各种机能活动仍处于高的水平，必须经过一段时间才能恢复到活动前的状态，这段期间内的机能变化，称为恢复过程。

386. 恢复训练
是指训练与比赛结束后，采用各种手段和方法消除生理和心理疲劳的训练。

387. 积极性休息
也称活动性休息，即在体育活动时，通过转换运动练习或采用一些放松动作作为积极休息手段，以谋求更有效地消除疲劳，使体力尽快得到恢复。

388. 氧债
在剧烈运动中，机体的需氧量超过最大摄氧量，能量供应靠无氧分解代谢所造成的氧亏。氧亏主要来自两个方面：一是在运动开始时，由于氧运输系统具有一定的惰性，使摄氧量不能满足需氧量的要求；二是在从事剧烈运动的过程中，摄氧量始终不能满足需氧量的要求。这两部分氧亏需要在恢复期来偿还。人体负氧债的能力与无氧耐力有密切关系，所以氧债是评定一个人无氧耐力的重要指标。一般人从事剧烈运动时，其负氧债的量10升左右，受过良好训练的运动员可高达15~20升。

389. 表象训练
是指有意识地、积极地利用自己头脑中已经形成的运动表象进行回顾、重复、修正、发展和创造自己的动作，就好像在头脑中"放电影一样"，也称念动训练、想象训练、心理演练等。表象训练是由美国心理学家苏恩教授首先提出的。

390. 运动心理效应
由运动训练和比赛产生的积极或消极的心理作用。它与运动成绩有关，当运动成绩良好时，一般会带来积极的心理效应，反之则会带来消极的心理效应。它还与运动者及观摩者的主观评价态度有关，如比赛取得胜利也可能引起骄傲这种不良心理效应。正确地评价一场运动比赛或训练的价值，应既考虑它的客观成绩，又考虑它的心理效应。后者虽是无形的，但对以后的运动和心理发展起着促进或阻碍作用。

391. 归因及影响归因方式的因素
是人们对他人或自己的行为进行分析，推出这些行为的内在原因的过程。

最早进行归因研究的是美国心理学家 Fritz Heider，他认为人类有两种需要，即对周围世界的一致理解和控制环境。满足的手段是得知人们行动的原因，并预言人们将如何行动，这就是人们进行归因的内在原因。归因可以分成：内归因和外归因，稳定性归因和非稳定性归因。内归因是行为者内在的原因，如人格、情绪、努力程度等，外归因是产生行为的环境因素，如工作设施、任务难度、机遇等。一般内在的稳定的归因较易于预测行为的再次发生，外在的非稳定的归因使归因者对行为较难预料。影响归因方式的因素有：(1)自我；(2)运动项目特征；(3)社会文化背景；(4)性别；(5)凝聚力；(6)运动结果的不确定性等。

392. 目标定向
指一个人能否积极参加活动时所依据的成就目标倾向。

它不是具体要达到的行为数量标准,而是内心中追求的成就取向。如有些学生上体育课以掌握动作、提高能力为目标,意在发展个人能力;有些学生则视能否显示自己高人一等的能力为目标,认为有炫耀机会就积极,可能显示"低能"时就逃避,甚至投机取巧。前者的目标定向称为任务参与型,后者的定向称为自我参与型。教师应引导学生做前者而非后者,不要过分强调成绩和名次。

393. 定向
以具体的或形象的方向标志物给学生指示动作方向、幅度、轨迹和用力点等,从而使学生在做动作时更具有直观性。

394. 自我暗示
指在练习中通过感官(视觉、听觉、嗅觉、味觉、触觉等)给予自己心理暗示或刺激,它是一种启示、提醒和指令,如默念某些指示性的名词,如"快""稳住""用力"等。

395. 兴趣
是指一个人力求认识、探究某种事物的心理倾向,是激发和保持学生学习行为的内部动力,也是培养学生学习自觉性和积极性的重要因素。新体育课程在教学时应该将激发和保持学生的运动兴趣放在中心位置。

396. 人格
指在人的社会化过程中形成的道德品质和行为习惯,是个人综合素质的外在行为表现形式,包括智慧、道德、意志三要素。

397. 个性心理特征
个体在社会活动中表现出来的比较稳定的成分,包括能力、气质和性格。

398. 念动法
指由运动观念而引起的运动反应,是通过对运动的想象或回忆来实现的。

399. 有氧训练法
是指在氧气供应比较充足条件下进行训练的方法,是运动训练方法之一。

400. 无氧训练法
是指在肌肉缺氧状态下进行训练的方法,运动训练方法之一。

401. 循环训练法
是指根据训练的具体目标,建立若干练习站(点),运动员按照既定的顺序、路线,依次完成每站(点)的练习,周而复始地进行训练的一种方法。

402. 应激
当机体受到感染、中毒、创伤、缺氧、高温、冷冻以及进行剧烈运动时,身体处于充分动员的状态,心率、肌肉紧张程度都发生显著变化,以增加机体对这些不利因素的耐受能力,减轻对机体的损害。

403. 运动处方
是指针对个人的身体状况而制订的一种科学的、定量化的周期性锻炼计划。即根据对锻炼者所测试的实验数据,按其健康状况、体力情况及运动目的,用处方的形式,制订适当的运动类型、强度、时间及频度,使锻炼者进行有计划的周期性运动健身的指导性方案。

404. 姿态反射
通过中枢神经系统调节骨骼肌的肌紧张或产生相应的运动,以保持或改正身体在空间的姿势。

405. 靶心率
指根据锻炼者的具体情况而确定的适宜锻炼强度所对应的心率范围。其计算公式为:(220-年龄)×(65%~80%)。

406. 肺活量体重指数
是评价人体呼吸机能的复合指数。主要是通过人体自身的肺活量与体重的比值,即每千克体重的相对值来反映肺活量与体重的相关程度。

407. 克托莱指数
它是评价人体形态发育水平中人体的围度、宽度、厚度以及机体组织密度等匀称度的重要复合指数,它通过体重与身高的比例关系来体现。其计算公式为:体重(kg)/身高(cm)×1000。

408. 维尔威克指数
是用两个以上的指标建立起来的一个相对指标,它只需测得体型中身高、体重、胸围三个数据就可以进行评价。其计算公式为:{[体重(kg)+胸围(cm)]/身高(cm)}×100。

409. 运动负荷
指学生在体育课中做练习时所承受的生理负荷。由速度、数量、密度、时间和项目特点等因素构成。

410. 心理负荷
在体育教学过程中,由于课的内容、形式、方法、组织、练习等对学生心理机制产生各种不同程度的影响,造成不同程度的心理压力,这种心理压力,就是体育课的心理负荷。

411. 体格
人体外表的形态结构。包括人体生长发育的水平,身体的整体指数与比例,以及身体的姿态。

412. 肺活量
在最大吸气后,竭尽全力所能呼出的气体量。

413. 最大吸氧量
指人体在进行有大量肌肉群参加的力竭性运动中,当氧运输系统中的心泵功能和肌肉的用氧能力达到人体的极限水平时,人体每单位时间所能摄取的氧量。

414. 心输出量
心室在每分钟泵出的血量称为心输出量,主要指左心室每分钟输出量。

415. 有氧代谢
是在氧充足的条件下,肌糖元或脂肪彻底氧化分解,最终生成二氧化碳和水,同时释放大量能量的分解代谢,称为有氧代谢。

416. 无氧代谢

是肌肉剧烈运动时氧供应满足不了需要,肌肉即利用三磷腺苷(ATP)、磷酸肌酸(CP)的无氧分解和糖的无氧酵解生成乳酸,释放出能量,再合成三磷腺苷供给肌肉需要的一种代谢过程。

417. 新陈代谢

是包括人体在内的一切生物体存在的最基本特征,是生物体不断与环境进行物质和能量交换实现自我更新的过程。包括能量代谢和物质代谢。

418. 敏感期

指少年儿童在某一个阶段特别容易建立和发展某种意识和行为的时期。

419. 状态反射

是指人体头部空间位置的改变以及头部与躯干位置发生改变时,将反射地引起躯干和四肢肌肉紧张性的改变。

420. 生理惰性

运动开始后,人体的运动器官和内脏器官的机能不能立刻由相对静止状态达到最高机能水平,而需要有一定的时间,所需要的时间称为生理惰性。

421. 生长发育

生长指人体细胞不断繁殖增多,表现为各器官组织不断增长。发育是指人体各器官细胞不断分化,机能逐渐成熟。生长发育过程是人体形态与机能逐渐完善的过程。

422. 正反馈

反馈信息加强控制部分的活动。

423. 负反馈

反馈信息抑制控制部分的活动。

424. 逆反心理

它是一种对外界环境的刺激产生与一般人对立或相反情绪体验的较稳定的行为倾向。

425. 随意运动

是指在大脑最适宜兴奋的皮质部位所完成的有意识的肌肉活动。

426. 靶强度

在运动生理学中,将导致身体产生运动痕迹和效果的最小运动强度叫做靶强度,此时的心率称为靶心率。

二、填空题

1. 评定田径运动技术的标准是(实效性)和(经济性)。

2. 体育锻炼之所以能够增强体能,主要是由(超量恢复)的生理机制决定的,体能包括(身体素质)和(身体基本活动能力)。

3. 跑步速度的快慢应该取决于(步频)、(步长)。

4. 田径运动训练中应用（一般训练与专项训练相结合的原则）、(不间断性与周期性原则)和(合理安排运动负荷原则)。

5. 三级跳远第一跳如是左脚起跳,第二跳应是(左)脚踏跳,第三跳应是(右)脚踏跳。

6. 铅球场地落地区是(34.92)度扇形落地区,其角度线宽(5)厘米;构成标枪场地的起掷弧宽(7)厘米,其半径为(8)米;羽毛球场地的线宽(4)厘米。

7. 田径场上的场地、器材的长度或宽度是 1.22 米的请列举出三个:(跳远助跑道宽)、(风速仪高度)、(踏跳板)。

8. 国际田联(IAAF)400 米标准跑道记号颜色有(红色)、(黄色)、(白色)、(蓝色)、(绿色)。

9. 径赛项目比赛在径赛裁判长统一领导下,由(检录)、(发令)、(终点)、(计时)、(检查)等小组组成。

10. 跑动中一个单步由(后蹬和前摆)、(腾空)、(着地)和(缓冲)几个部分组成。

11. 通常将计算跑道周长的线叫(计算线)又叫(实跑线)。

12. 在田赛比赛中,举(白)旗为成功,举(红)旗为失败。

13. 110 米栏比赛全程共(10)个栏架,标准栏架高(1.067)米。

14. 耐久跑中的途中跑,要求的(跑)节奏与(呼吸)节奏相配合。影响跑速的主要因素是(步频)、(步幅)和(速度耐力)。

15. 跨栏跑时,先过栏的腿称(摆动腿),后过栏的腿称(起跨腿)。

16. 田径运动的跳跃项目是(周期性)和(非周期性)相结合的混合性质的运动。

17. 田径比赛中参加田赛的人数过多,通常需经过(及格赛),前 12 名进入后面的决赛。

18. 4×100 米接力跑比赛中接力区的长度是(30)米,中心线距接力区起点线(20)米。4×400 米接力跑接力区长度为(20)米,中心线距接力区起点(10)米。4×400 米接力跑的第三、四棒的运动员应在指定裁判员的指挥下,按照同队传棒运动员跑完(200 米)时的先后顺序,(由内向外)排列各自的接棒位置。

19. 2003 年 1 月 1 日起,除标枪外,各投掷项目落地区标志线的内沿延长线的夹角为(34.92)度,铅球和链球投掷圈直径为(2.135)米;铁饼投掷圈直径为(2.50)米±5 毫米。

20. 决定投掷项目远度的因素为出手的(速度)、(力量)、(角度)。

21. 行进间跳远的四个技术环节是(助跑)、(起跳)、(腾空)、(落地)。

22. 铅球成绩的丈量方法是钢尺的(前端)对准铅球落地的近沿,钢尺通过(中心点),丈量落地最近点至抵趾板内沿的最近距离。

23. 跳远按起跳后空中动作不同,分(蹲踞式)、(挺身式)和(走步式)等姿势。

24. 推铅球技术的重点是(最后用力),其成绩主要取决于推铅球时出手的(角度)和出手时的(初速度)。

25. 标准田径场跑道宽度是(1.22)米或(1.25)米;田径场内第一条跑道的全场长度须由(内突沿)的外沿向外(30)厘米处丈量。

26. 田赛远度项目,前三轮试掷(跳)结束后,成绩优的 8 名运动员进入后三轮的试掷(跳),

后三轮试掷(跳)的顺序应按成绩(倒排序)。

27. 判定运动员的终点名次,应以其躯干的任何部位抵达(终点后边缘垂直平面)的顺序为准。

28. 马拉松全程跑距离为(42.195)千米,属超长距离跑项目。

29. 跨栏跑的成绩取决于(平跑的速度)、(过栏技术)及(跑与跨结合技术)。

30. 投掷区的角度:铅球是(34.92)度,铁饼是(34.92)度,标枪约是(29)度。

31. 短跑的能量代谢是(以无氧代谢为主),长跑的能量代谢是(以有氧代谢为主)。

32. 在跳高教学中,要把(助跑与起跳相结合)的技术作为主要教学环节。

33. 标枪出手时,右手为例,应使标枪沿纵轴的(顺时针)方向自转。

34. 跳跃项目助跑因项目不同有(直线助跑)和(曲线助跑)两种。

35. 计时应从看到(烟或闪光)开始到运动员躯干到达终点线的(内沿)垂直面为止。

36. 速度素质包括(反应)速度、(动作)速度和(位移)速度。

37. 把以(远度)和(高度)计算成绩的跳跃、投掷项目叫田赛。

38. 跑的教材共分为四大项,即(快速跑)、(耐久跑)、(接力跑)、(障碍跑)。

39. 跳跃是小学的重要教材内容之一,分为一般性跳跃、跳高、跳远等。其中跳高的过杆姿势有(跨越式)、(俯卧式)、(背越式)。

40. 速度素质是指人体快速运动的能力或在(最短时间内)完成某种运动的能力。

41. 肌肉力量是肌肉(紧张)或(收缩)时所表现出来的一种运动能力。

42. 蹲踞式跳远分为(助跑)、(起跳)、(腾空)和(落地)四个完整的过程。

43. 发展小学生投掷能力的练习有(投)、(掷)、(抛)、(推)等多种方法。

44. 决定运动量的因素有(密度)、(强度)、(时间)。

45. 急行跳远的教学重点应放在(助跑)和(踏跳)的结合上。

46. 跨越式跳高,应(摆动腿)先过杆,然后(起跳腿)再过杆。

47. 把田径场地的宽等分为东西两部分的分界线通常称为(纵轴或中线),也是(绘制)和(修建场地)的基准线。

48. 在国际(室外)田径比赛中,必须测风速的项目有:(100米)、(200米)、(100米栏)、(110米栏)、(跳远)、(三级跳远)。

49. 一个标准田径场,应由两个平行的直道和两个半径相等的弯道组成,跑道全长应为(400米),半径为(36米;36.5米;37.898米)。

50. 田径运动的投掷、器械的出手点和落地点的连线与水平线之间的夹角,通常叫(地斜角)。

51. 田径比赛应分别任命(径赛)、(田赛)、(全能)、(检录)和(外场)裁判长。

52. 三级跳远由(快速助跑),沿(直线向前)的连续三次跳跃(单脚跳)、(跨步跳)和(跳跃)组成。

53. 科学研究证明,优秀短跑运动员的成功先天因素是(主要)的,后天训练是(重要)的。

54. 没有疲劳的训练是(无效)的训练,而疲劳不能恢复的训练是(危险)的训练。

55. 在国际田径比赛中,男子110米栏栏高(1.067)米,起点至第一栏(13.72)米,栏间距(9.14)米;女子100米栏栏高(0.840)米,起点至第一栏(13)米,栏间距(8.5)米。

56. 跨栏跑的过栏技术,起跨腿是(抬)、(展)、(拉),摆动腿是(蹬)、(伸)、(压)。

57. 人们通常把身体素质分为(力量)、(速度)、(耐力)、(灵敏)、(柔韧)等五大素质。

58. 跑的完整的技术结构可分为相互联系的四部分,即:(起跑)、(起跑后的加速跑)、(途中跑)、(终点冲刺跑)。

59. 跳高的技术是由(助跑)、(起跳)、(腾空)和(落地)四个紧密联系的阶段组成。

60. 接力跑的传接棒方式有(上挑式)、(下压式)和(立棒式),前面两种是常用的。

61. 增加步频的方法有(快慢交替小步跑)、(高抬腿跑)、(牵引跑)、(下坡跑)等。

62. 在跳远教学中,一般采用以(完整)教学为主,(分解)与(完整)教学相结合的方法,教学重点是(起跳技术)。

63. 投掷项目的完整技术都是由(握持器械)、(助跑或滑步、旋转)、(最后用力)和(器械出手后的身体平衡)四部分组成。

64. 跨栏跑的技术可以分为(起跑至第一栏技术)、(过栏技术)、(栏间跑技术)和(终点冲刺跑技术)。跨栏跑过栏技术包括(起跨攻栏)、(腾空过栏)和(下栏落地)三部分。

65. 男子十项全能第五项400米至第六项110米栏比赛最短间隔时间为(10小时)。

66. 全能项目各单项比赛的间隔休息时间至少为(30分钟)。

67. 径赛的赛次是指(预)、(次)、(复)、(决)四个赛次,田赛远度项目是以(每人试投一次)为一个轮次,田赛高度项目是以(一个高度)为一个轮次。

68. 三级跳远的第一跳须用(起跳脚)落地,第二跳须用(摆动腿)落地,第三跳是用(双脚)落入沙坑,才算完成三级跳远的完整动作。

69. 跳远、三级跳远和投掷项目的比赛,参加比赛或试投的运动员超过8名时,每人可先试跳或试投(3)次,成绩最好的前(8)名运动员进入决赛,再试跳或试投(3)次。决赛试跳顺序跟成绩相反(倒排序),倘第8名成绩相等,则成绩相等的运动员(抽签定)。

70. 人体基本的活动方式是(走)、(跑)、(跳)、(投)等。

71. 篮球运动是由(跑)、(跳)、(投)等人体基本活动组成的综合性体育活动。

72. 标准篮球场长(28)米,宽(15)米,篮球圈上沿高(3.05)米,场中圈直径(3.6)米。

73. 篮球比赛中,时间类的违例有(3)秒、(5)秒、(8)秒和(24)秒违例。

74. 篮球半场人盯人防守的原则是(防人为主,人球兼顾),优点是以(盯人为主)、(分工明确)、(针对性强),便于发挥队员的防守积极性和提高责任感。

75. 国际篮联的一场正式比赛可分成(4)节,每节(10)分钟。

76. 篮球运球时,应以(肘关节)为轴,五指自然分开,(掌腕)控制运球。

77. 篮球进攻技术有(传接球)、(投篮)、(运球)、(持球突破)等;防守技术有(防守对手)、(抢球)、(打球)、(断球)等。进攻技术和防守技术都有(移动)和(抢篮板球)。

78. 篮球发动快攻的时机是(抢到后场篮板球后)、(掷后场界外球时)、(抢断得球后)、(跳球获球后)。

79. 篮球抢篮板球是较为复杂的一项技术,它是由(抢位)、(起跳抢篮板球)、(空中抢球动作)、(获球后的动作)等几个环节组成。

80. 篮圈内沿的直径最小为(450)毫米,最大为(459)毫米。

81. 篮球场上常用的急停动作方法有(跳步急停)和(跨步急停)两种。

82. 行进间运球时,手拍球的后上方,球的落点应在运球手同侧脚的(外侧前方)。

83. 持球突破技术动作主要由(蹬跨)、(转体探肩)、(推放球)和(加速)等几个环节所组成的。

84. 投篮技术的六个要素(身体平衡)、(持球动作)、(瞄准方法)、(出手动作)、(投篮的弧线)、(球的旋转)。

85. 篮球比赛时,5号队员掷界外球一脚踩在端线上时,但脚没进入场地内,裁判员判其(不违例)。

86. 篮球进攻基础配合包括(传切)、(突分)、(掩护)、(策应)和(快攻)等多种配合方法,防守基础配合包括(关门)、(交换)、(补位)和(夹击)。

87. 常用的球类比赛的编排有(淘汰制)、(循环制)和(混合制)三种。

88. 进攻移动是篮球进攻的基础,进攻移动包括(起动)、(变向跑)、(变速跑)、(侧身跑)、(急停)、(转身)、(跳)等技术,运用移动技术最关键的是(控制身体重心平衡和变化)。

89. 投篮是一项复杂的技术动作,它主要由(持球方法)、(瞄准点)、(投篮力量的运用)、(出手角度)、(出手速度)、(球的旋转)、(抛物线)和(入篮)等环节组成。

90. 行进间单手肩上投篮的动作特点是(一大、二小、三高跳)。

91. 篮球直线运球前进时,应用手拍击(球体的后上方)。

92. 掩护是进攻队员采取合理的身体动作,用自己的身体挡住同伴的防守者的移动路线,使同伴得以摆脱防守,创造接球投篮或进攻机会的一种配合方法。按身体位置不同分为(前掩护)、(后掩护)、(侧掩护)。

93. 篮球竞赛中循环制包括(单循环)、(双循环)、(分组循环)三种方法。

94. 持球突破技术主要由(蹬跨)、(侧身探肩)、(推放球)、(加速超越)等技术环节组成。

95. 8个队进行单循环比赛要打(7)轮(28)场比赛。

96. 篮球技术是(篮球战术)的基础,任何(战术意图)和(战术方法)的实现,都需要掌握相应的熟练准确的(技术动作)和(应变能力)来保证。

97. 篮球技术是进行篮球比赛的基本手段,双方运动员都以(技术动作)进行对抗。

98. 篮球技术包括(进攻技术)和(防守技术)两大类。

99. 篮球技术的发展,经历了从(低级)向(高级)发展的过程,呈现出(连续性)与(阶段性)的特点,并始终不断地向更高水平前进。

100. 起动是队员在球场上由(静止状态)变为(运动状态)的一种起始动作,是获得(位移初速度)的方法。

101. 跑是队员在球场上改变(位置),发挥(速度)的重要方法。

102. 变速跑是队员跑动中利用(速度)的变换来争取主动的一种方法。

103. 变向跑是队员在跑动中突然改变(方向)来摆脱防守或(堵截)进攻队员的一种方法。

104. 侧身跑是队员向前跑动中为了(观察)球场上的情况,侧转上体进行攻守行动的一种方法。

105. 后退跑是队员在球场上(背对)前进方向的一种跑动方法,是为了(观察)场上攻守情况。

106. 跳是队员在球场上争取(高度及远度)的一种动作方法。

107. 急停是队员在跑动中突然(制动)速度的一种方法,它也是各种脚步动作(衔接)和变化的过渡动作。

108. 转身是队员以一脚蹬地(向前或向后)跨出的同时,另一脚做(中枢脚)进行旋转而改变(身体方向)的一种动作方法。

109. 移动脚蹬地,在中枢脚(前方或身前)进行弧线移动的叫前转身。

110. 移动脚蹬地,在中枢脚(后方)进行弧线移动的叫后转身。

111. 跨步的动作方法是以一脚为(中枢脚步),另一脚向(前或侧)方跨出,以便衔接其他动作。

112. 滑步是(防守)移动的一种主要方法,滑步可向(侧)、向(前)、向(后)进行滑动来阻截对方的移动。

113. 接球是篮球运动中的主要技术动作之一,是(获得球)的动作,是(抢篮板球)和(抢断球)的基础。

114. 传球是篮球比赛中进攻队员之间(有目的地转移球)的方法,是进攻队员在场上(相互联系)和组织进攻的纽带,是实现战术(配合)的具体手段。

115. 单手肩上传球是传球中一种最基本的方法。这种传球的力量(大),球飞行的速度(快),常用于(中、远)距离传球。

116. 传球的方向取决于手对球(作用力)的力点。出手速度取决于传球动作开始前动作的(速度)和作用力。

117. 运球是持球队员在原地或行进中,用单手(连续按拍)由地面反弹起来的球的一类动作方法。

118. 投篮时下肢蹬伸,同时依势伸腰展腹、(抬肘)伸前臂,手腕(前屈),以(指端)拨球,最后通过(食、中指)柔和用力将球投出。

119. 行进间单手投篮是比赛中广泛运用的一种投篮方法,一般多在(快攻)或(切入篮下)时运用。

120. 要将球投进篮圈之中,就必须有正确的持球方法、(瞄篮)点、全身的(协调用力)、合理的出手(角度)和出手(速度)、规律性的旋转、适宜的飞行(弧线)和入篮(角度)。

121. 有效地抢球、打球、断球,是建立在准确的(判断)、迅速的(移动)及正确的手部动作的基础上。

122. 进攻技术是指比赛中具有进攻效果的、(实用)的动作以及动作多元化组合。

123. 篮球比赛中队员经常运用(两个或两个以上)的单个技术动作组成的动作系列去完成具体的进攻任务。

124. 持球突破是持球队员运用脚步动作和(运球技术)快速超越对手的一项攻击性很强的技术。

125. 在激烈比赛中,决定投篮命中率的因素是多方面的,但把握好(时间)、(空间)和(稳定)因素是正确运用投篮技术及保持较高命中率的三个基本条件。

126. 急停跳投是进攻队员在行进间利用(急停)和快速跳起两个连续动作,以(时间差)摆脱防守者而达到投篮目的的一种跳投方法。

127. 防守无球队员是指队员处于无球状态时,防守队员灵活地利用多种(移动动作)和手部的有效组合,最大限度地防止和破坏对手行动。

128. 防守对手空切时,应把灵活调整步法和防守位置放在首位,始终做到(人球兼顾),并将对手置于自己的控制之中,目的是让对手失掉空切后接球的机会。

129. 防运球队员的主要任务是降低其运球(速度)、改变其运球(方向)和不让他向(篮下)运球,防范他在运球中突破。

130. 背对球篮突破的防守:一般是在近篮区背向或侧向球篮接球时的防守,防守队员要保持(你—我—篮)的有利位置,不宜(紧靠)对手,要有适当的距离。

131. 抢防守篮板球是防守中重要环节,是夺回(控球权)的重要途径。

132. 抢防守篮板球要做好以下几点:观察、预堵、(转身)、(挡靠)、起跳与(抢球)。

133. 防传球的重点应放在不让(对手)轻易地把球传向(篮下)有攻击的威胁的(内线)区域。

134. 防投篮的根本目的就是不让对方(得分)。

135. 防接球队员是防守对手无球时的首要(任务),必须在对手接球前就开始(防守),要有预测性并积极采取行动去限制或减少对手接球,特别是在有效(攻击区)内接球。

136. 防守技术是指队员在篮球比赛中防进攻队员从(无球)状态到有球状态或从(有球)状态到无球状态,直到对方(进攻结束)或(失去控球权)的全过程中,合理运用有防御和攻击效果的动作组合。

137. 篮球技术教学通常分为三个步骤:(掌握技术动作,形成动力定型)、(掌握组合技术,学会初步运用)、(在攻守对抗情况下,提高运用技术的能力)。

138. 篮球战术的目的都为了充分(发挥本队的特点),(制约对方),以争取比赛的胜利。

139. 篮球战术中队员的位置一般分为(前锋)、(中锋)、(后卫)。

140. 根据掩护位置和方向的不同,掩护可分为(前掩护)、(侧掩护)和(后掩护)三种形式。

141. 掩护配合是掩护队员采用合理的行动,以自己的(身体挡住)同伴的防守者的(移动路线),使同伴借以摆脱防守的一种配合方法。

142. 策应配合是指进攻队员(背对或侧对)球篮接球,以他为枢纽,与(同伴配合)而形成的一种里应外合的配合方法。

143. 进攻战术基础配合的教学,首先通过讲解和演示的方法使学生明确基础配合的(概念)、(配合方法)、(移动路线)、(动作的时机)、行动的顺序等。

144. 防守快攻时,根据进攻的不同情况,二防三的配合方法有(两人平行站位防守)、(两人重叠站位防守)、(两人斜线站位防守)三种方法。

145. 夹击配合是两名防守队员有目的地(同时采取突然)的行动,(封堵和围夹)持球者的一种配合方法。

146. 半场人盯人防守,根据防守区域的大小,可分为(半场扩大人盯人防守)和(半场缩小人盯人防守)两种。

147. 掩护配合的教学中,应先教(无球队员之间)的掩护,再教(有球和无球队员之间)的掩护。

148. 区域联防的基本落位队形有(2-1-2)、(2-3)、(3-2)、(1-2-2)、(1-3-1)等。

149. 半场人盯人的教学中,应先进行(局部配合)的练习,再进行(整体配合)的练习。

150. 进攻区域联防战术的教学时,应先在(消极防守)情况下进行练习,而后逐渐过渡到在(积极防守)的实战对抗情况下进行练习。

151. 交换防守配合是为了破坏进攻队员的(掩护配合),防守队员之间及时地(呼应交换自己)所防守对手的一种配合方法。

152. "关门"配合是指(两名防守)队员靠拢,协同(防守突破)的配合方法。

153. 篮球战术教学训练的任务是培养运动员的专门素质和意识,获得(篮球战术知识),掌握(篮球战术方法),具备篮球战术的(实战运用能力)。

154. 篮球战术指导思想是教练员制订(战术计划),确定(战术方案),形成(战术特点)的理想模式和行动的准则。

155. 篮球比赛的胜负,在很大程度上取决于(战略)和(战术)运用是否正确。

156. 篮球战术意识与战术行动(有着密切)的关系。战术意识应理解为队员在篮球比赛中对(战术运用规律性)的认识。

157. 区域紧逼防守具有区域联防和人盯人的优点,体现了在(区域中紧逼盯人),在(紧逼盯人中守区),是攻击性很强的一种整体防守战术。

158. 综合防守战术是在一场篮球比赛中把(人盯人防守)和(区域联防)等防守战术特点(综合为一体)并应变、运用的一种特殊的防守战术。

159. 固定战术配合是指进攻队在比赛中,在(特定的区域)和(时间条件)下,(如掷界外球、跳球、8秒、5秒等情况)组织的简单易行、速战速决的一些战术配合。

160. 战术与技术的关系,技术是战术的基础,是实施战术的手段。队员掌握技术(愈全面)、特长(愈突出),战术的实施就(愈有保证)。

161. 篮球战术设计的依据主要是,第一,符合现代篮球(战术发展的方向);第二,符合本队的(战术指导思想);第三,符合本队(技战术的实际水平)。

162. 篮球战术教学训练的步骤,第一,(建立战术的概念,掌握战术方法);第二,(掌握攻守转化和战术综合运用能力);第三,(在比赛中运用战术,提高应变能力)。

163. 篮球比赛确定名次时,如两队以上积分相等,则以这几个积分相等队之间的比赛(胜负)排列名次,如仍相等,则按他们之间比赛时的(胜负率)排列名次。

164. 排球运动是一项双方隔网相对,运用(发)、(传)、(垫)、(扣)、(拦)等动作为主,进行对抗的体育运动。

165. 排球比赛时,二、三号位双人拦网,(边跟进)、(心跟进)是1、6号位队员跟进保护。采用"中一二"进攻形式时,二传队员站在(3)号位。

166. 排球场长(18)米,宽(9)米,进攻线距中线(3)米,场地向上至少(7)米无障碍空间。

167. 正面扣球空中击球时应先(腰腹部)发力,带动手臂挥动。

168. 排球垫球技术手型有(叠指)法、(抱拳)法。击球点在(腹前约一臂距离)。击球部位在(腕上10厘米左右的两小臂桡骨内侧所构成的平面击球的位置)。

169. 排球的进攻战术主要有(边一二)、(中一二)、(后排插上)、(两次球及其转移)等。

170. 排球拦网技术的全过程是由(准备姿势)、(移动)、(起跳)、(空中拦击球)和(落地)五个环节组成。

171. 排球正面双手上手传球的教学,重点应放在(传球时的手型、击球点)。教学的难点在于(传球时的全身协调用力)。

172. 排球比赛不受(时间)限制。如果某方先得25分以上,必须(多得2分)才算胜一局。正式比赛采用(五局三胜)制。

173. 参加排球运动可以提高运动员(力量)、(速度)、(灵敏)、(耐力)、(弹跳)、(反应)等素质和能力。

174. 排球运动能改善(身体各器官系统)的机能状况,还能培养(机智)、(沉着)、(果断)、(冷静)等心理素质。

175. 当前世界盛大的排球比赛有(奥运会)、(锦标赛)、(世界杯)、(青年锦标赛)。以上四种比赛都是每隔(4)年举行一次。

176. 排球比赛由(1号位)队员发球,每方最多击球(三次,拦网除外),不能(持球)、(连击),也不能(触网)和(过中线)。

177. 排球比赛采用每球得分制,获得发球权的队要先(按顺时针方向发球轮换一个位置)再发球。

178. 垫球技术在比赛中主要用于(接发球)、(接扣球)、(接传吊球)、(接拦回球)等。

179. 做好发球技术需要注意的三个要领是(抛接球要稳)、(击球要准)、(手法正确)。

180. 垫球动作技术过程应包括:(准备姿势)、(两臂并靠)、(击球手形)、(击球点)、(击球部位)、(手臂角度)、(击球用力)等环节。

181. 传球技术动作过程应包括:(移动对准来球)、(做好准备姿势)、(迎球动作)、(击球手形)(合理用力)等环节。

182. 扣球技术动作过程应包括:(准备起动)、(助跑起跳)、(空中击球)、(落地)等环节。

183. 移动的最后制动,要注意(脚尖)和(身体)应转向出球方向。

184. 调整传球,要充分利用(蹬地)、(展体)、(伸臂)及(屈指屈腕)的全身协调力量。

185. 防守前,首先要判断对方扣球人的(助跑路线和球的关系)。

186. 接扣球垫击,要注意对球的(缓冲)及对力量的(控制)。

187. 发勾手飘球,应(平稳地)将球托送离手,同时迅速(挥摆),用(掌跟)部位将球击出。

188. 上手大力发球,与(扣球)动作相似,但(击球部位)稍(靠下)。

189. 勾手大力发球,要用(全掌包满球),手臂作(弧线挥击)。

190. 拦近网高球,要注意手(尽量伸过网),将球(包住)。

191. 小个拦大个时,应注意(两手尽量上伸),手腕(稍向后仰)。

192. 教师站在发球区做示范,学生应列队站在(教师击球手臂同侧的边缘外)观看。

193. 扣球的示范以(侧)面为主。主要看(助跑起跳)、(空中挥臂击球动作)和(击球点)。

194. 信号联系的方法有(语言联系)、(手势联系)、(落点信号)、(复合信号)。

195. 手势信号可以由以下人员发出 (二传队员)、(发起进攻的队员)、(活点进攻的队员)、(进攻队员和二传队员相结合)。

196. 接发球的基本要求是(正确判断)、(合理取位)、(明确接球分工范围)、(接球时的保护)。

197. 接发球前要明确各自接球范围,避免造成(让球)和(抢球)现象。

198. 接发球保护时,一人接球,五人都要注意(保护防漏)和(接应调整)。

199. 单人拦网防守阵形其弱点是(阻拦面积窄,当对方攻击力强时,易处于被动)。

200. 双人拦网"边跟进"防守阵形也称("马蹄形")或(1号、5号位跟进)防守阵形。

201. "边跟进"防守阵形的弱点是(场区中心空)、(遇对方打直线结合吊球时,防守较困难)。

202. 战术教学要遵循 (由简到繁)、(由易到难)、(由分解到完整)、(分练与合练相结合)的原则。

203. 初学者在掌握了(传球)、(发球)、(垫球和扣吊球)等技术之后,即可进行简单的战术教学。

204. 技术是战术的基础。因此,应先教(技术),后教(战术配合)。通过战术配合的教学,也可反过来带动(技术)的提高。

205. 身体训练包括(一般身体训练)和(专项身体训练)两个方面。

206. 年龄与柔韧性有很大关系,(儿童)时期柔韧性最好,(女子)优于(男子)。

207. 排球教学原则五条是:(自觉积极性原则)、(直观性原则)、(系统性原则)、(巩固性原则)、(从实际出发的原则)。

208. 排球成人男子比赛球网高(2.43)米,女子比赛球网高(2.24)米。

209. 比赛中只有(教练员和场上队长)可以请求暂停和换人,只有(场上队长)可以请求裁判员解释规则。

210. 发球犯规与接发球队队员位置错误,应判为(发球犯规在先);发球失误与接发球队队员位置错误,应判为(位置错误犯规在先)。

211. 排球比赛中,接发球队获得发球权后,该队队员必须按(顺)时针方向轮转至1号位一个位置。

212. 排球进攻战术是由(一传)、(二传)和(扣球)三者组成。

213. 足球是以(脚)支配球为主,两队(攻)与(守)相对抗,以(射球入门多少)判断胜负的球类运动。

214. 足球门线长(7.32)米,高(2.44)米。足球点球点距球门(11)米。

215. 足球罚球弧是以罚球点为圆心,(9.15)米为半径画弧,与罚球区线相交的一段弧线。

216. 足球运动主要用(脚、头、肩、胸)等部位来支配、控制球的一项运动。

217. 足球比赛场地应为长方形,其长度为(90~120)米,宽度为(45~90)米。正式足球比赛,两队各有(11)名队员参加,分为上下相等的两个半时,中场休息(15 分钟),各队均可替补(3 名)队员,在比赛开始或比赛进行中,某队队员人数不足(7)人时比赛不能进行。

218. 足球踢球动作正确与否,主要取决于击球点(击球的部位)、作用力的方向(摆腿的方向)、击球作用力的大小(摆腿的幅度和速度)。

219. 正式足球比赛全场的比赛时间为(90 分钟),分上下两半时各为(45 分钟),上下半时之间的休息时间不超过(15 分钟)。

220. 羽毛球场地中,双打时端线的长度是(6.10)米。

221. 垒球握法:用(拇指)、(食指)、(中指)和(无名指)握住球,(小指)弯曲抵在球的下面,(掌心)不触球。

222. 体操保护与帮助对完成动作是十分重要的,必须做到(站位合理)、(帮助及时)、(手法正确)、(助力适当)、(精神集中)、(高度负责)。

223. 体操教学中的保护有(自我保护)、(他人保护)和(利用器械保护)三种。

224. 动作示范的方向有(正面示范)、(镜面示范)、(背面示范)、(侧面示范)。

225. 头手倒立时,两手与前额的着地点应成一个(等腰三角形)形状。

226. 曲线行进主要包括(圆形行进)、(螺旋形行进)和(蛇形行进)。

227. 悬垂动作握杠时,两手大拇指向外握杠,两臂外旋为(反握)。

228. 在体操练习中,撑的姿势主要包括:(俯撑)、(仰撑)、(侧撑)、(蹲撑)、(跪撑)。

229. 直腿后滚翻动作的关键是(后倒时胸要贴近腿)。

230. 用手或手头支撑地面或器械,经过头部的翻转的动作称作(手翻或头手翻)。

231. 由一列横队变成二列横队时,应先(1、2)报数。

232. 体育课队列练习中的口令通常由(预令)和(动令)组成。

233. 在队列指挥通常用的口令中,行进间动令除(向左转走)和(齐、正步互换)时落在左脚,其他均落在(右脚)上。

234. 无预令的口令有(解散)、(立正)、(稍息)、(报数)、(踏步)、(前进)。

235. 支撑跳跃一般可分为(水平腾跃)、(侧腾跃)、(翻转腾跃)三种类型动作。

236. 支撑跳跃的动作技术分为助跑、(踏跳)、(第一腾空)、(支撑推手)、(第二腾空)和落地等几个部分。

237. (保护与帮助)是体操教学、训练中经常采用的方法和手段,也是体操区别于田径和球类等运动项目的一个显著特点。

238. 器械体操是指在(单杠)、(双杠)、(高低杠)、(平衡木)、(跳马)、(吊环)和(鞍马)上进行的各种运动。

239. 华尔兹基本舞步的音乐节奏都是(3/4 节拍)。

240. 单杠支撑后回环的动作难点是(倒肩压臂腹贴杠)。

241. 双杠支撑摆动应以(肩)为轴进行摆动;侧翻时手脚的支撑落地点应争取落在(同一直线上)。

242. 支撑后摆挺身下的动作重点是(后摆身体过杠面),难点是(推手换握)。

243. 头手翻时打腿的时机应在(身体重心超过头部支点垂直上方后),单肩后滚翻成单膝跪撑动作,如经右肩向后翻滚,成跪撑的是(右)腿。

244. 后滚翻分腿起两手用力推垫的时机是(当滚动到脚尖着垫时)。

245. 基本体操是体操的基本内容之一,其主要内容有(徒手体操)、(队列队形练习)、(轻器械体操)、(专门器械体操)等。

246. 体操教学中,保护与帮助者的位置应以(不妨碍学生做动作)、(有利学生完成动作)为原则。

247. 横箱分腿腾越的踏板方法为(单跳双落)。踏跳有(制动式踏跳)、(垂直式踏跳)、(通过式踏跳)三种方式。

248. 横队时,教师要在队形正前中央(等腰三角形)位置;纵队时,要在排头与排尾(呈小三角)位置。

249. 体操比赛项目,男子有(自由体操)、(鞍马)、(吊环)、(跳马)、(双杠)、(单杠)。女子有(跳马)、(高低杠)、(平衡木)、(自由体操)。

250. 单杠的单挂膝摆动上的保护与帮助方法是一手托(肩膀),另一手按压(摆动腿)。

251. 齐步走行进时,"向右转—走"口令的预令"向右转"从(右脚)开始发口令,落在(左脚)上;动令"走"落在(右脚)上,(左脚)再向前迈出半步,并向右转45度,先迈出右脚向新的方向前进。

252. 在初中体育课教学中(技巧)、(单杠)、(双杠)和(支撑跳跃)都属于体操教学。

253. 徒手操是根据人体解剖的特点,通过头、躯干、上肢和下肢各部位协调配合,按照一定的程序,有节奏地做各种(举)、(振)、(摆)、(屈)、(伸)和(绕环)等徒手动作组成身体练习。

254. 前滚翻成坐撑有三种不同的结束姿势,它们分别是(直腿坐)、(屈腿坐)、(分腿坐)。

255. 在体操术语中,相邻两人前后的间隙称为(距离)。

256. 人体的运动轴有(纵轴)、(横轴)、(前后轴)、(肩轴)。

257. 开始做动作时胸部所对的方向,在动作术语中是(向前)。

258. 向后的动作方向,是开始做动作时(背部)所对的方向。

259. 如果动作是由倒立开始,则向前是指(背对)的方向。

260. 如果动作是由倒立开始,则向后是指(胸部)的方向。

261. 动作相互关系的术语有同时、(依次)、接、(成)、经等五种。

262. 徒手动作的术语屈是指(关节的弯曲或关节角度的缩小)。

263. 伸是指关节角度的(扩展)或(伸直)。

264. 举一般是指臂和(腿)由(由低向高)的举起。

265. 蹲时大腿与小腿接触叫(全蹲)。

266. 蹲时(大腿)与(小腿)接近90°叫(半蹲)。

267. 蹲撑是指(下蹲)、(两膝并拢)、(两手撑地)的姿势。

268. 俯撑是指(两手和脚撑地),身体和两臂伸直,(胸部向地面)的姿势。

269. 劈腿分为(前后劈腿)、(左右劈腿)两种。

270. 三种平衡姿势有(俯平衡)、(侧平衡)、(仰平衡)。

271. 身体伸直,两臂靠体侧,胸部着地是(俯)卧。

272. 双杠分腿坐支撑属于(混合支撑)。

273. 吊环十字支撑属于(单纯支撑)。

274. 身体和器械一同摆动的动作在体操术语中叫(摆荡)。

275. 摆荡的方向分为(前荡)、(后荡)、(侧荡)三种。

276. 由支撑经悬垂再回到支撑的翻转动作在术语中叫(回环)。

277. 倒立的种类有(手倒立)、(头手倒立)、(肩倒立)、(肩肘倒立)、(单臂倒立)等。

278. 摆腿主要指腿向(前)、(后)、(左)、(右)的钟摆式动作。

279. 滚翻是指身体的某些部位(依次)支撑地面(器械)并经过(头)的翻转动作。

280. 滚翻类动作形式有(团身)、(屈体)、(直体)。

281. 空翻是在腾空中经过(头)翻转的动作。

282. 空翻从形式上有(团身)、(屈体)和直体等。

283. 从方向上空翻有向前、(后)、(侧)等。

284. 空翻两周同时转体是(旋)空翻。

285. 体操动作名称术语的开始姿势有(悬垂)、(支撑)、(站立)、(蹲撑)、(挂臂撑)等。

286. 体操动作名称术语的动作方向有(前)、(后)、(左)、(右)、(上)、(下)等。

287. 体操动作名称术语的动作形式有(团身)、(屈体)、(直体)、(分腿)等。

288. 体操动作名称术语的动作做法有(摆动)、(回环)、(转体)、(弧形)、(腾越)等。

289. 记写每一节操时应指出开始姿势、(动作部位)、(动作方向)、(动作方法)、结束姿势等内容。

290. 记写方法中,用连续图说的是(图解)法。

291. 帮助分为直接帮助、(间接帮助)、(利用器械帮助)。

292. 挡是一种(阻)力性助力,在完成动作力量过大时用,起到(减缓)或(制动)的作用。

293. 踢腿方向分为(前)、(后)、(侧)。

294. 绕是指移动的范围在(180)度以上,(360)度以下的弧形动作。

295. 绕环是指移动范围在(360)度或(360)度以上的圆形动作。

296. 说出五种以上器械的握法(正握)、(反握)、(翻握)、(正反握)、(交叉握)、(反翻握)、(深握)、(从内握)、(从外握)、(全握)等。

297. 间接帮助中的信号可用(语言)、(呼声)和(击掌)甚至节拍器等方式。

298. 单杠骑撑是(混合)支撑。

299. 体操依据身体练习的形式分类,可以分为(徒手体操)、(轻器械体操)、(器械体操)三大类。

300. 以人体(直立)时做基准,分前、后、左、右、(上)、(下)六个基本方向。

301. 人体直立时胸对的方向为前,反之为后;人体(左侧)所对的方向为左,反之为右;(头顶)所对的方向为上,反之为下。

302. 斜方向是三个互成90°的基本方向之间的方向,如:(前侧上)、(前侧下)、(后侧下)等。

303. 中间方向是指两个基本方向之间成45°角的方向。分 (前上)、(前下)、(侧上)、(左、右)、(侧下)、(左、右)、(前侧)等。如前与上之间称(前上),前举与上举之间的举称(前上举)。

304. 人对器械的方向称呼,以器械在人体的哪一方来确定。如器械在人体前面的为(前),在后面的为(后)。

305. 单人动作有(头部动作)、(上肢动作)、(躯干动作)、(下肢动作)和(其他动作)。

306. 艺术体操是(女子)特有的一个项目。

307. 两腿前后分开一大步,前腿屈膝,后腿伸直应称(前)弓步。

308. 两腿左右分开一大步,一腿屈膝,一腿伸直应称(侧)弓步。

309. 头和手的支撑为(头手)倒立。

310. 整套动作中按技术要求做的第一个动作或所有"上"的动作的总称为(开始)。

311. 整个身体腾起后,从器械上越过的动作为(腾越)。

312. 用图形、图像表示动作名称为(图解)法。

313. 手倒立和前滚翻连起来做时应用(接)来表示。

314. 位于纵队之首或横队右翼者为(排头)。

315. 位于纵队最后或横队左翼者为(排尾)。

316. 左右并列成一排为(横队)。

317. 在悬垂或支撑中,身体做钟摆式运动的动作为(摆动)。

318. 自我保护根据客观情况利用(惯)性,顺势采取屈臂、(团身)、(滚动)、(滚翻)、(空翻)和下蹲的方法。

319. 动作技能的形成可分为(泛化)、(分化)和(建立动力定型)三个阶段。

320. 练习者做手倒立时保护者应站在练习者(前侧方)的位置进行保护与帮助。

321. 练习者做侧手翻时保护者应站在练习者(后侧方)的位置进行保护与帮助。

322. 低单杠翻上成支撑保护者应站在练习者(前侧方)的位置进行保护与帮助。

323. 技巧项目,做向前动作时,保护者应站于练习者的(前侧方);做向后动作时,保护者应站于(后侧方)。

324. 体操中常用的保护方法有(接)、(抱)、(拦)、(挡)和(拨)等。

325. 利用器械的保护,常用的器械有(帆布垫)、(泡沫海绵垫)和(海绵包)等。

326. 双杠支撑前摆下,保护者右手应握练习者的(上臂),左手托其(腰)部或(臀)部。

327. 肩肘倒立时保护者应站在练习者的(前侧)方。

328. 头手倒立的支撑点为(头)和(手)。

329. 单杠骑撑后倒挂膝上保护者应站在练习者的(前侧方)。

330. 做前滚翻动作时,保护者跪于练习者(前侧),推其(背部)帮助成蹲撑。

331. 做手倒立前滚翻动作时,保护者应站在练习者的(前侧方)。

332. 做屈体后滚翻动作时,保护者应站在练习者的(后侧方)。

333. 鱼越前滚翻与前滚翻的区别是(手与脚有同时离地的过程)。

334. 双杠肩倒立时保护者应位于练习者的(前侧方)。

335. 技巧单肩后滚翻时保护者应位于练习者的(后侧方)。

336. 支撑跳跃的全过程有(助跑)、(起跳)、(第一腾空)、(推手)、(第二腾空)、(落地)。

337. 体育实践课上队伍排列时,学生的站位应做到三个背向(太阳)、(风沙)、(干扰源)。

338. 在学校所采用的队列队形练习,原则上应根据中国人民解放军(队列条令)的动作要求,进行基本练习。

339. 武术是以(技击)动作为内容,以(套路)和(格斗)为运动形式,注重内外兼修的中国传统体育项目。

340. 武术的基本功包括(腿功)、(腰功)、(肩功)、(桩功)、(步型)、(手型)、(步法)、(手法)等。

341. 武术套路运动的主要内容有(拳术)、(器械)、(对练)、(集体演练)。

342. 武术的五种步型是(弓)、(马)、(仆)、(虚)、(歇)步,三种手型是(拳)、(掌)、(勾),两种腿法是(蹬腿)、(弹腿)。

343. 武术中的对练是以(踢)、(打)、(摔)、(拿)为主的技击方法。

344. 按摩手法有(推法)、(擦法)、(揉法)、(搓法)、(拍击法)、(抖动法)等6种。

345. 五禽戏是模仿(虎、鹿、熊、猿、鸟)五种禽兽的动作而编成的。

346. 气功是"(练气)、(养气)和(用气)"的功夫;包括(调身)、(调心)和(调息)三个方面。

347. 武术功法运动按其形式与内容可分为(内功)、(外功)、(硬功)、(软功)4种。

348. 少年拳第一套是小学六年级武术教材中主要内容,全套动作包括(震脚架打)、(蹬脚架打)、(垫步弹踢)、(马步横打)、(弓步撩掌)、(高虚步架打)、(跳步推掌)、(撩掌收抱)。

349. 八卦掌是一种以(摆扣)步为主、在(走转)中换招变势的拳术,其运动特点是(沿圆走转)、(势势相连)、(身灵步活)、(随走随变)。

350. 武术的内容丰富多彩,一般可分三大类(拳术)、(器械)、(对练)。

351. 小学体育教材中有(维吾尔族)、(藏族)、(蒙古族)等几种民族舞蹈。

352. 竞技健美操比赛的项目有:(男子单人操)、(女子单人操)、(混合二人操)、(三人操)、(六人操)。

353. 游泳姿势包括:(仰泳)、(蝶泳)、(自由泳)、(蛙泳)。

354. 人的基本活动能力是指人在生活过程中表现出来的(走)、(跑)、(跳)、(投)、(悬垂)、(攀爬)、(滚翻)、(平衡)等方面的能力。

355. 身体素质增长最快的年龄阶段称为(敏感期),人体速度素质发展最快的敏感期在(10~13岁)。

356. 《体育与健康课程》是学校课程的重要组成部分。本课程是以(身体练习)为主要手段,以学习(体育与健康知识)、(技能和方法)为主要内容,以增进(学生健康),培养(学生终身体育意识和能力)为主要目标的课程。

357. 《体育与健康课程》将学习目标划分为:(运动参与目标)、(运动技能目标)、(身体健康目标)、(心理健康和社会适应目标)。

358. 学生对体育课表现出学习兴趣,达到水平目标一致时,学生能够(积极、愉快地上体育与健康课和参加课外体育活动)。

359.《体育与健康课程标准》中规定,小学一至二年级为(每周4节)体育课,三至六年级为(每周3节)体育课。

360. 运动参与是指学生参与体育学习和锻炼的(态度及行为表现),是学生习得(体育知识、技能和方法)、(锻炼身体)和(提高健康水平),形成积极的(体育行为)和乐观开朗(人生态度)的实践要求和重要途径。

361.《体育与健康课程标准》对学生学习成绩评定形式有(教师评价)、(学生评价)、(其他人员评价)。

362. 普通高中《体育与健康课程标准》规定,学生学习评价内容包括(体能的评价)、(知识与技能的评价)、(学习态度评价)、(情意表现与合作精神评价)和(健康行为评价)。其评价的形式(学生自我评价)、(学生相互评价)和(教师评价)。

363.《体育与健康课程》实行(国家)、(地方)、(学校)三级课程管理。

364. 义务教育《体育与健康课程标准》是按照水平来划分学段的,即水平一、水平二、水平三分别相当于(1~2)年级、(3~4)年级和(5~6)年级,水平四相当于(初中)。

365.《体育与健康课程》按层次将教学内容设计为精学类教材、(简学类教材)、(介绍类教材)、锻炼类教材)四类教材层次。

366.《体育与健康课程》确定教学内容的原则是(实践性)(灵活性)(综合性)。

367.《体育与健康课程》学习评价的目的是(了解学生的学习情况与表现,以达到学习目的的程度)、(判断学生学习中存在的不足,分析其原因,并改进教学)、(为学生提供展示自己能力水平个性的机会,并鼓励和促进学生的进步与发展)、(培养学生自我认识,自我教育的能力)。

368. 高中《体育与健康课程标准》规定,学生每完成一个模块的学习,且成绩合格可获得(1个)学分。高中三年中,学生修满(12个)学分方可达到体育与健康课程的毕业要求。其中(田径类项目和健康教育)为必修必选内容。

369. 义务教育《体育与健康课程标准》对选择和设计教学内容的建议为(体现"目标引领内容"的思想)、(符合学生身心发展特点)、(充分考虑学生的运动兴趣与需求)、(适合教学实际条件)、(重视健康教育)。

370. 体育与健康课程教学分组的主要形式为(随机分组)、(同质分组)、(异质分组)、(合作型分组)、(帮教型分组)、(友伴型分组)。

371.《体育与健康课程标准》加强对学生的指导,要求学生运用(自主学习)、(合作学习)、(创造性学习)、(探究式学习)、(延伸性学习)、(信息化学习)、(评价式学习)等七种学习方式进行学习。

372.《体育与健康课程》非常重视每一位学生的全面发展,强调通过体育与健康学习评价有效促进(学生的不断发展)。

373.《体育与健康课程》学生成绩评价的内容为(体能的评定)、(知识与技能的评定)、(学习态度与参与的评定)、(情意表现与合作精神的评定)四个方面。

374.《体育与健康课程》资源包括(人力资源)、(体育设施资源)、(课程内容资源)、(自然地理资源)、(信息资源)、(时间资源)六个方面。

375. 体育与健康实践课通常采用分组教学,其组织形式有(分组不轮换)和(分组轮换)两种。

376. 体育教学体系包括四个要素即(教师)、(学生)、(教学内容)和(教学条件)。

377. 单元教学工作计划是(学期教学工作计划)的深化和具体化,它保证了各主要教材内容的教学有目的、有步骤、系统地进行,也是教师制订(课时计划)的直接依据。

378. 评价一个人的健康状况要从(身体健康)、(心理健康)和(社会适应)等三个方面去评价。

379. 为了帮助学生掌握较难动作而采取的技术结构与所学身体练习相似的简单技术动作的练习称为(辅助性练习)。

380. 体育课的运动负荷包括(生理负荷)和(心理负荷)两种。

381. 测定体育课的运动负荷常采用(观察法)、(自我感觉法)和(生理测定法)三种方法。

382. (体育器材)和(场地)是上好体育课和开展课外体育活动的物质保证。

383. 学校体育的基本组织形式是(体育课)。

384. 在一个相对集中的时期内,对某个练习内容进行(系统学习)或(阶段学习)的教学方法称之为单元教学。

385. 制订教学计划时,可以根据(实践性)、(灵活性)、(综合性)。

386. 体育教学除了遵循一般的教学规律外,还要遵循的特殊教育规律是(运动技能形成规律)、(人体机能适应性规律)和(人体生理机能、心理活动能力变化规律)。

387. 班级教学的基本形式有行政班、(男女分班或合班)、(按兴趣爱好分组)、(小班化教学)。

388. 体育课运动量的大小与(练习数量)、(时间)、(强度)、(密度)及(动作质量)有关。

389. 体育教学过程五要素:(教师)、(学生)、(体育教材)、(传播媒介)、(教学目标)。

390. 体育课的类型分为理论课和实践课,理论课分为(讲授课)、(考核课);实践课分为(新授课)、(复习课)、(综合课)和(考核课)四种。

391. 体育教学的理论依据是遵循(认识事物)的规律、(动作技能)的形成规律、(人体机能)的适应性规律,以及(人体生理机能活动能力)变化的规律。

392. 制订体育教学目标的四要素是(对象)、(条件)、(行为)、(标准)。

393. 学校体育组织形式有:(体育课)、(早操)、(课间操)、(班级体育锻炼)、(运动队训练)、(运动竞赛)等。

394. 体育教师必备条件是 (高尚的道德品质)、(掌握良好的专业理论和技术)、(具有广博的知识)、(具有较强的全面工作能力)和(健康的体魄)。

395. 评定身体练习的质量和效果,一般根据练习的(准确性)、(协调性)、(缓冲性)、(经济性)。

396. 体育课的运动负荷是指学生在课中做练习时,身体所承受的(生理负荷)。

397. 练习密度=(单个学生练习时间之和/课的总时间×100%)。

398. 准备活动的目的是提高(中枢神经系统的)兴奋性,加强各器官系统的活动,克服各种机能(活动的惰性),做整理性活动的目的是肢体更好地(恢复)。

399. 小学体操教学内容,包括(基本体操)、(技巧)、(支撑跳跃)、低单杠等。

400. 传统体育教学提倡"三基教学",它们是(基本知识)、(基本技术)、(基本技能)。

401. 体育课的类型是根据体育教学任务而划分的课的种类。小学体育课的类型一般分为室内课(理论课)与室外课(实践课)。

402. 体育课的备课必须在了解学生的基础上深入钻研教材,认真做到五备:即(备教材)、(备学生)、(备教法学法)、(备教学媒体)、(备场地器材)。

403. 国家课程标准体现了国家对不同阶段的学生在(知识技能)、(过程与方法)、(情感态度)与(价值观)等方面的基本要求,规定了各门课程的(性质)、(目标)、(内容框架),提出了(教学建议)和(评价建议)。

404. 准备活动分(一般性)和(专门性)两种。

405. 同一组内的学生在体能和运动技能上大致相同的称(同质分组)。

406. 在体育教学中,充分利用场地、器材,可以增加(学生练习次数),能合理安排课的密度。

407. 体育课运动量的大小与(练习数量)、(时间)、(强度)、(密度)及(动作质量)有关。

408. (体育教学内容)是反映为了达到体育教学目标而选用的体育知识和技能的体系。

409. 体育教学中学练法包括(自学法)、(自练法)和(自评法)。

410. 课堂常规一般包括(课前常规)、(课中常规)和(课后常规)三个部分。

411. 教材排列是将教学内容按一定方式处理后,排出一种程序式系列。以教材内容顺序由易到难、由简到繁,按年级依次出现的,称为(直线式排列);同一教材在各个年级反复出现的,称为(螺旋式排列);用直线式和螺旋式混合交错的,称为(混合式排列)。

412. 定教学目标的四要素是谁(教学对象)、做什么(完成的行为)、做到何种程度(行为水平)、条件(完成行为条件)。

413. 体育教学依据季节、气候、(学生性别)、(体育基础)、(身体素质)、(教学内容)器材设备等因素的不同情况来组织教学,选择教学方法。

414. 体育教学目标要表现出明确、(具体)、(可量化)。

415. 体育教学中思想品德教育的原则有:方向性原则、(正面教育原则)、(严格要求与尊重学生相结合原则)、(利用集体力量进行教育的原则)、知行统一原则等。

416. 正面教育原则是指在体育教学中,从正面入手,用摆事实、(讲道理)、(树榜样)、(启发诱导)和言行一致等手段去教育学生,使其自觉地参加体育学习锻炼和接受形成良好思想品德的教育过程。

417. 体育教学中思想品德教育的基本内容是社会主义思想教育、(爱国主义教育)、(集体主义教育)、(民主法制)和组织纪律教育。

418. 体育教学中思想品德教育的途径是(体育教材内容)、(课的组织教学)、突发事件处理。

419. 体育教学中思想品德教育的方法有:(说服法)、(榜样法)、(评比法)、(表扬法)、批评法。

420. 说服法是通过(讲道理,提高认识),影响学生言行的一种方法。

421. 实践课一般可分为新授课、(复习课)、(综合课)、(考核课)四种课型。

422. 教的活动包括教师的讲解、(示范)、(保护)、(帮助)、辅导、分析、纠正错误、评价及调动队伍等。

423. 学的活动包括学生的听、视、(自学)、(自练)、(自测)、(自评)、互相观察、互相帮助及合理休息等。

424. 课的基本结构划分为(准备部分)、(基本部分)、(结束部分)三个阶段。

425. 准备部分的基本内容按其性质与目标,可分为组织教学所必需的(教学常规)、(一般性准备活动)、(专门性准备活动)。

426. 在设计课的结构时,应根据(教学目标)、(教材内容)、(学生身心特点)而定。

427. 体育实践课组织工作的内容主要包括课堂常规、队列、体操队形、编班分组、(组织学生练习)、(安排保护)、(队伍调换)等。

428. 分组轮换一般可采用下面几种形式:(两组一次等时轮换)、(两组一次不等时轮换)、(三组两次等时轮换)、[先合(分)组,后分(合)组]。

429. 体育课的准备包括(了解情况)、(钻研教材、教法)、(编写教案)、(培养体育骨干)、准备场地和器材。

430. 总结性考核是在学期、学年(结束)给学生体育课成绩的(总的评定)。

431. 制订计划要做到全面性、(系统性)、(合理性)、(可接受性)、(灵活性)、(一致性)。

432. 课程内容资源开发一定要与身体练习相关,根据学生和学校的实际来进行,包括(现有运动项目改造),(新兴运动项目的引用)和(民族、民间传统体育资源的开发)。

433. 《国家学生体质健康标准(2014年修订)》从(身体形态)、(身体机能)、(身体素质)等方面综合评定学生的体质健康水平。

434. 《国家学生体质健康标准(2014年修订)》是促进学生体质健康发展、激励学生积极进行(身体锻炼)的教育手段,是国家学生发展核心素养体系和学业质量标准的重要组成部分,是学生体质健康的(个体评价)标准。

435. 《国家学生体质健康标准(2014年修订)》中规定,小学、初中、高中、大学各组别的测试指标均为必测指标。其中,身体形态类中的(身高)、(体重),身体机能类中的(肺活量),以及身体素质类中的(50米跑)、(坐位体前屈)为各年级学生共性指标。

436. 身体健康素质是与身体健康关系更加密切的一些要素,包括(身体成分)、(心肺循环系统的功能)、(肌肉的力量)、(耐力)和(柔韧性)。

437. 评价人体的胖瘦状况,通常用(体脂百分比)来表示。

438. (肺活量)是评价人体呼吸机能状况的一个重要指标。

439. 握力体重指数反映的是肌肉的相对力量,即(每公斤体重的握力)。

440. 在做仰卧起坐时,主要是(腹肌)在起作用,(髋部)肌肉也参与了工作。

441. 立定跳远主要是测量向前跳跃时下肢肌肉的(爆发力)。

442. 1992年世界卫生组织在《维多利亚宣言》中提出了健康的四大基石,即(合理膳食)、(适度运动)、(戒烟限酒)、(心理平衡)。

443. 运动员运动时,踝关节扭伤后应立即(冷敷)。

444. 在常见的运动损伤中,软组织损伤可分为(开放性软组织损伤)和(闭合性软组织损伤)。

445. 运动系统由(骨骼)、(关节)和(肌肉)组成。人体的运动,离不开骨骼、关节和肌肉的相互作用。骨骼起着(杠杆)作用,关节是运动的(枢纽),肌肉收缩是运动的(动力)。人体不附着骨骼的肌肉是(平滑肌)、(心肌)。

446. 有氧代谢是在氧充足的条件下(肌糖原)或(脂肪)彻底氧化分解,最终生成(二氧化碳)和(水)同时释放大量能量的分解代谢。

447. 营养素包括(蛋白质)、(脂肪)、(糖)、(无机盐)、(维生素)和水这些物质。

448. 人体运动时肌肉工作的直接能源是(ATP),它贮存在细胞中,以肌细胞为最多。其最终的供能形式是(磷酸源供能)和(乳酸能供能)。

449. 根据少年儿童生长发育的基本规律,身体各器官系统的生长发育是不均衡的。其中(神经系统发育)最早;(生殖系统发育)最晚。

450. 运动处方一般包括五个要素,即(运动项目)、(运动次数)、(运动强度)、(持续时间)和(注意事项)。

451. 制订运动处方时需充分考虑运动的(次数)、(强度)和(时间)三个要素,使体育锻炼更加有针对性和时效性。

452. 人体按部位分为头、颈、躯干和四肢。我们平常所说的躯干,一般是指(胸段)和(腹段)两部分;四肢分为(上肢)和(下肢)。

453. 体育锻炼时常用的呼吸方法有(鼻呼吸)、(鼻吸口呼)、(口鼻呼吸)等三种。

454. 急救包扎法有(绷带包扎法)和(三角巾包扎法),其中绷带包扎法有(环形)、(螺旋形)、(反折螺旋形)、(8字形)。

455. 心率调控运动中,最高心率=(220-年龄),青少年的靶心率,上限=(最大心率×85%),下限=(最大心率×60%)。

456. 人体能量直接来源于糖、(脂肪)、(蛋白质)。

457. 体育卫生保健工作包括对学生进行体检、(体质测试)、(体质调研)、(健康状况调研)、加强体育活动的安全教育和意外事故的防范、落实卫生措施等。

458. 人体的三个供能系统分别是(磷酸能)系统、(乳酸能)系统和(有氧氧化)系统。

459. 50米跑可以反映(神经过程)的灵活性、(身体)的协调性、(关节)和(肌肉)的柔韧性以及肌肉的(力量)和(耐力)。

460. 长时间缺乏发展柔韧性的练习,可导致关节或关节周围软组织发生(变性)、(挛缩)、甚至(粘连)。

461. (有氧耐力)是指当氧供应充足,由糖分、脂肪充分氧化分解以满足运动所需能量时,人体长时间运动的能力。

462. 运动时人体需氧量和摄氧量达到动态平衡的运动称为(有氧运动)。

463. 运动负荷增加太快可能造成(过度疲劳)或引发(运动损伤)。

464. 在一定范围内心律与运动强度成(正比)。

465. 除了准备活动,有氧运动一般要求在(10)分钟以上,最好达到或超过(20~60)分钟。

466. 力量练习的强度是用(最大力量的重复次数)来表示,其英文缩写为(RM)。

467. 有两种伸展练习方式可以发展身体的柔韧性,一种是(动力性)伸展练习,一种是(静力性)伸展练习。

468. 经常参加体育锻炼,能使心脏功能增强,表现在心肌收缩(强)、心脏容量(大)、安静状态频率(低)、大强度运动后脉搏频率恢复快。

469. 运动技能形成阶段分(泛化阶段)、(分化阶段)和(巩固和动力定型)三个阶段。

470. 国际奥委会的主要宗旨是:(和平)、(友谊)、(进步)。

471. 1894年法国教育家(顾拜旦)建议恢复奥运会,1896年在(希腊雅典)举行第一届现代奥运会。现任国际奥委会主席是(巴赫)。

472. 公元前776年第一次古代奥运会在(古希腊)的(奥林匹亚村)举行。

473. 奥林匹克的格言是(更快)、(更高)、(更强)——(更团结)。我国承办的夏季奥运会是第(29)届。

474. 2008年北京奥运会的宗旨或主题是(绿色奥运)、(科技奥运)、(人文奥运)。

475. 2500年前在古希腊奥林匹亚的埃拉斯山岩上刻下的名言:(你想强壮吗?跑步吧!你想健美吗?跑步吧!你想聪明吗?跑步吧!)

476. 毛泽东《体育之研究》的名言:"体育,载知识之车,(而寓道德之舍也)。"

477. 《中华人民共和国体育法》在(1995)年10月1日起施行。

478. 体育矫治的内容包括悬垂、牵引、攀登、卧硬板床和(矫正体操)。

479. 延伸性学习是指学生在体育(课外)的学习和活动。

480. 《中华人民共和国教师法》把教师界定为履行(教育教学)工作的专门人员。

481. 运动量指人体在身体练习中所完成的(生理负荷量)。

482. 课余体育训练计划包含了(多年训练计划)、(全年训练计划)、(阶段训练计划)、(周训练计划)、(课时训练计划)。

483. 课余体育训练内容包括(身体训练)、(技术训练)、(战术训练)、(心理训练)、(思想品德训练)和(智能训练)。

484. 对体育教师的专业素质评价应包括(教学道德)、(教学能力)、(教科研能力)。

485. "两个条例"是指(《学校体育工作条例》)和(《学校卫生工作条例》)。

486. 体育与健康"2+1"工程中,2+1的含义是掌握2项(运动技能)和1项(艺术特长)。

487. 体育竞赛的比赛方法一般有(淘汰制)、(循环制)、(混合制)。

488. 疲劳后的休息方式一般有两种:(积极性)休息、(消极性)休息。

489. 体能是指人体各器官系统的机能在(身体活动)中表现出来的能力,是(体质)的重要组成部分。它包括与健康有关的体能和与身体活动有关的体能。与身体活动有关的体能包括从事运动所需要的速度、(力量)、灵敏性、协调性、平衡、反应等,是提高(运动技能)水平所需要的基础。

490. 全民健身计划以(全国人民)为实施对象,以(青少年和儿童)为重点。"全民健身一二一工程"强调学校做到:保证学生每天参加(一小时)体育活动,每年组织学生开展二次远足、野营活动,每年对学生进行一次(身体检查)。

491. 运动技能是指学生在体育学习和锻炼中完成(运动动作)的能力,它反映了体育与健康课程以(身体练习)为主要手段的基本特征,是课程学习的重要内容和实现其他学习方面目标的(主要途径)。

492. 体育活动对于发展学生的(社会适应)能力具有独特的作用,经常参与体育活动的学生,(合作)和(竞争意识)、(交往能力)、对集体和社会的关心程度都会得到提高,学生在体育活动中所获得的合作与交往等能力能迁移到日常的学习和生活中去。

493. 少年儿童正处于(生长发育)最旺盛的时期,这一时期学生的(身体状况)对他们身体的(健康成长)具有重要的影响。

494. 体育活动不仅有助于(身体)健康,也有助于增进(心理)健康,《体育与健康课程》十分重视通过体育活动来提高学生的自信心、(意志品质)和(调节情绪的能力)。

495. 评定身体练习的质量和效果,一般根据练习的(正确性)、(经济性)、(协调性)和(缓冲性)。

496. 学校课余训练的特点:(业余性)和(基础性)。

497. 人体运动时的生理功能变化规律是(逐渐提高)阶段、(稳定状态)阶段、(疲劳)阶段、(恢复)阶段。

498. 邓小平同志为北京景山学校题词:"教育要面(向现代化),(面向世界),(面向未来)。"

499. 人体不附着骨骼的肌肉是(平滑肌)、(心肌)。

500. 体育锻炼的 FIT 监控原则是:(次数 Frequency)、(强度 Intensity)和(时间 Time)三个英文单词的缩写,是从事以(健康)为目的的运动必须采用的基本监控原则。

501. (自然地形跑)和(越野跑)是提高学生有氧代谢能力的有效手段。

502. 体育教师教学评价主要是对教师的(专业素质的评价)和(课堂教学评价)两个方面进行综合评价。

503. 粗略掌握动作阶段的特点是大脑皮层(兴奋)与(抑制)都呈现扩散状态,出现(泛化)现象。

504. 课题的系统论证一般从(所选课题的意义)、(立题目的)、(选题依据)、(国内外研究动向)、(研究的途径和方法)、(实施条件)、预测研究结果以及经费和效益等角度,逐一剖析。

505. 体育教学的科研方法主要有(观察法)、(文献资料法)、(专家访谈法)、(调查问卷法)、(实验法)等组成。

506. 体育科研论文的主要组成部分有(题目)、(作者)、(摘要)、(关键词)、(正文)、(参考文献)。

507. 科研选题的基本原则(需要性原则)、(可行性原则)、(优势性原则)、(创新性原则)。

508. 科研选题程序有(提出问题)、(查阅文献),(形成假说)、(确定题目)、对研究课题的论证与评价。

509. 体育教学案例研究的类型包括(意外式)的案例研究、(主题式)的案例研究和(综合式)的案例研究。

510. 问卷调查可分为三个步骤（设计问卷）、(确定调查对象与问卷发放数量)、(分发与回收调查问卷)。

511. 体育科研工作包括(教材、教法的研究)、(各项专题研究)、各种研究成果的交流形式等。

512. 体育锻炼之所以能够增强体能，主要是由(超量恢复)的生理机制决定的。

513. 体育锻炼的六项原则是(自觉性)、(经常性)、(个别性)、(全面性)、(渐进性)、(适量性)。

514. 发展体能的原则一般有(全面性原则)、(适量性原则)、(持续性原则)、(健康性原则)等。

515. 学校体育工作评估的主要内容是：规划和阶段目标的制订、(体育师资队伍)、(体育教学工作)、(课外体育活动)、(课外运动训练工作)、学校体育科研活动、学生的体质状况。

516. 对体育教师的专业素质评价应包括：(职业道德)、(教学能力)、(教育科研能力)。

517. 一节体育课的结构一般分为(开始)、(准备)、(基本)、(结束)四个部分，其中(基本)部分是课的核心部分和主要部分，时间安排不应少于全课的(五分之三)。

518. 学校体育管理工作计划主要表现在(可操作性)、(超前性)、(针对性)。

519. 学校体育工作计划具有(导向)、(激励)、(调控)作用。

520. 课外体育工作包括(早操)、(课间操)、(班级体育锻炼)、(运动队训练)、运动竞赛等。

521. 体育锻炼前后要做(准备)活动和(整理)活动。

522. 体育教师专业知识主要包括(学校体育学知识)、(课程教材)、(教法知识)、(专项运动训练知识)。

523. 体育教师进修提高的主要途径(自学)、(开展教研活动)、(科学研究活动)、(短期培训)、(函授)。

524. 做一名合格的体育老师，必须具有(高尚的思想品德)、(全面的业务工作能力)、(合理的知识结构)、(强健的体魄)、(充沛的精力)。

525. 运动动作的要素由(身体姿势)、(动作轨迹)、(动作时间)、(动作速率)、(动作速度)、(动作力量)、(动作节奏)等基本要素综合构成。

526. 身体姿势是指身体及身体的各部分在练习的各个阶段所处的状态。一个完整练习的技术过程，包含(开始)姿势、(练习过程中)的姿势和(结束)姿势三个部分。

527. 练习轨迹指在体育活动中，身体及身体某些部分的移动路线，分(轨迹形式)、(轨迹方向)和(轨迹幅度)三个方面。

528. 作为一名教师除了应具备各种教学技能外，还应具备较高的对(教学过程进行观察)、(鉴别和评价的能力)，只有这样才具备了进一步提高教学技能和研究教学艺术的条件。

529. 元认知是"对认知的认知"，其实质是个体对自己认知活动的(自我意识)、(自我体验)和(自我监控)。

530. 体育教学中分解法有(顺进分段)法和(逆进分段)法。

531. 身体训练是(技术训练)和(战术训练)的基础。

532. 运动训练中贯彻渐进性原则应注意：安排(运动负荷)应由小到大，不应急于求成，要遵循(人体生理机能活动能力)变化规律。

533. (1923)年《新学制课程标准》的公布,正式将学校(体操科)改为体育课。废除了原来的兵式体操,改为球类、田径、游泳、普通体操等近代体育项目。

534. 1923年《新学制课程标准》公布,较为流行的教学方法为(三段教学法)、(单元教学法)、(分类教学法)。

535. 新中国成立后,学校体育取得了巨大成就,但也走过了曲折的发展道路,大致可以分为4个阶段 (初创阶段1949~1957年)、(曲折发展阶段1958~1965年)、(严重破坏阶段1966~1976年)、(改革开放,新的发展阶段1977年至今)。

536. (1990)年国家教委印发了《中小学体育器材设备配备目录》,促使各地对学校体育器材设备的投资进行规范化建设。

537. 随着社会的进步,现代科技的发展以及体育科学研究的不断深入,我国突破了体育观上的单一生物观念,向着(生物、心理、社会)三维体育观转变,从而引起学校体育认识上的巨大变化。

538. 学校体育已不仅仅局限于生物价值,而与(教育)、(社会)、(心理)、(文化)、(竞技)、(娱乐)、(健康和现代生活)有着密切联系。

539. (强身健体)是学校体育最主要的本质功能。

540. 经常参加体育锻炼,可以使(骨骼)变粗、(骨质密度)增厚。

541. 学校体育具有提高(大脑工作能力)、促进(有机体生长发育)、提高(人体功能)、调节人的(心理)、提高(人体的适应能力)的本质功能。

542. 学校体育是学校(教育)的重要组成部分,它与德、智育紧密结合,它是(全民健身)的重点,是(终身体育)、(竞技体育)的基础,是发展我国体育事业的战略重点。

543. 实现我国学校体育目标的基本途径有体育课、(课外体育活动)、(早操)、(课间操)、(班级体育锻炼)、(课外运动训练)、(体育竞赛)。

544. 动作技能的形成通常分为三个阶段,即(粗略掌握动作阶段)、(改进与提高动作阶段)、(巩固与运用自如阶段)。

545. 人体机能适应性规律表现为工作阶段、(相对恢复阶段)、(超量恢复阶段)。

546. 人体生理机能活动能力变化的规律表现为学生的生理功能(上升)、(稳定)、下降。

547. (1993)年正式颁发了《九年义务教育全日制小学体育教学大纲》(试用)。

548. (2000年10月)和2001年4月教育部基础教育司先后颁发了初中《体育与健康教学大纲》和《体育与健康课程标准(实验稿)》。

549. (1992)年,教育部正式颁发了《普通高等学校体育课程教学指导纲要》,为各类普通高等学校制订体育教学大纲提供了依据。

550. 编选体育教学内容的原则包括 (教育性原则)、(适应学生身心特征的原则)、(实用性和趣味性相结合的原则)、(理论与实践相结合的原则)、(统一性与灵活性相结合的原则)等。

551. 运动能力一般是指机体在体育活动中,表现出来的走、(跑)、(跳)、(投)、(攀爬)、(悬垂)、(支撑)、(搬运)、(负重)、平衡、滚翻等的能力,也是人们在日常生活、劳动和运动中不可缺少的基本能力。

552. 身体素质是指人体在身体活动中,各器官系统表现出的(速度)、(力量)、(耐力)、(灵敏)、(柔韧)等的机体能力。

553. 发展学生的体能是以运动动作实践为基础,要求学生在运动过程中通过(练习),以达到发展体能的目的。

554. 发展体能的生物学基础是(遗传变异)、(生理生化基础)、(体能发展)。

555. 常用的发展体能的方法有重复法、(变换法)、(持续法)、(间歇法)、(循环法)、(综合法)。

556. 运动技能的基本教授方法有(语言法)、(直观法)、(完整法与分解法)、(预防与纠正错误动作法)、(游戏法与竞赛法)。

557. 竞赛法的主要特点是(对抗性)、(竞争性)。

558. 课外体育活动包括(课外体育锻炼)、(课外运动训练)、(课外运动竞赛)三个方面。

559. 课外体育锻炼的原则(自觉、自愿性原则)、(经常性原则)、(针对性原则)。

560. 课外体育锻炼的内容分为(健身类)、(娱乐类)、(保健类)、(达标类)四种类型。

561. 校外体育锻炼包括(校外自我锻炼)、(家庭体育锻炼)。

562. 课外体育锻炼计划有(全校计划)、(班级计划)、(个人计划)三种。

563. 课外运动训练的特点表现在课外运动训练的(基础性)、课外运动训练对象的(广泛性)、运动训练时间的(课余性)。

564. 科学预测选材是对被选对象的某些与专项运动有关的(身体形态)、(身体机能)、(身体素质)等指标进行测定。

565. 身体形态指标主要包括(身高)、(体重)、(体围)、(身体充实度)、跟腱及足弓等身体各部分的比例关系等。

566. 身体围度指标,主要有(胸围)、(腰围)、(大腿围)、(踝围)、(上臂围)、前臂围、腕围等。

567. 生理机能指标主要包括(心率)、(肺活量)、(最大吸氧量)等。

568. 运动选材还要考虑的其他因素有:(遗传因素)、(年龄因素)、(运动素质发展的敏感期)、(测试近期的身心状况)、(心理素质)、家庭、社会在以往和未来对学生的影响,学习成绩和思想品德水平等。

569. 中小学选拔运动员的步骤,一般可采用自愿报名、(班级推荐)、(个别物色)等途径。

570. 运动队可以建立下列规章制度:(训练制度)、(奖励制度)、(比赛制度)、(教练员责任制)、档案制度。

571. 课外运动训练的原则主要有:(一般训练与专项训练相结合)、(系统性)、(周期性)、(适宜运动负荷)、(区别对待)等原则。

572. 竞技状态是通过训练获得的,它的发展过程一般可分为三个阶段:(获得阶段)、(相对稳定阶段)、(暂时消失阶段)。

573. 一个训练周期包括(准备期)、(竞赛期)、(休整期)。

574. 课外运动训练的内容主要包括(身体训练)、(技术训练)、(战术训练)、(心理训练)和思想品德训练等几个方面。

575.(身体训练)是技术、战术训练的基础。

576. 在身体训练中,要着重(力量)、(耐力)、(速度)、(灵敏)、(柔韧)等各种身体素质的训练。

577. 心理训练是指在运动训练中,有意识地对运动员的(心理过程和个性特征)施加影响,使他们学会在训练和比赛中调节自己心理状态的训练过程。

578. 运动训练广泛采用(重复训练法)、(变换训练法)、(持续训练法)、(循环训练法)、(竞赛训练法)。

579. 构成重复训练法的基本因素有(负荷数量)、(负荷强度)、(负荷持续时间)、(练习次数与组数)、(间隙时间)等。

580. 变换练习条件包括(练习的环境)、(练习的负荷)、(速度)、(负重量)、(距离)、(时间)、(练习的动作组合)等。

581. 循环练习的基本形式(流水式)、(轮换式)、(分配式)。

582. 课外运动训练计划一般有多年训练计划、(全年训练计划)、(阶段训练计划)、(周训练计划)、(课训练计划)等。

583. 周训练计划的内容通常包括 (本周训练目标与要求)、(训练次数)、(每次训练的时间)、(每次训练课的内容和负荷)、(测验和比赛)等。

584. 检查和评定课外运动训练工作的方法较多,常采用的有以下几种:(测定法)、(观察法)、(调查法)。

585. 课外运动竞赛的特点(竞争性)、(集体性与教育性)、(多层次与群众性)、(趣味性与娱乐性)。

586. 课外运动竞赛的目标具有多元化特征,一般可以分为(竞技性目标)、(教育性目标)、(娱乐性目标)。

587. 课外运动竞赛的原则(小型多样)、(业余自愿)、(公正合理)、(健康安全)。

588. 运动竞赛按性质、任务、水平分类有:对抗赛、(友谊赛)、(邀请赛)、(测验赛)、(选拔赛)、(表演赛)、(等级赛)。

589. 竞赛组织委员会的成员一般由 (党)、(政)、(工)、(团)、(学生会)、(体育教研组)、(卫生室)、(教务处)等组成。

590. 组委会根据竞赛工作需要设主任一人,副主任和委员若干人。在组委会的领导下可设立有关办事机构,如大会(秘书组)、(宣传组)、(竞赛组)、(后勤组)等。

591. 课外运动竞赛的常见形式有(单项运动比赛)、(达标测验赛)、(教学比赛)、(体育节)、(冠名体育比赛)、(体育知识比赛)。

592. 年度竞赛计划的内容一般包括竞赛的 (项目)、(种类)、(时间)、(地点)、(参赛单位)、(参赛人数)、主办单位。

593. 竞赛规程的内容一般包括(运动竞赛的名称),(目的、任务和要求),(时间、地点),(参赛单位和人数),(竞赛项目和表演项目),(竞赛办法),(分组),(竞赛规则),(录取名次和计分方法等)、(奖励办法)、(报名办法)、(注意事项)等。

594. 学校体育管理是指用尽可能少的人力、财力和物力,采用最佳的手段和方法,遵循学校教育和体育的基本规律,对学校体育工作进行(计划)、(实施)、(检验)的过程。

595. 学校体育管理必须依据国家教育方针、国家各时期教育改革和发展规划,依据(《体育法》)、(《学校体育工作条例》)、(《国家学生体质健康标准(2014年修订)》)和有关部门对学校体育工作要求、规定及学校工作规划等,对学校体育工作实行系统管理。

596. 学校体育管理在决策和实施中,应遵循的原则主要是(导向性原则)、(整体性原则)、(计划性原则)、(可控性原则)、(有效性原则)。

597. 学校体育宏观管理系统由国家(教育行政管理机构)、(学校体育科研机构)、(学校体育社会团体)等三个方面组成。

598. 我国体育法规包括宪法中的(体育条文)、(体育法律)、(行政法规)、(国务院部门的规章)几种基本形式。

599. (1990年3月12日)由国家教委和国家体委联合发布实施的《学校体育工作条例》,同时颁布了《学校卫生工作条例》。

600. (1995年10月1日)起施行《中华人民共和国体育法》。

601. 体育教师是促进学生身心健康发展的(组织者和指导者),体育科学知识和科学锻炼方法的(传授者和发展者),是学生思想品德的(塑造者),是优秀体育人才的(发现者和启蒙者),是学校体育组织领导工作的直接(参与者和业务咨询者)。

三、选择题

1. 运动员疾跑后不能立即站立不动,需继续慢跑,主要是因为(D)。
   A.防止低血糖的发生　　　　　　　　B.有利于氧债的偿还
   C.有利于心功能的恢复　　　　　　　D.防止重力性休克的发生
2. 在跳远、三级跳远比赛中,每次试跳的一般时限为(A)。
   A.1分钟　　　　B.1分30秒　　　　C.2分钟　　　　D.3分钟
3. 在弯道跑时,左脚应以(A)着地。
   A.脚掌外侧　　　B.脚掌内侧　　　　C.全脚掌　D.前脚掌
4. 4×400米接力比赛为部分分道跑,运动员跑完几个弯道后切入里道(B)。
   A.4个　　　　　B.3个　　　　　　C.2个　　　　　D.1个
5. 马拉松跑全程为(B),属超长距离跑项目。
   A.41.195千米　　B.42.195千米　　C.43.195千米　　D.44.195千米
6. 最合理的跳高过杆技术是(C)。
   A.剪式　　　　　B.跨越式　　　　C.背越式　　　　D.俯卧式
7. 背越式跳高的助跑是采用(C)方式助跑。
   A.直线　　　　　B.弧线　　　　　C.直线加弧线　　D.弧线加直线

8. 背越式跳高的8步丈量法,为了便于记忆,可叫做(B)。
A.4.5.6　　　　　　B.5.6.7　　　　　　C.6.7.8　　　　　　D.4.6.8
(先在横杆中间外侧30厘米左右地方确定起跳点,先向右走5步,为A点;然后再向右走6步为B点;再向前走7步为C点;从C-B-A助跑,C-B段为直线助跑,B-A为弧线助跑。)

9. 田径场地计算100米跑的距离是从(B)。
A.起跑线的前沿至终点线的前沿　　　　B.起跑线的后沿至终点线的后沿
C.起跑线的前沿至终点线的后沿　　　　D.起跑线的后沿至终点线的前沿

10. 铅球投掷圈的直径是(B)。
A.2.50米　　　　　B.2.135米　　　　C.1.25米　　　　　D.1.065米

11. 决定跳远成绩的主要因素是(C)。
A.助跑速度　　　　B.空中走步式　　　C.腾起初速度和角度　　D.踏板的准确性

12. 现代优秀跳高运动员大多采用(D)。
A.剪式　　　　　　B.跨越式　　　　　C.俯卧式　　　　　D.背越式

13. 发展体能的原则是(D)。
A.全面性和适量性原则　B.持续性原则　　　C.健康性原则　　　D.以上都是

14. 发展速度素质的方法是(C)。
A.牵拉动作的练习　　B.长时间距离的练习　C.最快的动作练习　　D.复杂化的练习

15. 标准田径场内突沿围长约为(B)。
A.400米　　　　　　B.398.116米　　　　C.396米　　　　　D.394米

16. 运动后,如间隔时间过长,机体工作能力降低到原来水平,称为(D)阶段。
A.超量恢复阶段　　　B.工作阶段　　　　C.相对恢复阶段　　　D.复原阶段

17. 身体或身体某部分在单位时间内移动的距离称为(C)。
A.练习频率　　　　　B.练习轨迹　　　　C.练习速度　　　　　D.身体姿势

18. 三级跳远技术中的第二跳,叫做(C)。
A.单脚　　　　　　B.跨跳　　　　　　C.跨步跳　　　　　D.跳跃

19. 田径运动是比(B)的项目。
A.强度、力量、耐力　B.速度、高度、远度　C.素质、技术、意志

20. 耐久跑的呼吸方法,一般采用(C)呼吸。
A.鼻　　　　　　　B.口　　　　　　　C.鼻和口同时

21. 推铅球最后用力阶段,球出手时的角度约为(A)。
A.38°~42°　　　　　B.30°~35°　　　　　C.30°~45°

22. 低强度、长时间的匀速跑,心率掌握在(B)次/分之间,可以发展有氧耐力。
A.90~120　　　　　B.110~130　　　　　C.130~150

23. 在跳高比赛中,只剩下一名运动员时,横杆提升的高度(C)。
A.不少于2厘米　　　B.不少于3厘米　　　C.征求该运动员的意见后确定,不少于2

厘米

24. 发展灵敏素质的有效方法是(A)。

A.图形变换跑　　　　B.自然地形跑　　　　C.轮流领先跑

25. 跨越式跳高助跑方向与横杆的夹角约在(C)。

A.10°~30°　　　　B.20°~30°　　　　C.30°~60°

26. 在田径项目的比赛中属中长跑项目的是(C)。

A.400米、800米、1500米　　　　B.800米、1500米、200米

C.1500米、3000米、10000米

27. 某个人进行100米比赛时,假设平均步长2米,平均步频4步/秒,则他100米跑的速度为(C)。

A.12秒40　　　　B.12秒45　　　　C.12秒50　　　　D.12秒60

28. 走和跑的区别在于(D)。

A.跑的速度快,走的速度慢　　　　B.跑时身体重心起伏大、走时身体重心起伏小

C.跑的步幅大,走的步幅小　　　　D.跑时身体有腾空,走时身体没有腾空

29. 掷标枪的扇形区内角度约为(C)。

A.35度　　　　B.45度　　　　C.29度　　　　D.34度

30. 掷铁饼、铅球的扇形区内角度(D)。

A.35度　　　　B.40度　　　　C.29度　　　　D.34.92度

31. 弯道跑时,右脚用(B)着地。

A.脚掌外侧　　　　B.脚掌内侧　　　　C.全脚掌

32. 逆时针弯道跑时,身体应向(B)倾斜。

A.右　　　　B.左　　　　C.前　　　　D.后

33. 背越式跳高身体过杆后,以(C)先接触海绵包。

A.头部　　　　B.肩部　　　　C.背部　　　　D.臀部

34. 背越式跳高身体在杆上成(C)姿势。

A.弓形　　　　B.水平　　　　C.背弓　　　　D.坐立式

35. 背越式跳高起跳时,摆动腿屈膝内扣向(D)方向摆动。

A.起跳腿　　　　B.内　　　　C.上　　　　D.异侧肩

36. 终点冲刺跑是临近终点的一段(C)。

A.耐久跑　　　　B.途中跑　　　　C.加速跑　　　　D.快速跑

37. 背越式跳高应(C)横杆起跳。

A.面对　　　　B.侧对　　　　C.背对　　　　D.斜对

38. 跨栏跑时,摆动腿过栏后积极下压,(B)落地。

A.全脚掌　　　　B.前脚掌　　　　C.双脚　　　　D.脚后跟

39. 挺身式跳远的技术中,(C)是最重要的。

A.助跑　　　　B.踏跳　　　　C.助跑与踏跳的结合　　D.落地

40. 挺身式跳远在空中成(B)姿势。

A.跨步 B.腾空步 C.弓步 D.弓箭步

41. 挺身式跳远中,身体在空中的要求是(C)。

A.身体前倾,摆动腿先落地 B.身体在空中平稳,摆动腿先落地

C.身体在空中平稳,两腿同时落地 D.身体前倾,两腿同时落地

42. 在田径运动会的 4×100 米接力比赛中,第一、二接力区的距离是(C)。

A.10 米 B.15 米 C.30 米 D.25 米

43. 短跑教学中,步频始终是难于提高的重要环节,为了达到理想的步频,常运用练习方法是(D)。

A.后蹬腿跑 B.跑上坡 C.起跑后的加速跑 D.跑下坡

44. 男子 110 米栏的栏间距是(B)。

A.9.5 米 B.9.14 米 C.8.5 米 D.8 米

45. 直道栏全程跑中,最快速出现在(A)。

A.4~6 栏 B.5~7 栏 C.6~8 栏 D.3~5 栏

46. 过栏后第一步小的主要原因是(D)。

A.摆动腿上摆高度不够 B.起跨点太远

C.栏上重心太高 D.起跨腿提拉不到位

47. 女子标枪被列为正式奥运会项目是在(D)。

A. 第 7 届 B.第 8 届 C.第 9 届 D.第 10 届

48. 国际田联决定从 1999 年 4 月 1 日起,将女子标枪的重心前移(B)。

A. 2 厘米 B.3 厘米 C.4 厘米 D.5 厘米

49. 国际标准男子标枪的重量是(C)。

A. 600 克 B.700 克 C.800 克 D.900 克

50. 背越式跳高助跑最后一步起跳角与横竿大约成(A)度角。

A.10 B.20 C.30 D.45

51. 女子铅球被列为奥运会正式比赛项目是在(D)。

A.1932 年,第 10 届 B.1936 年,第 11 届

C.1942 年,第 12 届 D.1948 年,第 14 届

52. 铅球教学中教学的重点是(B)。

A.用力过早,左臂过分向左后方摆动,左脚落地的位置过于偏左,会造成滑步

B.最后用力 C.滑步与最后用力的结合 D.滑步前的预备姿势

53. 推铅球的项目类型是(C)。

A.速度型 B.力量型 C.速度力量型 D.力量耐力型

54. 在推铅球最后用力过程中,上体用力过早,左臂过分向左后方摆动,左脚落地的位置过于偏左,会造成(A)。

A.推铅球时左倒 B.推铅球时出手角度过低
C.推铅球时后坐 D.推铅球时右倒

55. 运动员在径赛项目比赛中犯规,有权决定取消其比赛资格的是(D)。

A.检查主裁判　　B.检查员　　C.总裁判长　　D.径赛裁判长

56. 记录跳高成功的符号为(C)。

A.Δ　　B.√　　C.○　　D.+

57. 负责田赛项目检录工作的是(A)。

A.田赛项目记录员　　B.主裁判　　C.赛前控制中心　　D.田赛裁判长

58. 当比赛出现不公允时,(D)有权宣布重赛。

A.技术官员　　B.赛事主管　　C.主裁判　　D.裁判长

59. 下面哪一组项目为兼项(B)。

A.100米和800米　　B.100米和跳远　　C.200米和800米　　D.跳高和跳远

60. 下面哪一组在800米及其以上项目起跑中为不犯规行为(D)。

A.单手触地 B.双手触地
C.单手触地、双手不触地 D.单手或双手均不触地

61. 在径赛项目比赛前,发令员右手侧举手旗与谁进行联系(A)。

A.终点主裁判　　B.计时主裁判　　C.径赛裁判长　　D.检查主裁判

62. 接力跑比赛时,负责准备接力棒的是(C)。

A.发令员　　B.召回发令员　　C.助理发令员　　D.大会

63. 在跳高比赛中,负责判定运动员试跳是否成功的是(A)。

A.主裁判　　B.主裁判助理　　C.田赛裁判长　　D.记录员

64. 全能投掷项目比赛中运动员的试投(A)。

A.3次　　B.4次　　C.5次　　D.6次

65. 田赛项目比赛的检录地点在(D)。

A.比赛现场　　B.赛后控制中心　　C.编排记录公告处　　D.赛前控制中心

66. 径赛项目判定最后名次的成绩是(D)。

A.预赛成绩　　B.复赛成绩　　C.次赛成绩　　D.决赛成绩

67. 田赛项目比赛中破纪录时,主裁判除了请田赛裁判长审核场地和成绩外,还要请(A)。

A.技术官员　　B.丈量裁判员　　C.终端操作员　　D.管理裁判员

68. 在3000米障碍跑比赛中,每个障碍栏架外应有一名检查员,其位置在(B)。

A.外圈　　B.里圈　　C.里、外圈均可　　D.便于观察处

69. 原地双手头上向前掷实心球时,(C)允许向前迈一步。

A.出手前　　B.出手同时　　C.出手后

70. 快速跑中"坐着跑"是学生常犯的错误之一,其主要原因是(C)。

A.概念不清楚　　B.腿部力量不够　　C.后蹬不充分

71. 铅球成绩的好坏与运动员的体重、身高有关,但对成绩起决定作用的是(D)。
A.力量大小　　　　B.技术好坏
C.出手角度　　　　D.铅球出手时的初速度大小

72. 世界田径锦标赛男子110米跨栏比赛的栏架高度是(C)米。
A.0.914　　　B.0.84　　　C.1.067　　　D.1.00

73. 跑步比赛终点冲刺时以(A)为准。
A.躯干部分　　　　B.脚和手部分

74. 中长跑时正确的呼吸方法是(C)。
A.张大嘴呼吸　　　B.用鼻子呼吸　　　C.用鼻、嘴同时呼吸

75. 径赛人工记时,三个裁判所记成绩各不相同,如何确定(B)。
A.取三人平均　　　B.取中间　　　C.取较差

76. 两跑道之间的分道线宽度应属于哪条跑道的宽度(A)。
A.左边跑道　　　　B.右边跑道　　　C.两道都不是

77. 侧向滑步推铅球时身体重心要求(A)。
A.水平移动　　　　B.曲线移动

78. 快速跑的重点是(B)。
A.起跑与疾跑　　　B.途中跑　　　C.冲刺

79. 接力赛中第三接力区的距离应该是前后各为(A)。
A.10米　　　　B.15米

80. 下列田径运动项目中,哪一项不属于田赛(B)。
A.跳远　　　　B.接力赛

81. 比赛时,对犯规或者有不正当行为的运动员进行惩罚时,若取消运动员的比赛资格,应请示(B)。
A.径赛裁判长　　B.赛事主管　　C.副总裁判长　　D.技术官员

82. 在投掷项目比赛中,外场落点裁判员判罚投掷失败时,应该(C)。
A.不举旗　　　B.举黄旗　　　C.举红旗　　　D.举白旗

83. 第一弯道计算线的长度公式为(B)。
A.$2\pi r$　　　B.$2\pi(r+0.3)$　　　C.$2\pi(r-0.3)$　　　D.$2\pi(r+0.2)$

84. 蹲踞式跳远包括四个动作环节,下列不属于"四个动作环节"的是(B)。
A.落地缓冲动作　　B.双脚踏跳动作　　C.腾空技术动作

85. 初中男子110m栏比赛栏架高度应为(B)。
A.0.762米　　　B.0.914米　　　C.1米

86. 标准田径赛场地一圈为多少米?(C)。
A.200米　　　B.300米　　　C.400米　　　D.800米

87. 跨越式跳高助跑倒数三步的比例是(C)。
A.小、大、中　　　B.大、中、小　　　C.小、中、大

88. 根据径赛项目分组编排的需要,首先应统计(A)。

A.各项参赛人数　　　　B.兼项的人数和情况　　C.各单位参加人数

89. 100米预赛有38名运动员参加,其跑道为8条,应按(A)。

A.3×8人+2×7人分组　　B.4×6人+2×7人分组　　C.4×8人+1×6人分组

90. 两侧跑道总的宽度、两个半径长和一个直段长,三项之和就是田径场地所需要的(B)。

A.建筑的总面积　　　　B.建筑的总长度　　　　C.建筑的总宽度

91. 两侧跑道总的宽度、两个半径长,两项之和就是田径场地所需要的(C)。

A.建筑的总面积　　　　B.建筑的总长度　　　　C.建筑的总宽度

92. 36米为半径,1.22米为分道宽,则第二分道的实跑线应是(C)。

A.2π(36+1.22)=233.86米　　　　　　B.2π(36+1.22+0.3)=235.74米

C.2π(36+1.22+0.2)=235.12米

93. 400米半圆式跑道,第二至第八分道的半径均分别大于第一分道的半径长,则各道的大于部分通常称(B)。

A.前伸数　　　　　　　B.分道差　　　　　　　C.切入差

94. 直道栏栏间跑三步步长的比例应为(C)。

A.大、中、小　　　　　B.小、中、大　　　　　C.小、大、中

95. 背越式跳高起跳时,身体由倾斜转为垂直,可以使(C)。

A.起跳时间缩短　　　　B.起跳腿蹬伸快速有力

C.起跳的垂直冲量通过身体重心,增加垂直向上的效果

96. 跳远教学中,做助跑与起跳相结合练习时,应强调(B)。

A.做到助跑与起跳紧密结合

B.起跳前身体重心不下降,不出现停顿,不改变跑的姿势

C.起跳前调整跑的节奏和步长,做到准确踏板

97. 完整三级跳远技术练习时,对三跳的要求是(A)。

A.一跳"平"、二跳"远"、三跳"高"　　　　B.一跳"远"、二跳"平"、三跳"高"

C.一跳"远"、二跳"高"、三跳"平"

98. 掷标枪的最后用力的完成应在(B)。

A.倒数第一步　　　　　B.倒数第二步　　　　　C.倒数第三步

99. 中小学身体训练过程中,在一定范围内,施加给运动员有机体的运动负荷(B),其消耗过程就越剧烈,超量恢复就越明显,所需的恢复时间就(B)。

A.越小、越长　　　　　B.越大、越长

100. 下列叙述,何者为非(B)。

A.肌耐力是指肌肉在负荷阻力下可以持续多久的能力

B.成年人肌力随着年龄的增长而增加

101. 人体速度素质发展的敏感期是(B)。
A.8~9 岁　　　　　　　B.10~13 岁

102. 儿童少年进行耐力素质练习的基本方法是(B)。
A.间歇练习法　　　　　B.持续练习法
C.大强度重复训练法　　D.减小外界自然条件的阻力

103. 发展有氧耐力最常用的锻炼手段是(D)距离的跑。
A.400 米以下　　　B.400~800 米　　　C.800~1500 米　　　D.1500 米以上

104. 柔韧性训练的基本方法是(C)。
A.重复训练法　　　B.间歇训练法　　　C.拉伸法　　　D.变换训练法

105. 为了发展学生的身体素质和跑的能力,下列一组辅助练习中用于增强腿部力量,提高大腿高抬幅度,发展跑的频率的练习是(D)。
A.后蹬跑　　　　　B.单足跳　　　　　C.弓箭步走　　　D.高抬腿跑

106. 下列哪种方法是发展体能的方法(A)。
A.变换法　　　　　B.分解法　　　　　C.直观法　　　　D.说明法

107. 课外运动训练的特点之一是(B)。
A.健身性　　　　　B.基础性　　　　　C.娱乐性　　　　D.方向性

108. 下列属课外运动训练原则的是(C)。
A.正面教育原则　　B.集中力量教育原则　　C.周期性原则　　D.知行统一原则

109. 在阶段训练计划中,运动量增加的原则是按照(C)。
A.加大—适应—再加大—再适应的原则进行
B.适应—再适应—加大—再加大的原则进行
C.适应—加大—再适应—再加大的原则进行

110. 在全年训练时期的划分上,训练水平较优或少年儿童运动员多采用(B)。
A.单周期　　　　　B.双周期　　　　　C.不分周期

111. 中长跑训练的实质在于提高(A)。
A.有氧代谢与无氧代谢能力　　　　B.有氧代谢能力　　　C.无氧代谢能力

112. 短跑起跑后加速跑时上体抬起过早的原因之一是(B)。
A.两脚没有蹬起跑器　　　　　　　B.两起跑器距起点线的距离过近
C.猜枪声不是听枪声起跑

113. 发展推铅球运动员的专门动作速度训练一般应多放在什么训练期进行(B)。
A.准备期　　　　　B.竞赛期　　　　　C.过渡期

114. 我国身高为 166 cm 以下的男女,理想体重计算公式为:体重(kg)=身高(cm)-(A)。
A.100　　　　　　B.105　　　　　　C.120　　　　　　D.115

115. 径赛接力跑时,判定运动员是否在接力区内完成传接棒动作,应以运动员(A)为准。
A.棒的位置　　　　B.身体位置　　　　C.脚的位置

116. 跨栏跑中先过栏的叫(A、D)。

A.摆动腿　　　　　B.起跨腿　　　　　C.提拉退　　　　　D.攻栏腿

117. 短跑时的能量供应是以(B)系统为主。

A.有氧　　　　　　B.ATP-CP　　　　　C.无氧　　　　　　D.其他

118. 耐久跑的途中跑与快速跑相比,前者上体的前倾角度与后者的前倾角度(B)。

A.一样大　　　　　B.小　　　　　　　C.大

119. 跳远录取 8 人参加后三次决赛,其决赛顺序应(B)。

A.按原顺序　　　　B.成绩差的先跳　　C.重新抽签

120. 有 8 支足球队参加单淘汰制比赛,需要进行的场次及轮次是(A)。

A.7 场;3 轮　　　　B.4 场;3 轮　　　　C.8 场;3 轮　　　　D.7 场;2 轮

121. 有 15 支篮球队参加单淘汰制比赛,需要进行的场次及轮次是(D)。

A.13 场;4 轮　　　B.13 场;3 轮　　　　C.14 场;3 轮　　　　D.14 场;4 轮

122. 篮球场地的篮圈上沿距地面的距离是(C)。

A.3.10 米　　　　　B.3.08 米　　　　　C.3.05 米　　　　　D.3.0 米

123. 排球比赛场上 6 名队员分前后排站立,获得发球权的队,6 名队员必须按(B)方向轮转一个位置。

A.逆时针　　　　　B.顺时针　　　　　C.任意

124. 行进间单手肩上投篮又称"三步上篮",是在行进间接球或运球后做近距离投篮时所采用的一种方法。"三步"的动作特点是(A)。

A.一大、二小、三高　　　　　　　　　B.一大、二大、三高

C.一小、二大、三快　　　　　　　　　D.一小、二小、三快

125. 在有 13 个足球队参加的比赛中,若采用单淘汰共需(C)场就可决出冠军。

A.10　　　　　　　B.11　　　　　　　C.12　　　　　　　D.13

126. 篮球比赛时,5 号队员一脚踩在端线上掷界外球,裁判员判其(B)。

A.违例　　　　　　B.不违例　　　　　C.重新站在线外掷界外球

127. 标准篮球场的长和宽分别是(B)米。

A.18;9　　　　　　B.28;15　　　　　　C.28;14　　　　　　D.18;8

128. 单手肩上投篮时,最后用力拨球的是(B)。

A.食指、小指　　　B.中指、食指　　　C.拇指、无名指　　D.拇指、食指

129. 新中国成立前我国女子排球队首次参加远东运动会是在(C)。

A.1913 年第一届　　B.1921 年第五届　　C.1923 年第六届

130. 第二届远东运动会排球比赛地点是在(A)。

A.中国的上海　　　B.菲律宾的马尼拉　　C.日本的东京

131. 新中国成立后我国首次以行政区域为单位的全国性排球比赛在(B)举行。

A.1950 年　　　　　B.1951 年　　　　　C.1956 年

132. 我国正式成为国际排球联合会成员是在(B)。
A.1951年　　　　　　B.1954年　　　　　　C.1956年

133. 排球比赛过程中,进行移动时,身体重心应保持(B)。
A.起伏　　　　　　　B.平稳　　　　　　　C.下降

134. 移动过程中,脚的着地和发力部位都应是(C)部分。
A.全掌　　　　　　　B.脚跟　　　　　　　C.前掌

135. 排球比赛时,站在前排位置接发球,垫击时手臂应稍(B)。
A.垂直地面　　　　　B.抬平　　　　　　　C.置于侧方

136. 后区接发球,手臂与地面的夹角(B)以利于将球送出较远。
A.稍小　　　　　　　B.稍大　　　　　　　C.同前区

137. 排球扣球时,手的触球部位应是(C)。
A.掌跟击球　　　　　B.手指击球　　　　　C.全掌包球

138. 排球垫球接触部位应是(C)。
A.虎口　　　　　　　B.手腕　　　　　　　C.小臂

139. 排球发飘球时,击球的用力(A)。
A.短促、突然　　　　B.一直送出去　　　　C.持续迅猛

140. 排球比赛时,拦快球(B)。
A.深蹲晚跳　　　　　B.稍蹲快跳　　　　　C.移动高跳

141. 双人拦对方二、四号位进攻时,应由(B)定位。
A.三号位　　　　　　B.二、四号位　　　　C.各定各位

142. 一般准备姿势教学讲解示范顺序应该是(A)。
A.由下至上:脚→躯干→手臂→头　　　　B.由上至下　　　　C.由躯干向手脚

143. 起动教学的讲解示范顺序应是(B)。
A.由摆臂配合到蹬地脚、腿和倒移重心
B.由倒移重心、蹬地脚和腿到摆臂配合
C.由腿到脚,最后是摆臂

144. 学生初次试做移动步法练习应是(A)。
A.由慢到中速,由一个方向到两个方向
B.由中速到快速,由两个方向到八个方向
C.全速进行,四个方向到八个方向

145. 发飘球教学的重点是(B)。
A.抛球和击球部位　　B.手臂挥动轨迹和击球手法　　　　C.抛球和臂法

146. 传球的正面示范主要观看的动作要点是(A)。
A.手型手法、肘间距、脚间距、击球点、触球部位
B.手型手法、击球点、屈膝屈肘角度　　　　C.全身配合动作过程

147. 传球侧面示范主要观看的动作要点是(C)。
A.手型、膝间距、膝脚间距、击球点　　B.全身配合动作过程
C.手法、击球点、手腕关节角度、伸膝伸髋伸肘、全身协调配合动作

148. 为了有效地组织反攻战术,接扣球的最佳目的应是(C)。
A.将球垫过网　　B.将球垫起来　　C.将球垫到位

149. "四二"配备时应安排(B)。
A.一名二传和五名进攻队员　　B.两名二传和四名进攻队员

150. 组织阵容时如本方前排是扣球和拦网较强的轮次,在发球时应安排(A)。
A.发球准确性高、把握性大的队员　　B.发球准确性差的队员
C.发球攻击型强、失误高的队员

151. 接发球分工时,球落在两人或三人之间,一般让(B)接。
A.技术差的队员　　B.先呼喊队员　　C.后呼喊队员

152. 在一般情况下,"边二三"进攻阵形的二传手应站在(C)。
A.三、四号位之间　　B.一、二号位之间　　C.二、三号位之间

153. "边二三"攻的两名主要扣手应是(C)。
A.三号和六号位队员　　B.四号和五号位队员　　C.三号和四号位队员

154. 提高速度力量最有效的训练方法是进行(C)。
A.绝对力量训练　　B.相对力量训练　　C.等动性力量训练

155. 一般来说,排球运动员动力性力量训练的间隔是(B)。
A.天天练最好　　B.隔日练最好　　C.隔三天练最好

156. 发展肌肉和心血管耐力采用(C)。
A.循环训练法效果最好　　B.重复训练法效果最好
C.间歇训练法效果最好

157. 发球队失一球时,接发球队应当(C)。
A.得一分　　B.得发球权　　C.得一分,得发球权

158. 下列哪些比分为胜一局的比分(A、C)。
A.15:13　　B.15:14　　C.16:14

159. 排球球网上沿两标志杆之间的距离为(B)。
A.9.4 米　　B.9 米　　C.8.9 米

160. 排球队队员所用的号码应由(B)。
A.1~99　　B.1~18　　C.1~12

161. 排球比赛中,对后排队员的限制有(C)。
A.传球　　B.垫球　　C.拦网　　D.扣球

162. 足球场球门的高度应是(B)。
A.2.42 米　　B.2.44 米　　C.2.40 米　　D.2.35 米

163. 篮球行进间直线运球时,球的落点在同侧脚的(C)。
A.侧方　　　　　　　　B.前方　　　　　　　　C.侧前方
164. 排球正规比赛中男子所用网高为(C)米。
A.2.24　　　　　　　　B.2.34　　　　　　　　C.2.43
165. 排球场地两条发球区短线各长(C)厘米。
A.5　　　　　　B.10　　　　　　C.15　　　　　　D.20
166. 下列哪一组运动属于球类项目(C)。
A.篮球、足球、水球　　B.水球、排球、网球　　C.手球、乒乓球、网球
167. 双人拦网"心跟进"防守战术中,一般是几号位跟进(C)。
A.4　　　　　　B.5　　　　　　C.6　　　　　　D.1
168. 排球比赛每个回合中,本方最多可以击球(B)次,就要将球击入对方场地(拦网触球不算在内)。
A.2　　　　　　B.3　　　　　　C.4　　　　　　D.5
169. 有五支篮球队参加比赛,若采用单循环赛制,则共有(A)场比赛。
A.10　　　　　　B.12　　　　　　C.15　　　　　　D.20
170. 足球比赛中,无论直接任意球还是间接任意球,在球未踢出之前,对方队员必须离球(D)。
A.11米　　　　　B.7.55米　　　　C.9.36米　　　　D.9.15米
171. (D)男女在形态与机能上逐渐出现明显的差异,运动能力也不同。
A.初中阶段后　　B.高中阶段后　　C.身体发育成熟后　　D.青春期开始后
172. 单手肩上投篮时,全身协调用力,手指拨球,使球向(D)旋转。
A.左　　　　　　B.右　　　　　　C.前　　　　　　D.后
173. 排球比赛中,下面哪种进攻战术是进攻战术中最简单、最基本的战术形式(A)。
A."中一二"　　　B."边一二"　　　C.后排插上　　　D.交叉换位
174. 奥运会中篮球、排球、足球比赛一方上场人数分别是(D)。
A.5、8、11　　　B.5、6、12　　　C.6、6、11　　　D.5、6、11
175. 篮球比赛中,当一队某节已达4次犯规,所有随后该节发生的对未做投篮动作的队员的侵人犯规,应执行(C)。
A.罚球1次　　　B.掷球入界　　　C.2次罚球　　　D.1+1罚球
176. 判断带球跑的关键是(B)。
A.看哪一只脚先落地　　　　　　B.确定中枢脚
C.看球在手中是否停留　　　　　D.双脚是平行站立还是前后站立
177. 篮球场内三个圆的半径都是(C)。
A.1.70米　　　　B.2.00米　　　　C.1.80米　　　　D.1.60米
178. 篮球比赛时进攻队员在后场控制球后必须在(C)秒钟内使球进入前场。
A.3　　　　　　B.5　　　　　　C.8　　　　　　D.10

179. 篮球比赛时3秒钟规则是当某队控制球时,同队队员在(B)停留不得超过3秒钟。
A.本方限制区　　　　B.对方限制区　　　　C.本方罚球区　　　　D.对方罚球区

180. 篮圈上沿距地面的高度是(A)。
A.3.05米　　　　　　B.2.75米　　　　　　C.2.90米　　　　　　D.2.85米

181. 向左侧滑步时,起动的第一步应是(C)。
A.右脚先移动　　　　B.左脚和右脚无论任何一脚移动都可以
C.左脚先移动　　　　D.双脚同时移动

182. 滑步移动时,异侧脚向移动方向蹬地跨出,转移和控制身体重心,以便衔接奔跑或滑步动作。这个动作方法是(D)。
A.攻击步　　　　　　B.侧滑步　　　　　　C.绕步　　　　　　　D.交叉步

183. 滑步移动时,用前脚掌内侧蹬地,加上腰部用力向后转动,同时后脚碾地,前脚后撤,紧接滑步。这种动作方法叫(B)。
A.侧滑步　　　　　　B.后撤步　　　　　　C.攻击步　　　　　　D.交叉步

184. 投篮是靠(D)最后集中到手腕、手指上将球投出。
A.屈膝蹬地力量　　　B.腰腹伸展力量
C.手臂力量　　　　　D.身体各部的综合力量

185. 无论进攻队员还是防守队员,抢篮板球时,都应(C)。
A.抢占在对手与球篮之间靠外线的位置　　　B.抢占在对手的后面
C.抢占在对手与球篮之间靠内线的位置　　　D. 抢占在球篮的下边位置上

186. 排球上手发球时右手发球,左手抛球应把球抛在(A)。
A.右肩上方　　　　　B.左肩上方　　　　　C.头顶上方　　　　　D.右肩前上方

187. 学校有11队报名参加篮球赛,按规程比赛分两阶段进行,第一阶段采用分组循环赛,分成两组,各小组前3名决1~6名,第4、5、6名决7~11名;第二阶段同样采用循环赛,第一阶段同一小组的成绩直接带入第二阶段。如果每个队一天可以比两场,那么两个阶段共需要(B)完成比赛。
A.3天　　　　　　　B.4天　　　　　　　C.5天　　　　　　　D.8天

188. 正式比赛的篮球场地,罚球线离端线的距离是(B)。
A.5.73米　　　　　　B.5.8米　　　　　　C.5.83米　　　　　　D.6.25米

189. 最早的篮球规则是由篮球运动的创始人詹姆士·奈史密斯博士于1892年制定的（ C ）比赛规则。
A.15条　　　　　　　B.14条　　　　　　　C.13条　　　　　　　D.16条

190. 男子篮球于(C)奥运会上被列入正式比赛项目。
A.1948年第十四届　　　　　　　　　　　　B.1952年第十五届
C.1936年第十一届　　　　　　　　　　　　D.1940年第十二届

191. 在篮球技术教学中,应该依据技术动作形成的一般规律,在组织教学、教材教法和运动负荷安排上,遵循由浅入深,由简到繁的(C)。

A.直观性原则　　　　　　　　　　　B.从实际出发原则

C.循序渐进原则　　　　　　　　　　D.巩固提高性原则

192. 篮球教学中成绩考核的目的在于(B)学生掌握篮球理论、技术与技能的实际水平,促进学生勤学苦练,全面完成教学大纲所规定的任务内容和要求。

A.检查教师的教学效果　　　　　　　B.合理地准确地评价

C.提高教学质量　　　　　　　　　　D.加强课堂控制

193. 单手或双手反弹传球的击地点应在距离(D)的地方。

A.接球人三分之一　　　　　　　　　B.接球人一米左右

C.接球人四分之三　　　　　　　　　D.接球人三分之二

194. 防守无球队员的选位一般应站在(D)位置上。

A.站在对手与篮之间的有利　　　　　B.站在对手与篮之间

C.站在对手与篮之间远离球的一侧　　D.站在对手与篮之间偏向有球一侧

195. 当进攻队员掩护时,防守掩护的队员及时提醒同伴并主动后撤一步,让同伴及时从自己和掩护队员之间过去,以便继续防住各自的对手,此配合是(C)。

A.挤过配合　　　B.绕过配合　　　C.穿过配合　　　D.交换防守配合

196. 制止快攻发动的关键是(C)。

A.积极拼抢前场篮板球　　　　　　　B.防守快下队员

C.堵截快攻第一传和接应　　　　　　D.控制对方的推进和少防多

197. 战术基础配合是(D)有目的、有组织、协调行动的方法。

A.两人之间　　　B.四人之间　　　C.四五人之间　　　D.两三人之间

198. 快攻战术的三攻二配合中,防守队员平行站位时进攻应用(D)。

A.从两边线快速运球切入上篮　　　　B.遇到防守时快速跳起远投

C.快速传递超越防守到篮下攻击

D.从两个防守中间的中路运球突破,然后根据防守的堵位情况分球攻击

199. 篮球技术是篮球比赛中运动员为了(A)所采用的专门动作方法的总称。

A.进攻与防守　　　B.拼搏与对抗　　　C.抢断与投篮

200. 篮球技术是运动员在比赛攻守对抗情况下合理运用(B)的能力。

A.技术动作　　　B.专门动作　　　C.技、战术

201. 篮球技术的发展,经历了从低级向高级发展的过程,呈现出(B)与阶段性。

A.优化性　　　B.连续性　　　C.科学性

202. 篮球的基础动作是篮球(A)各类动作中有共性的基本动作。

A.技术　　　B.战术　　　C.意识

203. 篮球比赛中队员几乎在全部时间都处于动态中,运用各类技术动作去完成(C)任务。

A.进攻　　　B.防守　　　C.攻守

204. 起动是队员在球场上由(A)状态变为运动状态的一种起始动作。
A.静止　　　　　　　B.动态　　　　　　　C.混合

205. 跑是队员在球场上(C)位置,发挥速度的重要方法。
A.占据　　　　　　　B.抢占　　　　　　　C.改变

206. 跑是队员在球场上改变位置,发挥(B)的重要方法。
A.力量　　　　　　　B.速度　　　　　　　C.爆发力

207. 变速跑是队员跑动中利用(A)的变换来争取主动的一种方法。
A.速度　　　　　　　B.强度　　　　　　　C.时间

208. 后退跑是队员在球场上(C)前进方向的一种方法。
A.侧对　　　　　　　B.面对　　　　　　　C.背对

209. 跳是队员在球场上争取(A)的一种方法。
A.高度及远度　　　　B.高度　　　　　　　C.远度

210. 急停是队员跑动中突然制动(B)的一种动作方法。
A.冲力　　　　　　　B.速度　　　　　　　C.力量

211. 变向跑是在跑动中突然改变(A)来摆脱防守或堵截进攻的一种方法。
A.方向　　　　　　　B.速度　　　　　　　C.动作

212. 变向跑就是在跑动中突然改变方向来摆脱(B)进攻的一种方法。
A.堵截　　　　　　　B.防守或堵截　　　　C.防守

213. 接球是篮球运动中的主要技术之一,是(A)的动作,是抢篮板球和抢断球的基础。
A.获得球　　　　　　B.抢断球　　　　　　C.防守

214. 传球是篮球比赛中进攻队员之间(B)转移球的方法。
A.彼此　　　　　　　B.有目的　　　　　　C.默契

215. 双手胸前传球可在(C)中进行。
A.原地　　　　　　　B.跑动中　　　　　　C.原地和跑动中

216. 单手肩上传球,这种传球的(A),球飞行的速度快。
A.力量大　　　　　　B.动作大　　　　　　C.爆发力大

217. 传球的方向取决于手对球(B)的力点。
A.反作用力　　　　　B.作用力　　　　　　C.作用力与反作用力

218. 投篮出手用力是指投篮时身体各部位综合、协调的用力过程。它是整个投篮动作的(C)环节。
A.基本　　　　　　　B.辅助　　　　　　　C.关键

219. 抢球是从进攻队员手中(B)。
A.断球　　　　　　　B.夺球　　　　　　　C.打球

220. 抢球、(C)是具有攻击性的防守动作,也是防守对手时获得球的重要手段。
A.断球　　　　　　　B.打球　　　　　　　C.断球与打球

221. 进攻技术是指比赛中具有(A)的、实用的动作以及动作多元化组合。
A.进攻效果　　　　　B.防守效果　　　　　C.进攻与防守效果

222. 摆脱是(C)的组合,是队员无球时必备的行动能力。
A.移动动作和接球　　B.假动作和切入　　　C.移动动作和假动作

223. 切入是快速向篮下的(A)方法。
A.移动　　　　　　　B.攻击　　　　　　　C.接球

224. 推进与转移是指队员与队员之间由(B)和在前场进攻中控制支配球的过程。
A.前场到后场　　　　B.后场到前场　　　　C.中场到后场

225. 急停跳投是进攻队员在行进间利用(C)连续动作,以时间差摆脱防守者而达到投篮目的的一种跳投方法。
A.急停起跳　　　　　B.快速起跳　　　　　C.急停和快速起跳

226. 贴身投篮是现代篮球比赛攻守对抗日趋激烈而出现的一种(B)。
A.进攻手段　　　　　B.进攻手段和投篮方式　C.投篮方式

227. 防摆脱是对无球进攻队员摆脱的(A)。
A.限制和封堵　　　　B.限制　　　　　　　C.封堵

228. 防守对手背切时,应把灵活调整步伐和防守位置放在首位,始终做到(B)。
A.以人为主　　　　　B.人球兼顾　　　　　C.以球为主

229. 防投篮的根本目的就是不让对方(A)。
A.得分　　　　　　　B.投篮　　　　　　　C.进攻

230. 抢防守篮板球是防守中极其重要的环节,是夺回控球权的(C)。
A.唯一方法　　　　　B.重要战术　　　　　C.重要途径

231. 学习比较复杂的技术动作,可以采用(A)练习法。
A.分解　　　　　　　B.完整　　　　　　　C.变换

232. 篮球技术技能的教学过程,信息传递的主要形式是(A)。
A.反馈　　　　　　　B.分析　　　　　　　C.总结

233. 根据掩护者做掩护时站位的不同,给无球队员做侧掩护,应站在同伴的防守者的(C)。
A.前面　　　　　　　B.后面　　　　　　　C.体侧　　　　　　　D.背后

234. (D)是进攻队员背对或侧对球篮接球,以他为枢纽,与同伴密切相配合而形成的一种里应外合的方法。
A.一传一切配合　　　B.突分配合　　　　　C.掩护配合　　　　　D.策应配合

235. 抢过配合是当进攻队员进行掩护时,防守掩护的队员临近自己时,要积极(B),贴近自己的防守对手,继续防住自己的对手。
A.向后撤一步　　　　B.向前跨出一步　　　C.向侧滑一步

236. 穿过配合是当进攻队员进行掩护时,防守掩护的队员要及时提醒同伴(C),让同伴及时从自己和掩护队员之间穿过,以便继续防住自己的对手。

A.向前跨出一步　　　　B.向侧跨出一步　　　　C.向后撤一步

237. 绕过配合是当进攻队员进行掩护时,防守做掩护的队员主动贴近对手,让同伴从自己的(B),继续防住自己的对手。

A.身前绕过　　　　　　B.身旁绕过

238. 交换防守配合是为了破坏进攻队员之间的(C)配合。

A.传切　　　　　　B.突分　　　　　　C.掩护　　　　　　D.策应

239. 快攻三攻二配合时,如防守队员平行站位时,进攻队员应采用(A)。

A.首先从中路运球突破,然后根据防守的情况及时分球

B.从两侧组织快速运球突破上篮

240. 半场扩大人盯人防守的防守区域一般为(A)。

A.距离篮 8~9 米　　　B.距离篮 4~5 米　　　C.距离篮 6~7 米

241. 现代篮球比赛中,发动快攻威胁力最大的是(B)。

A.掷界外球　　　　B.抢断球后　　　　C.抢获后场篮板球后　D.跳发球得球后

242. 在比赛中,对方篮下攻击能力较强时,一般来说,本方应采用(C)防守。

A.全场紧逼人盯人　　B.半场扩大盯人　　C.半场缩小人盯人

243. 后掩护是做掩护的队员站在同伴的防守者的(B),挡住防守者的移动路线,使同伴借以摆脱防守的一种方法。

A.前面　　　　　　B.身后　　　　　　C.侧面　　　　　　D.侧前方

244. 半场缩小人盯人防守的防守区域一般为(C)。

A.距离篮 8~9 米　　　B.距离篮 4~5 米　　　C.距离篮 6 米左右

245. 发动快攻的首要条件是(C)。

A.良好的体力　　　　　　　　　　B.熟练的技术

C.强烈的快攻意识　　　　　　　　D.队员之间默契的配合

246. 全场区域紧逼防守时,夹击的目的在于(C)。

A.直接从持球对手手里抢球　　　　B.造成对方 5 秒、8 秒违例

C.干扰和破坏持球队员的传球质量,迫使其传高吊球以便本队断球

247. 一般而言,区域联防防守的最基本落位队形是(B),其他队形大多都是由此演变和发展而来。

A.1-3-1　　　　　B.2-1-2　　　　　C.2-3　　　　　D.3-2

248. 半场人盯人防守应遵循"人球兼顾,以人为主"的防守原则,防守无球队员的位置应(B)的位置。

A.对手和球篮之间　　B.对手和球篮之间,始终保持紧逼错位防守

C.对手和球篮有利于防守

249. 半场人盯人防守的基本要求,防守持球队员的位置和距离应是(C)。

A.对手离篮近侧靠对手近些　　　　　B.对手与球篮之间,离篮远侧远

C.对手与球篮之间,有球逼、近球贴、远球堵、近篮封、远篮控

250. 区域紧逼防守时,运用"防球为主,兼顾盯人"原则的要求是(B)。
A.近球区紧,远球区松　　　　　　　　B.近球区以多防少,远球区以少防多
C.有球区积极紧逼,远球区伺机断球

251. 全场紧逼人盯人防守战术是与对方在(C)展开全面激烈的争夺。
A.后场　　　　　　B.前场　　　　　　C.全场　　　　　　D.中场

252. 区域紧逼具有区域联防和人盯人的优点,体现了在(B),是攻击性很强的一种整体防守。
A.分区落位,紧逼盯人,连续组织封堵夹击
B.区域中紧逼盯人,在紧逼盯人中守区
C.每一名防守固定紧逼自己的对手,控制比赛节奏

253. 全场区域紧逼防守时,处于第一线的防守队员要(B),尽可能迫使对手把球传、运到对防守有利、便于夹击的区域。
A.积极移动、堵边放中、控制边路　　　　B.堵中逼边,控制中区,逼走边角

254. 篮球运球时,手不接触球的部位是(D)。
A.手掌　　　　　　B.手指　　　　　　C.指根　　　　　　D.掌心

255. 篮球比赛中因身体接触而发生犯规称之为(A)。
A.侵人犯规　　　　B.技术犯规

256. 根据国际篮联颁布的篮球竞赛规则,个人犯规(A)次后被罚下场。
A.5　　　　　　　　B.6

257. 下列哪一个号码不是篮球正式比赛球衣号码(A)。
A.3 号　　　　　　B.5 号

258. 最新国际篮球竞赛规则规定:篮球比赛分为四节,每节时间为(A)分钟。
A.10　　　　　　　B.12　　　　　　　C.15

259. 在 NBA 篮球比赛的总决赛中采用的是(C)制。
A.五局四胜　　　　B.五局三胜　　　　C.七局四胜　　　　D.六局四胜

260. 现在的足球运动起源于(C)。
A.法国　　　　　　B.美国　　　　　　C.英国　　　　　　D.德国

261. 足球运动员犯规时,判罚的原地踢球称为(B)。
A.踢角球　　　　　B.踢任意球

262. 羽毛球女子单打先得(D)的球员为胜一局。
A.9 分　　　　　　B.11 分　　　　　　C.15 分　　　　　　D.21 分

263. 在双杠的支撑摆动动作中,应以(B)为轴摆动。
A.手　　　　　　　B.肩　　　　　　　C.宽　　　　　　　D.腰

264. 后滚翻时身体依次着垫的部位是(B)。
A.臀部 腰 后背　　　B.臀部 腰 后背 头
C.臀部 后背 头　　　D.腰 后背 头

265. "跑步走—立定"的队列练习中,听到定令后,应缓冲跑(A)。
A.四步　　　　　　B.三步　　　　　　C.五步　　　　　　D.二步

266. 单杠支撑后回环的动作难点是(A)。
A.倒肩压臂腹贴杠　　B.倒肩压臂腹离杠　　C.倒肩压臂抬头支撑

267. 关于"肩肘倒立"动作,下列说法正确的是(B)。
A.仰卧始,向后倒肩、举腿、翻臀　　　　B.倒肩时,先举腿,再翻臀
C.倒立时,两手撑腰的两侧　　　　　　　D.后倒肩时,同时举腿、翻臀

268. 下列说法错误的是(D)。
A.学生前后重叠成一行叫路　　　　　　B.学生左右并列成一排叫列
C.队伍的两端叫翼　　　　　　　　　　D.每一排的排头称为基准学生

269. 基本体操的镜面示范是(C)。
A.面对练习者做同方向的动作　　　　　B.背对练习者做同方向的动作
C.面对练习者做反方向的动作　　　　　D.背对练习者做反方向的动作

270. 在广播体操的教学中,教师多采用(C)示范授课。
A.正面　　　　　　B.侧面　　　　　　C.镜面

271. 头手倒立用身体的(B)部位支撑。
A.两手与头　　　　B.两手与前额
C.两手与肩　　　　D.两手、头后部与肩

272. 男生"靠墙手倒立"的做法是(A)。
A.站立姿势开始,一脚蹬地,另一腿摆动,两手撑地
B.姿势开始,两脚蹬地,两腿摆动,两手撑地
C.蹲踞姿势开始,一脚蹬地,另一腿摆动,两手撑地

273. 女生"肩肘倒立后滚翻"的做法是(A)。
A.直腿坐姿开始,上体前屈,然后后倒,同时举腿向后滚动
B.屈腿坐姿开始,上体前屈,然后后倒,同时举腿向后滚动
C.直腿坐姿开始,上体后屈,然后后倒,同时举腿向后滚动
D.屈腿坐姿开始,上体后屈,然后后倒,同时举腿向后滚动

274. 肩肘倒立时,保护者应站在练习者(A)。
A.侧方　　　　　　B.正后方　　　　　　C.正前方　　　　　　D.侧后方

275. 靠墙手倒立时,保护者站在练习者侧面摆动腿(C)。
A.前方　　　　　　B.后方　　　　　　C.一侧　　　　　　D.侧前方

276. 双杠分腿坐前进中,两腿并腿前摆时以(A)为轴。
A.肩　　　　　　　B.腰部　　　　　　C.两臂　　　　　　D.髋关节

277. 双杠支撑摆动后摆转体180°成分腿坐时,扭转髋部的同时,两腿做(B)动作。
A.翻转　　　　　　B.剪绞　　　　　　C.交叉　　　　　　D.交换

278. 支撑摆动前摆挺身下,当向前摆动到接近(B)时,两手推杠,使身体向杠外平移。
A.杠面　　　　　　B.最高点　　　　　　C.水平　　　　　　D.重心

279. 向右看齐,右转头时眼看学生(C)部位。
A.头部　　　　　　B.肩部　　　　　　C.腮部　　　　　　D.脸部

280. 身体处于仰卧状态,两臂与肩同宽并垂直于地面,称为(A)。
A.前举　　　　　　B.上举　　　　　　C.侧举　　　　　　D.下举

281. 直立,两臂处于前、侧、上举的中间方向称为(D)。
A.侧上举　　　　　B.前上举　　　　　C.侧前上举　　　　D.前斜上举

282. 双人操中两人面对,两脚前后站立,两臂互相推属于(B)。
A.助力性动作　　　B.对抗性动作　　　C.协同性动作　　　D.阻力性动作

283. 有两列学生左右排成直线,称其为(B)。
A.二列纵队　　　　B.二列横队　　　　C.二路横队　　　　D.二路纵队

284. 在某节徒手操中,臂上举,上体从左向右做圆形运动,该动作称为上体的(B)。
A.全旋　　　　　　B.绕环　　　　　　C.绕　　　　　　　D.旋转

285. 两臂前举姿势开始可做(B)。
A.向前向后的绕和绕环　　B.向上向下的绕和绕环
C.向内向外的绕和绕环　　D.向左向右的绕和绕环

286. 直立,两臂经前向上作360度的圆形动作称为两臂(D)。
A.前上绕环　　　　B.上绕环　　　　　C.后绕环　　　　　D.前绕环

287. 单脚用力向某方向作加速摆的动作称为(C)。
A.摆腿　　　　　　B.举腿　　　　　　C.踢腿　　　　　　D.振腿

288. 某运动员直立于双杠中间,其肩轴平行于器械轴称为(D)。
A.正立　　　　　　B.后正立　　　　　C.前正立　　　　　D.内正立

289. 虎口向内或向前握器械的方式叫(B)。
A.反握　　　　　　B.正握　　　　　　C.宽握　　　　　　D.窄握

290. 人体在器械上做钟摆形的运动,这一动作术语是(D)。
A.悬垂　　　　　　B.回环　　　　　　C.振浪　　　　　　D.摆动

291. 整个身体腾起后,从器械上越过的动作叫(B)。
A.摆越　　　　　　B.腾越　　　　　　C.落下　　　　　　D.空翻

292. 位于纵队最后或横队左翼的学生叫(A)。
A.排尾　　　　　　B.排头　　　　　　C.伍　　　　　　　D.翼

293. 两腿分开一大步,一腿屈膝,另一腿伸直的姿势叫(C)。
A.劈腿　　　　　　B.平衡　　　　　　C.弓步　　　　　　D.蹲

294. 臂或上体做最大幅度的加速摆的动作叫(B)。
A.摆　　　　　　　B.振　　　　　　　C.踢　　　　　　　D.举

295. 两手握单杠,一腿挂杠的悬垂称为(D)。
A.倒挂膝　　　　　B.单挂膝　　　　　C.单纯悬垂　　　　D.混合悬垂

296. 攀登、爬越练习属于(D)。
A.轻器械练习　　　B.一般性练习　　　C.器械练习　　　　D.实用性练习

297. 整套动作中按技术要求做的最后一个离开器械的动作称为(A)。
A.下法　　　　　　B.落下　　　　　　C.落地　　　　　　D.结束动作

298. 表达体操动作名称的形式有多种,用"顶""蹼子"对动作进行命名的形式是(D)。
A.学名　　　　　　B.命名　　　　　　C.简称　　　　　　D.俗称

299. 对称部位的肢体相继做同样性质的动作时,应用下列哪个术语(D)。
A.同时　　　　　　B.接　　　　　　　C.经　　　　　　　D.依次

300. 立正时,两脚跟靠拢并齐,两脚尖向外开的角度为(即两脚夹角)(C)度。
A.30　　　　　　　B.45　　　　　　　C.60　　　　　　　D.90

301. 稍息时,左脚顺脚尖方向伸出约全脚的(D)。
A.1/4　　　　　　 B.2/4　　　　　　 C.1/3　　　　　　 D.2/3

302. 跑步换齐步走时,应继续向前跑(B)。
A.一步　　　　　　B.两步　　　　　　C.三步　　　　　　D.四步

303. 踏步时,听到"前进"的口令,换齐步或跑步行进之前,应继续踏(B)。
A.一步　　　　　　B.两步　　　　　　C.三步　　　　　　D.四步

304. "立正""稍息""报数"为(A)。
A.短促口令　　　　B.连续口令　　　　C.断续口令　　　　D.复合口令

305. "第 X 名,出列""第四列,后退一步—走"为(C)。
A.短促口令　　　　B.连续口令　　　　C.断续口令　　　　D.复合口令

306. "向后—转""齐步—走"为(B)。
A.短促口令　　　　B.连续口令　　　　C.断续口令　　　　D.复合口令

307. 下列口令中,只有动令而没有预令的口令是(C)。
A.向右转　　　　　B.跑步走　　　　　C.集合

308. 分腿骑坐前进成分腿坐,保护者应站在(C)。
A.杠内面对练习者,两手握其上臂给予助力
B.杠内练习者的后方,帮助其并腿先前摆动
C.杠外一侧练习者腿前,一手握其上臂给予助力
D.杠外一侧练习者腿后,一手握其上臂给予助力

309. 做双杠的滚杠练习时,如只有一个保护者,保护者应(D)。
A.站在侧前方,两手托肩背　　　　　　B.站在侧前方,帮助练习者分腿
C.站在侧前方,抓住练习者的上臂　　　D.以上答案均不对

310. 在做翻身上这个动作时,保护者应站在(A)。
A.侧前方　　　　　B.前方　　　　　　C.侧后方　　　　　D.以上答案均对

311. 做横马分腿腾越的完整练习时,保护者应位于横马的哪一方进行保护(C)。
A.前方　　　　　　B.后方　　　　　　C.前侧方　　　　　　D.后侧方

312. 单杠的骑撑前回环,保护帮助的位置应在(B)。
A.杠前侧　　　　　B.杠后侧　　　　　C.杠前或杠后　　　　D.无特定要求

313. 单杠的支撑后回环,保护帮助的位置应在(A)。
A.杠前侧　　　　　B.杠后侧　　　　　C.杠前或杠后　　　　D.无特定要求

314. 用手帮助练习者稳定重心,以维持平衡时,采取的手法应为(D)。
A.提拉　　　　　　B.挡　　　　　　　C.托　　　　　　　　D.扶

315. 在徒手体操练习中,动作较熟练为加大身体负荷时应采用(C)。
A.分节练习法　　　B.分段练习法　　　C.累积练习法　　　　D.连续练习法

316. 下列属于基本体操内容之一的是(D)。
A.团体操　　　　　B.自由体操　　　　C.艺术体操　　　　　D.轻器械体操

317. 学生与教师示范同步进行的练习称为(A)。
A.领做　　　　　　B.示范　　　　　　C.完整示范　　　　　D.慢速示范

318. 对动作的关键及难点部分的示范称为(B)。
A.对比示范　　　　B.重点示范　　　　C.完整示范　　　　　D.慢速示范

319. 在徒手体操教学中,对动作难度较大的操节应采用(C)。
A.正面示范　　　　B.侧面示范　　　　C.背面示范　　　　　D.镜面示范

320. 下列哪一项不是斜进助跑直角腾跃的技术要点(D)。
A.摆动腿直腿上摆　　B.摆动腿上摆时肩后仰
C.两手依次支撑　　　D.屈臂支撑

321. 前滚翻屈腿团身的时机是(D)。
A.两脚蹬地后　　　B.肩背着垫时　　　C.腰髋部着垫时　　　D.头着垫时

322. 双杠的支撑摆动技术,双腿在前摆过程中,当上摆时肩部应(B)。
A.减少前倾要顶肩　　B.拉开肩角,并向前跟肩
C.肩部没有动作　　　D.以上说法均不对

323. 上板起跳时,双脚应踏在踏板的(C)。
A.最前端　　　　　B.后端　　　　　　C.弧形最高处　　　　D.以上说法均不对

324. 双杠的挂臂屈伸上技术,由挂臂开始做前摆时,臀部的位置应(A)。
A.高出杠面　　　　B.平于杠面　　　　C.在杠面以下　　　　D.以上说法均不对

325. 前滚翻头着垫的部位是(C)。
A.头的前额　　　　B.头顶　　　　　　C.后脑上部　　　　　D.颈部

326. 在做翻身上这个动作时,一脚蹬地,一腿摆动,摆动腿的方向应是(C)。
A.前方　　　　　　B.上方　　　　　　C.头上方　　　　　　D.斜前方

327. 下列哪一点不属于后倒挂膝上的技术要点(D)。

A.始终直臂握杠 B.摆动时,肩部尽力远离握点
C.在后摆时,摆动腿主动前伸 D.始终屈臂握杠

328. 摆动动作的"制动技术",主要是为了(C)。
A.缓冲技术 B.改变动作节奏 C.便于动量传递 D.身体姿态美

329. 人体能够完成各种体操动作,其中主要作用的力是(A)。
A.肌肉收缩力 B.重力 C.外力 D.支撑反作用力

330. 做单杠"慢翻上"动作时,要求举腿、腹部贴杠,主要目的是为(B)。
A.便于倒肩 B.缩小身体至转动轴之间的距离
C.加大摆动速度 D.便于稳定

331. 做地上手倒立,五指分开是为了(B)。
A.便于顶肩 B.增大支撑面积 C.直臂紧腰 D.固定稳定角

332. 下列口令无预令的是(A)。
A.稍息 B.向左—转 C.跑步—走

333. 下列穴位名称不属于做"眼保健操"时按揉穴位范围的是(A)。
A.百会穴 B.太阳穴 C.睛明穴

334. 头手倒立时,两手与前额的着地点应成一个(B)。
A.等腰三角形 B.等边三角形 C.直角三角形

335. 武术比赛采用(C)名裁判打分制评分。
A.2 B.4 C.5 D.6

336. 武术比赛每位队员的成绩是(D)。
A.最高分 B.最低分
C.平均分 D.去掉最高分和最低分后的平均分

337. 十叟长寿歌中"六叟运阴阳,太阳日日走"是指(C)。
A.体力劳动 B.晒太阳 C.练太极拳 D.乐观

338. (D)是我国古代的一种健身术,也称"导引"。
A.太极拳 B.八段锦 C.五禽戏 D.气功

339. 八段锦第五段的名称是(C)。
A.左右开弓似射雕 B.五劳七伤往后瞧 C.摇头摆尾去心火 D.攒拳怒目增气力
(双手托天理三焦,左右开弓似射雕。调理脾胃臂单举,五劳七伤往后瞧。摇头摆尾去心火,两手攀足固肾腰,攒拳怒目增力气,背后七颠百病消。)

340. 下列武术比赛,对套路路线要求最不严格的是(C)。
A.长拳 B.太极拳 C.散打 D.长剑

341. "拦、拿、扎"是(B)主要技术。
A.剑术 B.枪术 C.太极刀 D.棍术

342. 学习武术你认为最重要的是(C)。
A.发扬尚武精神 B.推广技术 C.强身健体 D.争强好胜

343. 武术的基本步型有(C)种。
A.三 B.四 C.五

344. 韵律体操和舞蹈的手型基本采用(A)手型。
A.芭蕾舞 B.古典舞 C.天鹅舞 D.拉丁

345. 华尔兹集体舞所采用的乐曲是(B)。
A.交响乐曲 B.圆舞曲 C.摇滚乐曲 D.敲击乐曲

346. 《全民健身计划纲要》发布的时间是(B)。
A.1994年 B.1995年 C.1996年 D.1997年

347. 重复训练法的主要特征是(C)。
A.不间断进行训练 B.循环进行训练 C.反复做同一练习 D.控制练习的间歇

348. 在小学体育教学中,对于动作比较简单,学生直接模仿的动作可采用(D)。
A.正面示范 B.侧面示范 C.镜面示范 D.背面示范

349. 体育教学中,为显示人体的前后移动,一般应选用(B)。
A.正面示范 B.侧面示范 C.背面示范 D.镜面示范

350. 人体速度素质发展最快的敏感期(B)。
A.8~9岁 B.10~13岁 C.14~15岁 D.16~17岁

351. 手被开水烫伤,下列哪项做法不正确(B)。
A.用冷水冲洗伤处 B.酱油涂抹伤处
C.到医院诊治 D.在伤处涂抹烧伤膏

352. 运动员运动时,踝关节扭伤后应(C)。
A.立即热敷按摩 B.立即冷敷按摩 C.立即冷敷,24小时后热敷

353. 预计全课脉搏曲线图时,应以该班(C)为准。
A.体育尖子生 B.体育差生 C.体育中等生

354. 运动系统由(C)来组成。
A.感觉器官、大脑、神经
B.心脏、大脑、肺
C.肌肉、关节、骨骼

355. 有一位体育教师品行不良,在自己情绪不好时常侮辱学生,影响恶劣,一次课中将学生踢伤。根据《中华人民共和国教师法》应(C)。
A.给予行政处分 B.解聘 C.依法追究刑事责任 D.承担民事责任

356. 2021年7月,国际奥委会决定将奥林匹克格言定为(A)。
A.更快、更高、更强——更团结 B.互相了解、友谊、团结和公平竞争
C.团结、友谊、进步 D.重要的不是取胜,而是参加

357. 女子在第(A)届才参加奥运会。
A.二 B.三 C.一 D.四

358. 最早提出体育教学法的是(C)。

A.德国教育家拉特克 B.捷克教育家夸美纽斯
C.瑞典体育教师 W·斯卡斯特罗姆 D.美国教育家杜威

359. 人体运动时肌肉工作的直接能源是ATP,其最终的供能形式是(B)。
A.有氧氧化供能和无氧氧化供能 B.磷酸源供能和乳酸能供能
C.糖源供能

360. 现代奥运会的创始人是(B)。
A.维凯拉斯 B.顾拜旦 C.萨马兰奇

361. 《国家学生体质健康标准(2014年修订)》的评价指标是(B)。
A.心理、生理、素质 B.形态、机能、素质 C.身高、体重、肺活量

362. 肺活量体重指数就是指(A)。
A.肺活量/体重 B.肺活量×体重 C.体重×肺活量 D.体重/肺活量

363. 普通高中《标准》中规定,高中三年中学生修满(C)个学分方可达到《体育与健康课程》的毕业要求。
A.18 B.10 C.12 D.5

364. 安全地进行体育活动是(B)领域目标的内容之一。
A.运动参与 B.运动技能 C.心理健康 D.社会适应

365. 身体练习在贯彻渐进性原则时要遵循(B)。
A.认识事物的规律 B.人体生理机能活动规律
C.动作技能形成规律 D.学习规律

366. 在体育教学过程中,教材内容的选择和安排要求"安全多样,使学生身体的各部位、器官、系统的机能,各种身体素质和基本活动能力都得到全面发展",它反映的是以下哪条原则(C)。
A.因材施教 B.自觉积极性
C.身体全面发展 D.合理安排生理负荷和心理负荷

367. 对促进体育学习具有指向和强化作用的是(D)。
A.技能指导 B.坚持实践 C.不断强化 D.兴趣

368. 人体获得和利用食物的综合过程称为(D)。
A.吸收 B.营养 C.消化 D.物质代谢

369. (A)是人们对于体育的现象、事实及其规律的认识,是人们在长期的实践中积累起来的经验的概括和总结。
A.体育知识 B.体育实践 C.体育教学 D.运动技能

370. 正常成年人身上骨的总数为(B)块。
A.212 B.206 C.209 D.207

371. 下列营养素中,不能产生热能的是(B)。
A.蛋白质 B.维生素 C.脂肪

372. 按(D)分类,可分为田径运动、球类运动等。
A 身体素质 B.人体结构

C.人体基本活动技能　　D.运动项目技术结构

373. 测定体育课运动负荷的方法主要有生理测定法、自我感觉法和(B)。
A.评比法　　　　　　B.观察法　　　　　　C.调查法　　　　　　D.访问法

374. 影响人体发展的主要因素是(C)。
A.遗传、学习条件和体育　　　　　　　　B.遗传、工作条件和体育
C.遗传、环境和体育　　　　　　　　　　D.遗传、营养和体育

375. 体育教师的工作特点是(C)。
A.以身体练习为基本手段　　　　　　　　B.与训练竞赛相结合
C.脑力与体力相结合　　　　　　　　　　D.形式灵活

376. (D)是指为了保证体育课顺利进行,提高教学效率,所采取的保证措施与手段。
A.体育教学手段　　　B.体育教学原则　　　C.体育教学方法　　　D.体育教学组织

377. 新课程评价强调应建立促进学生(C)的评价体系。
A.全优发展　　　　　B.健康发展　　　　　C.全面发展　　　　　D.自由发展

378. 体育教学计划是学校体育教学的重要文件,是教师进行教学不可缺少的依据,包括(A)。
A.教学工作计划、学期教学计划、单元教学计划、课时计划
B.教学工作计划、教案
C.教学工作计划、学期教学计划、教学进度计划、课时计划
D.教学进度计划、学期教学计划、课时计划

379. 下列不属于体育教学方法中直观法的是(B)。
A.示范　　　　　　　B.指令和口令　　　　C.教具与模型演示　　D.定向直观标志

380. 运动技能形成规律可分为三个阶段,它们是(D)。
A.技能形成、适当速度、反应自动化　　　B.起始动作、过程动作、结束姿势
C.运动感知、表象运动、技能形成　　　　D.初步形成、技能巩固、熟练技巧

381. 新课程强化评价的(B)功能。
A.甄别　　　　　　　B.激励　　　　　　　C.选拔　　　　　　　D.尊重

382. 下列不属于课外体育活动的是(D)。
A.早操、课间操　　　B.运动队训练　　　　C.运动会　　　　　　D.体育课篮球比赛

383. 《体育与健康课程》是一门以(C)为主要手段的课程。
A.体能　　　　　　　B.素质　　　　　　　C.身体练习

384. 体育锻炼中常见的开放性软组织损伤包括(B)。
A.擦伤 挫伤 裂伤　　B.擦伤 刺伤 裂伤　　C.拉伤 刺伤 挫伤

385. 在体育教学中为促进学生心理健康水平的提高,要注意创设一些专门的(B)。
A.器材　　　　　　　B.情景　　　　　　　C.音乐

386. 体育课程标准要求,从实际出发,以(C)需要为中心来选择和设计教学内容。
A.运动项目　　　　　B.教师　　　　　　　C.学生的发展

387. 在"心理健康与社会适应"目标上,1~6年级应着重帮助学生了解一般的(B),学会尊

重和关心他人,并表现出一定的合作行为。

A.运动技能　　　　　B.游戏规则　　　　　C.体育知识

388. 按照《体育与健康课程标准》的要求小学三年级以上每周体育课需保证(B)学时。

A.4　　　　　　　　B.3　　　　　　　　C.2

389. 体育教师将某一教材内容按授课时数制订的教学计划应是(B)。

A.学期体育教学计划　　B.单元体育教学计划　　C.课时教学计划

390. 现今,"三维体育观"取代"单纯生物体育观"的观点已为人们所熟悉和普遍接受。"三维体育观"是(A)三维。

A.生理、心理、社会适应　　　　　　　B.生理、心理、文化

C.竞技、娱乐、健康　　　　　　　　　D.教育、社会、生物

391. 国务院颁布《学校体育工作条例》的时间是(A)。

A.1990年　　　　　B.1998年　　　　　C.1979年　　　　　D.1993年

392. 学校体育最主要的本质功能是(D)。

A.教养功能　　　　B.教育功能　　　　C.美育功能　　　　D.强身健体功能

393. 衡量学校体育目标完成的最终标准是(C)。

A.条件目标　　　　B.过程目标　　　　C.效果目标　　　　D.教学目标

394. 实现体育教学过程目标的载体是(C)。

A.教学方法　　　　B.组织措施　　　　C.体育教材　　　　D.场地器材

395. 下列哪种方法适合在教体育与卫生保健知识时使用(A)。

A.讲授法　　　　　B.直观法　　　　　C.完整法　　　　　D.分解法

396. 发展学生个性的方法是(A)。

A.启发诱导法　　　B.语言法　　　　　C.演示法　　　　　D.讲练法

397. 学校体育工作的核心是(A)。

A.体育教学　　　　B.课外活动　　　　C.课外训练　　　　D.课外竞赛

398. 下列哪种形式属于校内锻炼(D)。

A.校外自我锻炼　　B.家庭体育　　　　C.社区体育　　　　D.课间操

399. 体育教师应具备的特殊能力是指(A)。

A.运动能力　　　　B.思维能力　　　　C.记忆能力　　　　D.观察能力

400. 体育教师进修的主要特点是(D)。

A.自学　　　　　　B.短期培训　　　　C.函授　　　　　　D.在职性

401. 下列哪些规律是体育教学的特殊规律(C)。

A.认知规律　　　　　　　　　　　　　B.社会制约性规律

C.人体机能适应性规律　　　　　　　　D.学生身心发展规律

402. 在新课程标准下,单元教学计划是指(A)。

A.某一技术动作的教学方案　　　　　　B.学期教学计划

C.水平教学计划的细化,是一种教学内容集合的表述　　　　D.课时教学计划

403. 直观教学法是指在体育教学中(B)。

A.运用各种语言,指导学生掌握学习内容进行练习的一种教学方法

B.借助视觉、听觉、肌肉本体感觉等感观、感知动作的一种教学方法

C.指从动作开始到结束,不分部分和段落完整进行教学的方法

D.是指根据教学任务,有目的地反复做某一动作的教学方法

404. 体育与健康学习评价标准应为(A)。

A.由单一评价标准向多元评价标准转变

B.定性评价与定量评价相结合

C.终结性评价与过程性评价相结合

405. 2004年的夏季奥运会在(B)举行。

A.悉尼　　　　　　B.雅典　　　　　　C.巴黎　　　　　　D.北京

406. 2004年的欧洲杯在(B)进行。

A.德国　　　　　　B.比利时　　　　　　C.葡萄牙　　　　　　D.荷兰

407. 第一届现代奥林匹克运动会是(B)年在希腊举行的。

A.1894　　　　　　B.1896　　　　　　C.1900　　　　　　D.1890

408. 奥运会的会旗为白色的底色,中央有五个套联的环,自右至左的颜色为(D)。

A.蓝、黄、黑、绿、红　　B.蓝、黑、黄、绿、红　　C.蓝、黑、黄、绿、白　　D.红、绿、黑、黄、蓝

409. 1984年(B)获得的奥运金牌,实现了我国在奥运史上金牌"零"的突破。

A.郎平　　　　　　B.许海峰　　　　　　C.李宁　　　　　　D.黄志红

410. 个性心理特征包括(D)。

A.气质、性格、动机　　B.气质、性格、需要　　C.兴趣、动机、需要　　D.能力、气质、性格

411. 《中华人民共和国教师法》颁布于(A)。

A.1993年10月31日　　B.1992年10月31日　　C.1994年1月1日　　D.1986年4月12日

412. 《中华人民共和国教育法》颁布于(D)。

A.1992年3月　　　B.1993年3月　　　C.1994年3月　　　D.1995年3月

413. 2008年在北京举行的是第29届(B)奥运会。

A.春季　　　　　　B.夏季　　　　　　C.秋季　　　　　　D.冬季

414. 《中国学校体育》杂志创刊时间是(A)。

A.1981年9月　　　B.1982年9月　　　C.1983年9月　　　D.1984年9月

415. 实施学校体育工作计划的主要负责人是(D)。

A.校长　　　　　　B.教导主任　　　　　　C.体育教研组长　　　　　　D.体育教师

416. 运用防止和纠正错误的方法时应该(B)。

A.以练习为主　　　B.以预防为主　　　C.以讲解和练习为主　　D.以讲解为主

417. 对学生进行运动技能成绩的评定可采用(C)。

A.定量评定　　　　　B.定性评定　　　　　C.定性与定量相结合　D.因人而异

418. 世界上最早研究教学理论的国家是(D)。

A.美国　　　　　　　B.德国　　　　　　　C.法国　　　　　　　D.中国

419. 教育学作为一门重要学科,产生于(D)世纪。

A.15　　　　　　　　B.16　　　　　　　　C.17　　　　　　　　D.18

420. 自(D)年起,在体育院校和师范院校体育系科中,体育教学法便作为《体育理论》课程的内容之一。

A.1954　　　　　　　B.1955　　　　　　　C.1956　　　　　　　D.1957

421. 日常教学活动中,教师应该引导学生做到"举一反三""触类旁通""闻一知十",这种现象在教育心理学上称为(A)。

A.迁移　　　　　　　B.同化　　　　　　　C.顺应　　　　　　　D.模仿

422. 在教学活动中,教师不能满足于"授人以鱼",更要做到"授人以渔"。这说明教学中应该重视(B)。

A.传授学生知识　　　B.发展学生学习能力,掌握方法

C.培养学生个性　　　D.养成学生品德

423. 小学生在识字的初级阶段,容易把一些笔画相近或相似的字读错,如把"入口"读成"八口",这说明小学生(A)。

A.感知能力不成熟　　B.注意能力不健全　　C.记忆能力不深刻　　D.思维能力有欠缺

424. 根据学生的身心发展特点,小学、初中、高中不同学段的德育工作有相应的侧重点,其中,小学阶段的德育重点主要是(B)。

A.基本道德知识的理解与掌握　　　　　B 日常行为习惯的养成与实践

C.道德理想信念的培养与指导　　　　　D.人生观价值观的选择与确立

425. 小敏是班上的学习委员,学习一直非常努力,成绩名列前茅。在一节自习课上,她遇到一道数学计算试题,半节课过去了还没做出来,正着急时,忽然听到有个同学说"她越来越笨了"。小敏心里咯噔一下,琢磨他是不是在说自己,然后就不断地想自己是不是变笨了。从那以后,小敏很在意别人说什么,而且总觉得别人是在说自己,非常难受,以至于朋友跟她开玩笑她也耿耿于怀。你认为,小敏同学的心理问题是中小学生常见的(A)。

A.焦虑症　　　　　　B.恐惧症　　　　　　C.强迫症　　　　　　D.抑郁症

426. 袁老师中途接手小学三年级3班,成为这个班的班主任,班里有几个学生经常缺交数学作业,经过了解,他发现只要题目难一点或计算量大一点,这几个同学就不能按时完成作业。不仅如此,在各项活动中也有一些同学叫苦叫累。你觉得袁老师可在全班进行(B)。

A.积极的情感教育　　B.意志品质的培养　　C.人际交往教育　　　D.良好性格的教育

427. 教师提问学生,要求学生列举砖头的各种用途。学生给出的可能的答案是:建房子用的材料、打人的武器、用于垫高、用于固定某东西。这种寻求答案的思维方式是(A)。

A.发散思维　　　　　B.形象思维　　　　　C.抽象思维　　　　　D.直觉思维

428. 健康是现代社会人们追求的重要目标,拥有健康并不意味着拥有一切,但失去健康则意味着失去一切。1989年世界卫生组织认为,健康应包括(D)。

A.躯体健康

B.躯体健康和心理健康

C.躯体健康、心理健康和社会适应良好

D.躯体健康、心理健康、社会适应良好和道德健康

429. 儿童上肢力量欠缺是发育不均衡的一种身体表现,为了使学生全面发展,小学二、三年级学生应该注重上肢力量的锻炼,下列哪种方式最适应这个年龄段学生的年龄、生理、特点(C)。

A.投掷重物　　　　　B.俯卧撑　　　　　C.悬垂吊摆　　　　　D.举重物

430. 根据近年来的相关报道,我国中小学生耐力素质二十年来一致呈下降趋势,为了改变现状,必须采用下列哪项措施提高学生耐力素质(A)。

A.坚持每天锻炼1小时　　　　　　　　B.体育课加大运动量

C.举行长跑比赛　　　　　　　　　　　D.练跳绳

431. 评定运动技术的标准是实效性和(A)。

A.经济性　　　　　B.科学性　　　　　C.正确性　　　　　D.合理性

432. 任何动作的完成都要有相应的力量,而起决定作用的是(A)。

A.人体的内力　　　B.人体外力　　　C.支撑反作用　　　D.摩擦力

433. 体育教学中,为突出教学的重点和难点,纠正错误动作时可采用(D)。

A.分解法　　　　　B.快速示范　　　　　C.常速示范　　　　　D.正误对比示范

434. 在教学班级学生人数多,器材较少,新授教材比较容易,复习教材比较简单的情况下,宜采用(B)。

A.两组一次等时轮换　　B.三组两次等时轮换　　C.先合后分　　　D.先分后合

435. 体育教师的首要职责是(C)。

A.搞好课外体育活动　　B.搞好训练　　　C.上好体育课　　　D.培养好体育骨干

436. 《中共中央国务院关于加强青少年体育增强青少年体质的实施意见》这一文件颁布的时间是(B)。

A.2007年1月1日　　　　　　　　　　B.2007年5月7日

C.2007年10月1日　　　　　　　　　　D.2008年1月1日

437. 关于身高与体重的测量精确和误差以下描述正确的是(C)。

A.都精确到小数点后一位,误差不超过1厘米和0.1公斤

B.都精确到个位数,误差不超过1厘米和0.1公斤

C.都精确到小数点后一位,误差不超过0.5厘米和0.1公斤

D.都精确到个位数,误差不超过0.5厘米和0.1公斤

438. 以下关于BMI(体重指数),描述有误的是(C)。

A.BMI是体重指数或称为体质指数　　　B.体重指数(kg/m^2)=体重/身高^2

C.体重指数(kg/m)=体重/身高　　　　　　　D.体重指数能较好地评价一个人的胖瘦程度

439. 体育教师的特殊语言是(B)。
A.专业术语　　　　B.口令　　　　　　C.方言　　　　　　D.艺术语言

440. 人体在运动过程中能量的供给有几种(B)。
A.2 种　　　　　　B.3 种　　　　　　C.4 种　　　　　　D.1 种

441. 清华大学不仅在学术上享有崇高的声誉,而且还有一批体育名人和体育名言,其中每天下午四点半校园里各个喇叭就会同时播放广播:"同学们!现在是课外锻炼时间,让我们走出教室,走出宿舍,去参加体育锻炼,保持强健的体魄,争取为祖国健康工作五十年!"其中,"为祖国健康工作五十年"这个口号最早是由(B)提出的。
A.马约翰　　　　　B.蒋南翔　　　　　C.张孝文　　　　　D.王大中

442. 14 岁男生在游泳时的最高心率应该控制在多少以内(D)。
A.220　　　　　　 B.210　　　　　　 C.206　　　　　　 D.196

443. 某男生本周坚持每天做俯卧撑 50 个,那么下一周他继续练习俯卧撑时最好做多少(B)。
A.75 个　　　　　 B.55 个　　　　　 C.50 个　　　　　 D.45 个

444. 西周"六艺"中与体育有关的内容是(D)。
A.礼、艺　　　　　B.书、数　　　　　C.诗、易　　　　　D.射、御

445. 用以检查学生学习成绩为主的课称为(C)。
A.新授课　　　　　B.复习课　　　　　C.考核课　　　　　D.综合课

446. 凡在课中用于整队、调队、交换场地、搬运、分发和收回器材等的时间一般均算作(B)。
A.教师指导　　　　B.组织措施　　　　C.学生练习　　　　D.休息

447. 体育课的基本结构主要是依据(B)来划分的。
A.动作技能形成的规律　　　　　　　　B.人体生理机能活动能力变化规律
C.学生身心发展的规律　　　　　　　　D.超量恢复原理

448. 周期性训练原则的理论依据是(C)。
A.动作技能形成的规律　　　　　　　　B.人体生理机能变化规律
C.竞技状态形成的规律　　　　　　　　D.超量恢复原理

449. 间歇练习是一种发展 ATP—CP 系统供能能力的主要手段。一般每次练习在 30 秒以内,进行(B)的积极性休息,再进行适宜练习,以提高速度素质。
A.1 分钟以内　　　B.1~3 分钟　　　　C.3 分钟以上

450. 一节课中各项练习活动运用的时间与上课总时间的比率,即为体育课的(C)。
A.综合密度　　　　B.专项密度　　　　C.练习密度　　　　D.一般密度

451. 不论技术环节有多少个,其中必定有一个环节对动作的质量和效果起决定性的作用,这一环节即为(C)。
A.基础技术　　　　B.环节技术　　　　C.关键技术　　　　D.技术细节

452. 学生主体作用的最高表现形式是(C)。
A.自觉性　　　　　B.独特性　　　　　C.创造性　　　　　D.能动性

453. 按一定的技术要求,完成某种动作的能力叫(B)。
A.运动技术　　　　B.运动技能　　　　C.运动技巧　　　　D.运动能力

454. 我国古代学校体育开始出现于(A)社会。
A.奴隶　　　　　　B.封建　　　　　　C.资本主义　　　　D.社会主义

455. 2008年我国北京举办了第29届奥运会,之前亚洲共举办了(A)届奥运会。
A.2　　　　　　　B.3　　　　　　　　C.4　　　　　　　　D.5

456. 《国家学生体质健康标准(2014年修订)》中把各评价指标的得分之和作为最后得分,(A)分为优秀。
A.90　　　　　　　B.85　　　　　　　C.80　　　　　　　D.75

457. "体育,载知识之车,而寓道德之舍也"这是《体育之研究》中的名言,该作者是(D)。
A.陶行知　　　　　B.曾培炎　　　　　C.周恩来　　　　　D.毛泽东

458. 从2007年秋季开学开始,小学一、二年级每周体育课的课时数要达到(A)节。
A.4　　　　　　　B.3　　　　　　　　C.5　　　　　　　　D.2

459. 为了保证体育课的课堂密度,教师一定要做到(A)。
A.精讲多练　　　　B.让学生多自由活动　C.多做示范　　　　D.多作讲解

460. 运动损伤不仅使肌体机能水平明显下降,而且在心理上也造成不同程度的伤害。因此,损伤后对受伤者进行心理恢复显得尤为重要,其主要目的是(A)。
A.消除受伤后的心理障碍　　　　　　　B.消除恐惧
C.增加营养　　　　　　　　　　　　　D.调整心理状态

461. 运动员损伤后的恢复,只有把生理的恢复和(A)恢复有机地结合起来,才能使整个身心得到全面恢复。
A.心理　　　　　　B.营养　　　　　　C.比赛状态　　　　D.运动技术

462. 大量的研究发现,(D)这一要素,与期望改变未来的行为结果有着较大的相关。
A.运气　　　　　　B.任务难度　　　　C.能力　　　　　　D.努力

463. 影响运动技能形成的因素包括(C)。
A.智力过程和心理过程　　　　　　　　B.心理过程和生理过程
C.心理过程和技能实施过程　　　　　　D.智力过程和技能实施过程

464. 以下哪一规律不属于技能练习过程中的一般规律(B)。
A.先慢后快　　　　B.一蹶不振　　　　C.高原现象　　　　D.起伏现象

465. 影响运动技能学习的内部因素是(B)。
A.反馈　　　　　　B.运动能力　　　　C.技能的指导与示范　D.练习

466. 中国体育心理学的发展历史主要分为两个阶段(B)。
A.20世纪60年代前和60年代后　　　　B.20世纪80年代前和80年代后
C.20世纪90年代前和90年代后　　　　D.20世纪50年代前和50年代后

467. 在中国,(B)最早论述了体育心理学的有关问题。
A.吴文忠　　　　　B.马约翰　　　　　C.肖国忠　　　　　D.马启伟

468. 众多的研究和实践表明,高水平的竞技运动比赛中,获胜的因素中(A)归于心理因素。
A.70%	B.80%	C.90%	D.60%

469. "骑士七艺"的内容是(C)。
A.骑马、跳高、投枪、击剑、狩猎、角力和吟诗
B.骑马、游泳、投枪、射箭、狩猎、攀登和吟诗
C.骑马、游泳、投枪、击剑、狩猎、下棋和吟诗
D.骑马、跳舞、投枪、击剑、狩猎、角力和吟诗

470. 1904年,清政府颁布并实施(B),这标志着中国现代教育和体育制度的正式确立。
A.《钦定学堂章程》	B.《奏定学堂章程》
C.《新学制课程标准》	D.《学校体育指导纲要》

471. (D)年,教育部编订并颁发了新中国第一部《中小学体育教学大纲》。
A.1952	B.1954	C.1950	D.1956

472. 对青少年学生来说,经常参加体育锻炼可使骨骼增长(C)厘米。
A.1~2	B.5~6	C.2~4	D.6~8

473. 学习水平是根据学生的身心发展特征、学生达到的体育课程目标的(D)和所学习内容的特点来划分等级。
A.原则	B.标准	C.人数	D.程度

474. 学校体育目标能否在学校体育中起到核心的指导作用,关键在于学校体育目标对外界的敏感性与开放性,即学校体育目标能否正确反映(A)的需要、体育学科本身的发展、学生身心发展的特点与需要。
A.社会发展	B.国家的要求	C.教学目标	D.教学手段

475. 全校性活动内容的选择余地较小,一般来说比较适于早操、(B)等组织。
A.体能训练	B.课间操	C.体育课	D.课外训练

476. 班级体育锻炼活动以(A)为单位进行。
A.教学班	B.年级	C.学生性别	D.学生体育专长

477. 班级课外体育锻炼活动计划是落实每天(B)体育锻炼的重要保证。
A.半小时	B.1小时	C.1.5小时	D.2小时

478. 校园内的体育俱乐部活动是近些年来出现的(A)组织形式。
A.课外体育活动	B.课外锻炼	C.体育课教学	D.体能训练

479. 课外体育活动的实施是一个以自觉自愿为主,(C)为辅的操作过程。
A.积极主动	B.教师指导	C.强制规定	D.自主

480. 课外体育活动不同于体育课的教学,其活动内容呈(B)的特征。
A.多元性	B.多样性	C.灵活性	D.多向性

481. 运动技能是一种(C)。
A.非条件反射	B.行为	C.条件反射
D.肌肉活动	E.以上都不是

482. 防御反射是一种(D)。
A.害怕心理　　　　B.行为　　　　　　C.条件反射
D.非条件反射　　　E.以上都不是

483. 随意运动的生理本质是(A)。
A.反射　　　　　　B.无意识活动　　　C.非条件反射
D.非神经性活动　　E.以上都不是

484. 运动技能形成过程第一阶段(泛化阶段)的主要生理基础是(B)。
A.兴奋在脑干扩散　　　　　　　　　B.兴奋在大脑皮层广泛扩散
C.抑制在大脑皮层广泛扩散　　　　　D.小脑与大脑的协调关系尚未建立
E.兴奋与抑制过程的相互干扰

485. 运动技能形成过程第二阶段(分化阶段)的主要生理基础是(B)。
A.大脑皮层上分化抑制尚未建立　　　B.大脑皮层上分化抑制已建立
C.脑干易化区和抑制区的活动得到平衡　D.大脑与小脑功能得到平衡
E.以上都不是

486. 运动技能形成过程第三阶段(巩固阶段)的主要生理基础是(A)。
A.大脑皮层的兴奋和抑制在时间和空间上更加集中
B.网状结构易化区和抑制区的活动进一步平衡
C.大脑与小脑功能的进一步协调平衡
D.皮层和皮层下的功能高度配合
E.以上都不是

487. 通过体育教学有意识地培养学生对时间、空间的分析能力,可以提高以下功能(A)。
A.右脑形象思维能力　B.右脑抽象思维能力　C.左脑形象思维能力
D.左脑抽象思维能力　E.以上都不是

488. 随意运动的反射本质最早是由谁提出的(C)。
A.巴甫洛夫　　　　B.谢灵顿　　　　　C.谢切诺夫
D.贝茨　　　　　　E.杰克逊

489. 感觉记忆痕迹的基础是(A)。
A.长期记忆　　　　B.条件抑制　　　　C.第一级记忆
D.条件反射　　　　E.以上都不是

490. 小脑通过(C)途径来获得信号,完成运动。
A.视觉　　　　　　B.皮肤感觉　　　　C.肌肉本体感觉
D.前庭感觉　　　　E.以上都不是

491. 比赛前,运动员神经系统的兴奋性处于何种状况有助于克服内脏器官功能惰性(A)。
A.兴奋性升高　　　B.兴奋性下降　　　C.兴奋性过高
D.兴奋性保持稳定状态　E.以上都不是

492. 下列有关准备活动作用的叙述,哪项是错误的(B)。

A.调节不良的赛前状态　B.促进超量恢复

C.缩短进入工作状态　D.减轻"极点"程度　E.提高体温

493. 运动中所以产生"极点"是由于(A)。

A.内脏器官活动水平与肌肉活动强度不相适应

B.肌肉活动强度与神经系统活动不适应

C.肌肉活动与神经系统活动不同步

D.肌肉活动强度过大

494. 通常"极点"出现的运动项目是(B)。

A.短跑　　　　　B.中长跑　　　　　C.超长跑

D.马拉松　　　　E.篮球

495. 超长距离跑时,机体的功能水平处于何种状态(E)。

A.稳定状态　　　B.真稳定状态　　　C.假稳定状态

D.进入工作状态　E.进入工作状态后,即处于真稳定状态

496. 跑步后人体出汗较多,水分消耗较大,这时应马上(B)。

A.大量饮水　　　B.分多次少量适当饮水　C.洗热水澡　　　D.少量饮水

497. 在运动时,当机体内能量物质因消耗大于恢复而逐渐减少时,各器官系统工作是(A)。

A.逐渐下降　　　B.逐步提高　　　C.仍保持不变　　　D.明显下降

E.下降至某一水平后保持不变

498. 在运动过程中,能量物质的消耗与恢复的关系是(A)。

A.消耗多于恢复　　B.消耗少于恢复　　C.消耗与恢复相等

D.只消耗不恢复　　E.不同运动阶段两者的关系不同

499. 准备活动与赛前状态在作用上相同之处为(B)。

A.推迟疲劳出现　　B.缩短进入工作状态　　C.防止外伤

D.加速恢复过程　　E.以上都不是

500. 全面身体发展原则是指(A)。

A.全面发展身体的各个部位、各器官系统的功能,各种身体素质和基本活动能力

B.全面提高各种运动技能　　　　C.全面提高身体各部分功能

D.全面发展身体素质　　　　　　E.全面发展基本活动能力

501. 年龄越小,全面身体锻炼的比重(A)。

A.越大　　B.越小　　C.不变　　D.各一半　　E.占 1/3

502. 随着锻炼效果的提高和学生体质的增强,机体对原有的生理负荷的承受能力应(B)。

A.越大　　B.越小　　C.不变　　D.没有反应　　E.什么都不是

503. 个别对待原则应包括(D)。

A.学生的年龄、性别特征　　　　B.学生的年龄、性别、体质、健康状况

C.学生的训练水平　　　　　　　　　D.学生的年龄、性别、体质、健康和训练水平

E.学生的健康状况

504. 心率快慢可以反映运动强度的大小,是因为(A)。

A.心率快慢可以反映体内耗氧水平　　　B.心率快慢可以反映心脏功能

C.心率快慢可以反映迷走神经的紧张性　　D.心率快慢可以反映学生的体质

E.心率快慢可以反映交感神经的紧张性

505. 体温是指(C)。

A.人体皮肤的平均温度　　　　　　　B.人体内部的温度

C.人体深部的平均温度　　　　　　　D.人体表面和内部温度的均值

E.人体外部某一特定部位的温度

506. 体内产生的热量,实际上来自(C)。

A.细胞的物质代谢　　　　B.细胞之间的物质和能量交换

C.细胞中的物质氧化过程　　D.细胞内高能磷酸化合物对能量的贮存

E.细胞从外界摄取的能量

507. 剧烈运动时,骨骼肌产生的热量约占体内总产量的(C)。

A.70%　　　　B.80%　　　　C.90%　　　　D.50%　　　　E.75%

508. 在运动条件反射中,(D)的传入冲动起着非常重要的作用。

A.视觉　　　　B.听觉　　　　C.位觉　　　　D.本体感觉

509. 学习和掌握运动技能,就是建立(D)的过程。

A.反射　　　　B.条件反射　　C.非条件反射　　D.运动条件反射

510. 形成运动技能的分化阶段时,运动动力定型(A)。

A.初步建立　　B.还未建立　　C.建立得较巩固　　D.早已建立

511. 动作技能还不巩固的运动员,到新的环境参加比赛,往往容易出现(A)。

A.多余的和错误的动作　　　　B.动作自动化

C.运动动力定型　　　　　　　D.动作迁移

512. 形成运动技能的巩固阶段,大脑皮质的兴奋和抑制过程在时间和空间上(A)集中和精确。

A.更加　　　　B.不　　　　C.不一定　　　　D.呈倒U型

513. 动作达到自动化时,运动员(B)自己的动作。

A.意识到　　B.有时没意识到　　C.意识不到　　D.以上都不对

514. 有中枢神经系统的(D)参与,运动员就可以完成自动化动作。

A.延髓　　　　B.丘脑　　　　C.小脑　　　　D.大脑皮质

515. 有意识的行为是大脑皮质(B)部位所完成的活动。

A.兴奋较高　　B.兴奋最适宜　　C.兴奋较低　　D.兴奋最高

516. 动作达到自动化以后,在做整套动作时(B)全部无意识地进行。

A.是　　　　B.不是　　　　C.因人而异　　　　D.都不对

517. 在运动技能形成过程中,(A)皮肤感觉的作用。
A.要充分发挥　　　　　　B.用不着
C.分化阶段需要发挥　　　　D.泛化阶段需要发挥

518. 在运动技能已经巩固的阶段,第一信号系统的兴奋(B)第二信号系统。
A.不完全传递给　　　　　B.选择性传递给
C.全部传递给　　　　　　D.以上都不对

519. 几种运动技能,如果(　)环境不同,而(　)环节相同时,彼此之间往往产生不良影响。(A)。
A.主要、附属　　B.附属、主要　　C.大、小　　D.小、大

520. 大脑皮质巩固的运动动力定型建立得越多,改建就越(A)。
A.容易　　　B.不容易　　　C.没区别　　　D.无法完成

521. 在运动技能形成的泛化阶段,两个信号系统之间(A)。
A.传递兴奋　　B.不传递兴奋　　C.选择性传递兴奋　　D.以上都不对

522. 在运动技能形成的自动化阶段,两个信号系统之间(B)。
A.传递兴奋　　B.不传递兴奋　　C.选择性传递兴奋　　D.以上都不对

523. 运动技能的形成,是由于大脑皮质的动觉细胞与运动细胞之间建立起(A)神经联系。
A.暂时性　　B.固定式的　　C.永久的　　D.开放式的

524. 运动技能是由(C)的运动条件反射组成的。
A.单个环节　　B.两个环节　　C.两个以上环节　　D.三个环节以上

525. 语言和思维(A)运动条件反射的形成。
A.均参加　　　　　　　　B.均不参加
C.语言参加,思维不参加　　D.思维参加,语言不参加

526. 动作自动化的生理机理是指已巩固的动作,此时可由大脑皮质(C)区域来完成动作。
A.兴奋性较高的　　B.被抑制的　　C.适宜兴奋的　　D.既兴奋又抑制的

527. 对于(B)的动机,儿童和成人之间有着明显的差异。
A.原发性　　B.继发性　　C.两者都有　　D.两者都无

528. 动机与运动技能的形成和运动成绩的提高及表现的关系是很复杂的,它们之间是呈(B)关系。
A.正 U 字形的曲线　　B.倒 U 字形的曲线　　C.线性　　D.正比

529. 提高有氧耐力的关键因素是(C)。
A.运动强度　　B.持续时间　　C.运动强度和持续时间　　D.周次数

530. 有氧耐力主要与人体肌肉内的(A)有关。
A.糖原储备量　　B.脂肪储备量　　C.蛋白质储备量　　D.ATP-CP 储备

531. 投掷运动员器械出手的速度属于(C)。
A.反应速度　　B.位移速度　　C.动作速度　　D.都不是

532. 下列哪一个不是影响灵敏素质的因素(D)。
A.年龄　　　　　　B.速度素质　　　　C.力量素质　　　　D.心率

533. 影响柔韧素质的主要因素是(C)。
A.力量　　　　　　B.年龄　　　　　　C.关节的活动范围　D.性别

534. 训练有氧耐力最有效的强度指标是(D)。
A.最大吸氧量　　　B.无氧阈　　　　　C.心输出量　　　　D.个体乳酸阈

535. 无氧耐力是指人体长时间肌肉(A)供能的能力。
A.糖酵解　　　　　B.脂肪　　　　　　C.氧供应停止　　　D.氧供应过剩

536. 完成单个动作的时间长短称为(B)速度。
A.反应　　　　　　B.动作　　　　　　C.位移　　　　　　D.力量

537. 人体对刺激发生反应的快慢,则称为(A)速度。
A.反应　　　　　　B.动作　　　　　　C.位移　　　　　　D.力量

538. 赛前状态是指人体在比赛或训练前某些器官系统产生的系列(C)性变化。
A.条件反射　　　　B.运动条件反射　　C.自然的条件反射　D.人工条件反射

539. 对人的工作效率不起良好作用的赛前反应有(C)。
A.血糖适当升高　　B.血压适当升高　　C.尿频　　　　　　D.心率适当升高

540. 比赛前运动员神经系统的兴奋性(A)有助于克服内脏器官机能惰性。
A.升高　　　　　　B.下降　　　　　　C.过高　　　　　　D.过低

541. 下列不属于准备活动的作用是(D)。
A.调节赛前状态　　B.缩短进入工作状态
C.减轻"极点"程度　D.加速运动疲劳的恢复

542. 各项身体素质自然增长速度的顺序,从大到小排列(A)。
A.力量—耐力—速度　B.耐力—速度—力量
C.速度—力量—耐力　D.力量—速度—耐力

543. 教师的指导性和学生的主体性之间的连接点是(A)。
A.学习过程　　　　B.学习方法　　　　C.学习评价

544. 课程改革的主力军是(B)。
A.学校　　　　　　B.教师　　　　　　C.学生

545. 学生的体育学习评价标准是由(C)制订的。
A.权威人士或专家　B.学生　　　　　　C.教师

546. 全面评价学生的体育学习,促进(C)。
A.学生的主动发展　B.学生体能和运动技能的提高
C.学生的学习态度、习惯、情感、合作等方面的提高

547. 单元中的课时计划之间具有(C)的层次关系。
A.平行　　　　　　B.递减　　　　　　C.递增

548.（B）是实现学校体育目标的基本途径。

A.学生的兴趣、爱好　　B.身体活动　　　　　　C.运动技能的学习

549.（A）是体育课程的核心内容。

A.运动知识和技能　　　B.运动知识　　　　　　C.运动技能

550. 小学1~2年级学生是（B）的最佳时期。

A.学习运动技能　　　　B.形成正确身体姿势　　C.发展基本活动能力

551.（A）是开展体育教学活动的基本依据。

A.体育教学目标　　　　B.体育教学内容　　　　C.学生的兴趣爱好

552. 体育学习内容的选择、组织、改造不仅要依据体育课程目标,还要充分考虑学生的（C）。

A.兴趣爱好　　　　　　B.年龄特征　　　　　　C.身心特征

553. 体育教学大纲与体育课程标准之间的主要区别在于是否规定（C）。

A.教学目标　　　　　　B.考核标准　　　　　　C.教学内容

554. 体育课程标准要求小学阶段以（C）的教学为主。

A.运动知识和技能　　　B.游戏和身体活动　　　C.身体基本活动

555. 新课程非常强调通过体育活动增进每个学生的（B）,这在以往的体育教学大纲中往往被忽视。

A.身体健康　　　　　　B.心理健康　　　　　　C.运动技能的提高

556. 重视学生的（A）是目标和价值实现的有效保证。

A.运动兴趣　　　　　　B.运动习惯　　　　　　C.社会适应

557. 增进中小学生健康是体育与健康课程的（C）。

A.唯一目的　　　　　　B.首要目的　　　　　　C.主要目的　　　　　　D.基本目的

558. 体育与健康课程的功能与价值是（C）。

A.健身　　　　　　　　B.育人　　　　　　　　C.健身和育人

559.《国家学生体质健康标准(2014年修订)》按（C）记分。

A.百分制　　　　　　　B.等级制　　　　　　　C.120分制和等级制

560. 把全年体育与健康教学工作计划中所规定的每学期的各项教材和时数,按照一定的要求,合理地分配到每次课中,并提出考核项目的考核时间。这种计划是（A）。

A.学期教学工作计划　　B.单元教学工作计划　　C.课时教学计划

561. 体育课后,学生产生疲劳是因为课中承受一定的负荷。下列不属于造成学生生理负荷的因素是（C）。

A.练习的量　　　　　　B.练习的强度　　　　　C.课中学生意志的变化

562. 组织体育教学过程的基本因素有（B）。

A.教师和学生　　　　　B.教师、学生、体育教材和传播媒体

C.教师、学生和体育教材

563. 为了帮助学生掌握较难动作而采取的技术结构与所学身体练习相似的简单技术动作的练习是（B）练习。

A.一般性　　　　　　B.辅助性　　　　　　C.专门性

564. 关节扭伤主要是(C)的损伤。

A.关节韧带　　　　　B.关节囊　　　　　　C.关节韧带和关节囊

565. 下列哪个是理想的减肥方法(C)。

A.断食　　　　　B.吃减肥药　　　　　C.运动　　　　　D.吃泻药

566. 在水中游泳时,如果遇到身体抽筋应先(A)。

A.呼喊周围环境的人　　B.自己想办法自救

C.不管它继续游泳　　　D.听天由命

567. 当饮食的摄取量大于身体的活动量,身体的重量会(A)。

A.增加　　　　　B.减少　　　　　C.不变　　　　　D.以上皆错

568. 下面哪一项不是教师在教学过程中所扮演的角色(D)。

A. 组织者　　　　B.领导者　　　　C.参加者　　　　D.监护者

569. 下面哪一项不属于教师的一般能力(A)。

A.人际交往能力　　B.教学能力　　C.科学研究能力　　D.教育能力

570. 师生活动于其中,并能影响其行为的一切内外部条件的总和称为(B)。

A.体育课　　　B.体育课堂环境　　C. 体育课外行动　　D. 体育实践

571. 研究体育教学、训练中出现的问题,提高体育教学、训练质量的必要途径是(A)。

A.体育科研　　　B.体育实践　　　C. 体育训练　　　D.体育竞赛

572. 体育课堂管理是体育教师和学生所组成的(A)。

A. 双边活动过程　　　　　　B. 学生单方面的参与过程

C. 教师单方面参与的过程　　D.学校参与的过程

573. 体育教学的内容主要是通过(C)来体现。

A.教师的教学活动　　B.学校的教学计划　　C. 教材　　D.学生的学习过程

574. 1965年法国教育家保罗·朗格朗(A)的出版标志着终身教育思潮的形成。

A.《终身教育导论》　B.《终身学习导论》　C.《终身教育理论》　D.《终身教育指导》

575. 高校体育教育专业的教育实习应以体育教师的(A)作为确定实习内容的依据。

A.理论学习　　　B.专业技术　　　C.工作任务　　　D.社会实践

576. 运动技术技能的掌握是通过身体练习和体育运动实践而掌握的,这反映了体育教育专业学科学习的(C)特点。

A.思想性　　　B.理论性　　　C.实践性　　　D.理论与实践结合性

577. 体育教育实习工作的关键在于教育实习的(B)。

A.组织工作　　　B.准备工作　　　C.管理工作　　　D.方法

578. 学习化社会最为本质性的特征是(D)。

A.终身性　　　B.发展性　　　C.理想性　　　D.平等性

579. 以教师任职学校为基本单位,以校长为第一负责人,以教师在工作中学习为基本特征,把培训与教育教学、科研结合起来的一种培训模式是(C)。

A.岗前培训　　　　　　B.院校培训　　　　　　C.校本培训　　　　　　D.学校课程培训

580.（B）是指终身学习成为人类日常生活的一个重要组成部分，教育融于日常的生活。

A.终身性　　　　　　　B.生活性　　　　　　　C.发展性　　　　　　　D.理想性

581.（A）主要是面向新体育教师进行的培训。

A.岗前培训　　　　　　B.学位课程培训　　　　C.院校培训　　　　　　D.校本培训

582.（C）中的科研和教研是校内科研、教研的延伸。

A.教育改革　　　　　　B.教育见习　　　　　　C.教育实习　　　　　　D.教育创新

583.（B）是专业教学计划的基本内容，是理论联系实际的主要环节。

A.教育改革　　　　　　B.教育见习　　　　　　C.教育实习　　　　　　D.教育创新

584.体育教学的组织形式较其他学科（B）。

A.单一　　　　　　　　B.多样　　　　　　　　C.没有差异　　　　　　D.有差异，但不大

585.体育教学目标在教学的不同阶段、不同时期，应（D）全面贯彻。

A.必须　　　　　　　　B.不一定　　　　　　　C.一定不能　　　　　　D.有所侧重地

586.体育课中的"一句话评价"是一种（B）的语言法形式。

A.口令和指示　　　　　B.口头评定成绩　　　　C.口头汇报　　　　　　D.讲解

587.学期教学工作计划也称为（C）。

A.教案　　　　　　　　B.年度计划　　　　　　C.教学进度　　　　　　D.单项计划

588."运动参与"与"（B）"两个学习领域最能体现以身体练习为主要手段的课程性质。

A.身体健康　　　　　　B.运动技能　　　　　　C.社会适应　　　　　　D.心理健康

589.学习态度的评价主要依据（A）方面具体目标及其内容要求进行。

A.运动参与　　　　　　B.身体健康　　　　　　C.心理健康　　　　　　D.运动技能

590.（A）是促进学生自主学习和终身坚持锻炼的前提。

A.运动的兴趣和习惯　　B.合理的运动项目
C.运动兴趣和环境

591.体育教学中对学生学习的评价应注重（C）评价。

A.甄别性　　　　　　　B.选拔性　　　　　　　C.发展性　　　　　　　D.基础性

592.在确立了所有具体学习目标和选择了最适合的教学内容之后，首先应制订（D）教学工作计划。

A.学年　　　　　　　　B.学期　　　　　　　　C.单元　　　　　　　　D.水平

593.重视学生的（A）是体育与健康课程目标和价值实现的有效保证。

A.运动兴趣　　　　　　B.运动习惯　　　　　　C.社会适应

594.篮球学习中，学生由于接球时手指动作不正确，造成指关节受伤，属于（C）。

A.扭伤　　　　　　　　B.拉伤　　　　　　　　C.挫伤　　　　　　　　D.脱位

595.某学生踝关节外侧韧带拉伤，下列哪个做法较为合理（A）。

A.受伤脚垫高超过心脏水平　　　　　　　　　B.受伤脚垫高低于心脏水平
C.受伤脚垫高接近心脏水平　　　　　　　　　D.可放于任何位置

596. 以下哪种锻炼方法是发展爆发力最常用方法(A)。

A.重量大,练习次数少　　　　　　　　B.重量小,练习次数多

C.重量小,练习次数少　　　　　　　　D.重量大,练习次数多

597. 有氧代谢是在氧供应充足的条件下,(A)或脂肪氧化,生成二氧化碳和水,并释放能量的分解代谢。

A.糖　　　　　　　　　　　　　　　　B.蛋白质

598. 体育课的综合密度应是(A)。

A.越大越好　　　　　　　　　　　　　B.越小越好

C.练习密度大时,小些好　　　　　　　D.练习密度小时,大些好

599. 体育教学中负荷量和负荷强度的关系成(A)。

A.反比例关系　　　B.正比例关系　　　C.抛物线关系　　　D.不存在的

600. 体能的发展在不同阶段的敏感期是不同的,初中阶段学生体能的敏感期为(C)。

A.柔韧性、反应时、灵敏性　　　　　　B.协调性、平衡能力和速度

C.速度、有氧耐力和灵敏性　　　　　　D.肌肉力量、与健康有关的体能

601. 初中阶段的体育与健康教学以(B)为主。

A.游戏和身体活动　　B.比较全面了解和学习运动技能　　　C.选项教学

602. "了解体育活动对心理健康的作用,认识身心发展的关系"在水平四的要求是(C)。

A.体验体育活动中的心理感受　　　　　B.体验身体健康状况变化时的心理感受

C.了解心理健康对身体健康的作用

603. 体育与健康的课堂教学评价是对教师的(E)进行的评价。

A.教学基本功　　　B.教学过程　　　　C.教学效果

D.A 和 B　　　　　E.B 和 C

604. 体育与健康教学体系中的主要要素有(E)。

A.教师、学生　　　B.教学内容　　　　C.教学环境

D.A 和 B　　　　　E.A 和 B 及 C

605. 在正确认识和对待学生的体育兴趣方面,说法正确的是(D)。

A.学生的体育兴趣是体育课程和体育教材改革的唯一依据

B.评价一堂课的好坏,主要就看学生玩得高兴不高兴

C.无论什么项目,只要运用得当,都能用来强身健体,因此可以根据学生的体育兴趣来实施体育教学

D.学生的体育兴趣不是天生的,而是在后天的体育实践中形成和发展的

606. 小学水平一体育教学中,对运动技能的要求是(A)。

A.初步掌握简单的技能动作　　　　　　B.掌握运动系统的完整性

C.掌握运动系统的系统性　　　　　　　D.追求运动技能的细节

607. 水平二目标属于下列选项中的哪一年段(B)。

A.1~2 年级　　　　B.3~4 年级　　　　C.5~6 年级　　　　D.1~4 年级

608. 体育教学的组织形式应更注重(B)。
A.整齐划一　　　　B.灵活多样　　　　C.放羊式　　　　D.军事化

609. 小学体育教学内容应(B)。
A.竞技化　　　　B.游戏化　　　　C.规范化　　　　D.成人化

610. 体育学科不同于其他学科的教学特点是(D)。
A.学习田径技术　　B.学习球类技术　　C.学习体操动作　　D.身体练习

611. (A)是体育教学设计评价的主要方式(或称中心环节)。
A.诊断性评价　　B.形成性评价　　C.总结性评价　　D.效果性评价

612. 刘老师把正规的篮球架降低50公分,篮筐半径增大5公分,此行为(D)。
A.是破坏公物　　　　B.应遭领导斥责
C.让学生望而生畏　　D.符合小学生身心发展需求

613. 王老师在体育教学中,凡事都和学生一起商量,这种师生关系是(D)。
A.对立的　　　　B.独断的　　　　C.居高临下的　　　　D.民主的

614. 《体育与健康课程标准》中的学习领域是以(B)来确定的。
A.运动项目　　　　B.体育的功能　　　　C.学生的兴趣、爱好

615. 教材教法是教材、教学方法与(C)实际相结合的教学方法。
A.场地　　　　B.器材　　　　C.学生　　　　D.教材特点

616. (A)是对技术动作和形成的概念、原理、规律等进行解释和说明的方法。
A.讲述法　　　　B.讲解法　　　　C.讨论法　　　　D.谈话法

617. 为了帮助学生掌握动作而采取的相关身体素质练习是(D)练习。
A.综合性　　　　B.一般性　　　　C.诱导性　　　　D.辅助性

618. 学校体育最本质的特点决定了体育的本质是(B)。
A.教养　　　　B.教育　　　　C.强身健体　　　　D.美育

619. 体育教学过程的特殊规律是指(C)规律。
A.认识　　　　B.社会制约　　　　C.动作技能形成　　　　D.教与学辩证统一

620. 下列哪个阶段属运动技能教学要经过的阶段之一(B)。
A.体力准备阶段　　B.粗略掌握动作　　C.运动经验积累　　D.心理准备

621. 在体育教学中,在教简单的容易掌握的动作时,一般应用(C)。
A.讲解法　　　　B.直观法　　　　C.完整法　　　　D.分解法

622. 在体育学习中,个体的难点是指每位学习者个体(D)的差异。
A.体力　　　　B.智力　　　　C.心理素质　　　　D.A、B、C 全是

623. 学校体育的基本组织形式是(C)。
A.早操　　　　B.课间操　　　　C.体育课　　　　D.课外体育活动

624. 促进学生自主学习和终身坚持锻炼的前提是(A)。
A.运动的兴趣和习惯　　B.合理的运动项目　　C.运动兴趣和环境

625. 体育活动开始前,为使其计划更加有效地实施而进行的评价是(D)。
A.形成性评价　　　　B.总结性评价　　　　C.过程性评价　　　　D.诊断性评价
626. 体育与健康教学内容的选择主要是由(C)来完成。
A.教师　　　　　　　B.学生　　　　　　　C.教师和学生

四、判断题

1. 径赛的距离应从起点线的后沿量至终点线的后沿。(√)
2. 以时间计算成绩的项目叫田赛,以高、远度计算成绩的项目叫径赛。(×)
3. 耐久跑是提高学生无氧代谢能力的有效手段。(×)
4. 在接力跑中,每个接棒人都应沿跑道的内侧跑进。(×)
5. 跳远比赛中只要触接到跳板前沿红线就判试跳失败。(×)
6. 投掷比赛中丈量成绩以1厘米为最小单位。(√)
7. 跳远中,运动员的起跳脚在着板瞬间,是用脚跟领先着地,迅速滚动到全脚掌。(√)
8. 在接力跑比赛中,其中一名运动员在完成交接棒时身体在接力区的外面,棒在接力区的里面。据此可以判该运动员犯规。(×)
9. 有九名运动员参加的成年人跳远比赛,其中两位运动员连续三次试跳都犯规,则后面三次继续试跳机会的运动员只有七位。(√)
10. 投掷器械落在投掷区角度线上成绩有效。(×)
11. 田径运动的跳跃项目是周期性和非周期性相结合的运动项目。(√)
12. 跳远落地过程中触及沙坑以外的地面,沙坑外触点较沙坑内最近触点离起跳点远,即为犯规。(×)
13. 运动训练中运动强度和运动量的安排应当成正比。(×)
14. 快速跑时,上体应稍前倾,两臂应以肘关节为轴放松而有力地前后摆动。(×)
15. 田径项目比赛中,径赛项目的距离应从某起点线后沿至终点线的前沿。(×)
16. 2006年1月1日以前,室外标准400米田径场的分道宽为1.22~1.25米。(×)
17. 在跳高比赛时,跳高架立柱与落地区之间至少应有10厘米的空隙,以免由于落地区移动而触及立柱,以致横杆掉落。(√)
18. 在跳高、跳远的教学和业余训练中,应该以起跳作为教学重点。(×)
19. 三级跳远的三级跳分别称为单脚跳、跨步跳、落地跳。(×)
20. 运动员的道次起跑时位置选择前4名排定2、3、4、5道次,5至8名排定1、6、7、8道次。(×)
21. 有七名运动员参加的成年人跳远比赛,其中一运动员连续三次试跳都犯规,则该运动员已失去后面三次继续试跳的机会。(×)
22. 两块秒表同时计一名运动员成绩,当两块表成绩不一样时,应以两块表的平均成绩确定运动员最后成绩。(×)
23. 有七名运动员参加跳远单项比赛,经过三轮试跳后,取成绩好的六名运动员进行后三轮试跳。(×)

24. 在跳高、跳远教学和业余训练中,应该把助跑和起跳的衔接作为重点。(√)
25. 标准四百米半圆式跑道第一分道线长应以内突沿外侧 30 厘米处计算。(√)
26. 青春期是人由小孩变成成人的过渡时期,不应加强负重的、力量性的和憋气的体育项目练习。(√)
27. 跑一般分为起跑、途中跑、终点冲刺三部分。(×)
28. 跳高技术分为助跑、起跳、过杆和落地四部分。(√)
29. 双手体前向前抛实心球的动作方法是两脚前后开立,两腿弯曲,上体稍前屈,两手持球。然后两腿用力蹬伸,上体抬起,两臂用力由后向前上方抛出。(×)
30. 国际比赛中短跑的起跑姿势只有蹲距式起跑一种。(√)
31. 立定跳远的预备姿势是:两脚自然平行开立,上体稍前倾,两腿屈膝,两臂后举。(√)
32. 站立式起跑时两脚的预备动作是前后站立,前腿屈膝,后腿伸直。(×)
33. 急行跳高的完整动作是由助跑、起跳、落地三个基本环节组成。(×)
34. 在跨栏跑中,首先过栏的腿是摆动腿。(√)
35. 足球比赛中球停在球门下的端线上应算进球。(×)
36. 在田径全能项目比赛中,对第一次起跑犯规的运动员应给予警告,之后的同组运动员起跑犯规均应取消该项目的比赛资格。(√)
37. 追逐跑是发展学生灵敏素质的有效方法。(×)
38. 跨越式跳高助跑倒数三步的比例是大、中、小。(×)
39. 人体速度素质发展最快的敏感期是 10~13 岁。(√)
40. 田径运动径赛中,判定运动员到达终点的名次顺序,是以运动员躯干的任何部分触及终点后沿垂直面的先后为准。(×)
41. 侧向滑步推铅球最后用力动作是通过蹬腿、送髋、转体、挺胸、低头、推臂、拨球连贯动作将球推出。(×)
42. 在进行耐久跑的活动时,会有种生理现象"极点"出现,用有深度和节奏的呼吸可减轻"极点"的程度。(√)
43. 在跳跃运动中,要使身体腾起得远或高,关键在于起跳时使身体获得最快的速度和适宜的起跳的角度。(√)
44. 在投掷练习中,投掷力量不变,出手角度适当才会获得最佳成绩。(√)
45. 走步法确定跳远助跑步数是:走的步数=助跑步数×2-2。(√)
46. 右手投掷标枪时,应使标枪沿纵轴的逆时针方向自转。(×)
47. 跳高比赛,运动员在试跳中,倘一脚触及落地区,裁判员认为其并未从中得利益,则不应判为试跳失败。(√)
48. 有两个半圆式 400 米田径场,虽然它们的跑道各分道宽度相同,但由于它们的内沿半径长度不等,在进行 400 米赛跑时,这两个田径场第四分道的前伸数也就不相同。(×)
49. 投掷落地区应用宽 5 厘米的白线标出,其宽度在有效落地区角度之内。(×)
50. 分道宽是指每条分道的宽度,它应包括右侧分道线的宽度。(√)

51. 用放射式丈量法对第二至第八分道的起点、栏位、接力区进行丈量时,其放射线应止于各分道左侧分道线的外沿。(√)

52. 不分道跑的径赛项目,起点线应为一条弧线,从而使所有运动员跑的距离相等。(√)

53. 掷标枪投掷弧半径8米,弧线宽5厘米。(×)

54. 在撑竿跳高比赛中,某运动员已起跳离地,且撑杆已过两横杆之间的垂直面,裁判员允许运动员重新试跳。(√)

55. 标准田径场跑道每条跑道宽为1.22米和1.25米两种规格。(×)

56. 耐久跑和三级跳远均属于周期性的运动。(×)

57. 400米及400米以下的径赛都必须采用蹲踞式起跑姿势。(√)

58. 跳远预赛成绩较优的8名运动员参加决赛,倘第8名出现成绩相等,则成绩相等的运动员每人再跳一次来决定进入决定人选。(×)

59. 跑道之间的分道线宽度应属左边(内)跑道的宽度。(√)

60. 短跑起跑"各就位"口令后,运动员身体必须4点落地。(×)

61. 跳高裁判员应做到,比赛前能清楚辨认横杆的下面和前面。放置横杆时,使横杆的各个面始终朝向各自原定放置的方位。(√)

62. 跳高运动员试跳成功后,由横杆下面返回应判为犯规。(×)

63. 跳高比赛时,横杆两端放在横杆托上,横杆的两端离立柱至少有1厘米的空隙。(√)

64. 铅球成绩的与运动员的体重、身高有关,但对成绩起决定作用的是力量大小。(×)

65. 助跑道和起跳区朝横杆中心的倾斜度不得超过1:250。(√)

66. 运动员为有助于各自的助跑和起跳,可用粉笔做标志物画在胶道上。(×)

67. 跳高架在比赛进程中,不应移动,除非裁判长认为该起跳区已不适于比赛,则在任何情况下均可移动。(×)

68. 横杆用木料、金属或其他适宜材料制成均可,截面呈圆形。跳高落地区不得小于5×3米。(√)

69. 在跳高比赛还有2~3名运动员时,裁判员通知运动员试跳开始,如无故延误比赛时间超过1分半钟者即判一次试跳失败。(√)

70. 在跳高比赛中第一名成绩相等名次可以并列。(×)

71. 在全能跳高比赛中横杆的升高自始至终一律按3厘米提升。(√)

72. 全能跳高比赛中,只剩下一个运动员时,横杆提升的高度,必须征求运动员的意见之后确定,直到最后高度的失败或弃权。(×)

73. 跳高项目,以一个高度为一个轮次,一个高度有3次试跳机会。(√)

74. 跳高的及格赛成绩,可作为比赛的正式成绩。(×)

75. 撑竿跳高项目,以一个高度为一个轮次,一个高度有3次试跳机会。(√)

76. 撑竿跳高成绩相等时,决定第一名的最后高度如果打破世界纪录,应予以承认。(√)

77. 撑竿跳高立柱与落地区之间至少应有12厘米间隔,以免碰落横杆。(√)

78. 运动员可要求撑竿跳高裁判将架子向落地区移动 0.8 米。(√)

79. 在撑竿跳高比赛还有 2~3 名运动员时,裁判员通知运动员试跳开始,如无故延误比赛时间超过 2 分钟者即判一次试跳失败。(√)

80. 撑竿跳高运动员在越过横杆之前,运动员的身体和所用撑竿的任何部分触及插斗前壁上沿垂直平面以外的地面包括落地区者,均应判为试跳失败。(√)

81. 撑竿跳高时,裁判员通知运动员试跳,如无故延误比赛时间超过两分钟者即算一次试跳失败。(√)

82. 撑竿跳高比赛时两手都可以上下移动,起跳离地后,将原来握在下方的手移握成上方的手,不算犯规。(×)

83. 撑竿跳高运动员比赛时,将撑竿折断应判为一次试跳失败。(×)

84. 撑竿跳高比赛时,撑竿由大会提供,一律不许使用自备撑竿。(×)

85. 撑竿跳高比赛时,运动员已起跳双脚离地,未越横杆,又返回起跳点,可不作为一次试跳失败,只要在时限之内还可重新开始。(×)

86. 运动员在越过横杆的阶段,撑竿由垂直部位倒下时,裁判员怕触及两立柱,应主动上去接护撑竿。(√)

87. 撑竿跳高比赛时,允许运动员将原来下面的手向上移动,但不得超过上方的手。(√)

88. 某一运动员在撑竿跳高比赛时,撑竿未插入斗内,但已越过横杆,裁判员判定成绩有效。(×)

89. 跳远比赛时运动员从起跳板两端之外,不论是起跳延伸线的前面或后面起跳者,均判为试跳失败。(√)

90. 跳远比赛中,某运动员采用了空翻跳远姿势,跳出好成绩,裁判认为成绩有效。(×)

91. 跳远比赛时,有一运动员用单脚依次落地,成绩无效,应判为犯规。(×)

92. 跳远比赛时,运动员由起跳板两端的延长线上跑过去,裁判员允许该运动员重新试跳。(×)

93. 跳远比赛时,所有运动员按顺序试跳完一次为一轮次。(√)

94. 跳远落地后向后走出沙坑,应判为犯规成绩无效。(√)

95. 跳远比赛时运动员可以将自己带的标志物放在助跑道上。(×)

96. 跳远比赛是以决赛中最后 3 次中最好的一次为正式比赛成绩。(×)

97. 三级跳远运动员比赛的试跳顺序应抽签决定。(√)

98. 三级跳远比赛超过 8 人每人可试跳 3 次,前 8 名有效试跳成绩最好的运动员可再试跳 3 次,倘第 8 名出现成绩相等,则成绩相等的运动员均可再试跳 3 次。(√)

99. 运动员在三级跳远比赛时,正赶上兼项 100 米也要开始比赛,运动员向跳部裁判请假先去跑 100 米,回来后全体运动员已跳完第 3 次,裁判员同意该运动员再补跳 1 次。(×)

100. 在国际比赛中,建议起跳板至落地区近端的距离:男子不少于 13 米,女子不少于 11 米。(√)

101. 三级跳远的单足跳是用起跳脚落地,跨步跳是用另一条腿(摆动腿)落地,并继续做跳跃起跳腿最后双脚落地。(√)

102. 投掷圈内的比赛项目,凡投掷器械落在分角线上,如丈量点在场内则成绩有效。(×)

103. 某地铅球比赛时,运动员从前边走进圈内,推球落地后从后半圈退出,裁判员判运动员从前面进圈为犯规,不给丈量成绩。(×)

104. 在铅球比赛场地,每名运动员在裁判监督下最多能练习试掷2次。(×)

105. 运动员推球时,将铅球移至肩下然后抛出,裁判员判运动员技术犯规。(√)

106. 运动员比赛时不得在鞋底或投掷圈内喷洒任何物质。(√)

107. 当运动员进入圈内开始试掷时,因不适应,运动员可中止已开始的试掷,可将器械放在圈内或圈外,并可离开投掷圈。(√)

108. 铁饼掷出落地后,运动员从侧方离圈时,一脚踩在圈外白线的后沿,裁判员判为犯规。(×)

109. 铁饼比赛中,铁饼出手后碰到护笼,但铁饼仍落到有效区内,应判为试掷成功。(√)

110. 判定运动员无故延误试掷时间,即不准备参加该次试掷,以失败论处,什么是无故延误由裁判长酌情决定。(√)

111. 裁判员负责通知运动员一切准备就绪,某某号试掷开始,该次试掷的时限,应从这一瞬间算起。(√)

112. 掷铁饼运动员在比赛中不得使用不合规定的任何有助于提高成绩的方法,但可用胶布等将几个手指扎在一起进行投掷比赛。(×)

113. 铁饼着地的最近点,必须落在投掷区角度线以内,其远方饼边虽压线,成绩也为有效。(×)

114. 投掷标枪可以采用旋转式的方法。(×)

115. 标枪比赛时,每名运动员可以在助跑道旁边放置大会提供的标志物1~2个。(√)

116. 投掷标枪时运动员用带子将两手指或更多的手指捆在一起,裁判员应判为犯规。(√)

117. 标枪助跑道左右倾斜度最大为1:1000。(×)

118. 标枪比赛丈量时,应从圆心处计算成绩。(×)

119. 如果标枪在比赛试掷时或在空中折断,不应算为试掷失败,运动员可重新进行试掷。(√)

120. 运动员试掷时,在标枪出手以前,身体不得完全转向背对投掷弧。(√)

121. 标枪比赛时,运动员应握在把手处,从肩部或投掷臂上方投出,不得抛出,不得采用非传统姿势。(√)

122. 准备活动能提高身体各器官的功能,为即将进行的剧烈运动做好准备,因此,准备活动应做到大汗淋漓为宜。(×)

123. 运动中腹痛是指因体育活动而引起或诱发的腹痛,其中以左上腹疼痛最常见。(×)

124. 篮球运球变向时手应拍击球的上部。(×)

125. 篮球比赛中,持球队员身体部位触及端线或边线均判出界。(√)

126. 体育教学中的篮球运动是一项集体对抗性的球类游戏。(√)

127. 比赛过程中记录员将B队的一个三分球记成了两分,下半时结束后双方打成平局(错误比分)。主裁判员认为已不能再纠正,双方必须进行决胜期比赛。决胜期结束后B队告负。(×)

128. 篮球和排球比赛发球时,队员踏及界线均判违例。(×)

129. 滑步移动时,异侧脚向移动方向蹬地跨出,转移和控制身体重心,以便衔接奔跑或滑

步动作,这个动作方法应是交叉步。(√)

130. 篮球急停是快速移动中突然停止,借以甩开防守者的方法。动作有一步急停和两步急停。(√)

131. 篮球比赛中,球越过边线或端线的垂直平面,即判罚球出界外在附近边线或者端线上,掷界外球入界,恢复比赛。(×)

132. 当无球的进攻队员为持球队员做掩护时,防守掩护的队员及时提醒同伴并主动后撤一步,让同伴及时从自己和掩护队员之间过去,以便继续防守各自的对手,此配合叫做穿过配合。(√)

133. 犯规是违反规则的行为,含有与对方队员的身体接触和违反体育道德的举止。(√)

134. 篮球比赛时,5号队员一脚踩在端线上掷界外球,裁判员判其不违例。(√)

135. 篮球场上常用的急停动作方法有跳步急停和跨步急停两种。(√)

136. 行进间运球时,手拍球的后上方,球的落点应在运球手同侧脚的外侧前方。(√)

137. 持球突破技术动作主要的由蹬跨、转体探肩、推放球和加速等几个环节所组成的。(√)

138. 投篮技术的六个要素:身体平衡,持球动作,瞄准方法,出手动作,投篮的弧线,球的旋转。(√)

139. 行进间单手肩上投篮的动作特点是一大、二小、三高跳。(√)

140. 排球比赛中后排队员不得参与进攻。(×)

141. 排球比赛中A队队员在接发球时,用脚将球踢到了对方场内,裁判员判其违例。(×)

142. 排球常采用的移动制动方法是一步制动法。(×)

143. 排球比赛中,甲方队员击球后,球碰标志杆内侧落入乙方场地内,应判甲方得分。(×)

144. 排球规则规定,替补队员每局只能一场比赛一次,替补开始上场阵容的队员,而且他只能由被他替换下场的队员来替换。(√)

145. 一场足球比赛受到红牌或累计二张黄牌时,受罚者应罚出场外,但仍可参加下一场比赛。(×)

146. 足球个人进攻战术包括:停球、跑位、运球过人、射门。(×)

147. 足球比赛罚任意球时,防守一方可以站"人墙","人墙"人数不受限制,但"人墙"距离球不得少于9米。(×)

148. 乒乓球的球台上层表面叫做"台面",台面包括球台上面的边缘和侧面。(×)

149. 羽毛球双打场地的长为13.40米,宽为6.10米,对角线长为14.366米。(×)

150. 排球垫球前准备姿势,应将两手叠起置于腹前。(×)

151. 排球传前,应先调整好出球方向和角度。(√)

152. 排球扣球前准备姿势,应保持低蹲状态。(×)

153. 排球传球时的出球点应在胸前。(×)

154. 排球比赛时,接对方下手发球,六人站位较分散,前后左右间隔距离稍大,以应付球的不同落点。(√)

155. 排球比赛时,垫接大力球时,应以相同于接飘球的方法站位。(×)

156. 排球比赛时,一号位防守直线球,要根据自己身高和挡、垫能力,选择好基本位置。(√)

157. 排球比赛时,一号位防守斜线球,上体要转向来球方向,注意卡住一号位"腰"和大斜线,向内包抄迎击球。(√)

158. 排球比赛时,对方四号位进攻,本方二号位不拦网准备扣球。(×)

159. 排球比赛时,扣球时,应击球顶部。(×)

160. 排球比赛时,不论何种发球首先要抛好球。(√)

161. 排球比赛时,勾手发球与勾手大力发球抛球高度相同。(×)

162. 排球比赛时,发球的击球部位和扣球相同。(×)

163. 排球比赛时,拦网跳起空中后,腰腹应保持放松。(×)

164. 排球比赛时,拦高球时,要在扣球人拉臂时起跳。(√)

165. 排球比赛时,拦网起跳,两手应从身体两侧上摆。(×)

166. 排球比赛时,拦网前,要先对扣球人的助跑方向进行预判。(√)

167. 排球比赛时,当对方发球弧度高、落点分散时,接发球队员站位靠后并前后排压紧。(×)

168. 排球比赛时,当对方发球速度快、弧度平、落点较集中时,接发球队员应站位分散些。(×)

169. 排球比赛时,接发球的分工一般接发球能力强的队员范围可大些,能力差的队员范围可小些。(√)

170. 排球比赛时,由二号位队员作二传,将球传给三、四号位队员扣球的进攻阵形,叫中二三进攻阵形。(×)

171. 排球比赛时,由二号位队员作二传,把球传给三、四号位队员扣球的阵形叫"边二三"进攻战术。(√)

172. 排球比赛时,"插上"进攻战术的最大特点,是前排保持三名队员进攻。(√)

173. 排球比赛时,运用"插上"进攻战术时,能充分利用网的全长,有利于牵制与突破对方拦网。(√)

174. 排球比赛时,当一传到位,而且弧度合适时,前排队员可以跳起将球扣(吊)过网,这种打法叫两次球进攻。(√)

175. 排球比赛时,运用两次攻战术,不能诱惑对方跳起拦网。(×)

176. 目前,在排球实战中,运用两次球战术虽较少,但效果较好。(√)

177. 排球比赛时,当对方打吊结合,本方拦网封锁六号区的能力较强时,可采用"心跟进"防守阵形。(√)

178. 大负荷的训练只有在运动员具有很高的身体训练水平条件下才能进行。(√)

179. 肌肉横断面积大的人,他的力量就一定大。(×)

180. 田径场上一个优秀的运动员,在排球场上的动作也一定很迅速。(×)

181. 力量与肌肉耐力紧密相关,增长力量是增长肌肉耐力的有效方法。(√)

182. 弹跳的过程是指人体的下肢用力蹬地,使地面产生一个大小相等、方向相同的作用力。(√)

183. 排球比赛时,比赛中司线员发现球触及标志带,应立即作出旗示。(×)
184. 排球比赛时,发球队员在抛球时其左脚触及端线,而在击球时又将其左脚离地,裁判员仍应判为发球犯规。(×)
185. 排球比赛时,某队教练员在一局中第三次请求暂停时,第二裁判员应当对教练员进行警告并出示黄牌。(×)
186. 球类比赛的淘汰制分为单淘汰和双淘汰两种;循环制分为单循环、双循环和分组循环三种。(√)
187. 有8个队参加单循环比赛,则比赛场次为26场。(×)
188. 排球比赛中严禁用脚踢球。(×)
189. 篮球比赛中的带球跑属犯规。(×)
190. 篮球比赛中裁判鸣哨时所有球员应立即暂停所有动作,等候判决。(×)
191. 篮球比赛发球时,队员踏及界线外沿应判违例。(×)
192. 排球赛发球时,球被抛起或持球手撤离后,球落地前被接住,再发球是允许的。(×)
193. 排球比赛发球时可以在球场端线后任意一点进行。(√)
194. 篮球运动起源于美国,由美国麻省奈·史密斯在1891年发明的。(√)
195. 足球比赛中罚间接任意球可以直接射门得分。(×)
196. 排球的技术动作中,双手上手传球用拇指、食指触球并承担主要力量,其余手指帮助控制传球方向。(×)
197. 足球脚内侧踢定位球时,应击球的后下部。(×)
198. 对正在三分线外投篮的队员犯规,投中有效再加罚一次,投不中时应罚3次。(√)
199. 传、切战术配合指的是行进间运球,将球传至篮下接球人,接着向篮下切入,接回传球三步上篮得分的进攻配合。(×)
200. 脚背内侧踢球的助跑方法与其他踢球助跑方法不同。(√)
201. 足球比赛中,球从地面或空中超过边线或端线,即为出界。(√)
202. 远在公元前475至公元前221年的战国时代就有了蹴鞠游戏。(√)
203. 身体的摆动是顶球力量的主要来源。(√)
204. "WM"式阵形被称为足球运动发展中的第一次变革。(×)
205. 足球比赛场地的长和宽都可以是90米。(×)
206. 正式足球比赛中,中线旗是必须有的。(√)
207. 角旗杆高至少1.50米。(√)
208. 足球比赛开始时不可以直接射门得分。(×)
209. 比赛中看到裁判员单臂上举,应是间接任意球。(√)
210. 篮球运球时,应以肩关节为轴,五指自然分开,掌腕控制运球。(×)
211. 正式足球比赛,两队各有11名队员参加,分为上下相等的两个半时,中场休息5分钟,各队均可替补1~2名队员。(×)
212. 足球射门时,球首先射在门柱上,然后又恰好反弹至球门线上。这时,裁判应判射门进

球有效。(×)

213. 篮球比赛中,三分线外任何点均在6.75米以上。(×)
214. 篮球技术是篮球比赛中运动员为了进攻与防守所采用的专门动作方法的总称。(√)
215. 篮球技术是进行篮球比赛的基本手段,双方运动员都以个人体能进行对抗。(×)
216. 篮球技术按动作结构分类,这种方法是以动作的生理学结构和解剖学结构的类似特点为主要依据进行分类的。(×)
217. 篮球技术运用是指队员个人在比赛行动中合理使用技术动作的表现与发挥。(√)
218. 篮球技术运用的特点有:快速性、组合性、多变性。(√)
219. 篮球技术包括进攻技术、防守技术和中锋技术三大类。(×)
220. 跑是队员在球场上利用速度的变换来争取主动的一种方法。(×)
221. 变速跑是队员跑动中改变位置、发挥速度的重要方法。(×)
222. 侧身跑是队员向前跑动中为了观察球场上的情况,侧对球的一种跑动方法。(×)
223. 变向跑是队员在跑动中突然改变方向来摆脱防守或堵截进攻队员的一种方法。(√)
224. 跳是队员在球场上争取高度的一种动作方法。(×)
225. 急停是队员在跑动中突然制动速度的一种动作方法,它在防守中用得较多。(×)
226. 跨步急停是队员在中慢速移动时,用单或双脚起跳,上体稍后仰,两脚同时平行落地。(×)
227. 转身是队员以一脚蹬地向前或向后跨出的同时,另一脚做中枢脚进行旋转而改变身体方向的一种动作方法。(√)
228. 前转身是指移动脚蹬地,在中枢脚后方进行弧形移动的叫前转身。(×)
229. 后转身是指移动脚蹬地,在中枢脚后方进行弧线移动的叫后转身。(√)
230. 滑步是进攻移动的一种主要方法,它易于保持身体平衡,可向任何方向移动。(×)
231. 后撤步是变后脚为前脚的一种起步方法。(×)
232. 攻击步是防守队员突然向外跨出的一种动作。(×)
233. 绕步有绕前步和绕后步两种。(√)
234. 接球是篮球运动中主要技术之一,是获得球的动作,是抢防守篮板球和抢断球的基础。(×)
235. 双手接球的优点是握球牢稳,但不易于转换其他动作。(×)
236. 传球是篮球比赛中攻守队员之间有目的地转移球的方法。(×)
237. 双手持球的方法是两手手指自然分开,拇指相对成"八"字形,用指根以上部位持球。(√)
238. 单手肩上传球的力量大,球飞行的速度快,常用于中、远距离传球。(√)
239. 运球时身体的基本姿势是两膝保持相应的弯曲,上体稍向前倾,抬头,注视场上的情况。(√)
240. 原地单手投篮的动作方法是(以右手投篮为例):双脚原地开立,右脚稍前,身体重心落在前脚上,屈肘,手腕后仰,掌心向前,五指并拢,持球于右眼前上方,左手扶球侧,两膝微屈,上体放松并稍前倾,目视篮板。(×)

241. 球的旋转是指投篮队员使球在空中飞行时产生的各种规律性旋转状态。球的不同旋转方向和速度主要取决于手指的最后用力动作。一般来说，在中、远距离投篮时，都应使球向正前方向旋转。(×)

242. 持球突破时跨出的第一步要稍大些，抢占有利的超越位置，但以不影响前进速度为宜。跨出的脚要落在紧靠对手的侧面，脚尖向着突破方向，以便第二步蹬地加速突破防守。(√)

243. 篮球的防守技术包括运球突破技术。(×)

244. 篮球技术是战术的基础。(√)

245. 篮球的进攻技术不包括抢篮板球技术。(×)

246. 按篮球技术的动作结构分类，其中抢球、打球、断球属于防守技术。(√)

247. 对无球队员的防守，必须把防接球、防摆脱、防切入、防投篮四项任务联系在一起积极进行防守。(×)

248. 防运球过程中应遵循两条原则：一是堵中放边，控制其速度，终止其运球；二是堵强手，迫使其换弱手运球，变被动为主动。(√)

249. 防无球队员时，眼睛既要注视球，又要扫视球和对手之间的区域，做到人球兼顾，以球为主。(×)

250. 抢进攻篮板球时必须强调抢位冲抢。(√)

251. 抢防守篮板球时必须强调转身、挡靠。(√)

252. 为了使学生或运动员能看清示范动作，要注意示范的位置及方向，篮球技术教学中经常采用正面或背面示范。(×)

253. 学习简单的技术动作，一般采用完整练习法；学习比较复杂的技术动作，可以采用分解练习法。(√)

254. 组合技术训练是指对具有攻守目的的、实用的一个或两个以上单个技术动作组合的动作系列进行训练。(×)

255. 中锋的主要活动区域在离篮5米以内的地带，在进攻中的多数情况下，中锋是背向篮站位。(√)

256. 在比赛中，前锋的活动区域位于限制区内，活动范围窄，担任队内的主要进攻与防守任务。(×)

257. 后卫进攻的主要活动范围是罚球区弧顶外及附近两侧地带。(√)

258. 特长技术训练必须解决好全面与特长的关系，特长技术应是在全面基础上有所特长，即个别技术具有高超的技巧。(√)

259. 篮球运动教学过程中常用的教学原则有自觉性和积极性原则、直观性原则、从实践出发原则、循序渐进原则、巩固提高原则、合理安排运动负荷原则、练习与实战对抗相结合原则等。(×)

260. 目前排球比赛中，"自由人"不得到前排参加进攻。(√)

261. 篮球投篮抛物线的高与低取决于投篮出手的角度和速度。(×)

262. 单循环场次的计算公式为n(n-1)，其中n为参赛队数或人数。(×)

263. 运球时,必须是先放球,后提中枢脚。(√)

264. 足球游戏首先要明确目的任务,做到有的放矢。如做准备活动、集中注意力、发展某项身体素质等,均可作为某个游戏的具体任务。(√)

265. 随着现代篮球运动向当代化发展的趋势,世界强队的战术阵形将更加综合、机动,队员的位置界限越来越分工清晰。(×)

266. 体操教学中,保护与帮助者的位置,应以不妨碍学生做动作,而且有利于学生完成动作的原则。(√)

267. 行进间向左转走的动令下在左脚上,向右转走动令下在右脚上。(√)

268. 在报数时,学生从头到尾均应向左转头报数。(×)

269. 两臂外旋,两手大拇指向外,握器械距离同肩宽称为正握。(×)

270. 成数列横队时,前后排列的学生为"伍"。(√)

271. 头手倒立时,两手与前额的着地点为等边三角形。(√)

272. 学生彼此之间左右相距的间隙叫距离。(×)

273. 前滚翻动作,在前滚翻时应以前额、肩、背、臀部依次着垫。(×)

274. 原地一或二列横队变成二或一列横队时,可以采用二拍法,也可采用三拍法。(√)

275. 支撑跳跃的动作技术分为助跑、踏板、第一腾空、支撑、第二腾空和落地几个部分。(√)

276. 单杠悬垂时,人的肩轴低于器械轴。(√)

277. 体育与健康课堂教学中,教师所喊的口令都是由预令和动令组成的。(×)

278. "向右转——走"的动令应落在右脚上。(√)

279. 迅速有力的起跳是五至六年级学生学习支撑跳跃的关键环节,也是教学的重点。(√)

280. 分腿腾越练习时,保护人应站在跳箱前方。(×)

281. 在广播体操的教学中,教师多采用背面示范授课。(×)

282. 支撑摆动要求以肩为轴,脚向远伸,髋向远送,身体伸直。(√)

283. 直腿后滚翻的保护与帮助是保护者单(双)手提拉练习者臀部(腰部与髋两侧),帮助推手和翻转。(×)

284. 在队形练习中,分队走是一路纵队行进间在某点听到分队走的口令后,单数做左转弯走,双数做右转弯走,形成方向相反的两个一路纵队。(×)

285. 正步走时要求踢出的腿要绷直,脚尖下压,脚掌与地面平行,离地面约35厘米高。(×)

286. 前滚翻运动要点是:由蹲立开始,双脚蹬地,两臂前摆、跃起,稍提臀,两手撑垫迅速屈臂,低头,团身,向前滚翻成蹲立。(√)

287. 整个身体腾起后,从器械上越过的动作叫空翻。(×)

288. 徒手体操的基本方向包括前、后、左、右四个基本方向。(×)

289. 两个基本方向之间成45角的方向称为斜方向。(×)

290. 体操练习中,把器械最长工作部分两端的中心连线称器械轴,吊环没有器械轴。(×)

291. 身体处于仰卧状态,两臂与肩同宽并垂直于地面,称为上举。(×)

292. 直立,两臂处于前、侧、上举的中间方向称为侧前举。(×)

293. 把肩轴与器械轴平行的姿势为侧,肩轴与器械轴垂直的姿势为正。(×)

294. 体操练习中,人体前后轴与器械轴成垂直时为横,人体前后轴与器械轴成平行时为竖。(×)

295. 单个动作之间,必须连续完成时用"依次"。(×)

296. 单个动作中身体某些部位相继做同样性质动作时用"接"。(×)

297. 在完成动作过程中,必须达到某一特定部位时用"至"。(√)

298. 在完成动作过程中,必须强调某一特定的结束姿势时用"成"。(√)

299. 有两列学生左右排成直线,称其为二列纵队。(×)

300. 横队右翼的学生叫排头。(√)

301. 在某节徒手操中,臂上举,上体从左向右做圆形运动,该动作称为上体的旋转。(×)

302. 在某节徒手操中,臂做加速而富有弹性的动作叫摆。(×)

303. 直立,两臂经前向上作360°的圆形动作称为两臂后绕环。(×)

304. 单脚用力向某方向作加速摆的动作称为摆腿。(×)

305. 虎口向内或向前握器械的方式叫翻握。(×)

306. 两手距离小于肩距的握法叫合握。(×)

307. 两手距离明显大于肩距的握法叫宽握。(√)

308. 人体在器械上做钟摆形的运动,这一动作术语是振浪。(×)

309. 两腿分开一大步,一腿屈膝,另一腿伸直的姿势叫弓步。(√)

310. 徒手体操每拍动作的记写一般按下肢、上肢、头、上体的顺序记写。(×)

311. 两手握单杠,一腿挂杠的悬垂称为混合悬垂。(√)

312. 在悬垂或支撑中,身体做钟摆式运动的动作叫挥摆。(×)

313. 单腿向左或向右做钟摆式并还原的动作叫摆动。(×)

314. 腿从上面或下面越过器械的动作叫摆越。(√)

315. 在体操教学、训练、比赛中,为防止意外事故的发生而采取的安全措施叫帮助。(×)

316. 体操教学训练中,保护一般分为他人保护、自我保护、利用器械保护三种。(√)

317. 为防止练习者由于技术不熟练或意外等原因而对其可能出现的危险,由帮助者所采取的安全措施叫他人保护。(√)

318. 为防止由于技术不正确或意外的原因而发生的危险,练习者独立地运用特定的技巧来摆脱危险叫自我保护。(√)

319. 做单杠骑撑前回环时,当回环不能上至骑撑部位时,屈髋屈膝勾杠,拉臂紧握杠以防跌下,属利用器械保护。(×)

320. 做跳马水平腾跃,当推越器械力量不足时,改做分腿腾跃,采用的是自我保护中主动停止练习的方法。(×)

321. 在体操教学、训练、比赛中,帮助分直接帮助、间接帮助和利用器械帮助3种。(√)

322. 对于单杠这个项目,在练习时,保护帮助者应相应站在器械的最容易脱手的部位。(√)

323. 技巧练习中,练习者做向前动作时,保护帮助者应站位于练习者的后侧方。(×)

324. 在支撑跳跃练习时,为了改进第一腾空技术,保护帮助者可站在助跳板的一侧或站在助跳板与跳跃器之间的位置,帮助摆腿或托髋。(√)

325. 在多个练习者做动作时,保护帮助者给予的助力要同样大小。(×)

326. 保护的重点是头颈部,其次是上肢,要避免头部直接着地和直臂手撑地。(√)

327. 在体操教学中,运动技能形成的泛化阶段,一般以保护为主。(×)

328. 实心球属于专门器械。(×)

329. 队列练习,是学员按照一定的队形,做协同一致的动作。(√)

330. 队形练习,是在队列练习的基础上,做各种队形和图形的变化。(√)

331. 在队列队形练习中,二路纵队绕场行进属队列练习。(×)

332. 在队列练习中,立正时,两脚尖分开约90°,两腿挺直。(×)

333. 在队列练习中,看齐时,学生左右间隔为20厘米。(×)

334. 横队从右至左报数时,所有报数者都要向左甩头。(×)

335. 学生听到集合口令后,迅速跑向集合地点,为节省时间,学生可以从基准生和指挥员之间穿过。(×)

336. 在队列练习中,向右转时,应以右脚跟和左脚掌为轴,同时用力转体。(×)

337. 一列横队变二路纵队时,应先向右转,再变二路纵队。(√)

338. 齐步走的步幅约为每步85厘米。(×)

339. 正步走的行进速度为116~122步/分钟。(×)

340. 跑步走的步幅约为每步75厘米。(×)

341. 跑步走的行进速度为150~160步/分钟。(×)

342. 踏步时,听到前进的口令,应迅速迈出左脚,按齐步要领做。(×)

343. 跑步时,听到"立定"口令,应再跑3步,然后右脚靠拢左脚,同时将手放下,成立正姿势。(×)

344. 一路纵队变二路纵队的口令是"成两路纵队——走"。(×)

345. 跑步换齐步走时,应继续向前跑一步。(×)

346. 一路纵队行进,听到"成蛇形——走"口令后,由排头带领左后转弯走一段后,再右后转弯走,然后绕场行进。(×)

347. 口令是队列练习时,指挥员下达的口头命令,应做到清晰、准确悦耳。(√)

348. 根据口令下达的方法不同,可分为短促、连续、断续和复合口令四种。(√)

349. "立正""稍息""报数"为短促口令。(√)

350. "第X名,出列"为复合口令。(×)

351. "向后—转""齐步—走"为断续口令。(×)

352. "一路纵队由分队—合队—裂队—并队",此项操作方法能将一路纵队变成四路纵队。(×)

353. 体操教学中,示范动作要清楚熟练准确,一般是先做分解示范,再进行完整示范。(×)
354. 在徒手体操教学中,对动作难度较大的操节应采用正面示范。(×)
355. 在徒手体操教学中,用于显示左右方向、路线简单的动作应采用镜面示范。(√)
356. 横队时教师的指挥位置,要在队形正前中央等腰三角形的位置。(√)
357. 徒手体操是由身体各个部位不同动作组成的单个动作或成套动作。(√)
358. 根据徒手体操的练习形式,可分为单人动作和双人动作。(×)
359. 双人动作根据用力性质的特点可分为助力性动作、对抗性动作和协同性动作。(√)
360. 两人面对面互相推肩属协同性动作。(×)
361. 对动作的关键及难点部分的示范称为重点示范。(√)
362. 学生与教师示范同步进行的练习称为领做。(√)
363. 根据人体解剖学结构,徒手体操可分为头颈动作、上肢动作、下肢动作、躯干动作和全身动作。(√)
364. 新学一套动作,成套动作不熟练及动作变化复杂的情况下采用分节练习法。(√)
365. 做技巧团身前滚翻时,当腰髋部着垫时再屈腿团身。(×)
366. 整套动作中按技术要求做的第一个动作称为上法。(√)
367. 双杠的支撑摆动技术中,双腿在前摆过程中,肩部应没动作。(×)
368. 双杠的支撑摆动过程中必须以肩为轴,直臂顶肩、紧腰。(√)
369. 双杠的支撑摆动教学规格是前摆高于肘关节,后摆至肩水平。(×)
370. 上板起跳时,双脚应踏在踏板的最前端。(×)
371. 分腿骑坐前进成分腿坐,保护者应站在杠外一侧练习者腿后,一手握其上臂给予助力。(×)
372. 做双杠的滚杠练习时,如只有一个保护者,保护者应站在侧前方,两手托肩背。(×)
373. 在做翻身上这个动作时,保护者应站在侧前方。(√)
374. 做横马分腿腾越的完整练习时,保护者应位于横马的前侧方进行保护。(√)
375. 单杠的骑撑前回环保护帮助的位置应在杠后侧。(√)
376. 用手帮助练习者稳定重心,以维持平衡时,采取的手法应为托。(×)
377. 肋木操属于固定器械体操。(×)
378. 摆动时,肩部尽力远离握点是后倒挂膝上的技术要点之一。(√)
379. 在做双杠的滚杠动作,人体的腰骶部位滚杠。(√)
380. 屈臂支撑不是斜进助跑直角腾跃的技术要点。(√)
381. 前滚翻屈腿团身的时机是肩背着垫时。(√)
382. 双杠的支撑摆动技术,双腿在前摆过程中,当上摆时肩部应拉开肩角,并向前跟肩。(√)
383. 做手倒立前滚翻时,保护者应站在练习者侧,稍偏前方,双手扶练习者腰部。(×)
384. 做手倒立前滚翻时,动作由倒立位置开始,屈髋前倒。(×)
385. 做鱼跃前滚翻时,双手着垫时,有控制的对抗性屈臂、含胸、低头。(√)

386. 学生进行山羊分腿腾越时保护人站在落地点的前面,扶同伴的背部或握住上臂。(√)
387. 队列队形教学内容属于体操教材。(√)
388. 体育课中的综合课是指在一堂体育教学课中,既有新的理论知识介绍,又有新的技术。(×)
389. 体操棍和肋木属于专门器械体操。(×)
390. 队形练习是指行进间的动作。(×)
391. 长拳的手法主要有拳、掌、勾,如:冲拳、劈拳、推掌、挑掌、顶肘、格肘,步法主要有马步、弓步、仆步、虚步、歇步。(×)
392. 武术套路竞赛按年龄可分为:成年赛、青少年赛、儿童赛。(√)
393. 武术套路竞赛中对练完成时间不得少于45秒。(×)
394. 武术套路竞赛中太极拳规定套路完成时间为4分钟。(×)
395. 就武术竞赛场地来说,个人项目的场地为长14米,宽9米,其周围至少有2米宽的安全区。(×)
396. 武术各项比赛的满分为10分。其中动作质量的分值为5分;演练水平的分值为3分;难度的分值为2分。(√)
397. 武术套路比赛中演练水平的评分标准分为3档9个分数段。(√)
398. 武术比赛运动员在赛前30分钟到达指定发地点报到。(×)
399. 武术最原始的特征是民族性、技击性、体育性。(×)
400. 韵律操比赛,可设规定动作和自选动作。规定动作由竞赛组织部门确定,采用统一的动作和音乐进行。(√)
401. 学生身体的匀称度是通过身高标准体重来评价的。(√)
402. 体育课的结构是指一堂课的教材内容安排和教学组织、教法步骤的合理顺序,以及各个环节的时间分配。(√)
403. 课堂常规是教师和学生上课时所必须遵守的规章制度。包括课前、课中、课后常规。(√)
404. 在实施《体育与健康课程标准》时,四个学习内容目标在每节体育课上都要有所体现。(×)
405. 科学的身体锻炼可以促进人体形态、机能的发育,运动能力的提高,适应环境抵抗疾病能力的增强。(√)
406. 一个人只有在身体、心理和社会适应方面保持良好状态才算得上真正的健康。(√)
407. 体育评价应实现多样化,定性评价与定量评价相结合,形成性评价与终结性评价相结合,相对性评价与绝对性评价相结合。(√)
408. 体育课程改革的目的是提高学生兴趣,淡化技能教学。(×)
409. 体育运动本身的特征之一就是团结合作,所以学生在体育学习过程中需要合作。(×)
410. 强调学生的积极参与,体现学生的主体地位,给学生留有充分的时间参与活动,这种体育教学是"放羊式"教学。(×)
411. "关注地区差异和个体差异,保证每一位学生受益",属于课程标准的基本理念。(√)
412. 口令是体育教师课堂常用的指令性术语,动令和预令之间不应有任何停顿,以免影响

学生的行动。(×)

413. 三维健康观是指对空气,环境,身体处于良好状态的认识。(×)

414. 体育教学必须充分体现以身体练习为主的特点和身体、心理、社会适应的三维观。(√)

415. 学生学习成绩评定除有教师评定,学生自我评定外,还必须有家长评定。(×)

416. 一个学校的运动成绩的优劣是判断其学校体育工作的标准。(×)

417. 体育教学中,教师施加的影响、教学内容、教学条件等外因,只有通过教师的教才能实现教学目标。(×)

418. 课程中的《体育与健康》内容,就是体育加上健康知识的内容。(×)

419. 《学生体质健康标准》是《课标》的配套标准。(×)

420. 课程标准没有规定学习内容的时数,提倡根据学生达成学习目标的状况,教师可以随时对不同教学内容的时数和进度进行调整。(√)

421. 《体育与健康课程》不仅有着健身性和综合性,同时还具有基础性和实践性。(√)

422. 在选择体育课程内容时要关注学生的学习兴趣,对现有的运动项目进行适当的改造,或引进一些学生喜欢的新兴体育项目,那些普遍不受学生欢迎的运动项目完全可以不选择。(×)

423. 某同学在傍晚的课外活动中扭伤了脚踝关节,造成闭合性组织损伤。正确的处理方法是 夜间涂上"正红花油"药水。(×)

424. 慢跑项目是属于以无氧代谢为主的运动项目。(×)

425. 现代奥运会的创始人是英国教育家顾拜旦。(×)

426. 体育课上学生左右排列成一行叫列、前后重叠成一行叫路。(√)

427. 健康不仅是没有疾病,而是身体上、心理上和社会适应上都处于良好的状态。(√)

428. 我们的身体包括头、躯干、四肢,这些部位连接在一起,构成了一个完整的人体。(×)

429. 激起人去行动或抑制这个行动的愿望和意图,心理学上叫兴趣。(×)

430. 通过身体重心左右的连线叫横轴,又称额状轴。(√)

431. "体育的研究性学习"是主张通过体育教学,使学生既懂又会,并使学生通过学习运动的原理,掌握较高的技术动作和方法,提高体育教学"智育"因素的过程。(×)

432. 优化体育教学过程,提高体育教学效率是体育教学追求的重要目标。优化的方法就是选取难度大的运动技术,使学生学会一些高、精、尖的技术动作。(×)

433. 体育课中的"练"就是对所掌握的技术、技能进行反复练习,以达到熟练程度。体育教学有特殊性,每一个技术、技能都必须在练习中掌握。因此,体育教学中的练习方法是单一的、独特的,它必须贯穿于课堂教学的始终。(×)

434. 社区体育活动和竞赛也是校外体育资源之一。(√)

435. 体育教师以锻炼学生体质为主,至于心理教育可以忽略。(×)

436. 普通高中《标准》中规定,学生在田径类项目系列中至少必修1学分。(√)

437. 体育教学中的篮球运动是一项集体对抗性的球类游戏。(√)

438. 《国家学生体质健康标准(2014年修订)》中规定,身高、体重、肺活量等都属于身体形

态项目。(×)

439. 根据科学研究,糖是运动时身体能量的主要来源。(√)

440. 测量安静时脉搏一般在安排在上午比较好,年龄越小,脉搏越慢。(×)

441. 现阶段初中每周每班应安排 3 节体育课。(√)

442. 学校体育是一种具有强制性的教育,是社会体育的基础。(×)

443. 学生学习方式的改变应重视提高学生的自主学习、探究学习和合作学习的能力,以促进学生学会学习,提高体育学习和增进健康的能力。(√)

444. 高中学生体育与健康学习成绩评价应采用过程性和结果性评价。(√)

445. 人体每天消耗的能量来自营养素,营养素包括糖、蛋白质、维生素、无机盐和水。(√)

446. 水平六是对全体高中学生的共同要求。(×)

447. 分组教学有分组轮换和分组不轮换。(√)

448. 行进间队列练习中向右转走的预令和动令都落在左脚上。(×)

449. 正确的坐、立、行姿势是坐如钟,站如松,行如风。(√)

450. 重力休克是在剧烈运动中,由于体内大量缺氧所引起的暂时性脑贫血而发生的休克。(×)

451. 出生以后,人的生长发育有三次较快的突增期。(×)

452. 学生进行山羊分腿腾越时保护人站在落地点的前面,扶同伴的背部或握住上臂。(×)

453. 奥运会的宗旨(精神)是:"更快!更高!更强!"。(×)

454. 在体育活动中要注意多喝水,特别是在剧烈活动和夏天更要大量喝水,否则人体将失去水分造成"脱水"。(×)

455. 巧妙运用模型、图片、幻灯、录音、电影等教学媒介来发挥教学作用,体现出了因材施教原则。(×)

456. 分层次教学是注重个体差异的教学组织形式之一。(√)

457. 两个关节面面积大小差别越大,则关节运动幅度大,关节灵活性小。(√)

458. 学校体育教学目标的改革,提出了将学校体育目标与终身体育相结合的新目标体系。(√)

459. 常参加体育运动,会使肌纤维增多。(×)

460. 顺风时投掷铁饼,有利于成绩提高。(×)

461. 中央 7 号文件提出,通过 3~5 年的努力,使我国青少年普遍达到国家体质健康的基本要求,营养不良、肥胖和近视的发生率明显下降,耐力、力量、速度等体能素质明显提高。(√)

462. 跳绳教学中应注意的事项:跳绳的活动量比较大,教师应根据课的需要、学生的年龄特点和健康情况等对跳绳的次数、速度和持续跳绳的时间等提出不同的要求。在每次练习后要有适当的时间,让学生做放松活动。(√)

463. 体育课内要充分发挥学生的主体作用,课程标准明确要求,课的准备与结束部分交给学生,让学生自我管理、自我准备。(×)

464. 为避免运动中脱水,在运动前 5 分钟可根据身体情况补水。(×)

465. 锻炼与控制饮食是降低体重的最佳方法。(√)

466. 奥运五环的蓝、黄、黑、绿和红色分别代表美洲、亚洲、非洲、澳洲和欧洲。(×)
467. 制订体育锻炼计划时,需充分考虑运动的次数、强度和时间三个因素。(√)
468. 跑步速度的快慢应该取决于个人身体素质的高低。(×)
469. 体育课程标准将小学到高中的学习划分为五级水平。(×)
470. 水平三所对应的学习阶段是小学六年级。(×)
471. 按世界卫生组织对健康的定义,健康观是三维的,即身体健康、心理健康、道德健康。(×)
472. 学校是实施《国家学生体质健康标准(2014年修订)》的基本单位,校长是第一责任人。(√)
473. 作为有氧耐力的锻炼手段,慢跑和健身走是一样有效的。(√)
474. 动作示范有正面、背面、镜面三种方向。(×)
475. 学校体育学是体育科学与教育科学的交叉学科。(√)
476. 德绍五项是指跑步、跳高、攀登、平衡和负重。(√)
477. 中国的学校体育是从18世纪后期开始从西方一些国家传入的。(×)
478. 国家体委于1954年制定并公布了《劳卫制》。(√)
479. 自然主义体育理论是在苏联凯洛夫教育理论影响下形成的一种体育学说。(×)
480. 最早把体育引进学校教育的教育家是德国的巴泽多。(√)
481. 1923年公布《新学制课程标准》,正式把"体操科"改为"体育科"。(√)
482. 学校体育是随着社会的政治、经济以及教育和体育的发展而发展,并逐步形成体系。(√)
483. 军国民体育理论认为:体育是通过身体进行的一种教育活动。(×)
484. 法国教育家卢梭主张教育应回归自然,顺应儿童的本性,按儿童的兴趣、爱好组织活动,使儿童的身心都得到自由的发展。(√)
485. 神经系统的组成由脑和分布全身的神经所组成。(×)
486. 血液自创口向体外流出叫外出血。(√)
487. 水是人体运动时重要的能量物质。(×)
488. 骨骼肌属于随意肌。(√)
489. 增强运动员的体质是竞技运动最本质的特点之一。(×)
490. 亚油酸是人体自身能合成的必需脂肪酸。(×)
491. 学生学习评价应发挥评价的多元性,以促进学生的发展为目的。(√)
492. 田径中的弓步和武术中的弓步其动作的规格、要求相同。(×)
493. 剧烈运动后,血浆中pH值降低。(√)
494. 在形成运动技能的过程中身体素质得不到发展。(×)
495. 运动技能的发展和提高,有赖于人们对人体机能规律的深刻认识和自觉运用。(√)
496. 运动技能的形成,是由于大脑皮质上各感觉中枢之间产生了暂时神经联系。(×)
497. 大脑皮质的调节对人的随意运动起关键作用。(√)
498. 掌握运动技能就是建立反射的过程。(×)

499. 大脑皮质建立的运动动力定型越巩固,学新技术就越易受干扰,不容易形成。(×)

500. 在形成运动技能的过程中,各阶段时间的长短随动作的复杂程度和学员的训练程度不同而不同。(√)

501. 形成运动技能的泛化阶段,学员对动作的内在规律已经完全理解了。(×)

502. 形成运动技能的泛化阶段,大脑皮质的分化抑制得到发展。(×)

503. 形成运动技能的泛化阶段,学员表现为做动作僵硬、不协调、出现多余动作、费力。(√)

504. 形成运动技能的泛化阶段,教师应该强调动作细节。(×)

505. 在形成运动技能的分化阶段时,大脑皮质运动中枢内兴奋和抑制过程逐渐集中,内抑制过程加强。(√)

506. 在形成运动技能的分化阶段时,运动条件反射还未建立起来。(×)

507. 在形成运动技能的分化阶段,学员遇到新异刺激时,多余的和错误的动作不会重新出现。(×)

508. 形成运动技能的巩固阶段,动作的某些环节达到了自动化过程。(√)

509. 形成运动技能的巩固阶段,内脏器官与运动器官协调配合的更加完善。(√)

510. 运动技能掌握的越不巩固,越容易消退。(√)

511. 动作越复杂,难度越大,越不容易消退。(×)

512. 在无意识的情况下完成自动化动作时,全部过程都不需要大脑皮质的参与。(×)

513. 运动技能已经达到自动化阶段,运动员仍应不断检查动作质量。(√)

514. 动作达到自动化后,第二信号系统的活动可摆脱第一信号系统的束缚。(√)

515. 充分利用各感觉机能之间的相互作用,就可以促进运动技能的形成。(√)

516. 大脑皮质处于适宜兴奋状态,有益于运动技能的形成。(√)

517. 充分利用语言的强化作用,有助于运动技能的形成。(√)

518. 想练结合教学法的生理机制,是由于大脑皮质上使这一运动技能的暂时联系再一次接通,等于接受了又一次强化。(√)

519. 采用提高动作难度的方法来提高学员的分化能力,可以使运动技能掌握得更精确。(√)

520. 在学习高难度动作时,应当采取一些有效措施,以消除学员的防御心理。(√)

521. 基本环节相同的动作或附属细节相同的动作,在练习中,运动技能可以相互促进或相互影响。(√)

522. 四种强度跑,由于它们动作的基本环节相同,所以练习时,可以促进运动成绩的提高。(×)

523. 保证运动技能不断得到校正和完善的结构是反馈环路。(√)

524. 力量素质发展的最高阶段(增长速度的最高峰),男孩在11~13岁,女孩在10~13岁。(√)

525. 速度素质发展最高阶段,男孩在8~13岁,女孩在9~12岁。(√)

526. 1979年召开的扬州会议是新中国成立以来规模最大的一次学校体育卫生工作会议。(√)

527. 实施素质教育后,体育教学应取消体育测试。(×)

528. 体育教学评价是系统研究体育教学系统、教学过程和制订教学计划的过程及其方法。(×)

529. 绝对评价是把测试的原始成绩与客观的应有标准进行比较,评价个体或群体是否达到这一标准。(√)

530. 在体育教学评价中,根据评价所运用的标准和方法不同,可以分为诊断评价、形成性评价和综合评价。(×)

531. 在体育教学评价中,对教师教学质量的评价和对学生学习的评价应是两个相对独立的过程。(×)

532. 体育教学物质环境主要由体育活动的场所、体育运动的设备和体育时空要素等要素构成。(√)

533. 体育教学社会心理环境的构成要素主要有体育教学传统与风气、体育课堂教学气氛、体育教学中的人际关系、教师人格与教学行为、领导方式。(√)

534. 确定某种新的体育教学方法手段的效果的研究,主要是通过有关问题的问卷调查法来验证。(×)

535. 为描述某种体育活动现状、反映体育实践动态的课题,应以种类调查法为主,以便获取现状的第一手材料。(√)

536. 第一届现代奥运会是公元1896年召开的。(√)

537. 跑步运动后人体出汗较多,水分消耗较大,这时应大量饮水。(×)

538. 体育价值观是人们在制定与实施学校体育时的态度与选择,常常表现为强调体育的某些功能,弱化或忽视某些功能。(√)

539. 课余体育训练目标是预期通过对少数具有一定智力因素的学生的训练能得到的结果。(×)

540. 课外体育活动是实现我国学校体育目标的重要组织形式,它包括早操(早锻炼)、课间操(课间活动)、群众性的体育锻炼、课外运动训练与课余体育竞赛,以及在校外进行的远足、郊游、夏、冬令营等形式的体育活动。(√)

541. 上好体育课是实现学校体育目标的基本途径,仅靠体育课堂和课外活动就能完成教学目标。(×)

542. 学生是学校体育工作的组织者和实施者,是做好学校体育工作的关键。(×)

543. 体验性目标或表现性目标指向无需结果化或难以结果化的体育课程教学锻炼训练竞赛等目标。(√)

544. 学校体育工作与卫生保健工作是促进和保证学生身心健康成长的不可分割的两个方面,必须统筹安排,紧密结合起来进行。(√)

545. 学校体育目的涉及的是既定的体育过程,是整个体育,甚至是整个教育追求的最终结果。(×)

546. 教学是教师和学生双边活动的过程，它并不包括课程的设计及课程标准的制定。(√)

547. 体育实践类课程与运动训练有很大的区别，从事身体练习是两者共同的特征。(√)

548. 体育学习不论是身体认知过程(技能掌握)，还是一般的认知过程(概念掌握)，它们均会对人的体能产生影响。(×)

549. 体育课程的功能是根据社会发展及儿童发展的自身需要，对体育功能合理选择和组合的结果。(√)

550. 目的论体育价值观和人本主义课程论主张注重体育课程的自我体验和促进自我发展的价值，以有效地完善学生的独立人格，促进其技术全面协调发展。(×)

551. 学科中心论强调教学以体育教师为中心，突出了教师的主导作用，体育教师扮演支配与控制的角色。(√)

552. 体育课程所指的人文精神是指以文、史、哲、艺术为精髓的对体育价值的判断。(√)

553. 促进身心的全面发展是区别于其他一切文化类课程的显著特点。(×)

554. 精英教育具有狭隘的体育课程观念，认为课程即体育科目，特别是体育考试科目。(√)

555. 体育与健康课程是一门以体育技能为主要内容的课程。(×)

556. 高中体育与健康的课程内容划分为必修必学和必修选学两个部分。(√)

557. 高中阶段，女生肌肉绝对力量的增长落后于体重的增长。(√)

558. "五禽戏"是由华佗发明的。(√)

559. 体育教学过程的三个阶段就是动作技能形成的三个阶段。(×)

560. 体育教学中，为显示动作的前后部位可采用正面示范。(×)

561. 体育课的基础结构是根据人体生理机能活动能力变化规律提出的。(√)

562. 技评属于体育课的客观评价标准。(×)

563. 重复练习法是在两次练习之间没有严格规定的间歇时间。(√)

564. 体育教学条件包括构成体育教学系统的物质性要素即由主体性要素与物质性要素相互作用而形成的"教育场"。(√)

565. 运动技能是体育学习中的核心和主体部分，是实现其他学习目标的手段之一。(√)

566. 增进健康是学校体育的重要功能，也是体育课程的唯一目标。(×)

567. 课时教学目标制订时应着重关注学生的学。(√)

568. 学生学业成绩的评价重点应放在同一学生前后态度和行为的变化上。(√)

569. 课时教学计划中，应该将四个学习内容目标作为每一课时的教学目标，只有这样，才能使课时的教学目标更加全面、更加科学。(×)

570. 促进学生健康发展是发展学校体育、改革学校体育的一个主旋律。(√)

571. 竞技体育进入学校体育教学时必须经过教材化处理。(√)

572. 体育教学设计是研究体育教学系统、教学过程和制订教学计划的过程及其方法。(√)

573. 体育与健康教学过程中,除具有教育教学一般规律外,还具有自身特殊规律。(√)

574. 异质分组是指分组后,不同小组间的学生在体能和运动技能方面,均存在差异。(×)

575. 体育与健康教学以身体练习为主要手段,不是以知识传授为主。(√)

576. 体育与健康课程是体育与健康课程合二为一的课程。(×)

577. 学生的体育兴趣是体育与健康课程和教材改革的唯一依据。(×)

578. 任何一种体育教学方法都有一定的局限性,都不是万能的。(√)

579. 体能是指人体各器官系统的机能在身体活动中表现出来的能力。(√)

580. 为了使全体同学都能听清教师的讲解,教师的所有指导活动不应在学生的练习过程中进行。(×)

581. 小学阶段的体育课程应以游戏和身体活动的教学为主。(√)

582. 不论技术环节有多少个,其中必定有一个环节对动作的质量和效果起决定性的作用,这一环节称技术关键环节。(√)

583. 学校体育是终身体育的基础环节。(√)

584. 准备部分的任务主要是进行生理上和心理上的准备,逐步提高大脑皮层的兴奋性,使人体进入工作状态。(√)

585. 极点就是第二次呼吸。(×)

586. 运动中腹痛是指因体育活动而引起或诱发的腹痛,其中以左上腹疼痛最常见。(√)

587. 教学方式是教学方法的细节或构成部分,其本身不能独立地完成某项教学任务。(√)

588. 发展学生的体能是促进学生身体健康最基本的目标,针对小学生体能发展的敏感期特点,小学阶段应重点发展学生的速度和有氧耐力。(×)

589. 体育课和课余体育活动是实现学校体育目标的重要组织形式,二者是可以独立实现学校体育目标的。(×)

五、计算题

1. 有一个400米标准半圆式田径场,其中半径为36.5米,分道宽为1.22米,道数为9道,请问需要一块多大的空地?目前,举办大型田径比赛为什么要设计9条跑道,请简述之。(π=3.14159,四周留出2米空地)

答:设半径为r,分道宽为d,道数为n,直段为m,则,r=36.5米,d=1.22米,n=9。

∵2m+2π(r+0.30)=400

∴m={400−2×3.14159×(36.5+0.30)}÷2=84.39(米)

所需空地长度=m+2r+2(dn+2)=84.39+73+25.96=183.35(米)

所需空地宽度=2r+2(dn+2)=73+25.96=98.96(米)

第一,录取下一个赛次出现第八名成绩相等时允许并列第八名的运动员进入下一个赛次,对运动员显得比较公平。

第二,因为第一道计算线为0.3米而后几道的计算线为0.2米,为了使比赛显得更加公平公正,一般在编排的过程中放弃第一道。

2. 某校要设计一个半径为20米的非标准田径场,跑道6条,道宽1米,四周留空地1米。(1)请你列式算出空地至少要多少宽?(2)写出第一道和第二道弯道的计算公式。

答:设半径为r,分道宽为d,道数为n,则r=20,d=1,n=6,

(1)空地宽=2(r+dn+1)或2(半径+道宽+预留空地宽)

=2(20+6×1+1)=2×27=54(米)

(2)第一道:2π(r+0.30)或2π(20+0.30)

第二道:2π(r+d+0.20)或2π(20+1+0.20)

3. 建造一个200米的半圆式田径场,半径为16米,问至少要多长、宽各多少的空地?第一道两个弯道长多少米?一个直段长多少米?(要求场地四周留余地1米,6条跑道,分道宽1.22米,π取4位小数,要求列出公式)。

答:设半径为r,分道宽为d,道数为n,第一道周长为C,则r=16,d=1.22,n=6,C=200

(1)空地宽=2(r+dn+1)=2×(16+1.22×6+1)=2×24.32=48.64(米)

(2)第一道两个弯道长:2π(r+0.30)=2×3.1416×(16+0.30)=102.4162(米)

(3)一个直段长=(200−102.4162)÷2=48.7919(米)

(4)空地长=一个直段长+2(r+dn+1)=48.7919+2(16+1.22×6+1)=48.7919+48.64=97.4319(米)

4. 有一块地,经丈量长为105米,宽为48米,计划修一个6条分道,分道宽为1米,四周各留余地2米的半圆式田径场,问能设计一个周长为多少米的田径场?(要求列出计算式,跑道全长为整数,π=3.14159)

答:设半径为r,分道宽为d,道数为n,直段为m,第一道的周长为C,则d=1米,n=6。

∵48=2r+2(dn+2)

∴r={48−2(1×6+2)}÷2=16(米)

∵105=m+2r+2(dn+2)

∴m=105−2r−2(dn+2)=105−2×16−2×(1×6+2)=57(米)

C=m×2+2π(r+0.3)=57×2+2×3.14159×16.3=216.42(米)

C多余=216.42−200=16.42(米)

新半径=r−C多余÷(2π)=16−16.42÷(2×3.14159)=13.39(米)

C标准=2m+2π(13.39+0.3)=2×57+2×3.14159×13.69=200(米)

5. 现有一长140米、宽70米的土地,请你在这块土地上设计一个6条跑道的300米半圆式田径场。要求回答设计步骤,并列式求出各跑道的长度,π=3.14159,四周留出2米空地。

答:设半径为r,分道宽为d,道数为n,直段为m,第一道的周长为C,则d=1.22,n=6,C=300

∵70=2r+2(dn+2)

∴r=70−2(dn+2)={70−2(1.22×6+2)}÷2=25.68(米)

∵C=2m+2π(r+0.3),300=2m+2×3.14159×25.98

∴m=(300−2×3.14159×25.98)÷2=68.4(米)

直道长=68.4+2×25.68+1.22×6=127(米)

C=2π(r+0.3)+2m=300(米)

=2×3.14159×(25.68+0.3)+2×68.4=300(米)

第二道长度 C2=2×3.14159×(25.68+1.22+0.2)+2×68.4=306.99(米)

第三道长度 C3=2×3.14159×(25.68+1.22×2+0.2)+2×68.4=314.65(米)

第四道长度 C2=2×3.14159×(25.68+1.22×3+0.2)+2×68.4=322.31(米)

第五道长度 C2=2×3.14159×(25.68+1.22×4+0.2)+2×68.4=329.97(米)

第六道长度 C2=2×3.14159×(25.68+1.22×5+0.2)+2×68.4=337.63(米)

6. 以400米半圆式田径场为例，内沿半径为36米，分道宽为1.22米。请计算200米项目第三道的前伸数？（必须列出计算公式，π=3.14）

答：设半径为r，分道宽为d，道数为n，第一道的周长为C，则d=1.22，n=3，C=400

200米项目第三道前伸数=2π{(n−1)d−0.1}÷2

=2×3.14×(2×1.22−0.1)÷2

=3.14×2.34

=7.3476(米)

7. 以400米半圆式田径场为例，内沿半径为36米，分道宽为1.22米。请计算400米项目第三道的前伸数？（必须列出计算公式，π=3.14）

答：设半径为r，分道宽为d，道数为n，第一道的周长为C，则d=1.22，n=3，C=400

400米项目第三道前伸数=2π{(n−1)d−0.1}

=2×3.14×(2×1.22−0.1)

=2×3.14×2.34

=14.70(米)

8. 在下面跳高成绩记录表上填写成绩、名次和相关的内容。

运动员	跳跃高度(米)						失败次数	决名次跳高度	成绩	名次
	1.45	1.50	1.54	1.58	1.61	1.64				
1	0	×0	0	×0	×××					
2	—	×0	—	×0	—	×××				
3	—	0	×0	×0	×××					
4	—	×0	×0	×0	×××					

0为成功；×为失败；—为免跳

答案:

运动员	跳跃高度(米)						失败次数	决名次跳高度			成绩	名次
	1.45	1.50	1.54	1.58	1.61	1.64		1.61	1.59	1.61		
1	0	×0	0	×0	×××		2	×	0	×	1.59	2
2	—	×0	—	×0	—	×××	2	×	0	0	1.61	1
3	—	0	×0	×0	×××		2	×	×		1.58	3
4	—	×0	×0	×0	×××		3				1.58	4

9. 有11个队参加篮球赛,第一阶段分两组采用单循环赛,各决出前三名。小组前三名进入第二阶段,第一阶段成绩带入到第二阶段,第二阶段采用单循环赛决出名次。每队每天比赛一场球,问共需几天几场比赛？写出轮次表和场数计算式。

答:第一阶段:轮次表

第一小组　　1—6　　　　1—5　　　　1—4　　　　1—3　　　　1—2
　　　　　　2—5　　　　6—4　　　　5—3　　　　4—2　　　　3—6
　　　　　　3—4　　　　2—3　　　　6—2　　　　5—6　　　　4—5

第二小组　　0—5　　　　0—4　　　　0—3　　　　0—2　　　　0—1
　　　　　　1—4　　　　5—3　　　　4—2　　　　3—1　　　　2—5
　　　　　　2—3　　　　1—2　　　　5—1　　　　4—5　　　　3—4

天数:5个轮次即5天

场次=6×5÷2=15场

第二阶段:

天数:5个轮次(5天)减去2个轮次(第一阶段成绩带入到第二阶段的成绩)只有3个轮次(3天)。

场次:15场减去6场(第一阶段成绩带入到第二阶段的成绩)只有9场。

共计:34场8天

10. 有17队参加的男子篮球赛,第一阶段分2小组进行单淘汰赛(只要前四名),小组前四名再进行第二阶段单循环比赛,试问共需进行多少场比赛？

答:第一阶段:单淘汰赛　第一组8队:4场　　　第二组9队:抢号1场+4=5场

第二阶段:单循环　　8队:7轮×4=28场

共计28+4+5=37场

11. 排出有13个队参加的单淘汰编排竞赛表,计算出轮次和场次。

答:(1)轮次等于选用号码位置数对2的乘方数,$16=2^4$,共需4轮比赛

(2)场数=参加队(人)数−1=13−1=12

(3)竞赛表

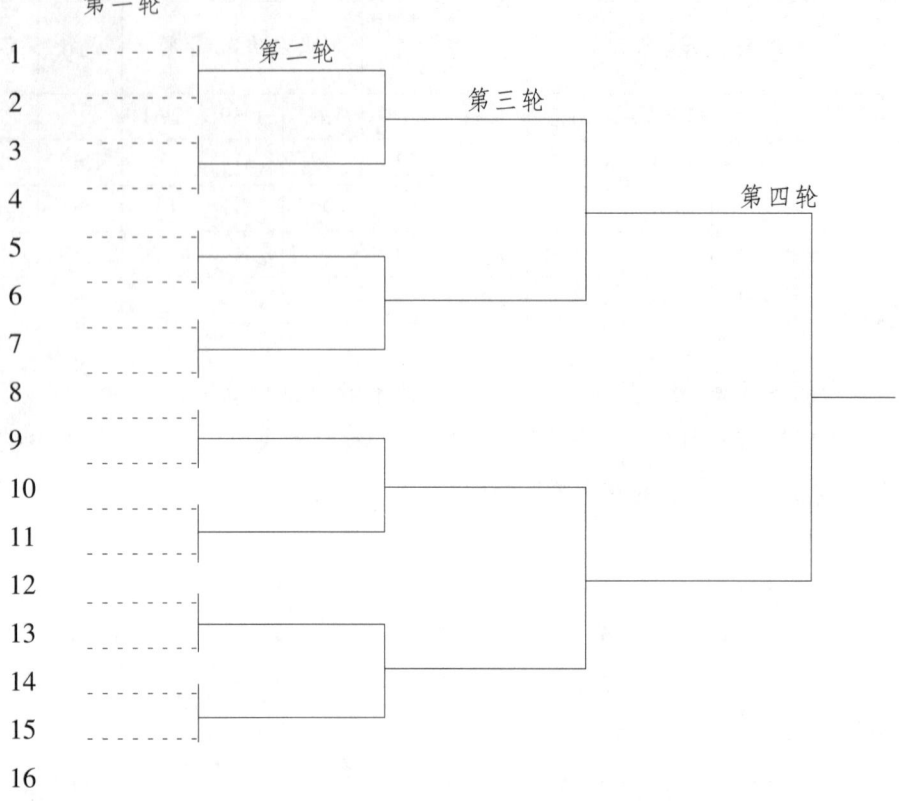

有三个轮空位置,一般种子运动员优先轮空,1、16、9 三队为种子队。

12. 有 7 队参加篮球队,采用单循环的比赛方法,请你用数字代表各队,排出单循环轮次表。并回答下列问题:(1)比赛共进行几轮?(写出计算轮次的公式)(2)有几场比赛?(写出计算比赛场次的公式)

答:(1)篮球比赛轮次:

第一轮	第二轮	第三轮	第四轮	第五轮	第六轮	第七轮
1—0	1—7	1—6	1—5	1—4	1—3	1—2
2—7	0—6	7—5	6—4	5—3	4—2	3—0
3—6	2—5	0—4	7—3	6—2	5—0	4—7
4—5	3—4	2—3	0—2	7—0	6—7	5—6

奇数队参赛,轮次=队数,偶数队参赛,轮次=队数-1,共 7 轮。

(2)场数计算公式:场数=队数(队数-1)÷2=7×6÷2=21。

13. 某校篮球赛 9 个队分 A、B 两组采用单循环比赛,小组前二名进行交叉赛,决一、二、三、四名,小组第三名决五、六名,试问每队每天一场比赛,第一阶段共需几天?几场比赛?整个比赛有几场比赛?排出比赛轮次表。

答:(1)第一阶段:要计算 A 组和 B 组的场次,并排出轮次。

A组

1—0	5—0	4—0	3—0	2—0
2—5	1—4	5—3	4—2	3—1
3—4	2—3	1—2	5—1	4—5

场次 5×(5-1)/2=10 场

需比赛天数 5 天

B组

| 1—4 | 1—3 | 1—2 |
| 2—3 | 4—2 | 3—4 |

场次:4×(4-1)/2=6 场

需比赛天数:3 天

故第一阶段共需5天,16场比赛。

(2)第二阶段:要计算小组前2名交叉赛的场次,并列出比赛秩序

A1—B2 A1B2负队—A2B1负队 决第三、四名

A2—B1 A1B2胜队—A2B1胜队 决第一、二名

A3—B3 决第五、六名

故第二阶段共有5场比赛,整个比赛共有16+5=21场比赛。

14. 以下是某校高二年级篮球比赛成绩记录表,请填全表格。

篮球比赛成绩记录表

队名\比分\队名	高二(1)	高二(2)	高二(3)	高二(4)	高二(5)	高二(6)	积分	得失分率	名次
高二(1)		72:99	75:76	69:103	79:104	83:64			
高二(2)			102:58	68:55	82:89	99:64			
高二(3)				77:101	81:87	83:84			
高二(4)					83:101	77:69			
高二(5)						89:70			
高二(6)									

答案：

篮球比赛成绩记录表

队名\比分\队名	高二(1)	高二(2)	高二(3)	高二(4)	高二(5)	高二(6)	积分	得失分率	名次
高二(1)		72∶99 1	75∶76 1	69∶103 1	79∶104 1	83∶64 2	6	158/140 =1.13	4
高二(2)	99∶72 2		102∶58 2	68∶55 2	82∶89 1	99∶64 2	9		2
高二(3)	76∶75 2	58∶102 1		77∶101 1	81∶87 1	83∶84 1	6	159/159 =1	5
高二(4)	103∶69 2	55∶68 1	101∶77 2		83∶101 1	77∶69 2	8		3
高二(5)	104∶79 2	89∶82 2	87∶81 2	101∶83 2		89∶70 2	10		1
高二(6)	64∶83 1	64∶99 1	84∶83 2	69∶77 1	70∶89 1		6	148/166 =0.89	6

15. 某校高一年级举行足球比赛，成绩如下表，请填全表格的内容。

队名\比分\队名	高二(1)	高二(2)	高二(3)	高二(4)	高二(5)	高二(6)	积分	进球数	失球数	净胜球	名次
高二(1)		4∶2	1∶0	2∶0	2∶2	0∶0					
高二(2)			1∶3	0∶1	1∶1	0∶1					
高二(3)				2∶1	0∶2	3∶3					
高二(4)					2∶0	1∶4					
高二(5)						0∶1					
高二(6)											

答案：

队名 比分 队名	高二 (1)	高二 (2)	高二 (3)	高二 (4)	高二 (5)	高二 (6)	积分	进球数	失球数	净胜球	名次
高二(1)		4:2 3	1:0 3	2:0 3	2:2 1	0:0 1	11	9	4	5	抽签
高二(2)	2:4 0		1:3 0	0:1 0	1:1 1	0:1 0	1	4	10	-6	6
高二(3)	0:1 0	3:1 3		2:1 3	0:2 3	3:3 1	7	8	8	0	3
高二(4)	0:2 0	1:0 3	1:2 0		2:0 3	1:4 0	6	5	8	-3	4
高二(5)	2:2 1	1:1 1	2:0 3	0:2 0		0:1 0	5	5	6	-1	5
高二(6)	0:0 1	1:0 3	3:3 1	4:1 3	1:0 3		11	9	4	5	抽签

16. 如有10队参加比赛，先分为两小组进行循环赛，然后两小组一、二名同一天进行同名次决赛，请问比赛共有多少轮次？比赛需要几天？比赛总场次多少？（每队每天1场比赛，要求列出计算式）

答：小组比赛轮次=奇数队数=10/2=5，决赛1轮，共6轮。

比赛天数=小组轮次+决赛轮次=5+1=6

比赛总场次=小组场次+决定场次=N×(N-1)/2×2+2

=5×(5-1)/2×2+2=22

17. 有16队参加的排球赛，分两阶段进行比赛。预赛阶段：将16队分成两组进行单循环赛，排了各小组名次。决赛阶段：将预赛各组前三名划为一组参加决赛，且预赛中相遇两队的成绩带入决赛阶段，用单循环决出1~6名。请你计算出预、决赛赛总共需进行多少轮次、多少场次的比赛？要求写出相应的运算公式和运算步骤。

答：轮次=队数-1，预赛7轮，决赛3轮(小组比赛2轮带入决赛阶段，原本需要5轮的决赛实际只需比3轮)；

场数=队数(队数-1)/2，预赛一个组场数=8×(8-1)÷2=28，两组为56场。决赛为9场(减去决赛中与预赛重复的场数6场)，总共需要65场。

六、简答题

1. 请试述正规田径比赛中径赛项目"抽签排定道次"的方法。

答：100米至800米的各项径赛、4×400米及以下各项接力赛，如在一次比赛中要连续进行

几个赛次时,应按下列规定抽签排定道次:

(1)第一个赛次,抽签排定道次。

(2)对于后续赛次,应根据规则规定的程序,在每一赛次之后对运动员排序,然后分二次抽签排定道次:

①选择排列前四名的运动员或队,抽签排定3、4、5、6道。

②选择排列第5~8名的运动员或队,抽签排定1、2、7、8道。

2. 田径比赛中有哪些成绩相等?请任选一种简述判定名次的方法。

答:径赛成绩相等、高度成绩相等、远度成绩相等、全能成绩相等、及格赛成绩相等、录取下一赛次成绩相等。

例:田赛远度项目如成绩相等,应以其次优成绩判定名次。如次优成绩仍相等,则以第三较优成绩判定,以此类推,如依然成绩相等,则运动员的比赛名次并列。

3. 在径赛中,出现成绩相等时如何处理?

答:如果裁判或终点计时裁判不能够根据规则判定任何排位,则运动员将成绩相等、排位并列。

在任一赛次中,按成绩录取进入下一赛次时,如遇成绩相等,电动计时应考虑0.001秒,手计时考虑0.01秒;如仍相等,则有关运动员均应进入下一赛次,如条件不允许,则抽签决定进入下一赛次的人选。

4. 跳高成绩相等时如何排列名次?

答:如果2名(或者2名以上运动员)跳过同样的最后高度,将按以下程序决定名次:

(1)在最后跳过的高度上,试跳次数较少者名次列前。

(2)如成绩仍然相等,则在包括最后跳过的高度在内的全赛中,试跳失败次数较少者名次列前。

(3)如成绩仍相等,但不涉及第一名时,则运动员的比赛名次并列。

(4)如涉及第一名时,在成绩相等的运动员间进行决名次跳。

①相关运动员必须在每个高度进行试跳,直到决出名次,或者所有相关运动员决定不再进行试跳。

②每名运动员在每个高度上只有一次试跳机会。

③运动员应在最后越过高度的下一高度上进行决名次跳。

④如果有关运动员都跳过或未跳过而仍不能判定名次,则横杆应提升或降低2厘米。

⑤如果运动员不在该高度上进行试跳,那么他将自动失去争夺更高名次的资格。如果该情况下,只剩下一名运动员,不管他是否试跳该高度,他都将获得冠军。

5. 简述田径比赛团体总分成绩相等时的处理方法。

答:(1)总积分较多者列前;(2)如总积分相等,应以破纪录项或次数多者列前;(3)若再相等,则以第一名多者列前;(4)若仍相等,则以第二名多者列前,依此类推。

6. 接力跑项目的比赛哪些属于犯规情况?

答:运动员必须手持接力棒跑完全程。如发生掉棒,必须由掉棒运动员捡起,允许掉棒运动员离开自己的分道捡棒,但不得因此缩短比赛距离。如果遵守上述程序,并未侵犯其他运动员,则不因掉棒而被取消比赛资格。在所有接力赛跑中,必须在接力区内传递接力棒。在接力区外传接棒将被取消比赛资格。

7. 如何处理田径比赛中的受阻问题?

答:径赛运动员挤撞或阻挡别人而妨碍别人走或跑时,应取消其比赛资格。在比赛中如发生此类情况,有关裁判长有权命令除被取消资格以外的运动员重赛。如发生在预赛,可允许任何由于受推或阻挡而受到严重影响的运动员参加下一赛次的比赛。在田赛的某一次试跳、试掷中,因故受阻的运动员,有关裁判长有权给其重新试跳、试掷的机会。(不管是否存在取消比赛资格的情况,在特殊情况下,裁判长如认为重新比赛是公正和有理由的,可下令重赛)。

8. 请举出在径赛项目的比赛中,主裁判和检查员之间的旗示(至少4种)。

答:犯规旗示、换位旗示、预备旗示、询问旗示。

9. 说明四百米标准田径场的1500米预跑线与起跑线画法。

答:先在第三分界线上离跑道的内突沿30厘米取一点O,然后沿第一道的运动员实跑线向第二分界线方向量100米至C点,以O为圆心,以OC(100米)为半径向外道划弧与跑道的外突沿相交于D,得CD弧,此弧即是1500米赛跑的起跑线。再同样以103米为半径画虚线弧即预跑线。

10. 田径竞赛规程包括哪些内容?

答:(1)主办单位;(2)承办单位;(3)竞赛日期和地点;(4)参加单位;(5)竞赛项目;(6)竞赛日程;(7)参加办法;(8)竞赛办法;(9)计分办法;(10)报名与报到;(11)赛事代表(或裁判);(12)未尽事项;(13)本规程的解释权。

11. 编排竞赛日程应注意哪些事项?

答:(1)正确估算各项比赛所需时间,核实与运动会比赛时间是否相符。

(2)径赛每一赛次的最后一组赛完至下一赛次的第一组或决赛开始前的最短休息时间:

200米及200米以下各项为45分钟。

200米以上至1000米各项为90分钟。

1000米以上的项目不在同一天进行。

全能项目各单项比赛的间隔时间至少30分钟。

(3)按兼项的一般规律,把性质相近的项目分开编排,以减少兼项冲突。

如:100米和200米、800米和1500米、100米和跳远、400米和400米栏、100米和4×100米接力、400米和4×400米接力、跳远和三级跳远、铅球和铁饼。

(4)性质相近的项目,应注意其比赛的先后顺序。

(5)径赛项目中,不同组别和性别的同一项目比赛,要衔接编排;田赛项目中,不同组别的同一项目比赛,不要安排在同一时间进行。

(6)不得安排两个长投项目同时进行。

(7)跨栏跑项目一般安排在单元的第一项,也可安排在长距离跑比赛之后。

(8)200米以下(包括100米栏)的径赛项目,最好一天内结束。

(9)决赛和较精彩的项目尽量分开编排,接力跑比赛应安排在单元的最后。

(10)运动会最后一项可编排长距离跑或不计团体总分的表演项目。

(11)每单元的比赛,应尽可能使径赛和田赛同时结束。

12. 学校举行田径运动会时,必须编排秩序册,你认为秩序册应包括哪些内容?

答:(1)封面;(2)目录;(3)竞赛规程;(4)开幕式、闭幕式程序;(5)组委会及工作人员名单;(6)仲裁委员会名单;(7)裁判员名单;(8)各单位参加人数统计表;(9)各项参加人数统计表;(10)兼项人数统计表;(11)大会作息时间表;(12)各代表队名单;(13)竞赛日程表;(14)竞赛分组表;(15)男女最高纪录表;(16)场地平面示意图。

13. 根据所任学段的教学特点,谈谈田径教材对促进学生身心健康方面的功能与价值。

答:(1)锻炼身体,发展人体基本活动能力,形成良好的身体形态;

(2)促进身体各器官、系统功能的提高;

(3)促进心理健康发展,培养坚强的毅力和勇往直前的精神;

(4)培养竞争知识和合作精神,增强学生对自然和社会的适应能力;

(5)提高运动技能,超越自我,发展专长。

14. 如何测量运动员的步频、步幅,举例说明。

答:测量统计运动员在跑的过程中跑道上钉鞋留下的痕迹。

例:某运动员百米成绩11秒,全程跑49步,则有:

(1)全程平均步幅=距离/步数=100米/49=2.04米/步

(2)全程平均步频=步数/时间=49步/11秒=4.45步/秒

(3)全程平均速度=距离/时间=100米/11=9.09米/秒

15. 试用动作周期简述走与跑的主要区别。

答:走的一个周期包括两次单脚支撑和两次双脚支撑,不允许出现身体腾空现象。

跑是单脚支撑与腾空的交替,一个周期由两次单脚支撑和两次腾空组成,这是走与跑的主要区别。

16. 试述组织学生进行快速跑练习的方法(至少6种)。

答:(1)高抬腿跑;(2)后退跑;(3)小步跑;(4)往返跑;(5)曲线跑;(6)后蹬跑;(7)侧身跑;(8)车轮跑等。

17. 在日常体育教学中,请至少举出5个学生喜欢的发展灵敏素质的练习方法。

答:灵敏协调素质是指人体在各种突然变化的条件下,迅速、正确、协调改变身体运动的能力,是人的一种综合素质,是田径运动员不可缺少的身体素质之一。

(1)立卧撑测试;(2)象限跳测试;(3)十字变向跑;(4)快速急停;(5)迅速转体;(6)改变方向的追449;(7)对信号做出反应。

18. 说出侧向原地推铅球的技术动作要领。

答:(1)握球:推球的手五指自然分开,将铅球放在食指、中指、无名指的指根处,拇指和小指扶住球的两侧,手腕背屈。

(2)持球:将球放在锁骨窝处,铅球紧贴颈部和下颌,肘关节抬起自然外展略低于肩,投掷手臂放松。

(3)预备姿势:握持好球后,侧对投掷方向,两脚左右开立比肩稍宽,左脚尖与右脚跟在同一条直线上,右脚与投掷方向成90~135度,左脚与投掷方向约成45度,身体向右倾斜,重心在右腿上,左臂微屈置于体前,低头、含胸目视右下方2~3米处。

(4)最后用力:铅球出手角度:38~42度,球离手时手腕要用力,并用手指拨球。与推球的同时,左腿用力向上蹬直,以增加铅球向前和向上的力量。球出手后,右腿迅速与左脚交换,左腿后举,降低身体重心,缓冲向前的力量,以维持身体的平衡。

19. 为什么说最后用力技术是背向滑步推铅球技术的关键?

答:因为最后用力技术关系到能否发挥人体的力量和速度,使铅球获得最大的出手速度、适宜的出手角度和应有的高度,而这些对获得优异运动成绩具有决定性的作用。

20. 投掷项目预加速阶段的共同要求是什么?

答:动作自然、协调,充分利用场地,均匀加速并有一定节奏;能控制住器械,能维持良好的身体平衡。另外,预加速的速度大小要与运动员的技术和身体素质水平相适应,并与投掷的最后用力阶段紧密结合,此阶段结束时,应形成超越器械姿势,为最后用力阶段创造良好的条件。

21. 在投掷教学中,最应注意的是安全,你在实际教学中是怎样做的?

答:(1)建立课堂常规,强化纪律教育。如:未经允许不擅自离开队伍,要求学生穿运动服上课,身上不能带有小刀等锋利硬物,不要佩带胸针等饰品,不要留长指甲等。

(2)上课前要仔细做好场地和器材的安全检查,如有安全隐患应及时排除后,再进行组织教学。

(3)上课要听指挥、遵守纪律,严禁学生有嬉戏取闹、任性蛮干、动作粗野,违反运动规则的行为。

(4)准备活动要充分。

(5)教师要严格按照教学程序、原则进行教学,对学生的位置要严格限制,让学生远离危险区,严禁对掷,要告诉学生等同组同学都投掷完以后再统一捡回器材,或者安排见习生帮助,队伍中其他的人不可乱跑、抢掷。

22. 简述背越式跳高丈量步点的方法。

答:助跑步点的丈量通常采用直角丈量法,丈量路线分为3段,3段的比例约为5:6:7,可采用走步、脚掌、皮尺等丈量方法确定各段的长度。以走步为例,先从起跑点向助跑一侧平行于横杆的方向走5步自然步,然后转90度角向助跑起点方向走6步自然步,在此做一标记,它是直线、弧线助跑的交接点。从此点继续向前走7步自然步,就是助跑的起点。把起跳点和直、弧段的交接点用弧线连接起来,就成为弧线段,弧线段交接与助跑起点用直线连接起来,就是直线段,直线段一般也跑4步。经过反复练习和调整,最后把步点确定下来。

23. 试分析跳远步点不准确的原因,有哪些纠正方法?

答:产生原因:(1)开始助跑时姿势不固定;(2)助跑加速不均匀,节奏和步长不稳定;(3)气候、场地不适应;(4)生理和心理因素的影响。

纠正方法:(1)固定助跑的开始姿势,正确地使用助跑标记。反复跑步点,在快跑中固定助跑的动作幅度、步频和节奏。(2)在不同的气候和场地条件下进行练习,培养适应各种环境的能力。

24. 蛇行编排:如有24名运动员参加100米复赛,请你用蛇形编排的方法,分成三个组。

答:A组:1 6 7 12 13 18 19 24
　　B组:2 5 8 11 14 17 20 23
　　C组:3 4 9 10 15 16 21 22

25. 根据所任学段的教学特点,谈谈体操教材对促进学生身心健康方面的功能与价值。

答:(1)促进生长发育形成正确身体姿态,提高身体素质;(2)掌握保护技能,学会适用技能,提高安全意识;(3)发展心理素质,培养良好品德;(4)提高审美能力,增强适应社会能力。

26. 小垫子在体育课教学中经常使用,请你举出4种在不同教学内容中合理使用小垫子的方法。

答:(1)技巧:前滚翻 仰卧起坐 肩肘倒立;(2)游戏:作障碍等;(3)单杠或双杠:保护;(4)在投掷教学中做目标。

27. 简述保护与帮助有何区别和联系。

答:保护是非助力的帮助,帮助是给予助力的保护,两者的含义是不同的。但是,他们的关系又是非常密切的,因为保护在某种程度上带有帮助的性质。

帮助又是一种可靠的保护。保护中有帮助,帮助中有保护,所以在运用时不要把保护和帮助截然分开,对立起来。

28. 对保护帮助者的要求有哪些?

答:(1)要有高度的责任感;(2)要掌握过硬的保护与帮助技术;(3)要熟悉动作和技术;(4)要了解练习者的情况。

29. 简述保护与帮助在各阶段的运用。

答:第一阶段中,一般以帮助为主;第二阶段中,保护与帮助交替运用;第三阶段中,以保护为主,最后脱保,独立完成动作。

30. 简述自我保护有哪些主要方法?

答:紧握器械的方法;主动停止练习或跳下的方法;利用惯性的方法;改变动作性质和身体姿势的方法。

31. 什么是他人保护?常用手法有哪些?(举例5种)

答:他人保护——为防止练习者由于技术不熟练或意外等原因而对其可能出现的危险,由帮助者所采取的安全措施。手法:接、抱、挡、拦、拨等。

32. 为什么说保护与帮助是体操教学中有效的手段?

答:正确运用保护与帮助,有助于减轻练习者的心理负担,消除顾虑,增强信心,便于更快地建立正确动作概念,掌握动作技术,提高动作质量。

33. 简答几种体操教学中的安全预防措施。

答:(1)加强宣传教育;(2)合理组织做操队形;(3)运用正确示范;(4)恰当运用讲解;(5)准确运用口令;(6)及时纠正错误。

34. 在运用保护与帮助时应注意哪些问题?

答:站位要得当,步移要灵活,部位要正确,时机要恰当,助力要适度,重点要明确,阶段要把握,脱保要掌握。

35. 何谓帮助? 常用直接帮助的手法有哪几种?

答:帮助是在练习过程中,及时给予练习者助力、信号、放标志物或限制物等,使其更快地建立正确的动作概念,更好地掌握、改进和提高动作技术的措施。

常用直接帮助的手法:托、顶、送、挡、拨、提、拉、推、搓、扶。

36. 简述直接帮助与间接帮助的区别。

答:直接帮助:帮助者直接给予助力于练习者,使其更快地建立正确的动作概念,更好地掌握、改进和提高动作技术的措施。

间接帮助:帮助者不直接给予练习者以助力,而是通过信号、标志物和限制物等手段,使练习者掌握正确的用力时机、节奏,体会所在的空间和方位,尽快地学会动作和提高动作质量的一种措施。

37. 何谓保护? 自我保护的方法有哪几种?

答:保护:在体操教学、训练、比赛中,为防止意外事故的发生而采取的安全措施。方法有4种:(1)紧握器械的方法;(2)主动停止练习或跳下的方法;(3)利用惯性的方法;(4)改变动作性质和身体姿势的方法。

38. 简述双杠肩倒立的保护与帮助手法。

答:保护帮助者站在杠外练习者的前侧方,一手从杠下托肩,防止漏肩。一手托其大腿,帮助提高身体重心;或两人保护帮助,另一人站在杠内,两手扶其髋部起倒立。

39. 简述跳马分腿腾越的要领。

答:手远撑时髋部与肩平,膝关节直,推手后有明显腾空和展体动作。

40. 简述跳箱"蹲、腾、越"动作的保护与帮助的位置与手法。

答:蹲:(1)帮助者站在器械正前方,当练习者跳上蹲撑时两手顶肩部。(2)帮助者站在器械前侧,一手扶顶练习者上臂、另一手托大腿后部帮助成蹲撑,练习者跳下时两手挡扶其腹、背部,防止跌倒。

腾:(1)帮助者站在正前方,当练习者跳上成分腿立撑时两手顶其肩部。(2)帮助者站在器械前侧方,一手顶扶其上臂,另一手在后托其大腿或腹部,帮助练习者经分腿立撑。挺身跳下时练习者落点侧面扶背,挡扶腹部。

越:(1)帮助者站在器械正前方,当练习者跳上时,两手顶其肩部然后移动至侧方保护其落地。(2)帮助者站在器械前方,当练习者跳上时,一手握其上臂、另一手托其大腿后部帮助成跪撑。在落地时两手扶挡背及腹部,维持身体平衡。

41. 简述如何预防体操运动中的创伤。

答:(1)加强思想教育;(2)合理组织队列队形;(3)正确讲解示范;(4)准确运用口令;(5)及时纠正错误;(6)加强保护与帮助等。

42. 简述齐步走的要领。

答:左脚向正前方迈出约75厘米,身体重心前移,右脚照此法动作;上体正直,微向前倾,手指轻轻握拢,拇指贴与食指第二节,两臂前后自然摆动,向前摆臂时,肘部弯曲,小臂自然向里合,手心向内稍向下,拇指根部对正衣扣线,并与最下方衣扣同高,离身体约25厘米;向后摆臂时,手臂自然伸直,手腕前侧距裤缝线约30厘米。行进速度116~122步/分钟。

43. 简述正步走的要领。

答:左脚向正前方踢出(腿要绷直,脚尖下压,脚掌与地面平行,离地面约25厘米)约75厘米,适当用力使全脚掌着地,同时身体重心前移,右脚照此法动作;上体正直,微向前倾;手指轻轻握拢,拇指贴于食指第二节;向前摆臂时,肘部弯曲,小臂略成水平,手心向内稍向下,手腕下沿摆到高于最下方衣扣约10厘米处,离身体约10厘米;向后摆臂时,手腕前侧距裤缝线约30厘米。行进速度110~116步/分钟。

44. 请写出"向右转—走"和"向左转—走"的动作方法和动作要点。

答:(1)"向右转—走"动作方法:①预令"向"字发出时放在行进中的右脚上,预令"向右转"完成右脚向前一步和左脚向前一步的动作,动令"走"完成右脚向前一步的动作;②左脚继续向前迈半步,脚尖向右转约45°,身体向右转90°,双脚原地向右转动;③迈踢右脚,向新的方向行进,两臂配合两腿协调摆动。"向右转—走"动作要点:①预令(向右转)起始口令准确放在右脚上;②节奏清晰,听到"向右转—走"口令完成"右脚—左脚—右脚"的行进动作,口令节奏与行进节奏一致;③在身体向右转时,两臂配合做一次摆动;④在身体完全面对新的前进方向后右腿再迈出第一步,出脚动作要干脆利落,幅度不宜过大。

(2)"向左转—走"动作方法:①预令"向"字发出时放在行进中的左脚上,预令"向左转"完成左脚向前一步和右脚向前一步的动作,动令"走"完成左脚向前一步的动作;②右脚继续向前迈半步,脚尖向左转约45°,身体向左转90°,双脚原地向左转动;③迈踢左脚,向新的方向行进,两臂配合两腿协调摆动。"向左转—走"动作要点:①预令(向左转)起始口令准确放在左脚上;②节奏清晰,听到"向左转—走"口令完成"左脚—右脚—左脚"的行进动作,口令节奏与行进节奏一致;③在身体向左转时,两臂配合做一次摆动;④在身体完全面对新的前进方向后左腿再迈出第一步,出脚动作要干脆利落,幅度不宜过大。

45. 分腿腾越动作要领是什么?

答:动作要领:加速助跑,快速踏跳,起跳后紧腰,稍屈髋,两臂主动前伸,双手用力推撑器械远端,两腿左右分开积极前摆,脚过器械后立即制动腿,两臂斜上举,挺身落地。

46. 简述队列队形练习的意义与作用。

答:通过队列队形练习,能促进学生身体的正常发育,形成正确的身体姿势;能培养学生严格的组织性、纪律性和集体主义精神以及"团结、紧张、严肃、活泼"的优良作风。在体育教学中运用队列练习,能合理地组织学生活动,能有效地集中学生的注意力,有利于完成教学任务,提高教学质量。

47. 简述基本体操的主要内容。

答:队列队形、徒手体操、轻器械体操、专门器械体操。

48. 简述编操的基本原则。

答:(1)有明确的目的性;(2)有严谨的科学性;(3)有一定的创造性。

49. 简述队列练习"一列横队变二列横队"的做法。

答:变换前先报数,听到"成二列横队——走!"的口令后,单数学生不动,双数学生左脚向后退一步,右脚后撤不停顿并向右跨一步,左脚向右脚靠拢,站到单数学生身后,自行对正,看齐。

50. 简述队形练习"一路纵队变二路纵队"的做法。

答:变换前先报数,听到"成二路纵队——走!"的口令后,双数学生右脚向右前方跨一步,左脚向右脚靠拢站在前排单数学生右侧。

51. 简述跳马分腿腾越的技术要领。

答:手远撑时髋部与肩平,膝关节直,推手后有明显腾空和展体动作。

52. 简述下达口令的基本要领。

答:(1)发音部位要正确;(2)掌握好节奏;(3)注意音色、音重;(4)突出主音。

53. 简述前滚翻的动作要领。

答:蹲撑,两手撑垫、屈臂、低头,同时两脚蹬地,提臀收腹,重心前移,团身向前滚动,前滚时,后脑、肩、背、臀部依次着地,然后抱小腿团身成蹲撑。

54. 说明由二(四)路纵队变一(二)列横队的口令和要领。

答:口令:成一(二)列横队——走。要领:变换前先报数,听到动令后,全体学生先向右转,然后单数学生不动,双数学生右脚向右前方跨一步,左脚向右脚靠拢,到单数学生的右侧,前后对正看齐,用4拍完成。

55. 简述如何合理安排徒手操成套动作的运动负荷。

答:成套动作的编排必须遵循人体运动生理规律,要合理安排运动负荷。动作要由易到难,由快到慢。运动负荷要由小到大,逐步上升。通常情况下开始时做伸展动作和四肢动作,中间安排躯干动作,一套操的后半部安排全身动作和运动负荷大的跳跃运动,最后是整理运动。如果是课的准备活动,则整理活动省略,待课结束时再做。一套操一般由9节左右组成,每节动作的重复次数应根据对象和任务需要来确定。一般每节为四八拍,需要时为加大运动负荷也可六八拍或八八拍,剧烈的跳跃运动一般采用二八拍。

56. 简述徒手体操有哪些主要内容。

答:主要包括各种类型的基本动作,其动作类型有举、振、摆、绕、绕环、屈伸、踢、蹲、跳、弓步、转、立、撑、握、坐。

57. 用图示的方法描绘出：分队、裂队、合队、并队的队形变化。

答：

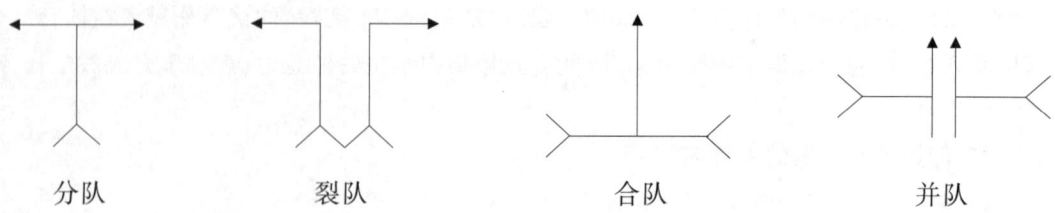

分队　　　　　裂队　　　　　合队　　　　　并队

58. 讲解、示范法的目的及其要求。

答：讲解的目的：通过语言帮助学生了解教学目标、动作名称、要领、做法及要求，并指导学生掌握体育知识、技术和技能。

讲解的要求：

(1)讲解要目的明确，并具有教育意义。

(2)讲解要通俗、精炼生动。

(3)讲解要富有启发性。

(4)要注意讲解的时机和效果。

示范的目的：用具体的动作为范例，让学生了解所要学习的动作形象结构、要领和方法。

示范的要求：

(1)示范要有明确的目的。

(2)示范要正确。

(3)要选择好示范的位置和方向。

(4)示范要与讲解相结合。

59. 简述义务教育体育与健康课程的性质。

答：体育与健康课程是学校课程的重要组成部分。本课程是以身体练习为主要手段，以学习体育与健康知识、技能和方法为主要内容，以增进学生健康，培养学生终身体育意识和能力为主要目标的课程。体育与健康课程具有以下特性：基础性、实践性、健身性、综合性。

60. 义务教育体育与健康课程目标是什么？

答：体育与健康课程对于实施素质教育，培养学生的爱国主义、集体主义精神，促进学生德、智、体、美全面发展具有重要的意义。通过课程的学习，学生将掌握体育与健康的基础知识、基本技能与方法，增强体能；学会学习和锻炼，发展体育与健康实践和创新能力；体验运动的乐趣和成功，养成体育锻炼的习惯；发展良好的心理品质、合作与交往能力；提高自觉维护健康的意识，基本形成健康的生活方式和积极进取、乐观开朗的人生态度。

课程分为运动参与、运动技能、身体健康、心理健康与社会适应四个学习方面，各方面的说明及目标如下。运动参与的目标：(1)参与体育学习和锻炼；(2)体验运动乐趣与成功。运动技能的目标：(1)学习体育运动知识；(2)掌握运动技能和方法；(3)增强安全意识和防范能力。身体健康的目标：(1)掌握基本保健知识和方法；(2)塑造良好体形和身体姿态；(3)全面发展体能与健身能力；(4)提高适应自然环境的能力。心理健康与社会适应的目标：(1)培养坚强的意志品质;(2)学会调控情绪的方法;(3)形成合作意识与能力;(4)具有良好的体育道德。

61. 普通高中体育与健康课程标准的基本理念。

答:(1)落实立德树人根本任务和健康第一指导思想,促进学生健康与全面发展。

(2)尊重学生的学习需求,培养学生对运动的喜爱。

(3)改革课程内容与教学方式,提高学生的综合能力和优良品格。

(4)注重学生运动专长的培养,奠定学生终身体育的基础。

(5)建立多元学习评价体系,激励学生更好地学习和发展。

62. 普通高中体育与健康课程性质。

答:普通高中体育与健康课程是一门以身体练习为主要手段,以体育与健康知识、技能和方法为主要学习内容,以培养高中学生的体育与健康学科核心素养和增进高中学生身心健康为主要目标的课程。本课程是普通高中课程体系的重要组成部分,是面向全体高中学生的基础教育,对落实立德树人根本任务,发展素质教育和培养全面发展的人具有独特的功能和价值。本课程具有基础性、实践性、选择性和综合性。

63. 高中体育学科素养包含哪三个方面,分别是什么内容?

答:包含运动能力、健康行为、体育品德三个方面。

运动能力是体能、技战术能力和心理能力等在身体活动中的综合表现,是人类身体活动的基础。运动能力分为基本运动能力和专项运动能力。基本运动能力是从事生活、劳动和运动所必需的能力;专项运动能力是参与某项运动所需要的能力。运动能力的具体表现形式为体能状况、运动认知和技战术运用、体育展示与比赛。

健康行为是增进身心健康和积极适应外部环境的综合表现,是提高健康意识、改善健康状况并逐渐形成健康文明生活方式的关键。健康行为包括养成良好的锻炼、饮食、作息和卫生习惯,控制体重,远离不良嗜好,预防运动损伤和疾病,消除运动疲劳,保持良好心态,适应自然和社会环境的能力等。健康行为的具体表现形式为体育锻炼意识和习惯、健康知识掌握与运用、情绪调控、环境适应。

体育品德是指在体育运动中应当遵循的行为规范以及形成的价值追求和精神风貌,对维护社会规范、树立良好的社会风尚具有积极作用。体育品德包括体育精神、体育道德和体育品格三个方面:体育精神包括自尊自信、勇敢顽强、积极进取、超越自我等;体育道德包括遵守规则、诚信自律、公平正义等;体育品格包括文明礼貌、相互尊重、团队合作、社会责任感、正确的胜负观等。体育品德的具体表现形式为体育精神、体育道德和体育品格。

64. 高中学生运动能力发展、健康行为养成和体育品德培养的重点是什么?

答:(1)高中学生运动能力发展的重点是发展体能、运用技能和提高运动认知。通过本课程的学习,学生能够运用所学的运动知识、技能和方法,参加与组织体育展示和比赛活动,显著提高体能与运动技能水平,掌握和运用选学运动项目的裁判知识和规则,增强发现问题、分析问题和解决问题的能力;能够独立或合作制订和实施体能锻炼计划,并对练习效果作出合理的评价;了解和分析国内外的重大体育赛事和重大体育事件,具有运动欣赏能力。

(2)高中学生健康行为养成的重点是锻炼习惯、情绪调控和适应能力。通过本课程的学习,学生能够积极主动地参与校内外的体育锻炼，掌握科学锻炼方法，养成良好锻炼习惯，形成基本健康技能，学会自我健康管理；情绪稳定、包容豁达、乐观开朗，善于交往与合作，适应环境的能力强；关注健康，珍爱生命，热爱生活，养成健康文明生活方式，改善身心健康状况，提高生存和生活的能力。

(3)高中学生体育品德培养的重点是积极进取、遵守规则和社会责任感。通过本课程的学习，学生能够自尊自强，主动克服内外困难，具有勇敢顽强、积极进取、挑战自我、追求卓越的精神；正确对待比赛的胜负，胜不骄、败不馁；胜任不同的运动角色，表现出团队合作与负责任的行为；遵守规则、文明礼貌、尊重他人，具有公平竞争的意识和行为。

65. 简述你对运动教育模式的理解。

答：运动教育模式(Sport Education Model)由美国著名体育教育家达利尔·西登托普于20世纪末期创立，主要流行于欧美发达国家的一种体育课程教学模式。其理论基础是运动教育理论、社会化理论、团队学习理论等。它将运动(Sport)的要素改造为体育教学的素材，按运动季(Season)划分教学过程，以联盟赛串联整个单元(模块)教学，采用固定分组的方式，每位同学在组内都有不同的角色分工，并有行为规范和合作学习要求，使教学具有真实、复杂教学情境，目的在于使学生成为有运动能力、运动素养和运动热情的运动者。该模式2003年引入中国，我国体育教育领域学者对其教学理念、教学结构框架等方面展开了研究，并在教学实践中进行了尝试，取得了一些研究成果。

66. 开放性运动技能的教学策略是什么？

答：开放性运动技能是指人在参与某种运动时，需要根据外部信息的变化来不断调节和控制自己的运动技能，如：足球运动中的传球，传球者需要根据防守队员封堵的方向、接球队员的位置等因素来决定自己的传球方向与路线，传球的方式(地滚球或过顶球)。开放性运动技能的形成除了要求运动员有良好的身体素质和技术水平，还要求运动员有开阔的观察力、敏锐的知觉能力、准确的预判能力，以及根据运动情景的变化而调节、控制自己的动作，具备机动灵活、随机应变的能力。

开放性运动技能的教学可采用以下的策略：(1)模拟性实战。初学运动技能时可设置障碍物作为防守，比如：篮球练习变向突破时，可以用标志竿充当防守，使学生明白变向突破时动作的一些要点；(2)场景性实战。增加有利于进攻(或防守)的因素，比如：篮球练习2对2半场比赛时，可以增设一名队员作为"自由人"，与进攻一方共同构成进攻方(3对2)，降低防守的难度，提高进攻队员寻找空档，变换进攻方法的能力；(3)对抗性实战。进行开放性运动技能的教学尽可能多地安排对抗性练习，比如：足球1对1的过人与射门，篮球半场3对3的比赛，逐渐过渡到正规比赛的要求。

67. 新课程标准对学生学习评价与原教学大纲或指导纲要有哪些不同？

答：(1)学习评价内容的不同：以往注重体能与运动技能的评价，《标准》，包括体能、知识与技能、学习态度、情绪表现与合作精神。

(2)学习评价方法不同：以往注重定量评价和终结性评价，《标准》不仅注意定量评价而且重视定性评价，注意绝对性评价，重视相对性评价。知识学习不太强调单纯的记忆，强调理解、运用。

(3)学习评价形式不同:以往采用单一的对学生身体素质、运动技能、运动能力评价,《标准》增设对学习情况进行评价,学生相互之间评价。

68. 简述《体育与健康》多样的学习评价方法。

答:本标准强调各校根据学习目标的基本要求,结合本校的体育与健康教学实际,运用多样的评价方法,全面、综合地评价学生的体育与健康学习。通过学习评价,调动学生学习的主动性和教师教学的积极性,充分发挥评价的育人功能。评价时要注意以下要点:(1)定性评价与定量评价相结合。(2)形成性评价与终结性评价相结合。(3)相对性评价与绝对性评价相结合。

69. 简述《体育与健康》学习评价主体的作用。

答:为了更好地发挥学习评价的作用,既要采用教师评价,也要关注学生的自我评价和相互评价,并努力发挥其他与学生体育与健康学习有关人员的评价作用。

(1)教师评价。教师在体育与健康学习评价中起主要作用。教师的评价应具有很强的权威性,须尽力做到全面和准确。教师要用发展的眼光来评价学生,以表扬和激励为主,并提供尽可能多的具体反馈以及改进与提高的建议。

(2)学生评价。教师应充分调动学生参与体育与健康学习评价的主动性和积极性。学生评价的方式有自评、互评和小组内评价等。教师应加强对学生评价的指导,提高学生正确评价自己和他人的能力。

(3)其他人员评价。学生的体育与健康学习需要得到各方面人士的支持和鼓励。建议让班主任乃至家长等参与到学生体育与健康学习评价中来,上述人员的评价可以作为对学生评价的参考。

70. 请谈一谈实施新的课程标准后教师角色的转变。

答:(1)知识技能的传授者变化。由重传授向重发展转变;由统一规格教育向差异性教育转变;由重"教"向重"学"转变;由重结果向重过程转变等。

(2)教师成为学生学习的促进者。教师在教学中的地位与作用、师生转变关系;指导学生形成良好的学习习惯,掌握学习策略给学生心理支持;注重培养自律能力等。

(3)教师成为研究者参与者。教师不再是机械执行者、法官和权威,而是学生学习的好合作伙伴,负责帮助找研究的起点,收集资料,分析资料,形成行动的策略,实施与检验行动等。

71. 在体育课程改革中,教师的教育观念将发生哪些变化?

答:(1)在整个教育过程中,从过去被动的执行者,变成主动的参与课程设计的决策者。

(2)在对体育与健康课程目标的认识上,从唯一关注学生的运动能力表现,变成全面关注学生的发展。在对自身角色的认识上,从等同于一个从事运动动技术教学的教练员,转变为促进学生全面发展的、真正意义上的教师。

(3)在教学方法上,从过于强调接受学习、机械训练,到引导学生主动学习,从强调"教"转为强调"学","教"的目的是为了最终"不教"或少教,是为了学生能自主学习。

(4)在师生关系方面,从决定学生应该学什么、怎样学的主宰,转变为与学生合作学习的朋友。在评价学生的时候,从主要关注学生学习的差距和不足,转变为努力发现学生在学习过程和结果等方面的成绩和长处。

72. 根据《体育与健康标准》选择教学内容要符合哪些要求?

答:(1)体现"目标引领内容"的思想。教师应根据体育与健康课程的目标,认真分析教材,选择和设计教学内容,提高学生的运动技能和体能水平,加强学生健康维护的意识,促进学生身心协调发展。

(2)符合学生身心发展特点。教学内容的选择和设计要充分考虑不同学段学生的体育与健康学习基础、身体特征、体能发展敏感期和心理发展特点等,提高教学内容的针对性。

(3)充分考虑学生的运动兴趣与需求。教学内容的选择和设计应以学生喜闻乐见的运动项目为重点,并与学生已有的体育经验和生活经验相联系,激发与培养学生的运动兴趣,调动学生学习的积极性。

(4)适合教学实际条件。教学内容的选择和设计要充分考虑场地与设施条件、季节、气候和安全等具体情况,因时、因地制宜地进行体育与健康教学。

(5)重视健康教育。各校应根据实际情况,充分利用雨雪等天气的上课时间,每学年保证开展一定时数的健康教育内容教学。

73. 什么是终身体育? 学校体育如何为学生终身体育打下基础?

答:终身体育是指一个人终身进行体育锻炼和接受体育教育。

(1)打好身体基础。(2)掌握体育与健康的知识、技能,学会自主的学习、锻炼。(3)培养兴趣、爱好,养成锻炼习惯。(4)培养自我参与体育意识。

74. 学校体育管理的依据是什么?

答:学校体育管理的主要依据是政府部门颁布的有关学校体育的法规性文件、学校体育工作和学生身心发展的客观规律以及党和国家领导对体育工作的指示。其中《体育法》是我国体育工作的基本大法,也是学校体育管理工作的基本法律依据。《学校体育工作条例》《学校体育卫生工作条例》是学校体育管理工作的基本政策依据。学校体育工作和学生身心发展的客观规律是学校体育管理工作的实施指导依据。《体育与健康课程标准》《国家学生体质健康标准(2014年修订)》等是学校体育管理工作的行为依据。《普通高等学校体育场馆设施器材配备目录》《中小学体育器材设施配备目录》是学校体育管理工作的物质保证依据。

75. 体育教学的特点有哪些? 与其他学科有何不同?

答:体育教学的特点:(1)在体育教学中学生要承受一定的生理负荷;(2)体育教学组织的多变与复杂;(3)体育教学中的人际交往频繁;(4)体育教学有利于开展有针对性的思想品德教育。

与其他学科的区别:其他学科的教学主要通过思想活动来学习和掌握教师所传授的科学知识和技能。而体育实践课教学则是以师生思想活动为基础,以身体活动为主要手段来传授和掌握知识、技术、技能。

76. 学校体育活动的主要组织形式?

答:(1)体育课;(2)课外活动;(3)早操;(4)课间操;(5)课余训练;(6)校内竞赛。

77. 什么是课程评价? 课程评价的主要目的是什么?

答:是通过系统收集课程设计、课程组织实施的信息,依据一定的标准和方法进行价值判断的活动。目的是对课程设计和组织实施的科学程度进行诊断,并确定课程目标的达成程度。它是不断完善课程建设的重要依据和途径。

78. 我们国家学校体育评价存在哪些问题?

答:(1)从评价内容与指标上看,过分看重体育学科知识特别是竞技体育知识,而忽视个体发展的独特性。

(2)从评价的主体上看,倾向自上而下的评价为主。

(3)从评价结果上看,过分强调终结性评价结论,而忽视各个时期个体的体能进步状况。

(4)从评价的方法与方式上看,注重"量化",而忽视质的评价。

79. 高中体育与健康课程要求高中三年修完多少学分方可毕业?其中必修必学系列有几个模块,多少学分?必修选学系列有几个模块,多少学分?

答:(1)高中学生在三年的体育与健康课程学习中上满216课时,修完12个模块,获得12个学分,每修完1个模块,经考核与评定,达到学业要求即可获得1个学分,修满12个学分并达到相应学业质量,准予毕业。(2)必修必学为2个模块,体能1个模块、健康教育1个模块,2个学分。(3)必修选学课程内容包括球类运动、田径类运动、体操类运动、水上或冰雪类运动、武术与民族民间传统体育类运动和新兴体育类运动6个运动技能系列,10个模块,10个学分。

80. 体育教学要遵循哪些特殊规律?

答:动作技能形成的规律、人体机能适应性规律、人体生理机能活动能力变化的规律等。

81. 简述高中体育与健康课模块内容组合时应考虑的因素?

答:(1)以课程标准为依据设计模块内容。

(2)以适应学生身心发展的特点设计模块内容。

(3)以运动项目技能教学的系统性设计模块内容。

(4)以便于学生终身学习设计模块内容。

(5)以学校场地器械师资的条件设计模块内容。

82. 一节《体育与健康》实践课的备课须考虑哪些内容?

答:一节《体育与健康》实践课的备课须考虑教材、学生、教法、场地、器材、时间、气候、安全等内容。

83. 联系实际论述体育课备课的内容和要求。

答:(1)备学生。了解上课班级的人数、年龄、体质健康水平、体育基础、兴趣爱好、组织纪律、体育骨干等情况。

(2)备教材和教法。分析课的内容在学期和单元教学中的地位和联系;明确课的目标、重点和难点;了解场地器材、学生等情况,选择教法和手段,并且确定课的教学步骤和组织措施。

(3)编写教案。把本次上课的内容、各教材的教法、学练法步骤、组织形式、练习负荷、时间分配、场地器材和教学目标、要求等按标准教案格式进行编写,以作为教学的基本依据。

(4)备体育骨干。课前向体育骨干说明本次课的目标、内容、要求和组织教法等,使他们明确所要担负的责任,或先让他们体会动作、学习保护与帮助的方法,以发挥助手的作用。

(5)备场地、器材。做好场地的规划和器材的合理布局。此外,还可以到现场备课,进一步熟悉教案,找出不足之处加以改进。

84. 什么是课时教学计划？主要包括哪些要素？

答:课时教学计划就是教案,主要包括教学对象、教学内容、教学目标、组织形式、时间安排、教学评价、安全措施、场地器材布置、运动负荷预计、练习密度预计等要素。

85. 体育单元教学计划制订主要内容有哪些？

答:学习目标,任务与要求,学习内容,重、难点,组织教法过程(步骤)与措施建议,评价与反思等。

86. 联系实际论述组织体育课基本部分教学时应注意哪些问题？

答:(1)合理安排主要教材的教学顺序;(2)有针对性地安排辅助练习、诱导练习或转移练习及其练习形式;(3)合理安排练习密度与运动负荷,注意练习与休息的合理交替;(4)根据学生人数、教材特点、场地与器材条件等合理地进行教学分组。

87. 请写出小学五到六年级教师用书中男生和女生技巧的联合动作名称及前滚翻的动作要领。

答:男生:后滚翻穿圈—跳起转体180度成蹲撑—前滚翻越过低障碍成并腿坐—肩肘倒立。

女生:前滚翻起立—单腿前滑成纵叉—后腿前摆成并腿坐—肩肘倒立。

前滚翻动作要领:蹲撑,提踵,两手撑垫,同时屈臂、低头,身体重心前移,然后两脚蹬地,提臀收腹团身,使头后、颈、肩、背、腰、臀依次着垫向前滚动,当滚至背部着垫时,迅速屈腿团身、两手抱小腿成蹲撑。

88. 阐述体育课队列队形调动应注意的问题。

答:(1)队列队形的选择与运用要切合实际、满足教学的需要,利于目标的实现。

(2)队形变换不宜过多,适用即可;队形变换要顺其自然,顺理成章。

(3)比较复杂的队形变换要事先在场地上画好队形图或行走路线图。

(4)在进行危险性项目练习时的队形要求要把安全放在首位。

(5)在变换队形时加强和重视运用口令和口哨。

89. 阐述体育课队列队形调动的基本要求。

答:(1)队列队形的运用与安排要有利于学生看清教师的示范或者演示,听清教师的讲解。

(2)应该使学生尽可能背阳光、背风沙、背干扰站立。

(3)队形要有利于提高练习密度、利于教师的教学指导和学生之间的互帮互学。

(4)要符合安全与卫生的基本要求。

90. 简述《体育与健康》课程教学中场地器材布置的几点要求。

答:(1)场地器材的布局与使用要合理,可移动的器材应尽量向固定器材靠拢。

(2)布置器材应符合锻炼卫生安全要求,课前应认真周密检查,严防发生伤害事故。

(3)场地器材的布置要有利于练习轮换的队伍调动,有利于增加练习密度和适宜的生理负荷。

(4)场地器材的布置便于教师对课的调控和辅导学生。

91. 体育与健康课中分组教学的基本形式有很多,请你在随机分组和同质分组两个组织形式中选择一个组织形式说出它的组织方法及优、缺点。

答:随机分组:就是按照某种特定的方法将学生分成若干组。具有一定的公平性,常在竞赛、游戏时采用。优点在于既简单,又迅速。缺点在于没有考虑学生在爱好、能力上的差异,无法很好地体现区别对待的教学原则。

同质分组:分组后同一小组内的学生在体能和运动技能上大致相同。优点在于能增强活动的竞争性,符合学生争强好胜的性格,提高学生参与活动的兴趣。缺点易在学生中形成等级观念和弱势人群的自卑感等。

92. 在体育教学过程中,体育教师应如何正确处理师生间的人际关系?

答:融洽、和谐的师生人际关系有助于学生的人格发展和学生的心理健康,反之则不利于学生人格的发展,甚至可能造成人格障碍。因此,在体育教学过程中,体育教师应注意:

(1)加强与学生的交往,建立密切的师生关系。体育教师在教学过程中,应主动加强与学生交往,并在交往中对学生以诚相待,以此来影响学生。

(2)尊重学生人格,建立平等的师生关系。体育教师在与学生相处的过程中应尊重学生的人格,做到师生平等,杜绝侮辱学生人格、侵犯学生权利等现象的发生。

(3)关心爱护帮助学生。在体育教学过程中,体育教师应体现对学生的深切关心与爱护。让学生真正感受到体育教师对他们的关心、爱护与帮助。

(4)公正对待每一位学生。在体育教学中,体育教师对待学生的态度应是公正无私的,切忌偏袒与偏见。

(5)以身作则,为人师表。良好的师生关系是建立在学生对体育教师信任的基础上的,信任来自学生对体育教师的素质、人格、水平的充分肯定。

93. 简介制订单元教学计划的基本步骤。

答:(1)根据制订单元教学计划的要求,确定某项教材的总的教学目标及教学重点。

(2)根据某项教材的课次及总的教学目标确定每次课的教学目标。

(3)根据每次课的教学目标,找出并确定每次课的重点和难点。

(4)根据每次课的教学目标、重点和难点,结合学生的特点和学校的教学条件,针对性地选择每次课主要的教学手段。

(5)根据学年教学计划,并结合本校的实际情况,确定某项教材的考核方法与评分标准。

94. 什么是讲解法?运用时要注意哪些要求?

答:讲解法是教师向学生说明、解释和论证基本技术原理、概念的方法。在体育教学中常用的讲解方式主要有:直述法、概要法、对比法、提问法、比喻法和口诀法。体育教学中对讲解法运用的要求是:

(1)讲解要有明确的目的性。讲解的目的性是指"讲什么""怎么讲""讲多少"要做到心中有数。

(2)讲解要正确。讲解要正确是指所讲的内容应是科学的、准确的,即言之有理、实事求是。

(3)讲解要简明易懂。简明是指用词得当,生动形象,讲得简要,听得明白;易懂是符合学生的程度,易于学生理解、接受,但又不是土语化。讲解应与学生思维相结合。

95. 什么是动作示范法？运用时要注意哪些要求？

答：动作示范是教师(或指定学生)以具体动作为范例,使学生了解所要学习的动作要领并建立正确动作表象的一种教学方法。体育教学中对动作示范的要求有：

(1)示范要有明确的目的性。每次示范应明确"示范什么"和"如何示范"。教师应依据教学目标、学生的特点、教材等情况安排示范,如常速示范、慢速示范及重点示范三种。

(2)示范要正确熟练,保证动作示范的正确,才能使学生建立正确的动作表象和概念。因此,体育教师能做出正确的示范是教学的基本功。

(3)示范的方向要有利于观察。示范的方向应根据学生的队形、动作的性质,充分考虑展示不同的示范面,如正面示范、侧面示范、背面示范和镜面示范。示范的位置应根据示范动作的活动范围、学生人数和安全需要而定,不论远近,均以学生看得清为准。

(4)示范与讲解相结合。教师示范之前,应向学生提出观察示范时"先看什么""后看什么""重点看什么"。

96. 什么是完整法？有何优缺点？运用时要注意哪些要求？

答：完整法是指从动作的开始到结束,不分部分与段落,完整地传授与练习动作技术的一种方法。其优点是便于学生完整地掌握动作,不破坏动作技术的结构和动作技术之间的内在联系。缺点是不易较快掌握动作技术中较难的环节与要素。

完整法一般是在动作技术比较简单,或动作技术虽然比较复杂,但分成几个部分学习会破坏动作技术的结构时采用。在运用时要注意：

(1)在教简单的、容易掌握的动作技术时,教师通过讲解示范后,就可让学生完整练习整个动作技术。

(2)在教复杂的、较难掌握的动作技术时,可以突出重点,先让学生掌握动作技术的基础部分,再逐步掌握细节部分,或首先强调动作技术的方向、路线等要素,然后强调动作幅度、节奏等要素。

(3)简化动作的某些要求。如缩短跑的距离、降低跑的速度等。

(4)根据掌握动作的需要,选用辅助练习和诱导性练习逐步过渡。

97. 什么是分解法？有何优缺点？运用时要注意哪些要求？

答：分解法是将一个完整的动作技术结构,合理地分成几个部分与段落,逐次进行学习,最后完整地掌握动作技术的一种方法。其优点是可以使动作技术的难度相对降低,突出重点和难点,提高学习信心,使学生较快地掌握动作技术。缺点是容易割裂动作技术,破坏动作技术结构,因而影响正确动作技能的形成。

分解法一般是在动作技术比较复杂,可以分解,而用完整法学习又较困难的情况下采用。运用分解法应注意以下几点：

(1)划分动作各个部分时,应考虑动作结构的特点。在不改变动作基本结构的情况下合理划分。

(2)使学生明确划分的技术环节在完整动作中的地位和相互联系,在分解教学时应为分解动作的连接做必要的准备。

(3)分解法的教学时间不宜过长,最好把完整法与分解法结合起来运用。

98. 预防与纠正动作错误时应注意哪些要求?

答:首先分析产生错误的原因,然后针对产生错误的主要原因,选用适合的方法予以预防与纠正。纠错时应遵循以下基本要求:

(1)应肯定学生的进步,再指出动作错误之所在。要分析原因和利弊,这样有利于学生接受,提高改正的信心。

(2)抓住影响错误动作的主要原因。有时主要的动作错误原因被纠正,相关的错误动作也就随之消除。

(3)在纠正错误动作时,应讲明道理、耐心启发、循循善诱、热情帮助。

99. 体育教学对学生进行思想品德教育的基本要求是什么?

答:(1)要讲究思想品德教育的艺术,要结合体育教学本身的特点进行思想品德教育,使思想品德教育寓于学生的体育活动之中,切忌生搬硬套。同时,要注意抓准时机,措施得力,讲求实效,不要无的放矢。

(2)在体育教学中对学生进行思想品德教育要摸准、抓准。在备课、上课和课后的小结时,对学生的情况要充分了解,准确掌握,使思想品德教育有针对性。

(3)在体育教学中对学生进行思想品德教育要耐心细致,说话要和风细雨,把话说到学生的心底里,以理服人,切忌急躁。

100. 体育教学中思想品德教育有哪些途径?

答:体育教学中思想品德教育的途径有:(1)利用典型事例进行思想品德教育;(2)结合教材进行思想品德教育;(3)结合课堂常规和教学条件进行思想品德教育;(4)结合比赛和测试进行思想品德教育。

101. 体育教学物质环境主要由哪些要素构成?

答:体育教学物质环境是体育教学环境的一个重要组成部分,是体育教学活动赖以进行的物质基础。主要由以下要素构成:

(1)体育活动的场所。包括体育馆和各种体育场地如田径场、篮球场、排球场等以及这些场地的周围环境如阳光、空气、树木、草坪等。体育活动场所同时又是整个学校校园环境的重要组成部分,蕴藏着极为丰富的文化内涵。

(2)体育运动的设备。体育运动的设备主要有体育器材设备,另外也包括体育图书资料、体育电化教学设备等。这些设备是开展体育活动的必备条件,对完成体育活动的任务起着重要的作用。

(3)体育时空要素。这是由学校内部的时间和空间两大因素构成的特定环境。时间是学校内部一种无形而强有力的环境因素,不同的时间分配和安排将学校内的一切活动有序地组织了起来。实际上,在体育教学活动中,能否科学合理地分配时间,对师生生理和心理都有很大的影响。体育教学活动又是在一定的教学空间中进行,体育活动的一个重要特点是动态性,它的空间范围相对较大,空间因素就会对学生产生更大的影响。不同的教学空间组织形式和空间密度对师生身心健康和教学活动的效果可以产生不同的影响。

102. 体育教学常规的内容有哪些?

答:体育教学常规一般包括课前常规、课中常规和课后常规。

(1)课前常规。教师课前要认真备课,编写教案,布置与检查场地器材,提前到达教学场地;学生要准备好体育课的服装和鞋,提前到达场地,帮助准备场地器材。

(2)课中常规。准时集合,检查上课人数,做好记录,并检查服装;学生因伤病不能上课应事先请假,见习生应随堂听课;学生应穿轻便服装;师生应爱护公物,自觉爱护场地器材;课中应提出安全要求,学生要服从教师的统一指挥;学生应主动参与布置和收回器材;教师应认真进行上课小结。

(3)课后常规。师生应及时收回器材;教师应及时了解学生的意见,并及时进行课后小结。

103. 制订单元教学计划有哪些要求?

答:(1)要全面了解和分析学生的情况。对学生的体育基础、身体活动能力、兴趣、爱好、身体素质和健康状况等都要了解和分析,以保证单元教学计划更加切实可行。

(2)认真钻研教材,确定教学任务和要求,明确教材的重点、难点,选择教学方法和手段。首先,通过钻研教材把握住该项教材的技术结构、重点和难点;其次,要把握住该项教材与不同年级的衔接与联系;再次,要把握该项教材对每次课的分配,每次课前后的联系,每次课的重点与本教材重点的联系,切忌面面俱到,舍本求末或轻重倒置。

(3)应从本校的具体情况出发,充分利用学校的场地、设备、器材,以增加教材的练习次数和增大课的运动负荷。

(4)在教学实践过程中,单元教学计划不是一成不变的。如发现某些教法手段不恰当,或教学步骤不能按计划执行时,可视实际情况进行修订或调整。这就要求对每次课的教学及时进行小结,为修订计划提供科学的依据。

104. 体育教师要上好课需要做哪些工作?

答:(1)备课;(2)丰富准备活动内容,增强教学的趣味;(3)加强"三基"教学,改进教学方法;(4)掌握学生心理,增强语言艺术性;(5)合理安排课的密度和运动量;(6)做好安全保护工作;(7)注重课堂的结束部分。

105. 请就"怎样让学生成为课堂学习的主人"谈谈你的做法。

答:学生是学习的主体,教学内容的选择、教学形式的确定、教学方法的运用和教学效果的检验等,都必须以学生为出发点和归宿。让学生多一些选择、让学生多一些想象、给学生多一份责任、给学生多一份信心。

106. 为什么课余体育锻炼要坚持全面性原则?

答:人体是一个整体,各器官系统是相互影响、相互制约的。任何局部机能的提高,必然促进机体其他部位机能的改善,当某一运动素质得到发展时,其他运动素质也会有所发展,某一方面的锻炼与发展,也会对其他方面产生积极的影响。但是,如果体育锻炼的内容和方法单一化,会给体育锻炼带来很大的局限性,机体不能获得良好的整体效益。人体结构和机能的变化,是人在长期的客观环境条件发生的适应性变化。体育运动对人体虽然有良好的影响,但由于不同的运动项目有不同的特点,其产生的效果不完全一样。因此,参加体育锻炼,应采用多种形式、多种手段进行全面的身体锻炼,只有这样,才能使人体机能全面提高、均衡发展。

107. 课外运动训练的原则

答:(1)一般训练与专项训练相结合原则;(2)系统性原则;(3)周期性原则;(4)区别对待原则。

108. 身体练习质量的评价指标有哪些?

答:身体练习是指构成体育手段的各种具体动作,是体育手段的基本组成单位,通常称为"动作"。它是人们为了增强体质、娱乐身心或提高运动技术水平而专门采用的身体活动。它是学校体育的基本手段,也是体育教学的基本方式。身体练习的质量是学校体育工作和体育教学效果的标志之一。其评价指标为:

(1)动作的准确性。即要求完整准确地完成预先规定的练习,使动作符合动作要领的基本要求。评定动作是否准确,可从技术基础的各个环节进行检查和评定,也可分析是否符合运动解剖学和运动生物力学的原理的要求。

(2)动作的经济性。这是指以最小限度的能量消耗来完成准确的动作。动作的经济性是与动作的合理性与熟练性分不开的。动作的经济性是动作质量本身的要求和标志,是评价动作质量的可靠指标。

(3)运动的协调性。这是指在练习中身体与身体各部分的协调配合,动作/顺序的合理,以及动作各要素的协调配合。动作的协调性与动作经济性、准确性密切相关的。

(4)动作的缓冲性。这主要表现为动作的弹性和缓冲动作。缓冲动作能表现出完成练习的合理性和正确性,因此动作的缓冲性是评价身体练习质量不可缺少的指标之一。

109. 课余体育锻炼内容有哪些具体内容?

答:课余体育锻炼的项目内容丰富多彩,各式各样,根据锻炼的目的不同,一般可分为以下几类:

(1)以竞技运动为目的的锻炼项目:田径、球类、体操、游泳、举重、滑冰等。

(2)以发展人的基本活动技能为目的的锻炼项目:走、跑、跳跃、投掷、悬垂等。

(3)以增强身体素质为目的的锻炼项目:发展力量、速度、耐力、柔软、灵敏素质等。

(4)以继承民族传统体育为目的的锻炼项目:武术、气功、摔跤、射箭、马术等。

(5)以健身健美为目的的锻炼项目:举重、哑铃、技巧、韵律体操、舞蹈、健美操等。

(6)以医疗康复为目的的锻炼项目:散步、慢跑、太极拳、气功、矫正操、保健操、呼吸操、按摩等。

(7)以娱乐身心为目的的锻炼项目:保龄球、台球、踢毽子、跳皮筋、溜旱冰、钓鱼、攀爬等。

(8)以适应自然力为目的的锻炼项目:日光浴、空气浴、冷热水浴、沙浴等。

110. 学校田径运动会开幕式是运动会的主要部分,请列出大规模的运动会开幕式主要程序。

答:(1)运动员入场仪式开始;(2)田径运动会开幕式开始;(3)运动会组委会讲话;(4)裁判

员代表讲话;(5)运动员代表讲话;(6)开幕式结束。

111. 竞赛规程包括哪些内容?

答:竞赛目的、竞赛日期及地点、参赛单位及组别、竞赛项目、参赛办法、报名截止日期、竞赛办法、录取名次与奖励,其他未尽事宜。

112. 在体育运动中人体所需要的能量是如何供给的? 运动后人体的能量又是如何补充的?

答:高功率运动如投掷、举重等项目,由 ATP-CP 系统供给。短时间、强度大运动如短跑100米,在供氧不足情况下,由乳酸能系统供给。运动时间长、强度小如长跑,在氧气供给足情况下,由有氧系统供给人体能量。供给系统是连续的统一体。运动后人体能量逐渐恢复到运动前水平,并表现出超量恢复现象。

113. 高中生生长发育的一般规律是什么? 可以用哪些指标来反映身体素质水平?

答:(1)身体形态发育:身高、体重、胸围缓慢增长。(2)心肺功能发育:心肺机能不断提高,承受运动负荷能力逐步增强。(3)身体素质的发育:身体素质和运动能力进一步提高,基本达到成人水平。(4)神经系统的发育:逐步趋于完善,分析综合能力明显提高。

反映身体素质水平的指标:速度、耐力、力量、灵敏、柔韧。

114. 简述遗传、环境因素对人体发育的影响。

答:(1)遗传是人的体质发展变化的先天条件,对体质的好坏有重要影响。遗传因素会影响下一代的体态、体质、甚至影响人们的性格、智力、功能等方面,还遗传许多隐性的或显性的疾病,如色盲、聋哑等遗传缺陷。

(2)环境因素属于后天影响因素,所有人类健康问题或多或少与环境有关,环境可分为自然环境和社会环境。自然环境的污染成为影响人体健康发育的杀手。社会环境是人类共同生活的大集体,社会环境可能成为有益或有害于健康的原因,如某些精神病、官能症都与不健康的社会条件有关。

115. 简述自我监督的概念和意义,自我监督的主要内容和方法。

答:(1)定义:自我监督是指锻炼者在体育锻炼过程中,对自身生理机能和健康状况观察和评定的一种方法,是医务监督的组成部分。

(2)意义:自我监督有助于及时反馈体育锻炼后人体生理机能的变化;有利于调整锻炼计划和运动负荷;有助于预防过度疲劳;并为科学地参加体育学习和锻炼提供依据;也为医生的体格检查提供参考。

(3)自我监督的主要内容主要包括:主观感觉、客观材料、运动成绩等几个方面。①主观感觉包括:自我感觉、运动情绪、睡眠、食欲等。②客观材料包括:脉搏、体重、握力、背力、肺活量等。③运动成绩包括:测试身体素质和运动成绩。④其他:包括伤病情况等。

(4)自我监督操作方法:将体育锻炼后的主观感觉、客观材料、运动成绩和其他几方面的内容,按自我监督表的格式逐项记录下来,在相应的栏内划(√),以此类推。

116. 人体的无氧代谢能力主要取决于哪三个方面?

答:(1)肌肉中的 ATP、CP 的含量及分解速度。(2)肌糖元的无氧酵解速度及血液对乳酸缓冲能力。(3)神经、肌肉对缺氧和乳酸堆积的耐受能力。

117. 运动中遇到手掌、小腿(脚趾)抽筋怎样处理?

答:用一手掌将抽筋的手掌用力向下压,并做振颤动作。用抽筋肢体对侧手握住抽筋肢体的脚趾并用力向身体方向拉,同时用同侧的手掌压在抽筋肢体的膝盖上帮助抽筋腿伸直。

118. 体育锻炼中营养、卫生有哪些?

答:营养:(1)讲究膳食平衡;(2)多吃新鲜水果和蔬菜;(3)合理安排进餐与体育锻炼时间;(4)活动中控制喝水,做到少喝水不喝水;(5)糖类供能。

卫生:(1)体育锻炼前,做好准备活动;(2)运动量不宜过大,持续时间不要太长;(3)日常生活和学习中,注意身体正确姿势;(4)锻炼内容多样化;(5)掌握正确的呼吸方法;(6)运动后避免身体受凉;(7)场地器械安全检查

119. 小明今年16岁,准备进行提高心肺功能的锻炼,请帮助他计算一下靶心率范围。

答:(1)他的最大心率:220-16=204(次/分)。

(2)他的靶心率下限是:204×60%=122.4(次/分)。

(3)他的靶心率上限是:204×85%=173.4(次/分)。

(4)他的靶心率区间是:122-173(次/分)。

120. 简述体育运动对运动系统的影响。

答:(1)体育运动对骨骼结构与机能的影响;(2)体育运动可以增强关节的灵活性和稳定性;(3)体育运动对肌肉结构和形态的影响。

121. 何为"极点"? 如何正确对待"极点"?

答:在剧烈运动的开始阶段,由于人体的呼吸和心血管系统的功能跟不上运动器官需要,常产生各种不舒服的感觉,如呼吸困难,肌肉酸痛,动作迟缓,情绪低落,甚至不愿再继续运动下去,这种状态称"极点"。

出现"极点"后,应继续坚持运动,由于神经、呼吸和心血管等系统的功能进一步提高,呼吸变得均匀而加深,动作感到轻松,不舒服的感觉消失,出现"第二次呼吸"状态。

122. 有利于人体生长发育的营养素有哪些? 并说出三种营养素在人体中的主要作用。

答:(1)蛋白质是生命的基础,是提供机体生长、组成和修补人体组织的材料;(2)脂肪是人体热能的主要来源;(3)糖类提供热能;(4)维生素是人体必需的有机化合物,是维持生命不可缺少的要素,它主要参与各种代谢过程;(5)无机盐是人体组成的构成元素,是组织、细胞的构成成分,它能维持体内酸碱平衡,调节和维持机体功能;(6)水是营养和代谢的溶剂。

123. 列举六项发展跳跃能力的方法,并写出急行跳远的动作过程。

答:发展跳跃能力的方法:跳绳、立定跳远、单脚跳游戏、双脚跳游戏、摸高跳、协同跳等。

急行跳远的动作过程:助跑—踏跳—腾空—落地。

124. 怎样预防体育活动发生运动损伤?

答:课前:(1)上体育课的着装要轻便,身上不要有易造成伤害事故的物件;(2)要做好准备活动和整理活动;(3)要加强体育卫生监督。

课中：(1)要明确每一项活动的动作要领；(2)要加强组织纪律性；(3)要重视体育活动中的保护与帮助；(4)要注意运动的环境和条件。

125. 人的食物中含有的几大营养素是什么？说出它们在人体中的主要作用。

答：蛋白质、脂肪、碳水化合物(糖类)、矿物质(无机盐)、维生素、纤维素和水。蛋白质、脂肪、矿物质和水是人体的主要组成部分。碳水化合物(糖类)是人体的主要能量来源。维生素是人体新陈代谢过程中不可缺少的物质。

126. 什么是乳酸？

答：人体如以最快速度持续运动数秒后，ATP 耗尽时，代之而起的肌糖元在无氧条件下供能，以使 ATP 合成并产生代谢物质——乳酸。

127. 经常参加体育锻炼对心血管系统有什么作用？

答：能使心血管系统的机能得到明显提高；使心脏变得肥厚和发达；安静时心跳频率减慢，可以使心脏得到更多的休息时间；轻度运动时心跳频率和血压变化幅度比一般人小，使人不易疲劳，而且恢复较快。

128. 为什么说经常参加体育锻炼能提高文化课的学习效率？

答：(1)体育锻炼时常常要求身体完成一些比日常生活更为复杂的任务，神经系统必须为此高度发挥出自己的机能来适应这些任务的要求。锻炼能促进血液循环，改善大脑的营养供给，增加大脑的重量和大脑皮层的厚度，为提高学习提供充沛的体力和精力。

(2)体育锻炼时，管理运动的脑细胞和神经处于兴奋和抑制的迅速交替过程中，使管理学习的脑细胞得到积极性休息。久而久之，大脑的调节能力、活动强度、反应的灵活性和正确性等都能得到很好的发展。

129. 消除疲劳的方法有哪些？

答：(1)遵守作息制度，保证充足的睡眠时间；(2)积极性休息；(3)温水浴、热敷和按摩；(4)注意营养，做到不挑食、不偏食、不吃得过饱。

130. 什么是运动负荷？构成运动负荷的因素有哪些？

答：运动负荷是指由于训练因素的刺激而使学生机体所承受的生理、心理的负担。此处的训练因素是指通常所说的运动量，也称训练的外部负荷。构成训练外部负荷的因素有：负荷数量、负荷强度、负荷时间及负荷密度等。

131. 如何以脉搏指标量化运动强度？

答：每分钟脉搏在 160 次的锻炼，强度大约是 80%；

每分钟脉搏在 140 次的锻炼，强度大约是 70%；

每分钟脉搏在 120 次的锻炼，强度大约是 60%；

每分钟脉搏在 110 次的锻炼，强度大约是 50%。

有研究证明，运动强度小于 50% 的运动没有明显的锻炼效果，大于 80% 的属于大强度，对一般人来说，锻炼时的脉搏控制在每分钟 120~160 次之间为宜。每次锻炼的时间一般根据运动强度而定。强度大，持续时间就要相对的短，反之亦然。

根据国内外有关研究成果,体育锻炼有效价值范围内的心率在120~140次/分钟之间,心率在110次/分钟以下时,机体的血压、血液成分、尿蛋白和心电图等,均无明显变化,健身的价值不大;心率在130次/分钟的运动负荷时,每搏量接近和达到一般人的最佳状态,健身效果明显;心率在150~170次/分钟之间,虽无不良反应,但也未能呈现出更好的健身效果,最大不超过180次/分钟,这时每分输出量最大,体育术语上也称"最大摄氧量",通常将120~140次分钟的心率称为体育锻炼的最佳效果区。

132. 人体由哪八大系统组成?心血管系统包括哪些?学生体检时一般通过哪些项目的测试来评价心血管系统的功能?

答:八大系统:运动、生殖、泌尿、内分泌、呼吸、消化、心血管、神经。

心血管系统:心脏和血管,血管分动脉、静脉和毛细血管。

学生体检时一般通过脉搏和血压的测试来评价心血管系统的功能。

133. 造成运动损伤的原因有哪些?怎样预防?

答:造成运动损伤的原因有:体育锻炼中,有时会发生皮肤擦伤、撞伤、关节扭伤、肌腱拉伤、关节脱位和骨折等意外的损伤事故。

预防:(1)思想上要重视;(2)做好准备活动;(3)掌握动作要领;(4)加强保护和帮助;(5)注意场地器械和衣着的安全与卫生。

134. 简述最大吸氧量的概念

答:最大吸氧量是指人体在进行有大量肌群参加的力竭性运动中,当氧运输系统中心泵功能和肌肉的用氧能力达到本人的极限水平时,人体单位时间(每分钟)所能摄取的能量。直接反映个人的最大有氧代谢能力,标志一个人氧运输系统功能的强弱。

135. 如何发展有氧代谢能力?

答:有氧代谢能力是人体长时间进行有氧运动(依靠肌糖元、脂肪有氧分解供能)的能力。发展有氧代谢能力关键在于有充足的氧供应,即人体单位时间内吸收、利用氧的最大数值——最大耗氧量。最大耗氧量与单位时间内血液循环携带、运输氧有密切的关系。因此,心肺功能的好坏,直接影响到最大耗氧量。采用较低或中等运动强度、持续时间较长的练习,由于机体可以得到充足的氧供应,进行有氧氧化功能,所以可以提高有氧代谢能力,从而提高心肺功能。

136. 如何发展无氧代谢能力?

答:人体的无氧代谢能力主要取决于以下三个方面:(1)肌肉中ATP、CP的含量及分解速度;(2)肌糖元的无氧酵解速度及血液对乳酸的缓冲能力;(3)神经、肌肉对缺氧和乳酸堆积的耐受能力。

无氧代谢能力是速度素质的重要基础。体育课发展无氧代谢能力的方法,一般采用间歇性练习和持续性练习。间歇练习主要发展ATP—CP系统的功能能力。一般每次练习在30秒以内,进行1~3分钟的积极性休息,再进行适宜练习,可以提高速度素质。持续性练习主要发展乳酸系统的功能能力。一般每次练习在30秒以上,每次休息时间较短,可以提高速度耐力。

137. 什么叫"超量恢复"？

答：体育运动致使体内能源物质消耗，经过一段休息后均可恢复到原有水平。休息后人体内产生的能量超过原有水平的变化叫超量恢复。

138. 一般溺水事件处理程序是什么？

答：(1)除杂物；(2)排水；(3)人工呼吸、胸外按压。

139. 怎样抢救呼吸和心跳停止的溺水者？

答：(1)进行人工呼吸，以口对口吹气法，操作时，伤员仰卧，头尽量后仰。救护者一手托起他的下颌，掌根轻压环状软骨，另一手捏住他的鼻孔，深吸一口气，对准他的口部吹入，吹完后，立即松开捏鼻孔的手。如此反复进行，每分钟吹气16~18次，儿童20~24次。

(2)进行心脏胸外挤压，伤员仰卧在木板和平板上。救护者以一手的掌根贴在伤员的胸骨下半段，适度用力下压，使胸骨体下段及相连的肋软骨下陷3~4厘米，然后立即将手松开(掌根不离他的皮肤)。如此有节律地进行，每分钟挤压60~80次，儿童80~100次。

(3)如果伤员的呼吸和心跳都停止时，要同时进行人工呼吸和心脏胸外挤压。

140. 请你写出行进间运球单手低手投篮的动作要点。

答：(以右手为例)运球后右脚跨步拿球，左脚迈步蹬地充分向前上方跳起，右手托球伴随惯性向前上方伸展，腕指上挑，使球前旋入篮。

141. 体育课中引入心率曲线的目的是什么？

答：(1)要对体育课有一个运动负荷的基本要求，不能光讲不练；(2)要逐渐上负荷，逐渐下负荷，不要暴起暴落；(3)要注意安全，起到一定医务监督的作用。不同的教材与学生、不同的课型与教学任务，在不同的条件下，允许有不同的心率曲线，但上课者心中必须有这条线，其将督促教师更好地完成教学任务，更有效地进行体育教学。

142. 经常从事科学合理的体育锻炼对运动系统有什么作用？

答：可以使骨变得更加粗壮和坚固；可以使关节伸展性增加，关节活动范围加大，灵活而牢固；可以使肌肉逐渐变得结实，肌肉力量增加；可以促进人体长高，四肢发达，胸围增大，肌肉中脂肪减少，体型也变得更加匀称而健美。

143. 经常参加体育锻炼对心血管系统有什么作用？

答：能使心血管系统的机能得到明显提高；使心脏变得肥厚和发达；安静时心跳频率减慢，可以使心脏得到更多的休息时间；轻度运动时心跳频率和血压变化幅度比一般人小，使人不易疲劳，而且恢复较快。

144. 经常参加体育锻炼对呼吸系统有什么作用？

答：可以使呼吸肌增强，因而胸围增大，也可以增大肺活量，还能使呼吸深而缓慢，因此工作耐久，不易疲劳。

145. 经常参加体育锻炼对神经系统有什么作用？

答：可以改善神经系统对各器官的调节作用，从而使各器官系统的活动更加灵活和协调，并能提高运动和学习效率，以及对外界环境的适应能力。

146.《国家学生体质健康标准(2014年修订)》的测试项目有哪些?

测试对象	单项指标	权重(%)
小学一年级至大学四年级	体重指数(BMI)	15
	肺活量	15
小学一、二年级	50米跑	20
	坐位体前屈	30
	1分钟跳绳	20
小学三、四年级	50米跑	20
	坐位体前屈	20
	1分钟跳绳	20
	1分钟仰卧起坐	10
小学五、六年级	50米跑	20
	坐位体前屈	10
	1分钟跳绳	10
	1分钟仰卧起坐	20
	50米×8往返跑垫球	10
初中、高中、大学各年级	50米跑	20
	坐位体前屈	10
	立定跳远	10
	引体向上(男)/1分钟仰卧起坐(女)	10
	1000米跑(男)/800米跑(女)	20

147.简述坐位体前屈的测试方法。

答:受试者两腿伸直,两脚平蹬测试纵板坐在平地上,两脚分开约10-15厘米,上体前屈,两臂伸直向前,用两手中指尖逐渐向前推动游标,直到不能前推为止。测试计的脚蹬纵板内沿平面为0点,向内为负值,向前为正值。记录以厘米为单位,保留一位小数。测试两次,取最好成绩。

148.在国际性的比赛中,足球场、篮球场、羽毛球的边线和端线宽度是多少?他们在性质上有什么不同?

答:足球场的12厘米,篮、排球场的5厘米,羽毛球场的4厘米。

排、足球场、羽毛球场的边线和端线包括在整个场地的宽度、长度之内,而篮球场的边线和

275

端线不包括在整个场地的宽度、长度之内。

149. 2010年10月1日起,国际篮球总会在篮球比赛场地内作出了哪些改变?

答:(1)篮球场的禁区由原来的梯形变为长方形。(4.9米×5.8米)

(2)球场内三分线距离,由现在的6.25米,延长到6.75米。

(3)增设了半径为1.25米的合法冲撞免责区。

150. 排球场地面的界线和球网的设备有哪些是无限延长的?

答:中线、进攻线和发球区短线以及两根标志杆是无限延长的。

151. 排球场上队员同排、同列的位置是怎样规定的?

答:队员在场上的位置,应根据脚的着地部分来确定。规定如下:

(1)每一名前排队员一只脚的一部分,必须比同列后排队员的双脚距离中线更近。相等也不可以,比如2号位队员一只脚的一部分,必须比1号位队员的双脚距离中线更近。

(2)每一名右边或左边的队员(前排队员或后排队员)一只脚的一部分,必须比同排中间队员的双脚距离其同侧边线更近。相等也不可以。比如4号位队员的一只脚,必须比3号位队员的双脚距离靠4号位的边线更近。

152. 什么叫做排球比赛中的位置错误?判断位置错误的依据是什么?

答:当发球队员击球时,某队员没有按照记分表上登记的轮转位置站位,叫做位置错误。判断位置错误的依据有两点:一是在发球队员击球的瞬间;二是同列队员之间或同排队员之间身体的着地部分(一般指脚)没有按照规则进行站位。只有具备以上两个条件才构成位置错误犯规。

153. 后排队员击球犯规应具备哪三个条件?

答:(1)在前场区内(包括进攻线及其延长线)起跳;(2)击球时球的整体高于球网上沿;(3)将球的整体击入对方场区或触及拦网队员的手。当后排队员击球时同时具备以上三个条件,则构成后排队员击球犯规。

154. 何谓过网拦网犯规?什么情况下允许过网拦网?

答:在对方进行进攻性击球前或击球时,拦网队员在对方场区空间内触球或妨碍对方击球,称为过网拦网犯规。当对方队员完成进攻性击球后,如扣球、吊球、第三次处理的传、垫球,以及对方队员之间进行飞向过网的传球,并在球附近没有队员准备击球或不可能击球时,拦网队员均可过网拦网,不算犯规。

155. 简述篮球战术与技术的关系?

答:技术是战术的基础,是实施战术的手段。队员掌握的技术愈全面,特长愈突出,战术的实施就愈有保证。篮球战术依赖于一定数量与质量的技术,没有技术就没有战术。另外,战术又是技术运用的组织形式,也为技术的发挥创造条件。由于战术的需要,某些特定的战术必然要求有相应、熟练而准确的技术,甚至需要技术的创新来实现。它们之间是内容与形式的辩证关系,不断地指导实践。战术运用的实质是在比赛中通过组合与配合的方法去创造机会或是相互帮助,而机会的把握和协同的动作都是要通过队员的技术来实现的。

156. 简述篮球快攻战术的教学步骤。

答:(1)教学步骤:快攻战术的教学,首先通过讲解和演示使全体队员明确快攻的概念、组织结构、组织形式和基本要求。(2)先进行分解练习,后进行结合的练习,最后进行完整的快攻战术练习。(3)先进行发动与固定接应结合推进的练习,后进行分解机动接应结合推进的练习;先练长传快攻,然后过渡到短传快攻。(4)快攻结束段的教学,应先教二攻一配合,后教三攻二配合,最后教二攻二和三攻三配合。

157. 2500年前在古希腊奥林匹亚的埃拉斯山岩上刻下的名言是什么?

答:你想强壮吗? 跑步吧! 你想健美吗? 跑步吧! 你想聪明吗? 跑步吧!

158. 毛泽东《体育之研究》的名言?

答:"体育,载知识之车,而寓道德之舍也。"

七、论述题

1. 说出上挑式与下压式传接棒的动作要领,并阐述其在比赛过程中的优缺点。

答:(1)上挑式的动作要领:接棒人的手臂自然向后伸出,掌心向后,拇指与其他四指自然张开,虎口朝下,传棒人员将棒由下向前上方送入接棒人的手中。

优点:接棒人向后伸手的动作比较自然,容易掌握。

缺点:接棒后,手已握在接力棒的中部,等第三棒传给第四棒时,只能握住棒的前部,容易造成掉棒和影响持棒快跑。

(2)下压式的动作要领:接棒人的手臂向后伸出,手腕内旋,掌心向上,拇指与其他四指自然张开,虎口朝后,传棒人将棒的前部由上向直传给接棒人的手中。

优点:每一棒次的接棒,都能握住棒的一端,便于持棒快跑。接棒后不必再调整持棒手的位置。

缺点:接棒时,接棒人的手臂紧张,不自然。

2. 试述背向滑步推铅球最后用力技术的要点。

答:当滑步结束右脚着地时,右腿迅速蹬转,左腿积极着地。滑步结束后,右髋向投掷方向转动,努力保持肩轴与髋轴的扭转姿势,上体在转动中逐渐抬起。为加快上体转体和抬起,左臂由胸前向投掷方向牵引摆动,使身体由背对投掷方向转至侧对投掷方向。这时肩轴仍落后于髋轴,左臂和左肩高于右肩,体重大部分仍在弯曲而压紧的右腿上,身体形成侧弓姿势。

身体形成侧弓后,右腿继续等蹬伸,加速右髋向投掷方向转动和上体的前移,体重逐渐移至左腿,左膝被动微屈,左臂由上向身体左侧靠压制动,同时加快转体,挺胸抬头,用力推球。

最后用力前,髋轴在前,肩轴在后,两轴形成一定的交叉角,使躯干肌群充分扭紧。最后用力开始后,右腿用力蹬伸,推动右髋转动,当髋轴转至接近正对投掷方向时,肩轴迅速转动,赶超髋轴,形成自下而上的用力顺序,使下肢和躯干肌肉的力量得到发挥。当铅球将要离开手时,右手屈腕,手指有弹性地拨球,以加快铅球的出手速度。铅球出手角度一般为35~39度。

3. 在掷标枪的最后用力技术中,身体是如何形成"满弓"姿势的?

答:投掷步第三步右脚着地后,右腿屈膝缓冲,身体继续向前运动,在身体重心越过了右脚支撑点上方时,右脚积极蹬伸用力。左脚着地时,左脚做出有力的制动动作,可加快上体向前的运动速度。右腿的继续蹬地,推动右髋加速向投掷方向运动,使髋轴超越肩轴向投掷方向转动。在肩轴向投掷方向转动的同时,投掷臂快速向上翻转,使上体转为面对投掷方向,形成"满弓"姿势。

4. 请举例在田径比赛中出现哪些情况不判运动员犯规或失败可以重赛。

答:(1)在跳高比赛中当横杆明显受外力(如阵风)作用而掉落且与运动员无关的情况:如果运动员越过横杆时身体并未触及横杆,但在过杆后横杆掉落,应认定该次试跳成功。

如果在其他情况下发生横杆掉落,则应给予一次重新试跳的机会。

(2)在投掷标枪时,①如果标枪在试掷时或空中飞行时折断,只要该次试掷符合规则,不应判为试掷失败。②如果运动员因此失去平衡而违反规则中的任何条款,也不应该判作一次试掷失败,以上两种情况应允许运动员重新进行一次试掷。

(3)在链球比赛中,球体触地或触及铁圈上沿后,只要没有违反其他规则,运动员可以停止试掷以便重新开始投掷。如果链球在试掷时或在空中断脱,只要试掷符合规则,不判为一次试掷失败,如果运动员因此失去平衡而违反规则的任何条款,也不应判做一次试掷失败。以上两种情况应允许运动员重新进行一次试掷。

5. 假如你是一名终点计时员,请阐述一下从准备开表到停表的计时过程。

答:计时员回表后,应立即注视起点,力求辨认清楚自己所记道次运动员的特征,并紧按电子秒表的按键,见烟(或光)开表。开表后应立即检查秒表是否走动,当运动员接近终点时,应按紧停表键,这时要用主要目光看终点线后沿垂直面,用余光看运动员,直至运动员的躯干(包括头、颈、臂、手、腿和脚)的任何部位到达终点线后沿垂直面瞬间停表为止。

6. 什么是运动处方?请说明制订运动处方的依据、步骤与方法。

答:运动处方:指导医生或教练员给参加运动锻炼的人,按其年龄、性别、心肺或运动器官的功能、运动经历和健康状况等特点,用处方的形式规定适当的运动内容和运动负荷。
制订运动处方的依据:

(1)体育锻炼的原则;(2)自身的形态,机能、素质现状确定锻炼内容;(3)根据运动技术掌握的水平和体育课成绩确定锻炼内容;(4)学习和生活的规律确定锻炼时间;(5)根据个人兴趣爱好确定锻炼内容;(6)根据人体生理机能变化规律合理安排运动负荷。

步骤与方法:(1)基本情况检查和预测;(2)根据测试结果制订锻炼计划;(3)按计划进行积极锻炼;(4)评价锻炼过程;(5)适当修订锻炼计划;(6)按修订计划继续锻炼;(7)一个周期后评价。

7. 组织一次小型体育比赛,需制订一个比赛规程,制订比赛规程必须具备哪些方面的内容?

答:组织一次小型体育比赛,制订比赛规程必须具备以下内容:(1)比赛名称和任务;(2)时间与地点;(3)参赛办法(分组、人数、资格等);(4)比赛办法(方法、确定名次等);(5)比赛规则;(6)奖励办法;(7)报名日期和方法;(8)对参赛单位的要求及注意事项。

8. 试分析篮球急停技术的动作方法与要领。

答:跨步急停(两步急停)

动作方法:在快速跑动中,欲急停的瞬间,先向前跨出一大步,用全脚掌着地抵住地面,上体稍后仰,屈膝降重心,减缓前冲力。第二步着地时,脚尖稍向内扣,前脚掌内侧用力蹬地。两膝深屈,重心落在两脚之间。

要领:第一步大,脚掌抵地上体后仰,屈膝减缓前冲;第二步脚尖内扣,前脚掌内侧蹬地,深屈膝降重心。

跳步急停(一步急停)

动作方法:急停前,用单脚或双脚跳起,两脚同时平行落地,距离同肩宽。落地时用脚后跟着地后再用前脚掌支撑,屈膝降低重心,臀部后坐,上体稍向后仰,两臂屈肘微张以助平衡。

要领:跳步轻蹬时稍有腾空,双脚落地脚掌抵地,两膝弯曲降低重心,两臂屈肘微张保持平衡。

9. 试分析篮球双手胸前传接球的动作方法与要领。

答:动作方法:两手五指自然分开,拇指相对成八字形,用指根以上部位持球的两侧后方,手心空出。肩、臂腕肌肉放松,两肘自然弯曲于体侧,将球置于胸腹之间的部位。身体成基本姿势站立,两眼注视传球目标。传球时,前臂短促地前伸,手腕由下而上转动,并与由内向外翻转结合而急促抖腕,同时拇指用力下压,食、中指用力将球弹拨传出。传球的距离远近和前臂前伸的幅度大小、蹬地的用力成正比。

要领:伸臂蹬地动作连贯,翻抖腕弹拨球要协调,两手用力均匀,身体保持平衡。

10. 试分析篮球运球急停急起的动作方法与要领。

答:动作方法:在运球时保持较快的运球速度,急停时,运球手按拍球的前上方,使球与人一样降下速度,并张开另一手臂保护球;急起时,双脚用力蹬地,身体重心迅速前移,运球手按拍球的后上方,向前推球加速前进。

动作要领:急停时前脚用力制动,降低运球速度,急起时后腿用力蹬地,加速向前;运球手灵活,急停时按拍球体前上方,急起时按拍球体后上方;身体移动的速度变换与球的速度变换同步进行,协调一致,人慢则球慢,人快则球快。

11. 试分析篮球持球交叉步突破技术的动作方法与要领。

答:动作方法:以右脚做中枢脚为例。两腿屈膝左右开立,重心降低,持球于胸前。突破时先用假动作诱使防守者防自己左侧,然后用左脚前脚掌内侧用力蹬地向右前方迈出一大步,上体右转,同时左肩前探下压,将球放于右侧前方,右脚用力蹬地,右手运球迅速超越对方。

要领:蹬地、跨步、转体探肩动作要连贯,中枢脚离地前放球及蹬地起动要迅速。

12. 试分析篮球行进间单手肩上投篮的动作方法与要领。

答:动作方法:以右手投篮为例,跑动中接球的同时右脚向前跨一大步,接着左脚向前跨一步(稍小)起跳,右手迅速举球于头的右侧前方。当身体跳到最高点时,柔和地向上伸臂,手腕下压,用手指拨球将球碰板入篮,或直接投球入篮。落地时先用前脚掌着地,同时屈膝缓冲,保持身体平衡。

要领:一跨大步把球接,二跨小步向上跳,手臂伸直腕弯曲,腕指柔和巧用力。

13. 试分析篮球原地单手肩上跳起投篮的动作方法与要领。

答:动作方法:双手持球于胸前,两脚自然站立,双膝微屈,重心落在两脚之间。起跳时用力蹬地垂直跳起,同时持球上举于头的侧上方,右手托球(掌心空出),左手扶球。当身体到最高点时,迅速向上抬肘伸臂,用手腕和手指的力量将球投出,投球入篮。落地注意身体平衡,屈膝缓冲。

要领:双手持球降重心,蹬地跳起球上举,抬肘伸臂前上方,腕指用力球入篮。

14. 试分析篮球后转身运球的动作方法与要领。

答:动作方法:以右手运球为例。右手运球,对方堵截右侧时,应以左脚为中枢脚,右脚蹬地顺势做后转身动作,右手向后拉球迅速换左手从对方的右侧运球突破。

要领:转身时机掌握好,拉球迅速换手巧,目视对手重心低,护球、全身协调很重要。

15. 试分析篮球传切配合动作方法与要求。

答:传切配合的结构分析:进攻队员传球后,切入时运用速度或假动作摆脱防守→快速(侧身看球)向篮下切入→传球者运用假动作并快速及时、隐蔽准确地传球→切入者接球投篮→配合抢篮板球。

传切配合的要求:(1)按战术特点选择进攻位置,按战术移动路线跑动,队员间密切协作;(2)切入队员要合理地、灵活地运用速度或假动作,掌握好时机,摆脱对手,快速起动和切入,并侧身看球,随意注意接球进攻;(3)配合队员传球要快速、及时、隐蔽、准确。

16. 试分析篮球掩护配合动作方法与要求。

答:掩护配合特点与要求:

(1)掩护配合是借助同伴的帮助而获得摆脱防守的进攻机会的方法,被掩护者应善于利用同伴的掩护而出现的进攻机会,不失时机地、快速而合理地完成进攻动作。

(2)掩护者应跑到同伴的防守者移动的必经之路上站立,距离约半步,两脚平行开立,比肩稍宽,两膝微屈,上体稍前倾。注视防守者与同伴,根据配合需要转身护送,并积极参与配合进攻。

(3)掩护者、被掩护者以及同伴都要以进攻动作吸引防守者,隐蔽掩护配合意图,充分发挥进攻的威力和作用。

(4)掩护配合中要求队员间配合严密、协调默契、掌握时机、灵活多变。

17. 篮球半场人盯人防守的基本要领是什么?

答:要求防守队员根据对手、球和球篮进行选位,以防人为主,人球兼顾,有球紧、近球紧、远球松。强调防守的整体性、攻击性、伸缩性和针对性。

(1)防持球队员,要紧逼对手,积极干扰对手的投、传、突,不让对手持球任意行动。

(2)防无球队员,应根据"球—我—他"的原则进行选位,对手离球近防守要紧,离球远要向有球侧靠拢。切断对手接球的路线和防止对手向篮下空切,并及时调整位置,注意球的位置变化,随时准备协防和补防。

(3)在个人控制对手的基础上,要加强队员之间的密切协作,发挥整体防守的作用,破坏对方的进攻配合。

(4)防守队员分工,应根据防守位置、防守能力和身体条件来确定防守对象。

18. **试分析篮球区域联防的要领和运用时机。**

答:区域联防的要领:(1)由攻转守时退守要快,五个队员进入各自的防区后协同一致,随球移动,以球为主,人球兼顾。(2)防守持球队员,要按人盯人防守的要求,积极地防守对手投、传、突,严防从底线运球突破。(3)防守无球队员要根据球的位置,人、球、区兼顾的原则进行防守。对离球近的队员要抢占有利防守位置,减少对手在本区内的威胁,同时还要协助同伴进行"关门""夹击""补防"等防守配合。对离球远的进攻队员要防守其背插溜底线,控制限制区。(4)当外线队员持球时,防外线队员要大胆迎上防守,邻近的外线队员要缩回围守中锋。防内线队员要采用侧前、绕前防守或卡堵移动路线,干扰其接球,内线队员一旦得球,外线队员要同时协助同伴围守夹击,封锁投篮及破坏策应配合。

区域联防的运用时机:

(1)对方外围中、远距离投篮不准,而内线威胁大时;

(2)对方采用频繁地穿插移动和运球突破,本队个人防守技术较差和犯规较多时;

(3)对方不善于进攻区域联防时,或作为一种战术变化时;

(4)本队队员的身高、技术和身体素质比对方差,而对方又善于攻篮下,需动员集体防守力量时;

(5)为了加强组织抢篮板球和发动快攻时。

19. **试述《体育与健康课程标准》的基本理念。**

答:(1)坚持"健康第一"的指导思想,促进学生健康成长

体育与健康课程以"健康第一"为指导思想,努力构建体育与健康的知识与技能、过程与方法、情感态度与价值观有机统一的课程目标和课程结构,在强调体育学科特点的同时,融合与学生健康成长相关的知识。通过体育与健康课程的教学,使学生掌握运动技能,发展体能,逐步形成健康和安全的意识以及良好的生活方式,促进学生身心协调、全面地发展。

(2)激发学生的运动兴趣,培养学生体育锻炼的意识和习惯

体育与健康课程强调在课程目标的确定、教学内容和教学方法的选择与运用方面,注重与学生的学习和生活经验相联系,引导学生体验运动乐趣,提高学生体育与健康学习动机水平;重视对学生进行正确的体育价值观和责任感的教育,培养学生刻苦锻炼的精神,促进学生主动参与体育活动,基本形成体育锻炼习惯。

(3)以学生发展为中心,帮助学生学会体育与健康学习

体育与健康课程高度重视学生的发展需要,从课程设计到学习评价,始终以促进学生的身心发展为中心。课程在充分发挥教师教学过程中主导作用的同时,十分重视学生在学习过程中的主体地位,注重培养学生自主学习、合作学习和探究学习的能力,促进学生掌握体育与健康学习的方法,并学会体育与健康学习。

(4)关注地区差异和个体差异,保证每一位学生受益

体育与健康课程强调在保证国家课程基本要求的前提下,充分关注不同地区、学校和学生之间的差异,各地区和学校要根据体育与健康课程目标及课程内容,因地制宜,合理选择和设计课程内容,有效运用教学方法和评价手段,努力使每一位学生都能接受基本的体育与健康教

育,促进学生不断进步和发展。

20. 试述《体育与健康课程标准》的评价体系。

答:《体育与健康标准》倡导体育与健康学习评价以多元的内容、多样的方法、多元的评价标准和评价主体,构成科学的体育与健康学习评价体系,多方面收集评价信息,准确反映学生的学习情况,充分发挥评价的诊断、反馈、激励与发展功能,更有效地挖掘每一位学生的体育与健康学习潜力,调动他们的体育与健康学习积极性,促进学生更好地"学"和教师更好地"教"。

(1)合理选择体育与健康学习评价内容

①体能。主要根据教学的实际情况以及参考《国家学生体质健康标准(2014年修订)》,确定体能测试的指标,评价学生的体能水平。

②知识与技能。主要根据本标准的学习目标与要求,以及教学的实际情况,选择相应的体育与健康知识、技能评价指标,评价学生掌握体育与健康知识和技能的程度,以及对所学知识和技能的应用能力等。

③态度与参与。主要对学生体育与健康课的出勤率、课堂表现、学习兴趣、积极主动地探究问题,以及课外运用所学知识和技能参与体育与健康活动的行为表现等进行评价。

④情意与合作。主要对学生在体育学习和锻炼中的情感表现、意志品质、人际交往与合作行为等进行评价。

各地、各校可根据教学的实际情况和学生的学习需求,自行确定各水平学生不同体育与健康学习评价内容的权重分配。

(2)采用多样的体育与健康学习评价方法

①定性评价与定量评价相结合。对体能、知识与技能指标应主要采用定量评价的方法(如等级制评价、分数评价等),对态度与参与、情意与合作指标应主要采用定性评价的方法(如评语式评价等)。

②形成性评价与终结性评价相结合。在体育与健康教学中,教师应注意观察与记录学生的行为表现,用口头评价的方式,及时向学生反馈评价信息,帮助学生了解自己的学习情况并改进学习方法,不断提高学习能力。在对学生学期或学年的学习成绩进行评价时,教师应综合学生在体能、知识与技能、态度与参与、情意与合作方面的学习情况和发展变化,以及期末测试成绩,进行终结性评价,给出综合成绩,写出评语,将评价结果反馈给学生并放入学生的"成长记录袋"中。最后,对学生的体育与健康学习成绩进行班级汇总,上交给学校教务处。

③相对性评价与绝对性评价相结合。本标准非常重视学生的个体差异和进步幅度,建议教师将每学期结束时的测试结果、学生在该学期体育与健康学习各方面的进步幅度(即进步成绩=期末成绩-期初成绩),以及教师的课堂教学记录结合起来,对相应的评价指标(如体能、知识与技能指标等)进行综合评价,使每一位学生都能感受到通过努力获得进步所带来的成功体验,有效地提高每一位学生的自尊和自信。

(3)发挥多方面评价主体的作用

为了更好地发挥学习评价的作用,既要采用教师评价,也要关注学生的自我评价和相互评价,并努力发挥其他与学生体育与健康学习有关人员的评价作用。

①教师评价。教师在体育与健康学习评价中起主要作用。教师的评价应具有很强的权威性,须尽力做到全面和准确。教师要用发展的眼光来评价学生,以表扬和激励为主,并提供尽可能多的具体反馈以及改进与提高的建议。

②学生评价。教师应充分调动学生参与体育与健康学习评价的主动性和积极性。学生评价的方式有自评、互评和小组内评价等。教师应加强对学生评价的指导,提高学生正确评价自己和他人的能力。

③其他人员评价。学生的体育与健康学习需要得到各方面人士的支持和鼓励。建议让班主任乃至家长等参与到学生体育与健康学习评价中来,上述人员的评价可以作为对学生评价的参考。

21. 试述《体育与健康课程标准》的主要特点有哪些?

答:义务教育体育与健康课程遵照"健康第一"的指导思想,强调实践性特征,突出学生的学习主体地位,努力构建较为完整的课程目标体系和发展性的评价方式,重视教学内容的基础性、选择性及教学方法的有效性和多样性,注重激发学生的运动兴趣,引导学生掌握体育与健康基础知识、基本技能和方法,增强学生的体能,培养学生坚强的意志品质、合作精神和交往能力等,为学生终身参加体育锻炼奠定基础,促进学生健康、全面发展。

(1)将"课程性质"确定为"体育与健康课程是学校课程的重要组成部分。本课程是以身体练习为主要手段,以学习体育与健康知识、技能和方法为主要内容,以增进学生健康,培养学生终身体育意识和能力为主要目标的课程"。具有"基础性、实践性、健身性、综合"的特性。

(2)将以下四条作为"课程基本理念":

①坚持"健康第一"的指导思想,促进学生健康成长;

②激发学生的运动兴趣,培养学生体育锻炼的意识和习惯;

③以学生发展为中心,帮助学生学会体育与健康学习;

④关注地区差异和个体差异,保证每一位学生受益。

(3)按以下思路来设计课程:

①根据学生全面发展的需求确定课程目标体系和课程内容;

②根据学生的身心发展特征划分学习水平;

③根据可评价的原则设置可操作和可观测的学习目标;

④根据三级课程管理的要求保证课程内容的可选择性;

⑤根据课程学习目标和发展性要求建立多元的学习评价体系。

22. 试述"健康第一"的思想对学校体育地位与作用有何影响?

答:从发展的角度来看,"健康第一"的指导思想符合全面发展的人才观。有了这个指导思想,学生在校学习更有目的性,学生既要学好科学文化知识,又要学会学习、学会生存、学会做人。学校体育是教育的重要组成部分,它在教育系统中有着独特的作用。那就是:学校体育不仅能锻炼学生体质,而且更以"促进学生在室外环境下广泛的身体交往、合作与竞争"等形式来发展学生的心理品行和提高个体社会化程度,这些功能是其他教育形式所不具备的。其次,学校体育要走出社会偏见和传统习俗的误区,更应在增强学生体质的同时,注重学生非智力体系的培养,以促进学生身心健康和谐统一的发展。此外,"健康第一"既学校体育的指导思想,又是学校体育的指导方向。

(1)学校体育应在以身体练习和锻炼为手段的教育形式下,努力开发体育教学的"健康"功能,为造就全面发展的人才发挥健康身体之功效。

(2)"健康第一"的思想对技术教学提出了新内容和要求。组织教学和健康教育要求学生在校不仅要锻炼身体,还要学习锻炼身体的方法,并养成习惯。健康的持续性、长效性代表了终身体育的含义。因此,选择具有健康效果又不至于使竞技运动内容过于偏废的运动作为教材就成了问题的关键所在。体育教师在运动技术传授中既要考虑到健身价值,又要符合学生的兴趣、爱好,更要体现终身体育的特点。

(3)学校体育或体育教学注重学生身体和心理的和谐发展是时代发展的必然,而单单追求体育教学的生物学功能(体质观念)已过时,体育教育的生物学、心理学、社会学功能合而为一,协调发展观才是"健康第一"和素质教育的良好发展。

23. 你认为体育学科的核心素养包括哪几方面?举例说明在体育教学中如何培养学生的体育核心素养?

答:体育学科的核心素养包括运动能力、健康行为、体育品德三个方面。

体育教学中培养学生的运动能力可以采用以下策略:(1)采用"走班选项"的教学模式,使学生在个人感兴趣的运动项目上能够学精、学透,能够通过展示或比赛活动提高学生的成就感;(2)可以参照"球类领会教学法"的思路设计球类教材大单元的教学,使学生深入理解某项球类运动的特性,提高随机应变的能力,具有良好的运动欣赏能力。

培养学生健康行为要着重于学生的锻炼习惯、情绪调控和适应能力。比如:(1)帮助学生制订个人的体育锻炼计划,并严格执行;(2)教会学生5~10种居家锻炼的方法,养成利用闲暇时间锻炼身体的习惯;(3)教会学生自我暗示法与归因分析法,体育竞赛中出现胜利或失败时,可以调节自己的情绪,并正确归因,乐观开朗。

培养学生体育品德要着重于培养学生积极进取的精神、遵守规则的意识和社会责任感。比如:(1)在耐久跑教学中为每位学生设定拟达到的目标,想好应对"极点"的策略,坚持尽最大努力跑完全程,学生个人记录成绩,描绘个人成绩曲线图,直观看出自己努力的结果;(2)在足球比赛时先学习、讨论规则,按规则的要求进行比赛,如:不用手触球、不猛烈撞击对方、不讲脏话,服从裁判的判决;(3)在游戏中,帮助学生进行合理的角色分工,使每位学生能尽自己的最大努力为团队做贡献。

24. 课堂教学是教师与学生面对面进行教与学的认知活动和情感交流过程。如何以培养体育核心素养为基本追求,有效实施高中体育课堂教学?

答:培养体育核心素养是新一轮基础教育课程改革的新要求,也是新时代体育教学深度变革的重点工作。有效实施高中体育课堂教学,需要做好以下三方面的工作,一是教师具备模块(大单元)教学设计的能力;二是实施走班选项学习;三是进行深度学习。

第一,模块(大单元教学)设计是高中体育教师的必备技能,体育教师须知晓它的关键要素和基本流程。(1)确定学习主题。通过分析年级、学期、课时数、教材、学情等基本情况,从学科核心素养、运动技能项目的特性等视角确定学习主题。(2)确定学习内容。依据学习主题、学习目标、学业质量要求,精选2~3个核心技术,并以此核心技术确定相应的战术与密切关联的体能练习。(3)确定比赛(展示)内容。一般安排在单元的结束部分,以3~6课时为宜,组织团队比赛、展示、观赏、点评。(4)确定检测方案。从学科核心素养的运动能力、健康行为、体育品德三个维度制定检测方案,每个维度包含三要素:条件、行为、标准,检测主体为教师或者学生。

第二,体育走班选项学习建立在尊重学生个人意愿、兴趣的基础上,克服了以往体育教学中统一内容、统一进度、机械学习的弊端,对体育教学也提出了更高的要求,比如:体育教师需要提高个人运动能力与水平,深入理解学生运动技能形成的规律,具备帮助学习化解学习难点的能力,了解学生的心理活动,能激发学生积极主动参与体育活动的兴趣。

第三,体育深度学习体现在学生能够掌握1~2项运动技能,深刻理解运动项目的特性,在体育竞赛或活动的真实情境中能够发现问题、分析问题,形成高阶体育思维,并形成瞬时解决问题的能力;还体现在"学练赛评一体化"的学习情境中,通过"教会、勤练、常赛"使学生在"知识、能力、行为、健康"诸方面得到全面提升,帮助学生在体育锻炼中"享受乐趣、增强体质、健全人格、锤炼意志"。

25. 试述制订体育教学目标的依据是什么?

答:(1)学校体育目标体现了我国的教育方针、体育方针、有关政策的基本精神和国家、社会对学校体育的要求,是制订体育教学目标的依据。

(2)学生身心发展的特点及其规律。体育教学的对象是学生,体育教学目标完成如何,需要通过教学后学生所能达到的水平和规格表现出来。这是制订体育教学目标的生理和心理学依据。

(3)教育部颁发的各级学校体育《体育与健康课程标准》,它包括了教学目标、指导思想、具体内容,它也是形成体育教学目标体系的依据。

(4)各地区、各部门和单位的实际条件。教学条件是制约体育教学目标实现的重要因素。为了确保体育教学目标具有适应性和可行性,在制订教学目标时,必须从实际出发,充分考虑不同学校的客观条件和体育工作基础。

(5)教材内容性质的不同。教材内容的性质主要有两类:一类是需精细传授的教材,另一类是介绍型教材。因此不同类型的教材内容应有不同的体育教学目标。

26. 请你结合学科特点,从自主学习、合作学习、创造性学习、探究式学习四个方面,谈谈如何加强对学生的学法指导。

答:传统的体育教学方法只重视教师的教,比较忽视学生的情感和体验,最终导致许多学生不喜欢体育课,所以必须高度重视教学方法的改革,将有助于激发学生的体育学习兴趣,吸引学生上好每一堂体育课,使学生形成坚持体育锻炼的习惯。

(1)自主学习:对每个学生来说,实现教学目标的途径可以多样的,由于不同的学生在体能、技能、爱好等方面存在着差异,但每个学生都有达到相同目标的最适宜方法,因此,在教学中我们应该给学生有自主选择学习内容和学习方法的空间,不要给学生规定过分统一的要求,让学生学会自主学习,也就是教学生学会针对自己的实际情况,选择最佳的练习方法,通过自己的努力和教师的帮助与指导,最终实现学习目标,同时也掌握了终身学习的方法,为今后坚持体育锻炼奠定了良好的基础。

(2)合作学习:合作学习也是自主学习的一种形式,合作可以是两人之间、多人之间的合作。合作使学生产生更多的灵感,获得更大的利益,得到更好的体验。在体育教学中,教师可以多组成学习小组,采用集体性的运动来培养学生的合作意识和行为。在非集体的体育活动中(如体操等)也应该给学生提供相互帮助、相互指导、相互纠正的机会,使学生在合作的学习氛围中,提高发现错误和改正错误的能力,不断提高动作质量,并在合作学习过程中发展社会交往的能力。

(3)创造性学习:在传统的体育锻炼教学中,教师往往习惯于灌输式的教学方法。学生只需"跟我学"就可以了,这样的教学方法实际上泯灭了学生的创造性,因此教师要为学生提供机会,培养他们的创造力、竞争力以及迎接挑战的能力。在教学过程中,应将教师的指导与学生的创造结合起来。有些教学内容可以只提要求不教方法,让学生自己去尝试学习。这样,不仅能使学生获取更好的知识和技能,挖掘更多的潜力,而且还能使学生形成创造的意识和能力,获得更多的成功体验。

(4)探究式学习:提起探究式学习,往往会给人一种很高深的感觉。其实,探究行为只是儿童的一种常见表现,他们从小就爱问"为什么",那么在体育教学中,应怎样来指导学生进行探究式学习呢?一般而言,可以引导学生对一些约定俗成的事物去进行探究,引导学生对事物的潜在功能进行探究,如单杠是不是只能用来发展力量,滚翻运动在实际生活中有哪些用途等。

27. 作为一名中学体育教师,请问你有何措施加强对学生学法的指导?

答:(1)提高学生自学自练的能力。教师要指导学生学会看图和根据动作示意图进行模仿练习,提高学生在模仿中学习,并鼓励他们提高自学自练能力。

(2)教师要给学生营造合作学习的氛围。在学生自学自练的基础上可以组成学习小组,让学生相互观察、相互帮助、相互纠正,使学生在合作学习的氛围中,提高发现错误和改正错误的能力,不断提高动作质量,并在合作学习中发展社会交往能力。

(3)教师要为学生提供机会,培养他们的创造力、竞争力以及迎接挑战的能力。在教学过程中,有些教学内容教师可以只提要求,不教方法,让学生自己去尝试学习。

(4)通过布置适当家庭作业,培养学生的锻炼习惯以及对社会健康问题的责任感。

(5)发挥信息技术的优势,指导学生收集和综合信息,使信息技术成为学生的学习工具。

(6)发扬教学民主,经常听取学生的意见,与学生一起研究和改进教学方法,让学生以适当的方式对教、学过程和结果进行评价。

28. 结合本校实际,谈谈你在体育教学中如何对体育设施资源进行开发?

答:(1)发挥体育器材的多种功能。体育器材一般都具有多种功能,例如:栏架可以用来跨栏,也可以用作投射门,还可以用作钻越的障碍等;利用跳绳可以做绳操、斗智拉绳等。只要转换视角和思维方式,就可以开发出常用器材的许多新功能。

(2)制作简易器材。各地学校可以结合本校实际,制作简易器材,改善教学条件。例如:用废旧的铁锨杆、锄把等制作接力棒,用废旧的竹竿和橡皮筋制作栏架,用废旧足球、棉纱和沙子等制作实心球,用废旧的棕垫、帆布制作沙袋,用砖头水泥或石块砌成乒乓球台,用砖头、木板、竹竿代替球网等。

(3)改造场地器材,提高场地利用价值。可以把学校成人化的场地器材改造成适合中小学生活动的场地器材,例如:降低篮球架高度,降低排球网高度,缩小足球门,缩小足球、排球、篮球的场地等。

(4)合理布局学校场地器材。学校场地器材的布局,应当既要满足教学的需要,还要满足课外体育活动和校内比赛的需要;既要方便组织,又要方便教学活动;既要确保安全,又要保证学生有地方活动;要形成相互依托、互为补充的多功能活动区。

(5)合理使用场地器材。应当根据本校和周边环境,合理规划、充分利用空地,使学生能进行安全、适宜的体育活动。学校要加强场地器材和周边环境的协调、管理工作,安全地、最大限度地提高场地器材使用率,同时要加强场地器材的保养工作,合理地使用有限的财力、物力,使每一件设施都能起到尽可能大的作用。例如:在课余时间对学生开放体育场地,安装多向篮球架,因地制宜设计自然地形跑道等。

29. 分组教学的基本形式有哪些?

答:无论上课时学生的人数的多少,分组教学是一种必要的教学组织形式,因为分组教学比较能体现因材施教、区别对待教育的原则,也比较容易发挥学生骨干的作用。在体育教学中,可根据不同的水平阶段学生的特点、不同的教学内容、不同的目标,选用适宜的分组形式或结合几种分组形式来开展教学。

下面介绍几种不同的分组教学组织形式。

(1)随机分组:这是分组教学的最基本的形式。所谓随机分组,就是按照某种特定的方法将学生分成若干组。例如,教师用报数的方法将全班分成若干个小组,具有一定的公平性,常在比赛、游戏时采用。这种方法的优点在于既简单、又迅速;缺点在于没有考虑学生在爱好、能力上的差异,无法很好地体现区别对待的教学原则。

(2)同质分组:所谓同质分组,是指分组后同一个小组内的学生在体能和运动技能上大致相同。优点在于能增强活动的竞争性,符合学生争强好胜的性格,提高学生参与活动的兴趣;缺点是易在学生中形成等级观念和弱势人群的自卑感等。因此,教师在首次进行同质分组前,最好能给学生解释一下实施这一教学组织形式的原因,以免体能和运动技能较差的学生产生自卑感和降低学习的信心,技能好的学生产生骄傲和自满情绪。

(3)异质分组:是指分组后同一小组内的学生在体能和运动技能方面存在差异,各组之间在整体实力上的差距不大,异质分组不同于随机分组,是人为地将不同体能和运动技能水平的学生分成一组,或根据某种特别的需要对"异质"进行分组,从而缩小各小组之间的差距,以利于开展游戏和竞赛活动。例如,在进行接力跑游戏前,教师把跑得较快和跑得较慢的学生合理地分配在各个小组里,此种形式的小组就是典型的异质分组。

(4)合作型分组:体育教学中学生合作学习的机会比其他课程要多得多,这主要是由于体育活动的特性所决定的。无论是在游戏活动还是竞赛活动中,合作都是获得成功的重要因素之一。在体育教学中,让学生通过合作来进行练习(如接力跑、双人操等),其意义远远超出活动本身,不但更能提高学生的兴趣和热情,培养学生的合作意识和集体主义精神,而且有助于促进学生达成学习目标。

(5)帮教型分组:在合作型分组中,参与者之间的关系是平等的,是一种互为依赖的关系。但有时根据教学的需要,我们可以组织部分学生直接对其他学生进行帮助,这就形成了帮教型分组。例如,有一定专项技能的学生可以在自己所擅长的练习中帮助其他相对比较差的同学,其所达到的教学效果要比教师一个人对众多的学生进行指导好得多。同时也是主体学习的一种很好体现。但教师必须使学生认识每个人都有帮助他人和接受帮助的责任和义务,重视帮助者产生自卑感的不良效果。

(6)友伴型分组:如果让学生自己分组活动,大多数学生会选择与自己关系较为密切的同学在一起进行练习,这就是友伴型分组。与关系密切的同伴在一起练习,学生没有心理压力,并能得到友情的支持,给予指导和帮助。因此,在体育教学中采用友伴型分组,可提高学生的学习热情,使每一个学生都有可能体验体育活动的乐趣。

30. 凭你的教学经验,当学生在运动中发生运动性昏厥时临场一般有哪些处理方法?出现运动性昏厥的原因是什么?请予以简述。

答:体育锻炼前后必须做好准备和整理活动,准备和整理活动是恢复及防止运动锻炼中、后昏厥,甚至是预防死亡事故发生的重要措施。运动性昏厥是暂时性脑缺血或缺氧所引起的一种表现。晕倒者出现短暂的意识丧失,而各种反射依然存在。

遇到这种病人,可以采取以下措施:

(1)立即将病人平卧,最好让病人头低脚高,以改善脑部的供血供氧。

(2)解开病人衣领、领带,将头侧向一侧,如病人出现呕吐则帮助清除口腔内的积物,以保持呼吸道通畅。

(3)给病人喝热开水或热糖水。

(4)可用手指压人中或合谷穴。

(5)大多数病人经过上述处理后,情况可很快得到改善,如果病人仍不见好转,应立即送医院急诊。

31. 论课外体育锻炼与体育教学和运动训练的关系。

答:三者相同之处:

(1)都属学校体育范畴,都是学校体育的组成部分。

(2)都以身体练习为基本手段,都需承受一定的生理和心理负荷。

(3)都是最终指向学校体育目的任务的完成。

(4)三者活动的效果具有一定的同一性。

三者的不同之处:主要目标或任务、要求、内容、组织形式、承受的身心负荷和效果的评价均有所不同。

三者的相互关系:

(1)体育教学是学校体育工作核心,课外体育锻炼是体育教学的继续、延伸和补充。

(2)课外运动训练是体育教学的促进因素,可以检验和提高体育教学和课外体育锻炼的水平。

32. 教师制订教学方案时,选择教学内容要符合哪些要求?

答:(1)符合学生身心发展、年龄和性别特征。

(2)运动形式活泼,能激发学习兴趣。

(3)具有健身性、知识性和科学性。

(4)对增强体能、增进健康有较强的实效性。

(5)简单易行。

(6)为了适应学生的身心特征,提高学生的学习兴趣,可以对一些竞技运动项目进行适当的改造,如简化规则、降低难度等。

(7)可以根据实际情况,在课堂教学中引入一些学生喜爱的新兴运动项目。在少数民族地区或其他有条件的地区,还应该挑选、整理一些民族民间体育活动项目引入课程教学,以增加学生对民族传统文化的了解程度和自豪感。

33. 如何对教师专业素质进行评价?

答:体育教师的专业素质评价,应包括对教师职业道德、教学能力和教育科研能力三方面的考核评价。

(1)职业道德主要是指教师的敬业乐业精神以及对学生的热爱和尊重。

(2)教学能力主要包括对《标准》、教学内容的领会和掌握程度;对现代教育教学理论和教学方法的掌握及运用程度;从事体育教学必需的基本技能;激发和保持学生运动兴趣、促进学生形成体育锻炼习惯的能力;运用计算机和多媒体辅助教学以及开发和运用体育资源的能力等。

(3)教育科研能力主要包括学习能力和研究能力。

34. 试述终身体育的社会实践意义。

答:(1)终身体育思想不是作为一种孤立的思想产生,它的出现有着深刻的社会背景与历史原因,符合当今的时代要求。

随着社会生产力的高速发展,人们的生活水平不断提高,闲暇时间越来越多,人们对自己的生活质量的要求也不断提高;在日益加剧的竞争中,人们也面临着巨大的身体和精神压力。在这些前提条件下,健康成为人们关心的重要话题。体育锻炼是保证人体健康长寿的有效方法,终身体育思想这时应运而生,为人们的健康生活方式提供了正确的指导。身体锻炼已成为现代生活方式的一种潮流,不仅仅健康得到保证,同时锻炼了意志品质,提高适应现代生活的能力。

(2)提倡终身体育思想对推动物质文明与精神文明的发展有重要的意义。

终身体育思想提倡人从生命的开始到结束一生中,学习与参加身体锻炼活动,以增强体质。体育锻炼有助于人们的社会交往活动,人们在体育锻炼的过程中,不仅体质得到改善,同时运动中快乐的情绪可以感染他人,营造良好的活动氛围。另外,终身体育思想的提倡有助于体育人口的增多,随之而来的体育消费也会增长。为适应锻炼的需要,体育设施会逐渐完善,不仅能迎合体育人口的增多,同时也推动了物质文明的发展。

35. 论述终身体育的科学基础是什么?

答:(1)终身体育可促进个体社会化的功能,为其奠定社会学基础。

终身体育的对象包括了人生的各个阶段,涉及人生的不同社会化时期,在其个体社会化的过程中体现了不同的作用。主要表现在:作为一种重要的行为活动,体育为人们提供了形成和发展个性的活动空间,可培养人们勇敢、自信、果断的性格特征,坚强的意志品质;在人们锻炼过程中,无形中增加了人们交往、交流的机会,终身体育作为社会文化的一部分,成为人们传递社会文化过程中喜闻乐见的一种方式;另外,实践证明早期传授与发展婴幼儿的基本活动技能,以及提高青少年的基本活动技能,对于开发与培养人的智力因素与非智力因素均有促进作用。长期适当的身体锻炼还可以起到加强人际交往,培养集体主义精神,增强环境适应能力的作用。

(2)终身体育可促进人体生长发育、增强体质的功能,为其奠定自然科学基础。

新陈代谢是一切生物体生命活动的基本特征,人体能通过能量的代谢维系生命活动。终身体育正是依据人体的新陈代谢规律提出终身坚持体育锻炼,使体内的能量代谢过程加快,提高新陈代谢的活力(尤其是老年人),使人的有机体始终处于代谢的平衡状态,从而促进人体的健康。

(3)终身体育利于维持心理健康、预防身心疾病的功能,为其奠定心理学基础。

精神疾病的产生与情绪和人格特征(或行为特征)有密切的联系。良好的情绪和行为特征有利于人的身心健康。终身体育是指导人们善度余暇、消除不良习惯、形成良好生活节奏,陶冶情操、优化性格、调节身心的重要和有效的手段,它完全能起到促进心理健康,预防身心疾病的良好功效。

(4)终身体育可塑造人体美、人格美的功能,为其奠定美学基础。

体育不仅有健身、健心的功能,还有健美的功能。

长期进行体育锻炼可改变肌肉组织构成,塑造完美的、协调的、有机的人体美。另外,在体育锻炼过程中可培养人的持之以恒的态度、坚强的意志品质以及集体主义精神,塑造完美的人格。

36. 简述课外体育锻炼的意义。

答:课外体育活动是学校体育的重要组成部分,它与体育教学、运动训练相辅相成,共同完成学校体育的目的任务。课外体育锻炼是利用课余时间,运用各种身体练习的方法,结合自然力和卫生措施,进行经常的全面身体锻炼,以达到增强学生体质,培养锻炼习惯,调节精神和丰富课外生活促进学生全面发展的目的。

(1)有助于体育兴趣、习惯的培养。

(2)有助于终身体育基础的形成。

(3)有助于学生形成良好的生活习惯,促进文化学习。

(4)丰富课外文化生活,促进校园文明建设。

37. 试述体育教学中如何提高学生学习的积极性?

答:提高学生学习的自觉性可以从以下几个方面去努力:

(1)要加强思想教育,明确锻炼目的,端正学习态度。进行人生观教育,要运用各种形式,教育青少年把自己的学习同祖国的前途、个人的命运联系起来。

(2)要根据教学任务,学生实际和具体条件,正确确定教学的内容、方法和要达到的要求。教学内容要系统性,组织方法要生动活泼,富于启发性,教学内容不能过难过易,要求不能过高过低,否则都会挫伤学生的学习积极性。

(3)培养学生对体育的兴趣和爱好,以提高积极性。对体育锻炼的浓厚而稳定的兴趣和爱好,是提高自觉积极性的心理因素。培养兴趣和爱好是多方面的。一是教师教学灵活,吸引学生;二是学生对某项运动项目的偏爱或对运动成绩的追求。

(4)及时鼓励学生自觉积极的表现。在体育教学中,教师可用简单的语言,对学生的动作进行评价。如"好、行、不错、脚伸直"等。学生会感到教师重视自己的表演,加上评价,就会认真。

(5)要严密教学组织,注意教学方法。

(6)教师要注意言行仪表。

38. 请叙述运动技能形成和发展的各阶段的特点及教学注意事项。

答:(1)泛化过程。在此过程,教师应该抓住动作的主要环节和学生掌握动作中存在的主要问题进行教学,不应过多强调动作细节,而应以正确的示范和简练的讲解帮助学生掌握动作。

(2)分化过程。在不断的练习过程中,初学者对该运动技能的内在规律有了初步的理解,一些不协调和多余的动作也逐渐消除。此时,大脑皮质运动中枢兴奋和抑制过程逐渐集中,由于抑制过程加强,特别是分化抑制得到发展。大脑皮质的活动由泛化阶段进入了分化阶段,因此练习过程中的大部分错误动作得到纠正,能比较顺利地、连贯地完成完整动作技术。这是初步建立了动力定型。但定型尚不巩固,遇到新异刺激(如有外人参观或比赛),多余动作和错误动作可能重新出现。在此过程中,教师应特别注意错误动作的纠正,让学生体会动作的细节,促进分化抑制进一步发展,使动作日趋准确。

(3)巩固过程。通过进一步反复练习,运动条件反射系统已经巩固,达到建立巩固的动力定型阶段,大脑皮质的兴奋和抑制在时间和空间上更加集中和精确。此时,不仅动作准确、优美,而且某些环节的动作还可出现自动化,即不必有意识去控制而能做出动作来。在环境条件变化时,动作技术也不易受破坏,同时由于内脏器官的活动与动作配合得很好,完成练习时也感到省力和轻松自如。

(4)动作自动化。随着运动技能的巩固和发展,暂时联系达到非常巩固的程度以后,动作即可出现自动化现象,所谓自动化,就是练习某一套动作时,可以在无意识的条件下完成。其特征是,对整个动作或者是对动作的某些环节,暂时变为无意识的,此外,在运动技能已经巩固的时候,运动员可以精确地意识到自己所完成的动作,并可以用语言表达出来。

39. 认知示范、学法示范和错误示范是体育教学中常用的三种动作示范,请你结合教学事例分析三种示范的注意事项。

答:(1)认知示范是体育教师为了让学生明白动作的概念,并形成动作的表象而做的示范,着重于动作方法的示范。例如:教师给学生完整做一个"单手肩上投篮"的动作,示范之后告诉学生这个动作的名称是"单手肩上投篮",目的是让学生建立动作的概念。做认知示范时注意:①一般采用完整动作的示范;②动作的速度不宜太快,可适当减慢动作速度,让学生看清楚;③采用不同示范面,以背面、侧面为宜,避免学生对动作的方向判断不清。

(2)学法示范是体育教师为了让学生了解完成动作的姿势、顺序、路线、方向、节奏、用力等要领而做的示范,着重于动作的细节与练习的方法。例如:教师给学生做"单手肩上投篮"动作的学法示范时,可以从"持球手型、瞄篮点、抬臂压腕拨球、身体协调用力"等细节做分解动作示范;还可以从篮下原地一路纵队依次练习投篮的组织形式示范;还可以从中线运球至篮下再做单手肩上投篮的组合动作练习方法的示范。做学法示范时注意:①从分解动作的示范开始,每一个分解动作着重解决一个动作细节的问题;②请能完成动作的同学做示范,便于老师讲解动作的要领及练习的方法。

(3)错误示范是体育教师将学生练习时出现的错误动作与正确动作进行比较,使学生分辨与理解正确动作的方法,着重于动作的正误对比。例如:教师给学生做"单手肩上投篮"动作的错误示范时,模仿错误动作完成一次投篮,再做一次正确动作的示范,让学生看出二者的差别。做错误示范时注意①找学生典型的错误动作进行示范;②正确动作示范与错误动作示范时提醒学生注意观察点,使学生明白二者的不同之处。

40. 试述体育教学组织的意义。

答:教学组织是指在体育教学过程中,为提高教学效益而采取的一系列组织方法的总称。由于体育教学的组织与实施主要是在操场上进行,学生活动范围大,人际交往频繁,场地器材复杂,外界环境多变。因此体育教学组织是一项比较复杂和细致的工作。

(1)合理的教学组织可以保证课严密紧凑、有条不紊,最大限度地利用每一分钟时间,使教学更加结合学生实际,区别对待、因材施教,调动学生学习的主动性和自觉性,培养学生组织纪律观念。

(2)合理安排场地器材,有利于提高器材的使用效率,增大课的密度,同时可以防止伤害事故,保证体育教学任务的完成,达到预期的教学效果。

(3)体育教学组织是体育教师教学基本功的重要内容,它是体育教师教学经验、教学技巧和教学智慧的综合体现,是衡量体育教师教学水平高低的重要方面。

41. 试述体育教学中的组织形式及其优缺点。

答:体育教学组织形式一般分为分组不轮换和分组轮换两大类型。

(1)分组不轮换。分组不轮换是指学生分成若干组,在教师的统一指导下,按教材顺序依次进行练习的组织形式。这种形式的优点是便于教师统一指导,全面照顾学生,合理安排教材顺序和运动负荷。但是,这种组织形式对场地器材的要求相对较高,在场地小、器材少时,运用此形式有一定困难。

(2)分组轮换。分组轮换是指把学生分成若干组,在教师的指导和体育小组长的协助下,各组学生分别学习不同的教材内容,按预定时间互相轮换学习内容的组织形式。在场地器材不足的条件下,采用这种形式可使学生获得较多的练习机会,提高器材的利用率和练习密度,也有利于培养学生自学、自练、自评的能力。但缺点是教师不容易全面指导学生,在合理安排教材内容的顺序和灵活掌握教学时间上存在一定的困难。同时,也不容易使各组的运动负荷符合人体生理机能活动能力变化的规律。分组轮换的形式主要分为两组一次等时轮换、三组两次等时轮换、四组三次不等时轮换、先合(分)组后分(合)组。

42. 试述分组轮换的形式及采用分组轮换时应注意的问题。

答:分组轮换的形式主要分为两组一次等时轮换、三组两次等时轮换、先合(分)组后分(合)组。

(1)两组一次等时轮换。这种形式的具体做法是,将学生分成两大组,分别学习不同的教材,到基本部分的1/2时间轮换一次。使用条件是有两个教材,其中一个教材较难,另一个教材较容易。

(2)三组两次等时轮换。这种形式的具体做法是,将学生分成三组,分别学习不同的教材,到基本部分的1/3和2/3时间,三组依次轮换。其使用条件是教学班人数多、器材少、新授内容比较容易、复习内容比较简单或学生较熟练地掌握运用。

(3)先合(分)组后分(合)组。这种形式的具体做法是,某一教材是新授教材是,则先合起来进行学习,然后再分组进行不同的练习,如果某一教材和其他练习内容之间负荷差距较大,对人体的负担较重,则先分组进行不同教材的练习,然后再合起来进行某一教材的练习(如中长跑)。使用条件是,当三个教材中的某一个教材对器材的要求不高或不需要器材时,可以使用这种分组形式。

采用分组轮换教学形式时应注意的问题:

(1)在分组教学时,一般不应同时出现两个新教材,教师应把主要精力放在学习新、难、险教材的小组或照顾体弱组和女生组。

(2)课前培养好小组长和体育积极分子,以便在课中发挥他们的助手作用。

(3)建立轮换的常规,做好分组教学的组织工作,以便能迅速而有序地进行轮换。

(4)在分组教学时,教师要有目的、有计划地进行巡回指导,同时要注意自己的站位既要便于指导所在的小组,又要便于观察其他小组学生的活动。

(5)在分组轮换的教学过程中,体育教师还应注意采用一些有效的管理方法。例如巡回指导法、学生骨干管理法、循环练习法、布置任务法、游戏与竞赛法等。

43. 试述体育教学过程中学习评价应注意哪些问题?

答:(1)评价内容一定要和学习过程相关评价。内容和学习过程关系越密切,评价取得的效果也越好。

(2)重视运动行为能力的评价,体育教学过程的特点就是要学习动作技能。因此,应当把这些内容作为学习评价的内容。

(3)重视行为态度的评价,运动行为态度的评价,应是一个学生学习成绩评定的重要内容,但由于学习态度的评价主观性大,相对难操作,往往用学生的出勤率作为参照标准。

(4)重视过程性评价的多种方式,重视学习评价,就不能仅重视对学生的成绩考评,而应把评价看作贯彻教学过程始终的一系列的反馈环节。只有抓住这个环节,教学过程就可不断地改善,学生的自觉性也能不断地提高。在评价的主体方面,包括教师评、学生自评、学生互评。在评价的内容方面,包括身体测量、生理测试、学习态度、技能、达标。在评价的指标方面,既有定性评价,也有定量评价。在评价的方法方面,既要对学生学习成绩给予评定,也要进行更多的和评分无关而又能起到合理反馈作用的多种评价方法。

(5)总之,随着学校体育要树立健康第一指导思想的提出,学校体育更应注重学生的健康。与健康有关的体质指标都将成为课程评价的内容。评价的重点应放在与体育教学过程密切相关的过程评价上,只有这样才能实现评价的真正目标。

44. 试述在体育教学评价中搜集评价信息的方法。

答:(1)观察法。观察法是体育教学评价获取信息的重要方法,是搜集个体心理活动状态资料的重要途径,特别是在学生体育素质评价及教学评价中,这种直接观察搜集资料的方法具有十分重要的作用,是其他间接方法无法比拟的,因而深得评价者的重视。

(2)问卷法。问卷法是体育教学评价的又一重要方法。是教育评价主评人员通过书面形式向被调查者提出经过严格设计的问题,从而获取评价信息的方法。因为它是通过书面形式进行调查的,因而具有自身的诸多鲜明的特点和其他方法不能替代的作用,在编制和实施方面也有较为严格的要求,这些均应引起使用者的注意。

(3)测验法。测验法是通过考试、级评和达标等形式搜集学生的学习反应、学习行为的综合结果的重要手段。它是有计划有组织的针对性较强的定量化获取体育教学信息的工具。主要包括体育理论知识的测验、运动技术的测验、身体素质测验和体育情感行为测验。

45. 试述体育教学评价的发展趋势。

答:随着学校体育教学改革的发展,体育教学评价已成为教学管理的重要手段,因此教学评价日益受到重视,并呈现出以下的发展态势:

(1)评价理念的不断更新。必须清晰地认识到素质教育并不是取消考试,体育课也不能变成"练练、玩玩"而已,而是要从根本上来建立全新的体育教育评价指导思想,要从单一的评价视角转向多角度多方法的综合质量评价,要淡化考评的选拔功能,强化全面教育、检验、反馈、激励的功能,彻底根除为考而教、为考而练的弊病。

(2)评价内容的不断扩展。教育评价是为教育目标服务的。在明确了教育目标之后,评价的内容自然也就确定了。目前,学校体育教学目标是多种多样的,因此体育教学评价的内容将越来越注重多元评价,即包括认知、技术技能和情感三方面的内容,而不是单一的技术技能考评或健康测验,情感态度的评价则会受到普遍重视。

(3)多种评价方式综合运用。诊断性评价、形成性评价和终结性评价相结合。在以往的体育教学评价活动中,比较重视终结性评价,对激励学生学习,提高学习效果以及帮助教师改进教学的意义不大。基于上述情况,我们应改变单纯采用终结性评价的方式,而是采用诊断性评价、形成性和终结性评价相结合的评价方法。

①定性评价与定量评价相结合。在体育教学中,采取定量的方法进行评价,增强了评价的科学性,改变了过去单一的定性评价。但是体育教学极为复杂,有它自身的特殊性,存在着大量的人文因素,而这些因素具有明显的定性特征,是难以量化的。因此,必须把定量与定性评价结

合起来使用,认清评价对象的本质特征。

②自评与他评相结合。传统的教育评价注重他人评价,忽视教师和学生的自我评价,在对教师评价中,任课教师长期工作在教学第一线,对教学活动的情况最为了解,对教学质量的优劣也较为清楚,所以对课堂教学质量的评价离不开任课教师的自我评价。

(4)科学评价,重在激励。我们在体育教学评价中应实施个体化评价,改变评价内容和方式,充分运用评价结果来激励学生,使学生看到自己的进步。

46. 试述如何制订实践的课时计划。

答:(1)确定课时教学目标。课时教学目标的确定首先要依据单元教学目标,并针对本课教材所要解决的主要问题。其次,必须根据大多数学生的实际水平。制订体育课教学目标时必须符合全面、明确具体、切实可行的基本要求。

(2)设计、编写课的内容和组织教法。这一步是编写教案的主体,通常先设计成熟后再落笔书写。

①课的内容:设计课的内容首先应考虑基本部分的教材。如果一节课两个以上教材,则应先确定其先后顺序,然后根据本课的教学目标,找出各项教材的重点、难点,再根据重点和难点考虑必要的诱导练习和辅助练习及练习的方法。基本部分构思成熟后,即可根据其需要考虑准备部分的练习及结束部分的放松练习。

②组织教法:组织教法的设计比较复杂,应综合考虑以下几个方面:分组设计;分组轮换的选择;结合教法,什么步骤在前,什么步骤在后,采用何种队形练习效果最佳;如何在最短的时间内完成学生队伍的调动;如何利用场地和器材,使学生获得较多的练习次数;学生练习时教师如何指导、如何进行情感交流、安全措施、教学比赛、游戏规则及要求等。

(3)合理安排各项内容教学时间和练习次数

课的各部分时间主要是根据每部分在全课所起的作用来决定。以45分钟一节课为例,通常准备部分8~10分钟,基本部分30分钟左右,结束部分3~5分钟。各项内容的教学时间是指课的内容一栏内各项教学内容的时间安排。练习次数是指每项练习中一个学生的练习次数。安排时应根据课的组织及各项内容的教学时数来决定,确定练习次数要留有一定的余地。

(4)设计课的生理负荷和练习密度。为了更好地实现教学目标,教师应以该班中等水平的学生为依据,根据全课安排、场地器材与气候条件等来设计课的脉搏曲线、课中最高心率、全课平均心率和练习密度。

(5)计划本课所需的场地器材和用具。安排时要注意场地的运用要相对集中,并尽可能充分利用学校的器材条件。

(6)课后小结。课后小结虽然是每节课后完成的,但是一份完整教案所不可缺少的部分。每位教师应在课后将本次课教学目标的完成情况,主要优缺点及改进的方法等简明扼要的书写在课后小结栏内,以便为今后的备课提供参考,从而不断提高教学质量。

47. 课余体育与素质教育有什么关系?

答:素质教育是相对于应试教育提出来的。它是为实现教育方针规定的目标,着眼于受教育者群体和社会长远发展的要求,以面向全体学生,全面提高学生的基本素质为根本目的。以注重开发受教育者的潜能，促进受教育者德、智、体、美、劳各方面生动活泼地发展为基本特征的教育。

提高人的素质始终是重视课余体育存在和发展的前提。人的素质是人发展的基础和前提条件，而体育是人的体育，是人类理性的体现，体育存在发展的前提，首先就是对人的肯定，对人现实素质的肯定，体育始终把提高人的素质作为自己崇高的使命。课余体育中身体练习的所有构成要素，都是以人的素质为基础的。并且，课余体育始终是随着不断提高人的素质的要求并以此为前提而不断发展的。

课余体育是素质教育的重要内容，也是素质教育的重要途径之一。通过体育不仅可以育体，还有育德、育智、育美等方面的功能，即课余体育不但可以完成素质教育中培养学生体育素质的任务，还可以促进完成素质教育中培养学生思想素质、文化素质、审美素质、劳动素质等其他方面的任务。因此，课余体育也是素质教育的手段。

素质教育对课余体育提出了新的要求。首先，素质教育是一种面向全体学生，提高每个学生的基本素质，使所有学生都能健康成长，都能成为社会有用之才的具有全体性特征的教育。

第二，素质教育是培养基本素质的教育，是打基础的教育。素质教育的这种基础性特征要求学校课余体育首先为学生打好体质基础，同时还要注重培养学生良好的心理素质，提高学生的体育意识。

第三，素质教育是重视学生全面发展的教育，课余体育既要为全面提高学生体育素质服务，同时还要充分地发挥体育的各项功能和课余体育自身的特色，为促进学生的思想道德素质、科学文化素质、心理素质和生活技能素质等学生的综合素质。

课余体育有益于提高学生的身心素质，学生身心素质发展水平是课余体育活动开展水平的标志，素质教育的开展又促进了课余体育的蓬勃发展，二者相互促进。

48. 课余体育对校园文化建设有哪些促进作用？

答：(1)课余体育有助于创造校园文化的生动丰富性，增强校园文化的凝聚力和吸引力。生动而丰富，是所有优秀文化的必备特质。青少年学生最富有朝气和活力，对生活充满美好的憧憬和新奇感受。他们不但需要课堂学习，而且需要娱乐，需要友谊，需要发展自己的兴趣爱好，需要情感和精力的宣泄，而课余体育活动恰恰是满足青少年学生这些需要的最灵验、最有效的方式之一。因此，大力开展课余体育活动，充分利用体育运动的自身特点，丰富校园文化建设，创造出校园文化的多样性，创造出紧张严肃与生动活泼相统一的、丰富而生动的文化氛围，从而为满足广大青少年学生多方面的精神情感需要，提供一个广阔的空间和适宜的环境，充分焕发他们青春的朝气与活力。同时，还可抵御社会有害文化的侵袭，净化校园环境。

(2)课余体育有助于冲破校园文化的封闭性，增强开放性。校园文化应保持一般社会文化的某种超然性，但也要加大对社会的开放，加强与社会文化的交流。而课余体育活动，正是加强这种开放性的重要途径之一。首先，通过学校之间、学校与社会之间频繁而广泛的以体育为内容的交流和接触，增进学生对社会的了解，开阔学生的眼界，吸取社会文化的有益成分，弥补校园文化的不足。其次，体育运动具有较强的社会性，可以使学生在体育活动中，培养社会交往能力和适应社会能力。此外，学生通过参加学校的各种课余体育活动，往往可以在这些活动中崭露头角,显示出校园文化的雄厚实力,提高校园文化的威望。

(3)课余体育有助于弘扬校园文化的创新精神。课余体育,首先为学生的体育运动才能的发挥和创新提供了有利条件,使青少年学生有机会发展体育运动的特长和爱好,从而弥补了课堂教学统一要求,以分数为衡量学生才能的唯一尺度的不足。其次,体育运动有一个重要特征,那就是鼓励和要求不断地创新,因为:只有不断创新才能在体育竞赛中立于不败之地。鼓励创新是体育运动的文化特征,这种文化特征正是校园文化建设中必不可少的灵魂,也是现代教育所要追求的不变神韵。

49. 试述营养与体育锻炼的关系。

答:进行体育锻炼时,体内会发生一系列的生理性变化,比如:中枢神经系统活动紧张,内分泌机能提高,酶系统活跃,新陈代谢旺盛,单位时间内的能量消耗数倍、数十倍于安静状态,体内的糖、脂肪被大量分解供能,蛋白质代谢更新加快,大量的维生素、无机盐参与分解代谢而加大了损耗丢失过程。这些变化,使机体对各种营养物质的需求量大为增多。

营养与体育关系密切,对锻炼效果有着很大的影响。体育锻炼造成的能量消耗,要在运动结束后通过合理的营养膳食进行补充。如果缺乏合理营养保证,消耗得不到补充,机体处于一种"亏损"状态。久而久之,于机体健康不利,会使锻炼者生理机能及运动能力下降,出现乏力疲劳甚至疾病状态。在这种情况下,想要提高锻炼效果或运动成绩是很困难的事情。

合理营养与体育锻炼是维持和促进健康的两个重要条件。以科学合理的营养为物质基础,以体育锻炼为手段,用锻炼的消耗过程换取锻炼后的超量恢复过程,使机体积聚更多的能源物质,提高了各器官系统的机能。此时获得的健康,较之单纯以营养获取的健康上升一个新的高度。因为合理营养加体育锻炼获得健康的同时,也获得了良好的身体素质。

50. 课外体育锻炼的组织形式有哪些?

答:(1)早操。早操亦称"早锻炼",是学生早晨课前进行的体育锻炼形式。是一种有益身心健康的活动。早操的内容一般可以徒手体操为主,如广播体操、健身操、武术操、眼保健操、跑步、太极拳或球类运动等。早操时间一般为15~20分钟,生理负荷不宜过大,以免造成过分激动和兴奋而影响后面的课堂学习。

(2)课间操。课间操,也称课间体育活动,是课余体育活动形式之一。时间一般为20分钟,以集体做操为主,也可个人或小组进行。内容有广播体操、健美操、韵律操、锻炼功能性体操和眼保健操。

课间操在室外进行,能使学生在紧张的坐姿学习后,呼吸新鲜空气和接受阳光的照射,身体各部分得到舒展和活动,消除局部疲劳,适时转移大脑的优势兴奋中枢,进行积极性休息,为下一节课注入更充沛的精力,提高课堂理论的学习质量。

(3)个人自我锻炼。个人自我锻炼是指学生在课余时间和节假日里自发进行的个人或结伴的体育活动。自我锻炼来自学生身心发展的需要和对体育活动的兴趣爱好,反映了学生对增强体质、提高文化素养和完善自我等多方面的追求。对培养学生现代文明生活方式,实现个体社会化等方面有良好的作用。自我锻炼活动空间广阔、内容主富,可以有许多不同形式的体育项目。体育课布置的课后或假期体育锻炼作业也是自我体育锻炼的内容之一。

(4)班级体育锻炼。班级体育锻炼是以班级为单位分成若干锻炼小组,在班干部或锻炼组长带领下,利用课余时间进行体育锻炼的一种形式。

班级体育锻炼是保证学生每天1小时以上体育活动的重要组成部分。学生运用体育课中所学到的知识技能指导班级体育锻炼,不仅复习、巩固、提高已学过的内容,而且也能培养独立锻炼身体的能力。此外,班级体育锻炼对于培养体育积极分子、发展学生个性、发挥学生才能、养成自觉锻炼习惯、丰富校园体育文化具有积极意义。

班级体育锻炼内容广泛,一般包括《国家体育锻炼标准》测验项目、体育课的部分教学内容、学校传统体育项目和学生喜爱的简便易行的非正规游戏项目等。

(5)学校体育节。体育节是作息制度中体育活动以外的全校性体育活动。一般可分为"体育周"和"体育日"两种模式。

"体育周"是集中利用一周下午的课外活动时间,组织各种体育宣传、教育、锻炼、比赛等活动,诸如体育专题报告、体育讲座、体育知识竞赛、体育表演、体育比赛、趣味体育游戏等。

"体育日"是结合有意义的节日或重大国际、国内的体育活动,利用一天或半天时间,开展专题性的体育主题活动,进行体育教育和体育锻炼。

"体育节"活动能提高学生的体育兴趣,调动学生体育锻炼的积极性。对增强学生的体育意识,提高体育素养,扩大知识面,培养体育能力有指导意义。

"体育节"的活动形式多种多样,一般可组织全校性的活动,也可以按年级、班级或单项协会进行。活动应列入学校体育工作计划,认真做好各方面的组织工作。首先要通过各种途径进行宣传,使全校师生都了解该项活动的时间、内容、目的、意义、要求及评比办法。各个班级可根据学校的计划提早做好准备,这是保证"体育节"活动顺利进行的关键环节。学校应成立临时性的领导组织机构,使学校的各个部门都积极参与、协调配合;也可与上级机关、学生家长、新闻单位以及社会名人等取得联系,争取他们给予支持或亲自参加,能给体育增光添彩、扩大影响。在活动中应充分发挥学生的积极性和创造性。

51. 如何对课余体育锻炼进行自我监督?

答:自我监督也称自我身体检查,是指锻炼者在锻炼过程中,主动观察自己身体的机能状况以及身体对体育锻炼的反应和感受,并将观察结果记载于锻炼日记上。通过自我监督可以间接地评定运动负荷是否适当,从而合理地安排课余锻炼计划,以便达到较好的锻炼效果。

(1)主观感觉。主观感觉也叫自我感觉。是指锻炼时机体对运动的反应和感受。自我感觉能直接地反映机体的活动状况,尤其是中枢神经系统、饮食和体力等方面的变化最为显著。由于机体情况和运动量不同,运动后每个人的感受也不一样。有感觉良好、感觉一般和感觉不好等三种情况。

①感觉良好的主要反映是:锻炼者愿意积极参加锻炼,对运动有较浓厚的兴趣,锻炼时心情舒畅,而且精力充沛,无不适感。初锻炼者即便是有轻微的疲劳,但多在一小时左右即可恢复正常。适应性增强,睡眠改善,清晨醒来感觉精神爽快,全身舒适有力。

②感觉不好的主要反映是:在体育锻炼过程中,出现精神萎靡不振、身体疲倦、肌肉酸痛、四肢无力、心情烦躁、容易激动,对锻炼有一种厌烦感,不能坚持。较重者可有头昏头痛、食欲减

弱、恶心、心慌气喘、失眠多梦等不良症状。

③感觉一般的主要反映介于以上两者之间,即锻炼前后无明显反应。适宜的运动量自我感觉良好,如果出现不良反应,应引起重视。其原因多是运动时间过长或是运动过于激烈和紧张,运动量过大所致,或机体有不适于该项运动的疾病存在,这时应到医院进行检查,在医生的指导下适当调整运动量。

(2)客观检查。客观检查是指检查自身的一些机能指标,包括脉搏、体重、排汗量、肺活量等等。在此仅介绍脉搏和体重的检查。脉搏:是指动脉管壁随心脏的收缩而发生的有规律的搏动。在检查脉搏时,一般先检查清晨起床前的脉搏(也称基础脉搏率或晨脉),在正常情况下,每个人的基础脉搏是相当稳定的,成年人的脉搏平均均为70次/分钟左右。如果基础脉搏率升高,又无其他因素的影响,如感冒、发烧、失眠等,那就应当考虑前一天的运动量是否过大,运动时间是否过长。若基础脉率持续上升,并伴有疲劳的感觉,就应该降低运动的强度和缩短运动时间,把运动量定到适合自己本人所能承受的程度。若运动之后出现心脏部位或肝脏部位不适或疼痛,很可能是运动量超越了身体的负荷。若基础脉搏跳动有力、节奏均匀,次数和往常一样(或略有下降),说明运动量适中。每次运动后脉搏恢复的时间是判断心脏功能的有效指标。正常情况下,成年人脉搏恢复时间应在运动后10分钟以内;正常青年人脉搏恢复时间应在运动后3~6分钟。脉搏恢复时间越短,说明心脏功能越好,适宜的运动量可以缩短心脏脉搏恢复时间。

①脉搏测试方法:选择腕部桡动脉搏动处,用食指和中指或中指和无名指触摸,每次10秒钟,再乘以6,即为每分钟脉率。

②体重:它是人体发育的重要指标,可以反映人体状况和肌肉发达情况。一般初锻炼者,体重会暂时下降,这是因为运动时消耗了身体多余的脂肪,经过一段时间的锻炼,大肌肉群变得发达,体重将恢复到原来的水平。体重变化正常,说明运动量适合;如果锻炼过程中,体重明显下降,长期不能恢复,说明运动量过大,应该调整。

52.试述学校体育教研室(组)有哪些管理工作。

答:体育教研室是学校体育管理的具体工作部门,因此加强体育教研室的工作是搞好学校体育工作的关键。体育教研室的管理工作,主要包括内部机构设置、人事管理、经费管理、体育器材用品及场地管理、信息管理等方面。

(1)内部机构设置。设置办公室,根据需要配备人员;根据工作性质和任务设置二级教学组织。

(2)体育教研室的人事管理。领导班子的配备,体育教师的管理,体育骨干的培养均在其范围内。

(3)体育经费的管理。学校体育经费的来源途径主要有事业拨款、学校筹措、社会集资和自行创业等。支出通常有日常办公经费;教学训练、比赛、课外活动;体育场馆建设与维修经费;教师福利待遇。

(4)体育场地器材设施的管理。根据规定积极争取,不断改善体育工作环境;协助学校及有关部门,认真制定体育场地器材管理维修制度,并督促实施;参与研究制定学校体育场地设施的规划与布局;在确保正常体育教学训练和课外活动外,积极利用现有设施对校内外提供有偿服务,创造经济效益。

(5)体育信息管理。这是体育教研室一项重要工作,包括体育情报资料和体育科学研究管理两项内容。

(6)体育教研室最重要的管理工作是对体育教学、课外体育活动、课余训练与竞赛的管理。

53. 我国的课余体育训练有哪些组织形式?

答:目前我国的课余体育训练主要有以下组织形式:

(1)学校运动队。这是我国课余体育训练最常见、最普遍的组织形式。学校运动队的组织是以教育体制中各种组织单元自然组成的。有校代表队、年级代表队、班级代表队等。

(2)体育传统项目学校。是指多年来该校在一两个运动项目已具有广泛的群众性和相当的运动水平,长期以来形成了传统的体育运动项目学校。他们通常具有较强的师资力量和相应的后勤保障条件,以及逐级训练的长期组织。

(3)业余体校。业余体校通常是体委或教委下属的体育中专或体育中小学,这类学校配备专门的专职干部与教练员,有较好的场地、器材、设备,并有相对固定的训练时间、训练大纲、教材和训练计划。

(4)培养体育运动后备人才试点校。目前随着具有体制改革的深化,素质教育引导潮流的教育形势下,以教委为主,选择一批学校领导重视,体育师资力量雄厚,教育训练质量较高,场地设施条件好的学校,给予一定的招生自主权,可以为高一级学校或运动队培养优秀体育后备人才。

(5)竞技学校。竞技学校是由体委主办的培养优秀竞技后备人才的专业性训练学校,目前这类学校隶属于体育院校。他们办学的条件和经费相当充足,训练条件优越,有一定的技术指导力量和科研支持。虽然安排的训练时间较多,但学生尚需参加其他课程的学习,相当于半训半读,所以,这类学校还是属于业余性质的。

(6)体育俱乐部。随着市场经济体制的确立,一些由体委或教委出面组织,企业赞助,而出现了一种新型的体育训练形式——体育俱乐部。一些中小学或高校中的优秀体育苗子被选送到体育俱乐部进行系统的训练和培训,然后以赞助商的名义参加比赛,既为企业经济利益服务,又可以参加本单位的和校际间的比赛活动。该种组织形式依托于经济实体,有充足的物质保障,是企业和学校双赢的课余体育训练组织形式。

(7)体育特长班。体育特长班是由体育教师或教练员在业余时间招收有一定体育特长的学生进行课余体育训练。组织形式采用自愿、业余和有偿等方式,该种组织形式体现了学校、社会和家庭三位一体的训练特点。

(8)其他组织形式。这种组织形式有民办公助的训练中心、民间协会、训练站点等,其中有些属于纯民办的性质,但不排除这些组织训练的学生会出现较高水平的运动成绩,且发挥社会办体育训练的积极性,也符合我国目前的国情,应积极引导。

54. 你知道运动素质发展的敏感期吗?

答:在人的生长发育过程中:各种运动素质的发展呈现出不同步性,在运动训练理论中,将某种素质在某年龄阶段发展较快的现象称之为运动素质发展的敏感期。因此,在儿童、少年时期内,考虑运动素质发展敏感期,合理、有效、有计划、有目的、有重点地科学安排锻炼,是课余体育训练出发点之一。

(1)(最大)力量的发展敏感期

7~9岁为力量发展的第一个可训练阶段。7岁后随身高增加,肌肉长度开始改变,肌肉内协调得到改善。该时训练不会导致肌肉纤维变粗,可使梭状肌加长,使肌肉内协调和肌间内协调改善。

女孩从10岁开始单纯性力量的自然发展。分为四个阶段:第一阶段:10~13岁,力量增长的速度很快,特别是屈肌力量;第二阶段:13~15岁,力量增长的速度明显变慢。虽然此时增长速度变慢,但总的来说,9~14岁期是女孩力量增长最快的时期;第三阶段:15~16岁,一年中力量可增长14%;第四阶段:16~21岁,增长很慢,但已接近最大力量。

男孩在10岁前与女孩在力量上差异不大,增长速度也较慢,从11岁起男、女孩则出现差异,男孩增长速度开始加快,在11~13岁期间增长最快,18~25岁,已接近最大力量,增长缓慢,至25岁左右达最大力量。

单纯性力量的发展总趋势,无论男孩或女孩,18岁前都是持续增长的,但并不平稳,男孩在13岁以后,力量指标逐年比女孩要高。

(2)相对力量的特点。对男、女孩来说,发展都较平稳,增长的速率并不大,甚至在个别年龄阶段只增长2%~3%,其原因是因为:体重增长较快;身高增长时肌肉横断面增长很少,身高增长减慢时则肌肉的厚度增加。

(3)速度力量的发展特点。7~13岁男、女孩速度力量的增长都很快,13岁后,性别差异明显暴露出来,男孩仍以较快的速度增长,而女孩增长的幅度则就稍小,到16~17岁时增长速度开始变缓慢。

在儿童时期,速度力量的发展与单纯性力量的发展相比要快和早,因而在儿童时期及早培养效果较好。

(4)力量耐力的发展特点。男孩从7~17岁,力量耐力的发展是直线上升的;女孩15岁前是持续上升的,但以后则开始产生停滞,甚至下降。

(5)反应速度的发展特点。男、女孩6~12岁反应速度都是大幅度地提高的,在12岁时反应速度可达到第一次高点。在性发育阶段,反应速度稍减慢。到20岁左右出现第二次高点。

(6)协调能力的发展特点。6~9岁是一般协调性发展的最有利时期,9~14岁起开始素质训练,力量、速度、耐力可得到较快的发展,于是促使协调能力自然发展,到13~14岁,个别人到15岁,达到高峰。一般来说,18岁时运动素质可接近最大值,如果适时训练,到20岁左右协调能力与运动素质大致平衡。

55. 制订课余体育训练计划有什么要求?

答:为了能够制订出切实可行的课余体育训练计划,在制订训练计划时,必须对实际情况进行认真的分析,说明训练目的、学习和掌握训练周期的理论,以及正确选择训练内容与合理安排训练负荷,所制订出的训练计划一定要具有可操作性。

(1)实际情况分析。运动员的条件主要有:①专项素质水平;②技战术活动水平;③训练积极性;④训练和比赛负荷;⑤健康状况、疾病或运动创伤情况。

物质条件分析。主要有:①给运动员可以提供的训练时间;②训练课之外的学校及其他运动负荷;③保证训练实施的物质保障:场馆、训练房、器械训练检查措施等;④可能的和合理的营养;⑤训练的医务监督;⑥生活管理、训练和文化学习的安排等。

(2)说明训练目的。训练目的是指用语言文字或数字说明在一定的时间内可能达到的设想和运动成绩等。

(3)学习和掌握训练周期的理论。运动员竞技状态的形成是呈阶段性的和周期性的,在制订训练计划时,必须考虑竞技状态形成的特点。可分为三个阶段,每个阶段又可以分为不同的时期。

(4)课余体育训练的内容和负荷分配。课余体育训练的内容包括:身体训练、技术训练、战术训练、智力训练、心理训练、恢复训练和思想教育等。

在多年训练过程中,训练负荷会显著改变训练结构,因为长期保持相同的负荷会丧失训练的效果。在制订训练计划时要仔细研究训练负荷的安排艺术,以确保运动训练的实效性。

56. 请详述如何制订课余体育竞赛的竞赛规程。

答:竞赛规程是根据学校本年度体育竞赛日程、计划而制订的具体实施某一项次体育竞赛的政策与规定,它对该项竞赛活动的组织管理具有高度的权威性和指导性。由于它是竞赛参加者和组织者都必须遵循的法规,因此,必须做到文字表达准确,内容既全面又重点突出,条款规范详尽。尤其是在重点条款上要仔细推敲,防止出现漏洞,以免产生歧义。

在竞赛活动中,竞赛规则和规程共同协调和制约着体育竞赛过程。所不同的是,竞赛规则主要是对技术规范及有关场地器材条件的规定。竞赛规程则着重于竞赛的组织管理方面。

竞赛规程的内容主要是根据竞赛的性质、目的、项目特点而定。竞赛规程一般包括下列内容,制订规程时,可根据项目的不同特点和规模大小等需要,可取舍与补充。

(1)竞赛的名称:竞赛的名称要写全称。

(2)竞赛的目的、任务。

(3)竞赛的时间、地点和承办单位。竞赛开始与结束的年、月、日(包括预、决赛);地点要写具体。

(4)竞赛项目:说明这次比赛设置的竞赛项目、组别。

(5)参加单位:按顺序写明参加此次竞赛的每个单位。

(6)参加办法:规定参加比赛运动员的资格或标准。如运动等级、运动成绩、年龄、性别、健康状况、达标规定、代表资格等。规定每单位参加男、女运动员的人数;领队、教练、工作人员人数;每名运动员可参加比赛的项目数;每项限报人数以及参赛的其他规定。

(7)竞赛办法:

①确定竞赛采用的规则、赛制。如淘汰制、循环制、混合制等。比赛是否分阶段进行,分阶段

进行的比赛,各阶段的成绩如何计算。

②竞赛的编排。

③注明计算名次和计分的办法。

④公布竞赛规则以外的,此次比赛的特殊规定。

⑤对运动员违反竞赛规定的处罚办法,如弃权,罢赛等。

⑥规定比赛的器材、运动员的比赛服装、号码的要求等。

⑦录取名次与奖励办法:

(8)规定此次比赛录取的名次、奖励的名次和奖励的办法等。

设立技术奖、体育道德风尚奖、破纪录奖及其他奖励的内容、名额、评选办法、奖励办法等。

(9)报名手续与报到:

①规定运动队、裁判员(长)等报名的起止日期。

②规定运动队书面报名的格式、份数、报名表投寄的地点、单位、日期(一般以寄出或寄到邮戳日期为准),以及违反报到规定的处理办法。

③确定运动队、裁判员(长)等人员报到的日期、地点、单位。注明报到时应携带的材料物品以及违反报到规定的处理办法。

(10)裁判员与仲裁委员会:

①确定裁判长、裁判员的选派或聘请办法,名额分配等。说明对裁判员的资格或等级要求,及对裁判员赛前准备工作的要求。

②仲裁委员会的组成和执行时使用的有关条例或规定。

(11)注意事项或未尽事宜:

①必要时可以说明食宿交通条件与标准。

②有关未尽事宜的补充和通知办法。

学校体育竞赛规程的制订时间要提前,一般可在赛前一个月或更早一些时间发给各参赛单位,以便参赛单位提前组织力量进行训练,充分做好赛前准备。在拟定校内体育竞赛规程的竞赛办法时,应立足吸引更多的人参加比赛,要鼓励争取最好成绩。竞赛的分组,可采用按系、年级分组,以班为单位参加比赛的办法,以利于调动学生的积极性。评定名次既评个人名次也评团体名次。确定计分时,对破纪录者可加分,对达标高的班级可加分。竞赛的方法要有利于促进学校群众体育活动的经常开展,有利于提高比赛成绩。

57. 体育科研论文有哪些主要组成部分(写出7个以上)？请叙述之。

答:(1)论文题目;(2)作者姓名、工作单位、地区名称、邮政编码等;(3)摘要;(4)关键词;(5)前言;(6)研究方法;(7)研究结果;(8)分析与讨论;(9)结论与建议;(10)参考文献等。

(1)论文题目:我们都知道题目是一篇论文的眼睛,是论文的高度概括。论文题目要求具有准确性、全面性和简洁性。一般题目的字数不宜超过16~20字,若实在需要说明,可加副标题。

(2)作者姓名和工作单位、地区名称、邮政编码

论文署名代表论文的所有权。一般情况下,作者不能超过3人,最多5人。

(3)摘要:摘要是论文内容、思想的浓缩。在投稿论文中,摘要也起着比较重要的作用。摘要的字量一般不超过200字,在摘要中不能出现主观的文字,比如"本文……,我们觉得……"等等。

(4)关键词:关键词是专门为文献标引和检索而使用的词。一般都用3~8个词或词组来正确反映论文的核心内容。这样的词是论文中起关键作用的、最能说明的、代表论文特征的、出现频率高的词。

(5)前言:前言对于全文起提纲挈领的作用。它主要包括研究的目的和意义、研究的背景和现状、研究的任务和特点、概念和术语的定义等内容。一般前言的字数不超过500字。

(6)研究方法:研究方法主要说明研究工作的经过和采用的各种具体方法和手段。同时也包括实验对象的说明、使用的仪器设备等。

(7)研究结果:它是论文的主体,是将研究所得的各种有代表性的资料和数据的结果用文字和图标表达出来。要求是:内容充实、指标典型、诗句准确、清楚连贯、结果可信。

(8)分析与讨论:分析与讨论是论文的核心。它是用逻辑方法对研究结果进行理性分析,透过材料和数据的表面,揭示事物的内在联系、因果关系、特征以及客观规律,它是为论文的结论提供理论依据的。在撰写时要突出本研究的新发现、新发明,解释因果关系,并说明研究结果的偶然性与必然性。

(9)结论与建议:结论是对全部观点的总结主要包括:由结果和讨论分析部分得出的最后结果,说明研究结果和理论的适用范围与研究成果的意义,以及对该项研究工作的展望等。要求是:内容客观完整、文字准确具体、语气鲜明肯定、逻辑严密合理、格式灵活多样。对某些得不出明确结论的部分,可写明,留待其他人解决。

(10)参考文献:著录参考文献的意义,主要说明本命题范围内前人的工作成果和背景,为证实自己的观点提供足够的证据材料;同时表明作者研究的深度和论文本身的起点,反映作者严谨的科学态度和真实确凿的科学依据;还便于读者查找有关文献。一般情况下,引用的文献应是公开出版的,不宜引用内部资料,更不得引用保密资料。参考文献的排列,一般按文中引用的先后顺序依次列出。

58. 教育教学研究是一种有计划、有目的、有意义的认识活动,它与一般的工作总结不同,需要经历一个科学而严密的思维过程,一项具体的课题研究,从选题到获得成果,一般需经过哪几个步骤?

答:一项具体的课题研究,从选题到获得成果,一般需经过以下几个步骤:

(1)选择研究课题;

(2)制订研究计划(题目、目的意义、对象、方法、时间安排等);

(3)实施研究活动(材料要真实、充足);

(4)对研究材料加工、整理和分析;

(5)撰写研究报告或学术论文。

①论文题目;②论文摘要及关键词;③问题的提出或前言;④实验的内容、方法、数据的采集和统计;⑤数据的分析和论证;⑥结论和建议;⑦参考文献。

59. 小王是初一女生,体型肥胖,平时不喜欢运动,对体育课不感兴趣。(1)作为体育教师对该生你将采用什么方法进行教学?(2)结合新课程改革,对这一现象的原因作一分析。

答:问题1:作为体育教师对该生你将采用什么方法进行教学?

针对肥胖学生,应制订科学的合理的饮食计划,量身制作运动处方。通过一段时间的训练,在看到减肥成功后,学生就会逐步对体育课感兴趣。平时在教学中,应以表扬鼓励为主,逐步增强她对体育学习的自信心等。

问题2:结合新课程改革,对这一现象的原因逐一分析。

主要是学生的心理在起作用,新课程改革是以学生为主体,鼓励培养学生终身锻炼的习惯。因此,作为体育教师重要的是减除她的心理障碍,通过一段时间的锻炼,在教学方法、教学手段、教学设施特别是教学内容上开设一些适合女生喜欢的项目,在课中应多鼓励表扬,给予支持,相信她对体育课是会感兴趣的。

60. 如何用体育和营养手段来控制体重?

答:中小学生正处在身体快速发育阶段,对于大多数需要减肥的同学来说,不要大量减少热量的摄入,更不要采用药物治疗,而应该调整自己的生活习惯,特别是要增加体育活动。体育锻炼可以增加机体代谢率,使身体消耗更多的能量,达到消耗多余脂肪的目的;同时对增加肌肉力量,维持匀称体形和增加生活乐趣都有很大作用。

有的人要减轻体重,还有人却要增加体重,想使自己更加强壮。适当的营养和锻炼手段对于增加体重也有很大的作用。要想增加体重,摄取的营养素就要比消耗的多。为了使自己更加强壮,肌肉更加发达,可以增加蛋白质的摄取,如适当多吃一些鸡蛋、瘦肉,饮用牛奶。要想使自己强壮,光靠吃是不够的,还要配合适当的体育锻炼。一般可采用较高强度而减少重复次数的力量训练来进行。具体说就是采用能重复1~5次的重量让肌肉受到足够的刺激,用于增加肌肉的绝对力量;采用能重复8~10次的重复来发展肌肉的爆发力,从而使肌肉力量提高,体积增大。

控制体重的过程,最为重要的是持之以恒,不论是降体重还是增加体重,都是一个长期的过程。即使取得了阶段性的成果也要注意保持,否则降低了的体重还会反弹,壮大了的肌肉也会消退。

61. 谈谈你对目前中小学生喜欢体育而不喜欢上体育课这一现象的看法。

答:长期以来,传统的中学体育教育模式主要是以竞赛体育作为主要内容,常规的教学方法是以教师为中心,教师通过讲解、示范等把教学内容传递给学生或灌输给学生,学生被动地接受知识与技能。因此在体育教学中,学生往往都是在教师的统一指令下,疲于听讲解,看示范,反复练习,而没有时间去感受和体验健身运动的乐趣,教学过程过分地强调"统一"且教法"单一",学生缺乏主动,体育课缺乏生机,使教学显得机械呆板,从而使学生丧失了对体育的兴趣,体育教学效果的提高无法谈起。这种做法忽视学生主体作用,不注重学生体育兴趣培养的传统教学方法和教学模式,已不能适应现代体育教育的发展和素质教育的需求。

62. 准备活动和整理活动的意义及机理。

答：准备活动的意义主要有：

(1)准备活动可以使体温及肌肉温度升高,骨骼肌代谢,血流量和氧的运输增加,使骨骼肌的收缩反应及反应速度增强,有利于防止肌肉痉挛。特别是冬季锻炼和夏季游泳锻炼之前进行充分的准备活动更为重要。

(2)充分的准备活动可使机体达到运动锻炼前的最佳状态,如在进行力量锻炼前,心率必须达到110次/分钟左右,方可进行训练。否则肌肉力量不能充分调动发挥其应有的水平,对机体十分不利的。

(3)准备活动可使韧带,关节得到充分伸展、润滑。在运动中受伤的人中,有相当一部分人是由于没有做充分的准备活动而造成的。准备活动中的伸展可明显提高韧带的弹性,增加关节体液,有助于防止运动外伤。

准备活动的生物学机理：

(1)预先进行的肌肉活动会在大脑皮层相应中枢留下痕迹,这一痕迹效应使运动中枢神经细胞的兴奋性先期提高,使神经系统对肌体各器官的调节功能更为有效。

(2)可以使惰性有所克服,有助于更快到达到稳定工作状态。

(3)准备活动还能预先升高参与活动的肌肉温度。

整理活动的意义及作用机理：

(1)促进肌肉局部的血循环,促进乳酸在骨骼肌和心肌内的氧化。

(2)加速全身的血液循环,运送代谢产物到肝脏经糖异生作用合成糖原。有利于加速偿还活动中所欠的氧债。

(3)预防运动骤然停止可能引起的机体功能失调。

63. 大课间体育活动包括哪些内容？如何开展大课间体育活动？

答：(1)大课间体育活动的内容

大课间体育活动的内容上比原来的课间操丰富活泼,形式多样。一般有自编操、集体舞、广播操、健美操、健身操、武术、球类活动、自编的身体锻炼、趣味体育活动和传统项目等,组织上可采用分操、合操、任意操等多种组合形式,突破了以往"操"的局限,打破了过去全县、全省乃至全国共做一套操的模式,大大地提高了学生参加体育锻炼的自觉性和积极性。

(2)开展大课间体育活动的要点

①科学性。符合学生的年龄特点和生理变化规律,符合季节、气候的变化,活动内容要不断翻新、不断地发展,有积极向上的心态,使学生产生浓厚的学习兴趣,大课间体育活动才有生命力。

②实效性。使学生的身心健康得到全面发展。要把体育活动寓健身于快乐之中,充分调动学生参与活动的积极性,结合健康教育,达到增强体质的目的。

③创新性。要符合《体育与健康标准》,因地制宜形成学校特色,突出创新教育,充分发展学生的个性和特长,让每一个学生在集体的活动中找到自己的位置,显示自身的价值。

④艺术性。要体现体育与美育的完美结合。大课间体育活动吸纳了一些现代健美操、健身

操及某些特色体育项目,形成了活动丰富新颖,动作舒展健美,配以磅礴激昂、优美抒情的音乐,培养学生创造美、欣赏美的能力。

⑤渗透性。要使大课间体育活动成为一个育人的综合实体,大课间体育活动以班、组、队为单位来组织进行,有效地培养学生的群体意识和集体主义观念与精神,培养良好的行为习惯的养成,从而达到健身、教育、启智、娱乐、竞技和情感发展效果。

64.试述大课间体育活动与学校体育的关系。

大课间体育活动是学校体育活动的一种重要形式,是全面发展教育的重要内容,又是促进学生全面发展的重要手段,更是学校教育一道靓丽的风景线。

它是一种学校课程,肩负着以体育活动为载体全面育人,调节学生身心健康的重任,是其他任何学科所不能代替的。

它是一种体育生活,学生到学校来,不仅是来学习的,也是来生活的,大课间体育活动是学生终身体育一个不可忽视的起点,也是人们奠定终身体育基础的重要时期。

它是一种校园文化,是一种文化活动,在奇妙的音乐声中,在欢快的节拍中,舒展着身姿,不仅是力的显现,也是美的表达和心的交流。

它更有一种育人功能,大课间体育活动丰富了课间体育活动的内涵和外适,形成了科学体育与艺术整体育人的新格局,并达到了以体促质、以体辅德、以体益智、以体育美、以体娱乐的目的。

65.对如何做好大课间管理工作,请谈一谈你的看法。

答:首先,建立"负责制"。

(1)领导负责制:首先要得到学校领导的重视,把大课间列入学校的工作计划,校长亲自挂帅,主要领导到操场,亲自参与活动,提高全校师生对课间操的重视程度。

(2)班主任负责制:

①认真组织本班学生按时出操。(检查出勤情况)

②从思想上正确引导学生,并用自己亲身实践(参与大课间)来影响、教育和鼓励学生积极参与活动,这是一种无声的、潜移默化的教育。

③协助体育教师一起指导大课间活动,并对出操不认真、违纪的学生及时批评教育,加以正确引导和激励。

(3)体育教师负责制:

①负责大课间内容的安排、乐曲的选择。

②负责班级活动场所及进退场的安排,入退场方法要切合实际,形式多样,队列动作整齐规范。

③负责组织课间操的全过程,指挥得当。

④组织学生会的学生检查评比大课间。

⑤把大课间的评比作为条件之一列入文明班级、文明学生的考核之中。

⑥体育教师要有强烈的改革意识,对活动内容、组织形式、季节特点、运动负荷等做到"以

不变应万变,万变不离其宗"。

其次,开展班级管理评比。

(1)查出操人数。每班应到人数、实到人数,病、事假及值日生除外。

(2)查进退场秩序是否整齐,是否有混乱现象。

(3)查出操速度,按时出操,准时在指定位置站位。

(4)查出操质量,是否整齐,是否到位,整体效果如何。

(5)查每班所带器材情况,所带器材是否满足全班学生参与。

(6)查活动是否积极主动,是否有闲谈、静站现象。

(7)查班主任是否跟操,有没有起到管理作用。

(8)查无故不出操的学生进行记录,给予批评教育。

66. 请谈一谈对抓好课间操工作有哪些具体要求?

答:(1)学校领导重视。校长亲自领导广播操管理小组,由教导处、体育组、班主任、科任教师、学生会干部和班级体育干部等人员组成,共同努力完成这一教育活动。

(2)做好宣传工作。利用学校广播站、墙报、板报等形成,利用多媒体或网络,学校还可组织举办以"操"为主题的征文、主题班会等活动来宣传课间操的目的和意义。

(3)班主任亲自带操和广大教师的通力合作,全校师生共同参与。

(4)建立课间操常规。课间操评比纳入班级管理制度,学生、学校都有严格的评比制度和监督机制。

(5)学生明确课间操的功能与自身健康的关系。通过锻炼,增强体质,增进健康,培养品质,开发智力,促进人的身心和谐发展。

(6)定期评比,定期进行会操表演,达到互相监督检查,相互学习共同提高的目的。

(7)挂贴广播操分解图,适时播放 VCD 或录像带,让学生了解正确的规范动作、标准的语汇和口令,有条件的学校还可以播放优秀广播操比赛表演录像带。

(8)学校要有自编操,选择一些轻松、舒展、节奏明快的动作,配以优美的旋律,形成学校的特色自编操,必将会受到同学们的喜爱,营造一种活跃的锻炼气氛,成为学校一道璀璨的亮色。

67. 课余体育锻炼的特点是什么?

答:(1)学生自主选择体育锻炼项目。学生可以根据自己对体育运动项目的兴趣爱好、自己的身体条件、运动技能的水平等因素,选择锻炼项目、锻炼时间。这样,学生有了更多的自主选择权,学生也可以更好自我管理、自我约束。

(2)课外体育锻炼内容丰富。一般情况下,学校的体育锻炼内容既有游戏性体育活动,也有正规的运动竞赛项目,比体育教学课的内容更加丰富多彩,练习的强度也更大,更有利于发展学生的运动技能,提高学生的身体素质。

(3)课外体育锻炼形式多样。既有全校学生共同参加的体育大课间活动,也有班级体育锻炼小组、个人锻炼、体育兴趣小组,还有班级或年级之间的体育游戏体育联赛,更有校外的体育训练,如游泳、网球,等等。

(4)组织、指导员多样。组织与指导课外体育锻炼的可以是校内的体育老师,也可以是校内外的专职体育教练员,还可以是班主任、少先队辅导员、共青团组织,在多方面参与的管理模式下,保证了体育锻炼的有效开展。

68. 课余体育锻炼应该遵循哪些原则及其相互关系?

答:既然是体育锻炼,就能改善人体各器官、系统的机能,提高身体素质,提高人的基本活动能力和运动技术水平,增强人体对各种自然环境的适应能力。要达到此目的,在进行课余体育锻炼时必须遵循体育运动的基本原则。

(1)从实际出发原则;(2)自觉积极性原则;(3)循序渐进性原则;(4)持之以恒原则;(5)全面性原则。

上述的五个课余体育锻炼的原则是相互联系、相互促进、互相制约的。在进行课余体育锻炼时,如果只片面遵循某些原则,是不可能获得良好的锻炼效果的,只有全面贯彻以上原则,才能使身体得到全面的发展,不断提高健康水平。

此外,机体的能力表现为身体素质,它包括力量、速度、柔韧、耐力和灵敏等素质。在体育锻炼的活动中,身体的各种素质都不是以孤立的或某种单纯的形式存在的,他们之间也是相互联系、相互促进的。身体锻炼要以一定的力量、速度和耐力为基础。如跑步练习,需要肌肉收缩产生力量引起跑动,动作的快慢就表现出速度,持续了多长时间就表现为耐力。身体素质之间这种相辅相成的关系,说明了任何运动项目的锻炼,都在不同程度上影响着身体素质的发展,只是项目的特点不同,对各种身体素质发展的影响主次不同。

69. 制订课外体育锻炼方案应注意哪些因素?

答:锻炼方案是个人锻炼计划的具体化形式,一个完整的锻炼方案应包括锻炼的目标、锻炼内容的合理搭配、锻炼次数和时间的分配和锻炼方法的选择等内容,应注意以下几个方面的因素:

(1)明确锻炼的目标。人们从事体育锻炼,总要有一定的目的和目标。比如是健身还是健美;是娱乐还是医疗。即便目的是健身,不同的人也有不同的目标,而不同的目的和目标,他们对锻炼内容、方法的选择以及运动负荷的安排就会有不同的要求和做法。

(2)合理安排锻炼时间。根据学校特点以及个人的具体情况来安排自己的锻炼时间,尽量保证每天有1小时以上的锻炼时间,但要合理安排和合理分配,并养成一个良好的个人习惯,例如:早晨20~30分钟;下午课后30~60分钟;晚饭后还可以做10~15分钟的轻度缓和的运动。

(3)合理选择锻炼内容。体育锻炼内容方法的不同,将对人体产生不同的影响。不同的内容和方法具有各自的特征。所以,在制订锻炼方案,选择锻炼内容或项目时,要充分考虑个人的具体情况,选择合适的内容进行锻炼。

(4)合理安排运动负荷。运动负荷安排是否合理直接影响到锻炼的效果,负荷过小,锻炼效果不明显;负荷过大,将会对人体产生不良刺激,甚至造成运动损伤。

70. 试述课余体育竞赛的意义。

答:体育竞赛是指各种体育项目比赛的总称。学校体育竞赛是学校体育工作的重要部分,实现学校体育目的任务和目标的重要途径,对推动学校体育的开展,提高体育教学、体育锻炼与课余体育训练质量和进行学校精神文明建设具有重要的意义。

(1)推动学校群众性体育锻炼深入发展与普及。学校举办课余体育竞赛,有利于吸引更多的学生参加体育锻炼;有利于调动广大师生进行体育锻炼的自觉性;有利于实现学校体育工作的整体目标,推动学校群众性体育锻炼深入的发展与普及。

(2)有效提高体育教学与课余体育训练质量。学校通过举办各种体育比赛,可以检查体育课教学、课余体育锻炼和课余体育训练的效果,交流和总结经验,促进体育教学质量与课余体育训练水平的提高;同时可以检阅学生平时体育锻炼的成绩,鼓励学生努力锻炼身体;通过竞技能力的较量,发现、选拔和培养优秀的体育后备人才。

(3)丰富校园文化生活。体育竞赛是学校的文化教育活动内容之一,有助于丰富和活跃校园文化生活。学校课余体育竞赛不仅是比技术、比体能的场所,还是比智慧、比思想的竞技阵地。

(4)向学生进行思想品德教育的有效阵地。它有助于对学生进行思想品德教育,培养学生奋勇拼搏、胜不骄、败不馁、遵守纪律、尊重对手、服从裁判、团结进取、为集体争荣誉等优良品质和集体主义精神,使学校教育朝气蓬勃,对学校建设社会主义精神文明有积极的促进作用。

71.为什么说课余体育训练是基础性训练?

答:虽然课余体育训练不以提高运动成绩作为主要任务,但从课余体育训练作为培养竞技运动后备人才的途径来看,应该认为,课余体育训练总体上进行的是基础训练,即身体素质、基本技术、思想作风和道德品质的基础教育。

运动成绩的提高,可以通过多种途径来实现,在青少年的课余体育训练过程中,从基本技术、身体的定向发展着手,采用适合青少年特点的训练手段与方法,以扩大他们的训练发展基础与将来专项提高的储备。

身体素质是衡量青少年体质的一个标志,它的发展对学习和掌握体育知识、技术和技能,提高运动成绩有着极其重要的作用。青少年时期是提高身体素质最佳年龄时期,应该给他们打好坚实的身体素质基础。

基础技术是指某运动项目中那些基本的、简单而实用的技术成分。基本技术的好坏直接影响到运动成绩的提高和战术的发挥。青少年正处于接受能力较快的学习阶段,所以要注意抓好这一阶段的基本技术的训练,为以后进一步训练和提高打下坚实的技术基础。在选择训练内容时应该考虑青少年的发育状况和特点,选择那些有利于全面发展又重在打基础的身体练习。有些运动项目,如:田径和球类等,既能提高身体素质,又能学习和掌握基本技术,可以作为青少年的基础训练手段。

因此,增进健康,全面发展身体训练水平、克服身体发育中的不足;在提高技术的过程中不企图使技术动作稳定、不是把追求能够显示运动成绩的熟练技巧放在首位,而是为他们奠定多方面的技术基础,广泛掌握多种多样的运动动作,这是安排课余体育训练的根本出发点。

72.如何正确处理课余训练与文化课学习之间的关系?

答:学校课余体育训练是一个极其复杂的过程,其中一个突出的问题就是如何处理好课余体育训练和文化课学习之间的关系。根据我国全日制学习下午课外活动时间有限以及学生的健康状况和生活条件等实际情况,我们应该充分利用有限的时间进行高效的训练。不应过分强调大运动负荷训练,要有热情更要有科学性。

为了正确处理二者之间的关系,应从以下方面着手:

(1)坚持科学训练,切忌盲目训练。在寒暑假期间可加大训练负荷,不断提高训练水平。在考试期间,可利用适当的时间进行训练,以保持训练的节奏性。要求在较少的时间内不断提高训练课的质量。

(2)坚持基础训练,打好身体各方面的基础,为进一步的科学训练创造条件。

(3)坚持不同运动项目的区别对待,由于项目不同,训练时间也有差异,可结合比赛时间和文化课的学习合理安排。